智能传播与社会发展

——浙江传媒学院新闻与传播学院研究生优秀论文集（2023年）

巩述林　主编

中国广播影视出版社

图书在版编目（CIP）数据

智能传播与社会发展：浙江传媒学院新闻与传播学院研究生优秀论文集 . 2023 年 / 巩述林主编 . -- 北京：中国广播影视出版社，2024.12. -- （研究生优秀论文集系列丛书 / 李欣主编）. -- ISBN 978 - 7 - 5043 - 9321 - 0

Ⅰ. G206 - 53

中国国家版本馆 CIP 数据核字第 2024F07V35 号

智能传播与社会发展
——浙江传媒学院新闻与传播学院研究生优秀论文集（2023 年）

巩述林　主编

责任编辑	许珊珊
封面设计	吴　睿
责任校对	马延郡

出版发行	中国广播影视出版社
电　　话	010 - 86093580　010 - 86093583
社　　址	北京市西城区真武庙二条 9 号
邮　　编	100045
网　　址	www.crtp.com.cn
电子信箱	crtp8@sina.com

经　　销	全国各地新华书店
印　　刷	华睿林（天津）印刷有限公司
开　　本	710 毫米 × 1000 毫米　1/16
字　　数	365（千）字
印　　张	21
版　　次	2024 年 12 月第 1 版　2024 年 12 月第 1 次印刷
书　　号	ISBN 978 - 7 - 5043 - 9321 - 0
定　　价	98.00 元

（版权所有　翻印必究·印装有误　负责调换）

目 录

健康传播视角下可穿戴设备产品评论的情感分析研究
　　——以智能手环为例 …………………………… 杨纤纤　柳欣怡（ 1 ）

基于性别凝视的算法实践：感知、想象与循环驯化
　　——以宝宝辅食标签的错位应用为例 ………… 王昊祥　孙玉豪（ 16 ）

"算法喊话"：内容消费者对算法的再驯化 ……………………… 蔡沛言（ 33 ）

人机交互新图景之"跨生命交往"研究
　　——基于ChatGPT的情感满足功能 …… 丁红菊　张素华　阎玥冰（ 45 ）

"日常抵抗"框架下青年群体的算法抵抗策略研究
　　——以抖音App为例 …………………… 叶 艺　胡亚茹　沈嘉宁（ 57 ）

社会资本感知与异化：在线社交中"文字讨好"行为研究
　　……………………………………………………… 汪如月　刘晓琰（ 65 ）

"关机即永别的电子蝴蝶"：元宇宙社交中的中介亲密、液态情感
　　与赛博依恋 …………………………………………………… 邢　洁（ 85 ）

智能时代美颜拍照类App个人信息保护政策的文本研究 …… 涂海钰（ 97 ）

人机交互情境中生成式AI的角色塑造
　　——基于文心一言在杭州亚运会的应用分析 …… 李嘉琦　刘玉林（106）

共享的情感：虚拟偶像粉丝群体的情感互动机制研究
　　——以 A-SOUL 粉丝为例 ············ 陈　倩　李　韬　符馨月（116）

权利争夺战：当代用户算法抵抗实践与主体性回归
　　·· 李晓琴　江姗姗　梁雨琪（130）

情感陪伴者："AI 伴聊"下的人机互动与情感困境
　　——以 X Eva 虚拟人物社交平台为例 ·········· 黄逸文　申雨雨（140）

智媒时代日常生活的媒介化：基于"电子榨菜"的思考
　　·· 饶心月（154）

人工智能技术下虚拟偶像的生成机制和粉丝参与实践研究
　　·· 张羽迪　毛毅洵　于佳欣（165）

AIGC 重塑体育赛事报道新景观
　　——基于新华社对于杭州亚运会报道的语义网络分析
　　·· 肖文娟　曲沛楠　王楚怡（178）

"数字弱势"家长参与学校教育的"双重鸿沟" ··············· 卢　卓（191）

把关人理论视角下 AIGC 短视频假新闻的表现、成因与破局之道分析
　　——以显有百科等 AIGC 短视频新闻抖音账号为例
　　·· 于佳乐　陈嘉宁（206）

共情、间性与传播权力：人工智能作曲的传播学研究
　　··· 王雨菲　朱红喆（219）

定制的恋人：赛博恋爱的呈现、特点及其困境
　　——以豆瓣"人机之恋"小组为例 ·············· 张　瑶　邓民谣（229）

复制"孙燕姿"
　　——AI 歌手的应用风险与规制路径 ······················ 罗培杰（240）

数字劳工视域下游戏玩家身份的转变
　　——以手游《奥比岛：梦想国度》为例
　　……………………………………………… 陈婉婷　张艾末　项雯雯（253）

再生与重构：AI 生成音乐对大众集体记忆的建构路径研究
　　……………………………………………………………… 周雨荷　冯芯然（263）

后亚文化视域下"云养"迷族的异化与应对 ……… 刘丽萍　顾嘉欣（273）

B 站虚拟主播用户忠诚度影响因素研究 …………… 张晓侠　汪昕璐（288）

人工智能时代声音权保护的探究
　　——定性、影响和措施 ………………………………………… 孙越阳（298）

平台型媒体的算法权力与公共性 …………………………………… 张　欣（307）

"消失的界限"：强弱关系视角下的网络直播互动探析
　　……………………………………………………………… 徐羽彤　邓妍汐（319）

健康传播视角下可穿戴设备产品评论的情感分析研究
——以智能手环为例

杨纤纤　柳欣怡

摘要： 在信息技术与健康医疗行业融合共生的时代背景下，智能可穿戴设备的出现为健康服务领域带来了革命性的变革，也为实现身体联网、健康互联开拓了广泛的应用前景。在商业化应用场景下，消费者的情感态度无疑是影响智能可穿戴设备未来市场发展方向的重要一环，其中，智能手环是当前我国智能可穿戴设备的典型代表。本文通过收集京东电商平台有关智能手环的评论进行词频分析，绘制词云图，构建LDA主题聚类的情感分析框架，进行情感分类并可视化呈现，通过情感分析以了解消费者的健康认知与情感倾向，把握消费者对于智能可穿戴设备的情感态度及情感趋势。

关键词： 健康传播；智能可穿戴设备；情感分析；智能手环

一、引言

近年来，我国不断深入推进健康中国战略，党的二十大强调要持续加强健康中国建设，确保人民健康在国家发展中占据核心位置。随着信息技术的飞速发展和医疗技术的不断创新，智能可穿戴设备正以多样化的功能迅速占领市场，逐步成为人们生活中的一部分。在"互联网＋医疗健康""智慧医疗"等大战略背景下，基于健康数据的精准干预治疗与全生命周期健康管理即将成为智能可穿戴设备发展的核心方向，技术的发展也将为我国健康事业的进步提供有力支撑。[1] IDC数据[2]显示，2023年第三季度，中国可穿戴

---

[1] 健康界研究院：《2021中国智能可穿戴设备产业研究报告》，https://www.cn-healthcare.com/articlewm/20210510/content-1218598.html，访问日期：2023年11月10日。

[2] IDC：《中国可穿戴设备市场季度跟踪报告，2023年第三季度》，https://www.idc.com/getdoc.jsp?containerId=prUS49980023，访问日期：2023年11月10日。

设备的市场出货量已达 3239 万台，其中智能手环市场出货量为 389 万台。智能手环经过不断优化升级，已包含运动记录、心率检测、娱乐、通信联系以及时间显示等多样化功能。当前智能可穿戴设备已形成具有一定行业规模的蓝海市场，吸引了大量投资方入局。但由于技术和市场等多方面的局限性，我国智能可穿戴设备市场目前依然处于行业发展的初级阶段，应用产品和功能方面较为单一，且同质化严重，仍需要积极探索崭新的应用场景和功能。

依据第 51 次《中国互联网络发展状况统计报告》①，我国互联网至 2023 年 12 月，普及率已达 75.6%，网络购物用户规模达 8.45 亿，占网民整体的 79.2%，与此同时，微信、微博等即时通信类互联网应用用户使用率达到了 97.2%。网民数量的持续增长与网络应用的更新迭代给予了用户更加自由便捷的发言环境，带来了观点表达的井喷式增长。在社交平台中，用户能够以评论文本的形式积极表达个人见解，特别是在购买商品后，他们会在评论区分享关于使用体验的真实感受，这直接反映了他们的情感态度。这种用户参与度的提升，显著改变了传统的以商家为中心的交易模式。商家和研究者可以细致分析这些评论，深入理解消费者的观点和情感倾向，从而指导产品和服务的优化。情感分析作为一种研究方法，专注于从文本内容中提取关键信息，识别情感色彩，为商家提供有价值的反馈。② 本文选用该研究方法能够帮助品牌方了解消费者的情感态度，对进一步改善商品或服务有一定参考价值。

二、文献回顾

（一）智能可穿戴设备

20 世纪 60 年代，美国麻省理工学院媒体实验室提出"可穿戴技术"的概念，史蒂夫·曼恩（Steve Mann）是最早对智能可穿戴设备进行研究的学者，因此被称为"可穿戴设备之父"。曼恩认为可穿戴设备是结合多种传感器、通信技术、多媒体技术，对人类常见的穿戴设备进行了智能化配置之后的电子设备，能够对人体相关数据进行感知、提取和分析等操

---

① 中国互联网络信息中心：第 51 次《中国互联网络发展状况统计报告》，https://cnnic.cn/NMediaFile/2023/0323/MAIN16794576367190GBA2HA1KQ.pdf，访问日期：2023 年 11 月 10 日。

② 陈祈俐、钱清：《〈经典咏流传〉的弹幕文本情感分析》，《新媒体研究》2023 年第 14 期。

作。[①] 耿怡等人[②]注重可穿戴设备的功能属性，即可穿戴设备是具备数据采集、处理和交互等功能的便携性电子设备，能够较为延续地为个人用户穿戴。韦哲等人则重点关注可穿戴部位，将设备分为头部、手部、躯干以及下肢穿戴四大类。谢俊祥、张琳[③]从应用角度将设备分为人体健康监测、人体运动追踪、综合智能终端以及智能手机辅助四个类别。修晓蕾等人[④]研究发现，健康医疗类可穿戴设备能够实时采集用户行动、情绪和睡眠等与健康高度相关的数据，且这种数据的采集与传输不受时间与地点的控制。总体来看，智能可穿戴设备所涉及的技术广泛，涵盖语音识别、眼球追踪、骨传导、低功耗互联、裸眼3D、高速互联网和云计算以及人体芯片等多种技术。通过对文献与设备报告等内容的梳理，本文将智能可穿戴设备定义为依托传感技术、人机交互、物联网、云计算等技术支撑，通过内置芯片传感人体数据的可移动化、高便携式智能穿戴设备。

在当前社会背景下，快节奏的生活与后疫情时代的风险共同导致了我国部分民众处于"亚健康"状态。据世界卫生组织所发布的数据，我国仅有15%的人口符合其健康定义，15%的人口处于疾病状态，高达70%的人口处于"亚健康"状态。《中国居民营养与慢性病状况报告（2020年）》揭示，2019年我国因慢性病导致的死亡人数占比高达88.5%。这些慢性病具有病程长、短期症状不明显等特点，因此在日常生活中常常被忽视。智能可穿戴设备通过实时监测人体健康数据，能够筛选出潜在的健康异常，进而对慢性病进行预防与监测。它不仅可以降低用户的就医频率和治疗次数，节省大量的人力、物力成本，还能显著改善人们的生活质量。因此，智能可穿戴设备在治疗慢性疾病等领域的应用，普遍被认为是一个具有广阔发展前景的消费市场。[⑤]

在对智能可穿戴设备未来发展与应用的观察与研究中，本文发现其还存在一定的隐忧。如，谢俊祥、张琳从设备的功能性出发，提出目前大部分的智能可穿戴设备依然是智能手机的"配件"，可穿戴设备存在功能较少、独

[①] Esteva A, Robicquet A, Ramsundar B, et al. "A guide to deep learning in healthcare." Nat Med, 2019, 25 (1).

[②] 耿怡、安晖、李扬、江华：《可穿戴设备发展现状和前景探析》，《电子科学技术》2014年第2期。

[③] 谢俊祥、张琳：《智能可穿戴设备及其应用》，《中国医疗器械信息》2015年第3期。

[④] 修晓蕾、钱庆、吴思竹、何晓琳：《健康医疗可穿戴设备数据安全与隐私保护存在的问题及对策》，《中华医学图书情报杂志》2017年第12期。

[⑤] 封顺天：《可穿戴设备发展现状及趋势》，《信息通信技术》2014年第3期。

立性不强、用户体验感有限等缺陷；宋美杰、徐生权①通过访谈调查发现，智能可穿戴设备通过明确的管理目标设定、提醒方式等运行机制，形成了一种对用户身体的规训权力，这使得人们的健康诉求目标被异化成技术所生产建构的健康话语体系；胡泳②则从智能可穿戴设备的数据处理出发，认为数据隐私权问题是可穿戴设备在消费市场普及的障碍之一。胡泳指出，在数据采集过程中，由于缺乏对设备及数据权限的控制，用户无法选择关闭某个具体的传感器以取消或中断数据采集，更难以成功授权某一项数据的查看和使用。综合过往研究可发现，目前对于智能可穿戴设备发展研究的关注重点多为设备本身及其所带来的影响，而对于设备用户层面的研究，特别是实证性研究则略有不足。

(二) 情感分析

目前，国内外有关情感分析的方法主要有三类：基于情感知识的分析方法、基于机器学习的分析方法以及基于深度学习的分析方法。③ 按照处理文本的粒度不同，情感分析可分为词语级、短语级、句子级、篇章级以及多篇章级等研究层次。④

情感分析一般要采用 SnowNLP 中自然语言处理库进行核心情感分析。⑤ SnowNLP 是适用于中文自然语言处理的 Python 类库，专门针对中文文本进行挖掘，可以进行中文分词、词性标注、情感分析、文本分类、转换拼音、繁体转简体、提取文本关键词、提取摘要、分割句子、文本相似。⑥

1. 文本情感分析

从本质上来看，文本情感分析是自然语言挖掘和分析的一个研究和应用方向。文本情感分析又称意见挖掘，是指通过计算技术对文本的主客观性、观点、情绪、极性的挖掘和分析，对文本的情感倾向做出分类判断。⑦

---

① 宋美杰、徐生权：《作为媒介的可穿戴设备：身体的数据化与规训》，《现代传播（中国传媒大学学报）》2020 年第 4 期。
② 胡泳：《未来的传播媒介：物联网与可穿戴设备》，《新闻与写作》2016 年第 11 期。
③ 谭春辉、陈晓琪、梁远亮等：《隐私泄露事件中社交媒体围观者情感分析》，《情报科学》2023 年第 3 期。
④ Huang XJ, Zhao J. "Sentiment analysis for Chinese text." Communications of CCF, 2008, 4 (2) (in Chinese with English abstract).
⑤ 周晓兰、戴香平、陈洪龙：《基于朴素贝叶斯模型的评论文本情感分析》，《科学技术创新》2021 年第 33 期。
⑥ 赵志升、靳晓松等：《基于 Python-Snownlp 的新闻评论数据分析》，《科技传播》2018 年第 25 期。
⑦ 杨立公、朱俭、汤世平：《文本情感分析综述》，《计算机应用》2013 年第 6 期。

Hu M. Q. 等[1]认为文本情感分析的目的是从文本中挖掘用户表达的观点以及情感极性，挖掘用户观点意义重大，既能吸引潜在用户，帮助用户做决策，同时也有助于研究分析大众舆情、用户画像和推荐系统等。魏韡等[2]认为文本情感分析的意义在于根据文本所表达的情感倾向对文本进行分类，进而研究其分类后的特征及规律，为评论对象的改进与发展提供参考意见，同时也为用户提供更加具体有效的信息。张志琳等[3]融入词汇化主题特征、情感词内容特征和概率化的情感词倾向性特征来实现微博文本情感分类。王婷、杨文忠[4]关注到多模态情感分析的概念，当多个模态中的情感表达不一致时，文本情感分析该如何权重不同模态中的情感信息也是需要考虑的。

情感极性判别主要是通过情感词典或者机器学习算法，对文本最终的主观情感做出正面或负面、积极或消极、褒义或贬义的判定。[5] 情感强度评价则是在情感极性判别的基础上，对判别结果再细分为强、中、弱等不同程度。[6]

2. 商品在线评论情感分析

商品在线评论是指用户基于商品的使用体验感所发表的个人意见，具有实时性和说服性的特征，Archak N 等研究发现评论本身表露出来的用户情感倾向，对潜在用户的消费心理以及购买决策影响更大。[7] DoubleClick Inc[8]的实验研究结果表明，超过半数的消费者对商品做出购买决策前，会在网络上搜索该商品的介绍以及其他消费者的评价。利用对互联网上商品在线评论信息的挖掘与分析结果，消费者可以了解人们对某种商品的态度倾向分布，

---

[1] Hu M. Q., Liu B. "Mining and summarizing customer reviews." In: Proceedings of the 10th ACM SIGKDD International Conference on Knowledge Discovery and Data Mining. New York: ACM, 2004.

[2] 魏韡、向阳、陈千：《中文文本情感分析综述》，《计算机应用》2011 年第 12 期。

[3] 张志琳、宗成庆：《基于多样化特征的中文微博情感分类方法研究》，《中文信息学报》2015 年第 4 期。

[4] 王婷、杨文忠：《文本情感分析方法研究综述》，《计算机工程与应用》2021 年第 12 期。

[5] Matsumoto S, Takamura H, Okumura M. "Sentiment classification using word sub-sequences and dependency sub-trees" IN: Pacific-Asia conference on knowledge discovery and data mining. Heidelberg: Springer, 2005.

[6] 段炼：《面向弹幕文本的情感分析研究》，硕士学位论文，重庆邮电大学软件工程系，2019，第 20 页。

[7] Archak N, Ghose A, Ipeirotis P G. "Deriving the Pricing Power of Product Features by Mining Consumer Reviews." Management Science, 2011.

[8] DoubleClick Inc. "Search before the Purchase—Understanding Buyer Search Activity a8 it Builds to Online Purchase." 2005, http://www.doubleclick.com/insight/pdfs/searchpurchase_0502.pdf.

优化购买决策，而厂商则可以通过了解消费者态度和反馈信息进一步改善服务质量，提升消费体验。①

褒贬情感分类（Sentiment Classification）是通过分析在线商品评论的文本内容"自动将其判断为正面评价或负面评价"，从而挖掘消费者情感倾向分布。

综合以上相关文献，当前学界对于智能可穿戴设备本体的研究已经较为成熟，对于情感分析研究方法的运用也已经进入了成熟阶段，并且在各个领域都取得了较为有效的经验成果。但是学界对于智能可穿戴设备用户层面的分析相对不足，且情感分析领域的相关研究较少。智能手环作为智能可穿戴设备的一大产品类型，从健康传播视角来看，学界探究消费者对于智能手环使用的情感态度和倾向的分析研究不足，导致现有研究难以从用户层面获取一定信息。因此，本文立足于情感分析的研究方法，对用户与智能手环相关评论的文本进行数据提取操作，清洗数据后进行词频分析并绘制词云图，利用LDA模型对主题识别划分，得出消费者对智能手环的情感分析结果，并以此提出相关建议。

三、研究设计

近年来，智能手环由于其产品的实用性、价格的亲民性、佩戴的便捷性以及操作的简捷性销量一路提升，成为日常生活中一类较为常见的智能可穿戴设备。本文以用户对智能手环的评论作为研究用户对智能可穿戴设备的情感分析以及主体分析的窗口。通过对社交平台、电商平台中与智能手环相关的评论进行对比，认为电商平台中商品的购买评论有更高的可信度。本文拟定以京东电商平台的智能手环产品评论区文本为研究对象，为保证评论时效性，研究通过Python爬虫工具抓取2023年12月23日往前倒推半年内的文本数据作为研究样本，并进行清洗筛选操作，在此基础上进行文本挖掘和可视化呈现，以直观明确的形式呈现消费者的情感态度和倾向。本文进一步构建LDA模型对分词后的评论文本主题识别，深入挖掘评价内容和消费者心理，以期优化消费者购物服务流程和用户产品使用体验，推动智能手环的未来发展。

（一）数据采集与抓取

本研究以京东平台消费者评论作为数据来源。为使采集到的样本更具有

---

① 张紫琼、叶强、李一军：《互联网商品评论情感分析研究综述》，《管理科学学报》2010年第6期。

代表性，研究基于京东商城销量排名前10的智能手环评价区内容，利用Python爬虫工具来抓取京东网站的json页面，① 排除评论字符数量小于10个字符以及系统默认好评的消费者评价，依据时间由近到远的顺序爬取每一款智能手环商品评论页面前100页的文本内容，以及用户ID、京东商城会员等级、评论发布时间、评价星级、购买智能手环型号等详细信息，解析后将需要获取的字段储存到Excel数据库中以便进行下一步的数据清洗与预处理。根据Python爬取结果并将原始实验数据合并，共收集到7630条消费者评论文本构成初始数据源。

为更好进行主题识别和情感分析，初始数据源需要通过数据预处理对评论文本进一步进行清洗操作，消除噪声并进行数据去重，清理评论文本中的网址、删除不必要的空格，转换繁体字为简体字，以及去除同一用户所发布的重复评论，将相对粗糙杂乱的原始数据转换为具有较高信效度的数据，经过筛选和清洗后共得到6550条评论数据。

表1 智能手环评价提取数据表示例

会员	级别	评价星级	评价内容	评论时间	商品属性	采集时间
霸＊＊＊－		star5	好！！！很好！！！非常好！！！越来越好！！！！明天会更好！！！灵敏度：很灵敏 准确性：很准确 操作难易：很简单，一点儿也不难 做工质量：质量很好 外形外观：外观很好看 其他特色：好好好！！！	2023－10－16 20：42	小米手环7 NFC版	2023－11－01 10：31：09.293
P＊＊＊q	PLUS会员	star5	准确性：高，当手表，看时间，查天气预报方便 做工质量：精美，耐磨 外形外观：好看，佩戴舒适，很喜欢 灵敏度：高，能够了解自己的睡眠、心跳、步数，运动消耗 其他特色：找手机	2023－10－07 15：21	小米手环7 NFC版	2023－11－01 10：31：09.345

---

① 吴江、周露莎、刘冠君、贺超城：《基于LDA的可穿戴设备在线评论主题挖掘研究》，《信息资源管理学报》2017年第3期。

7

续表

会员	级别	评价星级	评价内容	评论时间	商品属性	采集时间
w＊＊＊u	PLUS会员	star5	灵敏度：操作灵敏，点击准确，界面流畅，丝滑 准确性：触摸识别准确，指哪打哪，不会发生误触 操作难易：系统简单使用顺手。屏幕大，显示清晰，界面简洁实用，非常容易上手使用 做工质量：佩戴无感，可一直戴着，曲面屏手感非常棒，摸起来很顺滑，手感细腻，表带质感不错结实，佩戴舒适 外形外观：外形优美，亮度高，尺寸适中，点亮后很炫哦。超大窄边框 其他特色：功能强大，丰富，持续研究中	2023-06-07 13：00	小米手环7 NFC版	2023-11-01 10：31：09.435
下＊＊＊卜	PLUS会员	star5	外形外观：简约大方 灵敏度：操作灵敏，点击准确，界面流畅，丝滑 准确性：触摸识别准确，指哪打哪，不会发生误触 操作难易：系统简单使用顺手。屏幕大，显示清晰，界面简洁实用，非常容易上手使用 做工质量：佩戴无感，可一直戴着，曲面屏手感非常棒，摸起来很顺滑，手感细腻，表带质感不错结实，佩戴舒适 外形外观：外形优美，亮度高，尺寸适中，点亮后很炫哦。超大窄边框 其他特色：功能强大，丰富持续研究	2023-11-01 15：02	小米手环7 NFC版	2023-11-01 10：31：09.491

续表

会员	级别	评价星级	评价内容	评论时间	商品属性	采集时间
没****	PLUS会员	star5	灵敏度：很灵敏的 准确性：时间很准确，健康也很准确 操作难易：简单粗暴，不卡顿 做工质量：挺好的 外形外观：外观很有特色 其他特色：便捷实惠，该有的功能都有，很实用，质量做工都很好，电池很耐用	2023-10-04 18：14	小米手环7 NFC版	2023-11-01 10：31：09.545

（二）文本挖掘与可视化呈现

文本挖掘，或称从文本数据库中发现知识，是指从大量文本集合中发现隐含的模式。① 运用 GooSeeker 网页的自有词典进行中文分词处理以及词频分析，筛选词性为形容词、动词和名词的评论词语。

根据词频统计图，"好"这一词频率远超其他词语，"可以""不错"等形容词也位于词频前列，可以探知智能手环产品的好评居多。且"质量""做工""外观""灵敏度""功能"等名词词频排名较高，说明消费者对于智能手环的功能属性方面更为注重，这同样也是消费者选择是否给予好评的重要考虑因素。除此之外，"运动"一词位于词频第11位，说明消费者购买智能手环的关键需求是智能手环属于运动便携性产品，能够有效监测运动时刻的人体状态，可以较好地帮助有运动需求的消费者记录运动情况。

表2 京东智能手环评论抓取词频前15

排名	标签词	词频	词性
1	好	4912	形容词
2	操作	3895	动词
3	质量	3023	名词
4	做工	2905	名词
5	可以	2816	形容词

---

① 黄晓斌、赵超：《文本挖掘在网络舆情信息分析中的应用》，《情报科学》2009年第1期。

续表

排名	标签词	词频	词性
6	不错	2536	形容词
7	灵敏度	2532	名词
8	外观	2486	名词
9	功能	2470	名词
10	易	2344	形容词
11	运动	2147	名词
12	准确性	1931	名词
13	外形	1889	名词
14	方便	1842	形容词
15	买	1819	动词

为更直观清晰地呈现消费者对于智能手环使用的核心关注点，研究通过可视化程序制作了抓取智能手环评论特征词的词云图。从"操作""做工"等词可以看出消费者的评价主要集中在智能手环本身。在评价词云图中，还可以发现除了对智能手环的正向形容，"健康""跑步""检测"等词也显示出消费者对于智能手环健康功能的关注。

图 1　智能手环评价词云图

为探知分词后的评论文本词语之间的联系，本研究利用 Gephi 可视化软件对抽取到的受众情感关键词进行共词分析，刻画出消费者对于智能手环使用情感态度之间的复杂联系和结构变化。集合抓取到的评论数据集构建一个共词矩阵，具体如表 3 所示。

表3 智能手环评论共词矩阵（部分）

	屏幕	灵敏度	简单	睡眠	质量	外观	表盘	方便	好看
屏幕	1129	372	278	159	379	374	156	270	165
灵敏度	372	2312	1201	238	1797	1581	233	501	518
简单	278	1201	1628	193	1163	1014	174	420	383
睡眠	159	238	193	1037	372	265	160	294	178
质量	379	1797	1163	372	2409	1537	241	561	545
外观	374	1581	1014	265	1537	2083	234	505	612
表盘	156	233	174	160	241	234	779	216	200
方便	270	501	420	294	561	505	216	1564	286
好看	165	518	383	178	545	612	200	286	1215

同时对提取出的关键词做进一步人工调整，以得到更有代表性的评论关键词集。对源数据做挖掘处理，通过成熟的情感词典处理评论数据来进行受众的情感态度分析，得出智能手环消费者的评价中正面、中性和负面情绪的数量和占比，运用自然语言技术和人工并行的方式对提取出的评论内容中的情感词极性进行识别和整理分析。

数据显示，消费者对于智能手环的使用评价中正面态度占比最高，持中立态度占少数，而负面评价占极少数，这说明在消费者的情感态度方面，对智能手环的使用情感更偏向于正向积极的一侧，整体评价较优。

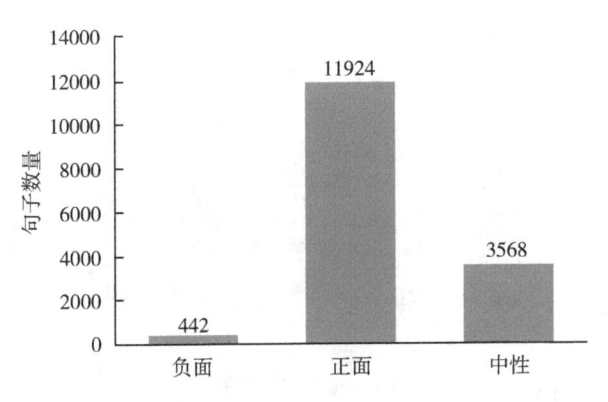

图2 智能手环评论情感倾向柱状图

社会网络分析图以词频分析为基础，利用有指向的线段和不同节点，通过可视化的形式对情感特征关键词的分布和联系进行分析，得出评论文本之间的关联与意义。社会网络分析图总体上为中间聚集、周围较离散的网络关系图，网络节点与有向线段构成整体语义网络，其中箭头方向指示关键词间的从属关系、相互关系。构建该语义网络可以研究消费者在网络上的行为模式，并将其结果用于分析消费者在评论中对主标签词的态度。通过解析网络图的 k-cores 就能找到答案，即消费者评论所提到的一个重要关键词节点。这些节点都位于网络边缘或者核心区域。在这个网络图上，节点的位置与网络中心的距离越近、面积越大，这个节点的核数也就越大，也就是在整个网络中，影响力越大。

本文中，与智能手环自身属性相关的词语如"操作""方便""做工""简单"等词位于网络图中心，和其他词连接成为具有复杂关系的有向线段，是消费者评价词语集合中的核心关键词节点。"操作"一词的连接频率最高，并与"准确""舒适""精细"等词联系较密切，说明消费者认为智能手环的功能比较实用，好评率较高，并且能够满足消费者日常使用的需求。其中"准确"一词又与"健康""运动""检测""锻炼"等词联系，表明消费者对于智能手环的健康检测功能十分重视和关注，身体健康状态监测准确与否也是决定消费者是否购买智能手环的核心诉求。

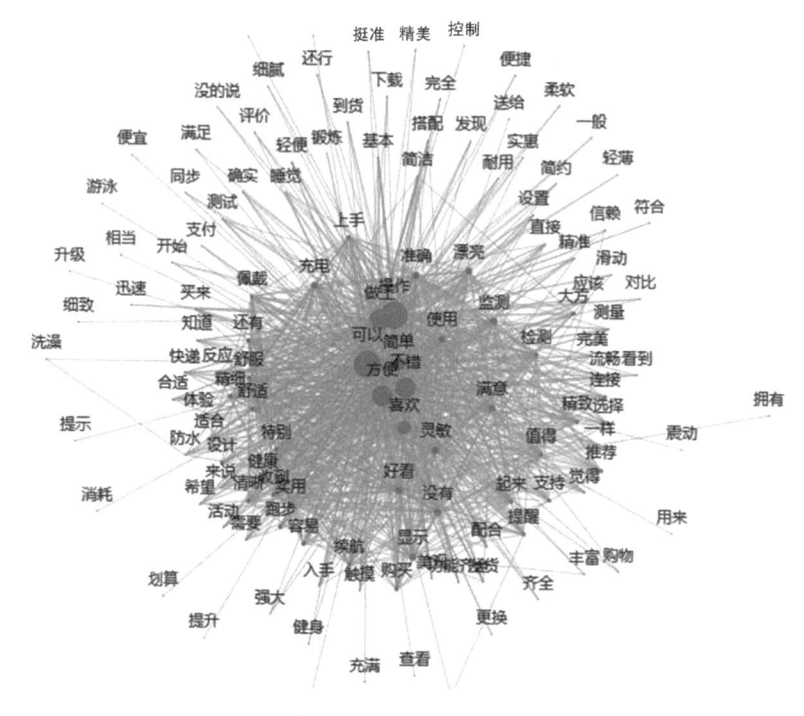

图3 智能手环评价社会网络分析图

（三）LDA 模型主题识别

构建 LDA 模型是对在京东电商平台抓取的评论文本进行相应主题识别的过程。LDA（Latent Dirichlet Allocation）即隐含狄利克雷分布，是一种典型的词袋模型，是众多主题模型中方便有效的模型之一。[①] 从不同主题情感分析结果中的文本数据样本可以判断出消费者对可穿戴设备的情感态度。研究利用 Python 相关函数创建 LDA 模型，将评论数据导入模型中得出数个主题聚类，由于困惑度（Perplexity）能有效反映主题识别的预测水平，同时也能度量概率预测模型的质量优劣，因此可以根据困惑度来确定评论的主题数量。根据所生成的困惑度拐点图，可知当困惑度为 5 时达到最优值，所识别出的主题数最具有参考价值。

通过人工对所识别的评论文本主题集进行意义整合与分析，最终得到"手环功能""使用体验""售后服务""手环外观""手环价格"五个主题聚类结果。

表4　智能手环评论数据主题识别结果

主题排序	特征词
手环功能	续航　跑步　防水　运动　睡眠　闹钟　手表　监测
使用体验	手感　简捷　精准　清晰　舒适　方便　简单　灵敏
售后服务	物流　京东　速度　客服　快递　发货　正品　送货
手环外观	大方　小巧　好看　粉色　黑色　漂亮　时尚　大气
手环价格	实惠　优惠　便宜　划算　可以　不错　不贵　性价比

对智能手环五个识别主题的评论文本信息进行情感分析，结果显示消费者的使用体验中积极情绪占比较高，消极情绪占比不突出。与其他四个主题相比，"手环功能"主题用户的讨论频率更高，对于该主题词的消费者评价可进一步细化到"续航""跑步""睡眠"等相关词语，在消费者的评论文本中显现出来的积极态度依然超过中性态度和消极态度的占比。

四、研究结论

本文通过一系列的文本挖掘和情感分析方法对使用智能手环的消费者评论进行量化分析，从中了解消费者对智能可穿戴设备的情感态度、情感极性与情感趋势，掌握消费者对智能可穿戴设备关注主题的排序，对未来智能可

[①] 柳位平、朱艳辉、栗春亮等：《中文基础情感词词典构建方法研究》，《计算机应用》2009年第10期。

穿戴设备的功能或市场推广改进方向提供参考和建议，推动"健康中国"战略的实施。

（一）功能导向成为消费者关注的核心内容

通过对采集到的智能手环评论文本进行情感分析，数据表明消费者对于以智能手环为代表的智能可穿戴设备关注主题呈现出了多元化和外延广的特征。评价主题不仅包括手环外观、功能属性、使用体验，还涉及售后服务以及价格层面的感知。其中，消费者对于智能手环功能属性的关注是评价数据显示最为核心的内容，词频分析显示与功能相关的"操作""方便""健康"等词语位居前列，而基于消费者评价文本之上的 LDA 主题识别分析也显示主题更偏向于功能方面。因此对于智能手环生产厂商而言，注重手环产品功能的优化和完善是未来研发工作的核心重点，同时也需要多注重消费者在功能方面给予的反馈和修改建议，以期增进用户的使用体验。在消费者的健康诉求方面，数据分析表明消费者对于智能手环的运动、心率检测和睡眠记录等功能属性十分关注，因此厂商也需要更加注重智能手环在健康类功能方面的准确性。

（二）智能手环健康关怀模块的消费需求逐步上升

相较于简单的身体信息监测与数据化显示功能，智能手环的健康关怀相关诉求成了近两年具有独特性的功能需求类型。结合本次研究所抓取的评论数据及其对应的产品信息可发现，"健康""锻炼""健身"等与运动健康相关的词占据词频统计的前列。用户在评价中会刻意将手环的数据监测功能与身体健康联系起来，关注手环的卡路里消耗测算、心率监测等功能。这类评论显示出大部分用户对于手环一类可穿戴设备功能的需求重点，也折射出这一类设备对于用户健康水平测算已经有了毋庸置疑的成熟度。如何在未来突出对于用户身体信息的呈现，甚至是健康状态的提示与关怀，是智能手环产品设计升级的题中之义。

（三）使用体验感成为用户需求的重要组成部分

根据评论数据的识别结果，用户对于产品手感、灵敏度等产品体验的关注仅次于手环功能，这表示在技术不断进步、智能手环不断迭代升级的过程当中，用户有了更大的选择范围，除考量基本的功能之外，用户会更注重智能可穿戴设备给予自身的体验。例如，设备的操作方式原本更多指向功能的多样性，操作方式越多意味着功能越丰富。而在评论抓取词之中，"操作"一词的词频居数据库之中的第二位，"简单""方便"等操作特点位于评价社会网络分析图的中心位置，这表明人们倾向于在保证功能性的同时，追求更便捷顺畅的操作体验。另外，"同步""丰富""支付"

等词也出现在了智能手环评价的社会网络分析图中，这意味着用户不只追求功能上的齐全，更追求手环与手机、电脑等其他电子设备的数据同步。因此，除了核心功能，手环可匹配或可提升的产品生态也是未来厂商在升级过程中的努力方向。不论是细节做工还是生态构建，尽可能优化用户体验感是未来厂商对于智能可穿戴设备进行升级的重要考虑范畴。

（四）"颜值经济"凸显，消费者关注作为附加属性的产品外观

根据智能手环评论数据主题识别结果，有关"手环外观"相关的特征词成为独立的主题分支。其中，消费者对于智能手环的外观呈现出"大方""小巧""好看"等诸多正面评价的表述，积极情绪表现较高。同时，"好看"等外观正向评价类词语在词频分析中也居于前列，分析可得消费者对于作为智能手环附加属性的颜值外观十分关注，并逐步将产品外观的要求提升为评判购物决策的重要因素。

新一轮的互联网浪潮下，"颜值经济"获得了以80后、90后为代表的新世代消费力的青睐，他们个性独特、追求生活品质，并且对于商品的优质外观关注度大幅度上升，同时新世代消费力在经济实力以及资本推动下进一步助力了当前追逐颜值经济的时尚潮流。智能手环呈现给用户的是其简洁的外观特征和集成化的功能属性，尤其是在当前技术突破趋于平缓，功能设置创新力不足的情况下，为迎合消费者的购买趋势，生产厂商也在逐步将营销方向转向精美潮流的智能手环外观设计和使用者身份彰显属性上，市面上就出现了一系列外观炫目、视觉上具有高级感的高品质智能手环。但需要关注的是，生产商在注重消费者在外观层面需求的同时，仍然不能忽略将智能手环的功能属性作为核心设计需求，将外观和功能相结合，贴近目标受众的各方面产品需求，做到生产效益的最大化。

五、不足与反思

本文以京东平台销量排名前10的智能手环评论区文本为研究对象，通过数据提取和整理，基于词频分析、词云图以及社会网络分析图进行可视化呈现，在对智能手环消费者评价文本的采集和分析过程中，本文所选用的情感词典不够完善，可能致使分析软件对于消费者情感态度和极性的计算出现较小的偏差，在未来的研究中将会更加注意完善和优化对于情感词典的设置，使研究结果更加精确。

（本文作者均系浙江传媒学院新闻与传播学院硕士研究生）

基于性别凝视的算法实践：感知、想象与循环驯化
——以宝宝辅食标签的错位应用为例

王昊祥　孙玉豪

摘要：算法时代，标签成为个体捕捉算法痕迹的锚点，而"宝宝辅食"作为母婴标签，却将相关性抛弃，标签错位应用成为常态。本文通过参与式观察、深度访谈以及扎根理论，生成"算法驯化中的女性调适策略"模型，发现在算法技术的加持下，女性凝视感知强化，女性在技术想象中借助"宝宝辅食"标签展开算法驯化。由于算法黑箱与流量逻辑的存在，驯化与反驯化循环拉锯，女性的境遇也在循环实践中逐渐显影，并最终通过"调适"的方式达成女性与算法的"和解"。本文通过对女性算法实践的微观表达，回应错位背后女性的社会期待，并进一步从性别维度探索人与算法的实践进路。

关键词：算法推荐；算法抵抗；内容标签；性别凝视；算法驯化

一、引言

"宝宝辅食"是出现在小红书平台的一个内容标签，逐渐扩散到抖音、微博等社交平台，标签下面母婴内容相对较少，而美妆护肤、身材展现、女性经验以及两性情感等话题内容较多，女性用户借助母职标签以及家庭中男性缺失的社会经验，展开排斥男性参与的算法实践，令标签使用成为算法认知后的实践策略。不断进化的智能媒介技术依托算法运作的底层逻辑，不仅深刻变革了社会的内容生产、信息消费与思维方式，还通过关系重组以技术的非目的性使用[1]与个体使用经验生成的方式潜移默化地完成"人—技术—

---

[1] 刘千才、张淑华：《从工具依赖到本能隐抑：智媒时代的"反向驯化"现象》，《新闻爱好者》2018 年第 4 期。

社会"的关系建构。小红书、抖音、微博为代表的社交平台崛起，生成关系变革的场域。平台与算法深度互嵌，使算法从技术术语变成一种可见性的工具，[①] 是个体媒介化生存方式的中介。小红书平台"宝宝辅食"标签的错位应用便是个体媒介生存实践的明证。

算法实践本质上是人对技术的抵抗，现有的算法抵抗研究中，视角多元，包括从专业生产者的算法驯化中构成自媒体内容生产网络，[②] 从平台用户对技术黑箱差异性认知展开管理策略，[③] 从"数字灵工"的算法认知与跨平台媒介使用中揭示算法实践的互构性等。[④] 甚至可以通过用户代理的方式来修复算法框架，以应对算法的"破损"（brokenness）或偏见政治。[⑤] 算法抵抗中的性别视角却较少被讨论，研究集中在算法平台对女性赋权，从"可见性"来描述女性的算法实践。[⑥⑦] 宝宝辅食标签的运用是追求男性"不可见"的产物，本文从凝视与驯化的理论视角，在算法抵抗与驯化的媒体实践中引入性别变量，探索算法驯化与反驯化中所呈现出的"人—技术—社会"的互构关系，并对算法想象下实践的有效性展开讨论。

二、文献回顾与研究问题

（一）凝视：父权与算法的合谋

"凝视"作为当代文化研究和批评的关键术语，与当下视觉文化的兴起密不可分，而"看"作为一种人类本能始终贯穿人类文明的发展。从古希腊以来对视觉的强调就奠定了被称作"视觉中心主义"的观念，[⑧] 到萨特、

[①] Cotter, K. "Playing the visibility game: How digital influencers and algorithms negotiate influence on Instagram." New media & society, 2019, 21 (4).

[②] 黄淼、黄佩：《算法驯化：个性化推荐平台的自媒体内容生产网络及其运作》，《新闻大学》2020年第1期。

[③] 赵璐：《制约还是驯化：算法想象、可见性管理策略与制度再生产》，《当代传播》2022年第4期。

[④] 顾楚丹、杨发祥：《驯化抑或互构——社交平台"数字灵工"的算法实践》，《探索与争鸣》2023年第5期。

[⑤] Velkova, J., & Kaun, A. "Algorithmic resistance: Media practices and the politics of repair." Information, Communication & Society, 2021, 24 (4).

[⑥] 曾丽红、叶丹盈、李萍：《社会化媒介赋权语境下女性"能动"的"可见性"——兼对B站美妆视频社区的"可供性"考察》，《新闻记者》2021年第9期。

[⑦] Sued, G. E., Castillo-González, M. C., Pedraza, C., Flores-Márquez, D., Álamo, S., Ortiz, M., ... & Arroyo, R. E. "Vernacular visibility and algorithmic resistance in the public expression of Latin American feminism." Media International Australia, 2022, 183 (1).

[⑧] 朱晓兰：《"凝视"理论研究》，博士学位论文，南京大学文艺学系，2011，第16页。

拉康在视觉维度对人主体性的思考,[①] 再到福柯为凝视补充的"知识—权力"维度,[②] 凝视的理论框架基本生成,即凝视是一套权力运作机制,在看与被看中生成自我与他者。劳拉·穆尔维(Laura Mulvey)在《视觉快感与叙事电影》中将凝视的概念聚焦到男性的主动观看以及被观看的女性,提出男性凝视的概念,并在之后的访谈中重申其观点。[③] 人工智能技术的发展,5G、VR、数字孪生等基础技术的成熟,使数字空间成为个体媒介化生存的场域,而"看"成为触发空间体验的基础。技术载体的变化,也为凝视提供了新的对象、空间并生产出新的权力关系。

图像、短视频作为算法平台的"元语言体系",搭建起小红书、抖音的内容生态,诉诸视觉成为平台流量的密码。凝视理论的研究也在新的媒介环境中不断发展,包括从性别角度关注到平台当中的女主播,认为男性的观看使女主播在凝视中变成男性欲望的对象,[④⑤] 在赋权角度讨论女性在观看中的男色消费问题,[⑥⑦] 以及探讨借助视频的方式对抗父权及殖民主义凝视的可能。[⑧] 此外,还有研究从技术对凝视的延伸角度讨论美颜技术使个人从社会凝视走向自我凝视;[⑨⑩] 从技术对凝视的强化角度讨论以算法为代表的"超主体凝视",以及从技术与权利的角度讨论算法作为凝视主体的隐身。[⑪] 既有

[①] 吴琼:《他者的凝视——拉康的"凝视"理论》,《文艺研究》2010 年第 4 期。

[②] 蓝江:《双重凝视与潜能世界:电子游戏中的凝视理论》,《上海大学学报(社会科学版)》2022 年第 3 期。

[③] Sassatelli, R. "Interview with Laura Mulvey: Gender, gaze and technology in film culture." Theory, Culture & Society, 2011, 28 (5).

[④] 陆绍阳、杨欣茹:《俯视手掌的权力:重回男性凝视的网红直播视频》,《新闻爱好者》2017 年第 2 期。

[⑤] Zhang, X. "Presentation, Alienation and Reconstruction of Female Media Image in Modern Network Live Broadcast." Advances in Journalism and Communication, 2022, 10 (3).

[⑥] Li, X. "How powerful is the female gaze? The implication of using male celebrities for promoting female cosmetics in China." Global Media and China, 2020, 5 (1).

[⑦] 徐敬宏、张如坤、郭婧玉等:《弹幕与规训:网络直播中的性别凝视——基于斗鱼大数据的分析》,《国际新闻界》2022 年第 4 期。

[⑧] Rice, C., Dion, S. D., Fowlie, H., & Mündel, I. "Re/turning the gaze: Unsettling settler logics through multimedia storytelling." Feminist Media Studies, 2022, 22 (3).

[⑨] Lavrence, C., & Cambre, C. "Do I Look Like My Selfie?: Filters and the Digital-Forensic Gaze." Social Media + Society, 2020, 6 (4).

[⑩] 徐婧、孟繁荣:《驯服"赛博格":美形技术凝视下的女性身体及其性别秩序》,《新闻与写作》2022 年第 11 期。

[⑪] 张宪丽:《数字世界中的共有凝视:从福柯和拉康出发的思考》,《学习与探索》2022 年第 12 期。

研究关照到时代发展下的理论阐释，却较少关注凝视的感知问题以及算法加持下凝视感知的具体实践，宝宝辅食标签使用的动机包含着个体对凝视的感知，而具体的实践流程分析，也能在微观视角对"技术—性别"下凝视感知的维度进行相应拓展。

（二）驯化：技术想象下的个体实践

驯化理论最早作为生物学概念，描述了人类对野生动植物的驯化。将驯化理论纳入传播视域讨论的是罗杰·西尔弗斯通（Roger Silverstone），他以电视如何进入家庭环境进行探究，描绘了媒介从野生状态驯化为"家养"状态的过程。[1] 随着媒介环境的变化，研究环境也从电视媒介的家居环境中脱离，开始指向围绕新媒介技术的日常生活实践。[2][3] 研究体现出对人的关怀，关注到老年群体对于数字游戏的驯化，[4][5] 以及世界贫困地区的农村妇女和家庭主妇通过对手机驯化形成的自我赋权。[6][7]

算法作为一种架构技术，从生态维度上制定了平台的运行逻辑，并逐渐发展为一种知识体系，使用户在日常化的媒介接触中陷入无意识的使用状态。[8][9] 虽然算法黑箱为理解算法设置了壁垒，但"猜你喜欢"的算法推荐机制让用户有迹可循，并在算法过度冒犯的推荐行为中，发展出一套理解算法的"民间理论"（folk theories）[10]。由民间理论展开的算法实践并不是单向

---

[1] 罗杰·西尔弗斯通：《电视与日常生活》，陶庆梅译，江苏人民出版社，2004，第83页。

[2] De Reuver, M., Nikou, S., & Bouwman, H. "Domestication of smartphones and mobile applications: A quantitative mixed-method study." Mobile Media & Communication, 2016, 4 (3).

[3] Matassi, M., Boczkowski, P. J., & Mitchelstein, E. "Domesticating WhatsApp: Family, friends, work, and study in everyday communication." New media & society, 2019, 21 (10).

[4] De Schutter, B., Brown, J. A., & Vanden Abeele, V.. "The domestication of digital games in the lives of older adults." New Media & Society, 2015, 17 (7).

[5] 周逵、何苒苒：《驯化游戏：银发玩家网络游戏行为的代际研究》，《新闻记者》2021年第9期。

[6] Balasubramanian, K., Thamizoli, P., Umar, A., & Kanwar, A. "Using mobile phones to promote lifelong learning among rural women in Southern India." Distance Education, 2010, 31 (2).

[7] Handapangoda, W. S., & Kumara, A. S. "The world at her fingertips?: Examining the empowerment potential of mobile phones among poor housewives in Sri Lanka." Gender, Technology and Development, 2013, 17 (3).

[8] 刘志东、张嘉敏：《媒介生产中算法权力的扩张与规制》，《中国编辑》2021年第11期。

[9] 李锦辉、颜晓鹏：《"双向驯化"：年轻群体在算法实践中的人机关系探究》，《新闻大学》2022年第12期。

[10] DeVito, M. A., Gergle, D., & Birnholtz. "Algorithms ruin everything" # RIPTwitter, Folk Theories, and Resistance to Algorithmic Change in Social Media // In Proceedings of the 2017 CHI conference on human factors in computing systems, 2017.

的人对技术的支配，人与技术处在持续的互动中，用户在驯化过程中秉持的算法规则想象使个体不可避免受到技术思维的影响而进一步被技术反向驯化，呈现出用户与算法之间的反复拉扯与博弈。① 现有研究关注到驯化与反驯化的循环性，但这种实践具体表现在"日常抵抗"的维度，② 对算法在性别维度的驯化及"非日常化抵抗"讨论得较少。宝宝辅食作为一个带有性别意味的标签，这一标签的使用体现了女性自觉与"非日常化抵抗"，驯化的客体不仅是算法技术这一具体的技术形式，还包括男性技术这一抽象的技术形式。本文从标签实践的性别要素入手，能够丰富驯化的视角，并进一步关注到青年女性驯化背后的社会期待。

（三）问题的提出

基于小红书、抖音社交平台"宝宝辅食"标签下的内容生态，本文从用户错位使用动机、用户的算法想象与主体性实践出发，以标签使用实践、标签建构的合理性以及算法抵抗的有效性为研究重心，具体探讨以下三方面的问题：

Q1：算法平台为何发生宝宝辅食标签的错位使用？错位背后体现着用户的何种诉求？

Q2：宝宝辅食标签的使用是对男性凝视的抵抗还是对父权叙事框架的妥协？

Q3：基于技术想象，通过标签达成的算法驯化是否有效，抑或是作为一种"想象中的驯化"而自我麻痹？

三、研究方法与研究设计

宝宝辅食的标签集中出现在小红书，并在抖音和微博有所扩散，但在具体的资料搜集阶段发现微博内容生态的相对封闭性及以熟人为主的互动方式，结合访谈对象微博使用动机中的私密性诉求，考虑到宝宝辅食标签在微博平台中的话题度并不高，因此只将小红书、抖音这两个算法平台作为研究的数字田野。小红书、抖音平台具有搭载算法、嵌入社交、用户生产的共同

---

① 李锦辉、颜晓鹏：《"双向驯化"：年轻群体在算法实践中的人机关系探究》，《新闻大学》2022年第12期。

② 洪杰文、陈嵘伟：《意识激发与规则想象：用户抵抗算法的战术依归和实践路径》，《新闻与传播研究》2022年第8期。

特性，成为青年群体生存的场域，①② 生产着青年文化的抵抗性与创造力。

本文在参与式观察、深度访谈的基础上，以扎根理论对研究对象展开考察。扎根理论由格拉斯（Barney Glaser）和斯特劳斯（Anselm Strauss）提出，是一种通过系统化的操作模式，从原始的材料中归纳出经验概括，最终生成理论的研究方法。在不断发展的过程中，扎根理论形成经典扎根理论、程序化扎根理论以及建构型扎根理论三大流派，③ 本文采用斯特劳斯和科宾（Corbin）的程序化流程，对文本材料进行三个级别的编码：开放式编码、轴心式编码以及选择式编码。④

平台的社交性、开放性为观察以标签展开的互动提供了空间，因此本研究的第一阶段以参与式观察为主，在小红书、抖音平台宝宝辅食话题区域，搜集整理点赞量前100的评论区中涉及标签解释、标签互动的言论。将搜集到的材料清洗后导入Nvivo中进行编码，形成有关研究的初始范畴，为深度访谈的样本做问题上的补充。研究的第二阶段以深度访谈为主，考虑到质性研究的特性，访谈对象需要具备一定的算法感知力即媒介素养，而教育程度与媒介素养呈正相关⑤，因此受访者的学历应尽量在本科及以上。由于标签自身的性别属性，访谈者尽可能是女性并且使用过宝宝辅食标签或对宝宝辅食标签有所了解。因此，基于立意抽样，通过小红书、微博平台的观察筛选，私信招募访谈对象，通过在微信群"隔壁微—性别议题讨论群"发布海报招募访谈对象，共招募到访谈对象12人。本研究采用半结构访谈的方式，保障每人次的平均访谈时间约为40分钟，将录音转文字并进行处理后，形成9万字左右的文稿，访谈与文本分析同步进行，构建出初始概念与范畴。在深度访谈的同时，参与式观察所产生的新文本不断补充到文本中，通过Nvivo进行辅助范畴的反复比对与概念抽象。

在第二轮访谈过程中，将维度不足的范畴以及新的概念转化为问题补充进访谈提纲，并以第一轮访谈中访谈质量较好的对象为原点进行滚雪球抽

---

① 千瓜数据：《2022年千瓜活跃用户画像趋势报告（小红书平台）》，https：//www.qian-gua.com/blog/detail/1594.html，访问日期：2023年11月15日。
② 抖音开放平台：《用户画像》，https：//developer.open-douyin.com/docs/resource/zh-CN/mini-app/data/data-center/regular-analysis/portrait-analysis，访问日期：2023年11月16日。
③ 费小冬：《扎根理论研究方法论：要素、研究程序和评判标准》，《公共行政评论》2008年第3期。
④ 陈向明：《扎根理论的思路和方法》，《教育研究与实验》1999年第4期。
⑤ 马超：《媒介类型、内容偏好与使用动机：媒介素养影响因素的多维探析》，《全球传媒学刊》2020年第3期。

样,当连续3个新收集的样本都无法提供新的概念和范畴时,则停止数据的收集。考虑到标签使用中性别视角的补充,在第二轮抽样中共招募到访谈对象12人,其中有意识挑选了3名男性。第二轮的访谈对象中预留4人用于"理论饱和度"检验,受访者以"受访者昵称首字母+受访顺序"为编号,具体信息如表1所示。

表1 受访者基本信息

编号	年龄	职业	性别	学历
L-1	25岁	学生	女	硕士在读
Y-2	23岁	学生	女	硕士在读
S-3	28岁	公务员	女	本科
L-4	22岁	学生	女	硕士在读
X-5	23岁	学生	女	硕士在读
Y-6	25岁	公务员	女	本科
L-7	24岁	医生	女	硕士
E-8	23岁	学生	女	硕士在读
P-9	23岁	自媒体博主	女	本科
J-10	25岁	自媒体博主	女	硕士
Y-11	24岁	自媒体博主	女	本科
X-12	21岁	学生	女	本科
H-13	25岁	学生	男	硕士在读
S-14	24岁	学生	男	硕士在读
N-15	24岁	幼儿园老师	女	本科
T-16	25岁	音乐老师	女	硕士
M-17	27岁	公务员	女	硕士
L-18	30岁	舞蹈老师	女	本科
B-19	23岁	学生	女	本科
C-20	20岁	学生	男	本科

四、范畴提炼与模型建构

(一)开放式编码

将访谈得到的20份材料导入Nvivo中,通过对访谈文本的仔细阅读、逐句编码、反复比对,删去出现频率小于3的初始概念后得到69个初始概念,经过两轮的概念抽象与概念聚拢后,最终得到36个初始概念及14个范畴。范畴、初始概念及原始记录如表2所示。

基于性别凝视的算法实践：感知、想象与循环驯化
——以宝宝辅食标签的错位应用为例

表2 开放式编码形成的初始概念及范畴

范畴	初始概念	原始记录
自我规训	隐私披露保守	T-16：不是说怕别人评价什么的，我感觉就是还是要注重一点自己的隐私吧；Y-11；X-12；Y-6；L-18
	男性审视内化	E-8：我在发的时候我其实会考虑到我的男性同学；T-16；L-1；Y-2；X-5；E-8；N-15；T-16
行为冒犯	评头论足	P-9：今年夏天的时候会买一些就是无袖的衣服，就会有一些男生在评论区表达一些不好的意思；L-4；Y-6；J-10；Y-11；L-18
	私信骚扰	L-4：露了一个锁骨之类的，可能会有些人也会私信给我，而且都是男性；Y-2；X-12；B-19
标签经验认知	标签期待	L-1：因为现在刷宝宝辅食的大部分是我们这种年轻一点的女孩子，大家更期望把这个内容精准地推送给女生；Y-11；X-12；L-4；X-5；Y-6；E-8；P-9
	标签厌恶	B-19：其实就算是女性用户，也有一部分对这个是反感的，类似于他用这个标签是有点想嘲讽这个标签；S-3；E-8
	内容分类	L-4：我打上这类标签的过程中，我会感觉到我的内容是归类到这一个门类下面，然后我相应的东西会被算法推荐到这下面去；Y-11；L-7；E-8；P-9；C-20
	标签反抗	L-4：有一种对男性凝视以及这个父权社会某种程度的一个反抗；H-13；S-3；L-4；Y-6；B-19
算法黑箱	算法逻辑超越个人感知	L-1：现在有一个很大的问题，就是那些算法工程师知道你知道这个逻辑，他用你知道这个逻辑，然后再去反向地给你推荐内容；X-5；P-9；J-10
	算法推荐的复杂性	E-8：标签可能仅仅是一个参考，算法推荐机制还是比较复杂的，并不是说咱们使用了一个标签就能够杜绝这样的问题；L-1；H-13；Y-2；X-5；L-7
算法经验认知	算法负向认知	Y-6：我认为甚至这种算法让我感到过度的不适；L-1；P-9；Y-2；Y-11；B-19
	算法体验认知	X-12：我跟我身边的一位男性同学拿出抖音来刷同一条视频的评论区对我们展现的都是不一样的；Y-11；P-9；J-10；S-3；B-19
驯化失灵	标签功能反转	Y-11：男性开始滥用这种标签，然后吸引到一些女性；J-10；H-13
	标签抵抗的有限性	L-1：你的反抗其实并没有很有用，你的反抗只反抗了这一条信息，你并没有反抗这个整个算法对你个体的控制；X-5；E-8
	消极解决	L-18：用了还是没啥用，所以就置之不理，就是也不回复也不回应；Y-6；L-7；Y-11

续表

范畴	初始概念	原始记录
编码凝视	男性审视的个体感知	P-9：如果我发一些露肩膀的照片，就是点赞量会高啊，就这是事实啊，然后如果说我就拍正常的照片，那点赞量就没有说像我比如露一下高；Y-2；L-7；X-5；J-10，Y-11，X-12
	技术的性别思维	P-9：这个东西的建构者，他本来就可能是个男性；L-1；L-4；X-12
工具式驯化	算法规则认定	L-4：有一种地理的因素……（地点）；E-8：你在上面停留的时间很短，算法其实能够检验到你对这个是不感兴趣……（完播率）；L-18：比如说很火的那种背景音乐，突然就有很多人发……（音乐）；Y-2；X-5；L-7；P-9；J-10；Y-11
	算法调试	E-8：如果我对这个内容感兴趣，我会点进去，主要我可能会分享，甚至会评论，就是让他知道我的参与度是高的；Y-2；S-3；L-4；X-5；L-7；N-15
	标签迭代	E-8：我可能会寻找其他的替代性的标签，因为我发现好像现在小红书平台已经出现类似于这样的一种标签了；P-9；J-10；H-13
防御式驯化	标签回避	L-4：我可能有时候一开始我意识到了这个可能有一点性别冲突了，就会下意识避开；L-1，Y-2，Y-6，N-15，M-17
	停止分享	X-12：相比于momo，我的方式就是直接不发布；L-7；X-5
	算法逃离	Y-6：现在已经把小红书的自动化推荐关掉了；Y-2；E-8
标签意义液化	宝妈情感袭扰	X-12：这样的宝宝辅食感觉是抵抗，但其实给真正的母职的经验者带来了挺大的麻烦；L-1；Y-2；L-7；Y-11
	意义偏离	X-5：现在给我感觉是这个标签下面已经掺加了很多奇怪的东西；L-4；L-7；E-8；P-9；J-10；Y-11；H-13；M-17
凝视场域再生成	男性驱逐失效	B-19：为了以防万一被男生刷到，结果现在都知道了；L-1；P-9；N-15；T-16；L-18
	标签成为凝视入口	Y-11：通过搜索宝宝辅食，反而能够看到更多的女性，看到那些本来不想让男生看到的一些东西，就变成一个凝视的入口了；S-3；X-5；E-8；P-9；B-19
驯化成功	标签屏蔽男性	Y-11：我觉得小红书是有的，通过这个标签拦截了很多的男性；L-1；X-12；B-19
	建立女性对话空间	J-10：评论区有女孩子说我觉得你的眉毛、你的妆怎么怎么样的；L-4；J-10

续表

范畴	初始概念	原始记录
结构性偏见的智能投射	男性友好	X-12：很多女孩子会把性别改成男，这样就会少受到隐私侵犯和言语冒犯，你会感觉技术是在偏帮男性；L-1；X-5；P-9；B-19
	性别刻板印象	Y-6：男性是脱离家庭的，包括你用厨具，仅女生可见，等等，感觉用这种标签是在加剧这种性别刻板印象；Y-2；X-5；E-8；P-9；J-10；Y-11；X-12
反思式驯化	女性自我接纳	Y-6：很有底气地去做这样的一个事情，而不是因为害怕被攻击到，所以我要去加上这个标签；P-9；J-10；Y-11
	男性叙事框架合理化	X-12：标签是在给女性自我设限，认为女性和这些家务是绑定在一起的；Y-6；E-8；P-9；Y-11；B-19
	警惕群体行为	Y-6：明知道这个事情对自己是不公平的，却又会屈于社会的眼光和防止自己被攻击去加入这样的一个群体中；L-7；E-8；P-9；B-19
	多样化信息摄取	B-19：我需要这部分内容就是来提醒我，因为就是我发现这个信息茧房真的还蛮严重的；E-8；Y-11；X-12
	社会"性"耻化与性教育缺乏	P-9：没有纠正过来，所以使得这套凝视一直持续到了现在；X-12；N-15；B-19

（二）轴心式编码

在轴心式编码阶段，通过对开放式编码阶段获得的 14 个范畴进行联系和逻辑梳理，最终形成 5 个主范畴，分别是：凝视感知、技术想象、算法实践印象、驯化、反驯化。同时对范畴内涵做出相应解释，为下一步选择式编码的理论建构做准备，具体如表 3 所示。

表3 轴心式编码形成的主范畴与副范畴

主范畴	副范畴	范畴内涵
凝视感知	编码凝视	男性凝视嵌入算法带来的凝视技术延伸
	行为冒犯	通过冒犯女性的行为让女性感知到匿名的男性观看
	结构性偏见的智能投射	物理空间的性别结构在算法平台的投射
技术想象	算法经验认知	算法推荐逻辑、运作规则的个体实践经验
	标签经验认知	对标签意涵、使用场景的个体实践经验
算法实践印象	驯化成功	使用标签满足了个人诉求的算法实践印象
	驯化失灵	使用标签并没有满足个人诉求的算法实践印象

续表

主范畴	副范畴	范畴内涵
驯化	工具式驯化	将算法看作工具主动去利用其推荐规则达成诉求
	防御式驯化	对算法造成的不利影响做出被动、消极的规避
	反思式驯化	通过实践不断形成对算法使用的反思
反驯化	算法黑箱	算法的技术壁垒使得算法运作规则难以被认知
	凝视场域再生成	用于规避凝视的标签变成新的男性凝视的场域
	标签意义的液化	标签的意义自由解读
	自我规训	算法的逻辑与男性的审视作为规范自己行为的准则

（三）选择式编码

通过对轴心式编码获得的 5 个主范畴之间逻辑关系进行梳理，结合文献梳理部分的问题做出相应理论思考，从实践的流程角度最终确定统领整个研究过程的核心范畴是"算法驯化中的女性调适策略"。通过探索核心范畴与主范畴之间的关系，描绘本文的"故事线"，构建出主范畴显性的典型关系结构，如表 4 所示。将隐性的关系结构引入后，本文的"故事线"逐渐清晰：用户基于算法想象和对凝视的感知，展开驯化算法的实践，但"想象"的匮乏导致技术以"反驯化"的形式与人的驯化实践不断拉锯，而实践结果作为算法实践印象参与到下一轮的算法实践中。这个实践过程是一个自我调适的动态过程，其中凝视感知的敏锐度、技术想象的丰富性、算法驯化的效能等与女性个体的差异性紧密相关，但最终通过"调适"的方式达到自我与算法的"和解"，如图 1 所示。

表 4 主范畴显性的典型关系结构

典型关系结构	关系结构内涵
凝视感知 + 技术想象 → 驯化	男性具体行为生成女性的凝视感知，基于平台使用过程中对算法逻辑的认知与推荐规则的认定，女性以标签展开具体的算法驯化
驯化 ↔ 反驯化	驯化过程不是一蹴而就的，用户的算法驯化与技术的反向驯化同步展开，使得算法实践处在一个动态拉锯、循环上升之中
驯化 + 反驯化 → 算法实践印象	驯化作为一个能动性的过程，在与技术的博弈过程中，产生驯化是否成功的个人评判结果，而这种驯化结果变成新的驯化策略印象，参与到下一轮的算法驯化中
算法实践印象 → 凝视感知 + 技术想象	在算法驯化过程中产生的实践印象会作为下一次驯化的前置性框架，指导个人实践能力提升以及驯化有效性的达成

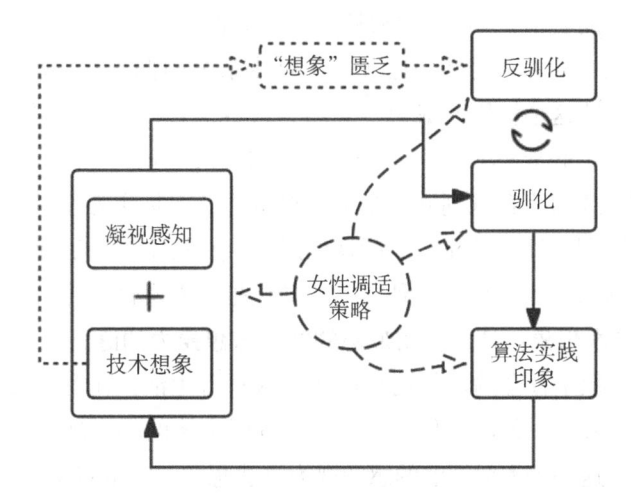

基于性别凝视的算法实践：感知、想象与循环驯化
——以宝宝辅食标签的错位应用为例

图1 算法驯化中的女性调适策略模型

（四）理论饱和度验证

本研究围绕"宝宝辅食"这一女性标签抵抗行为，其样本选择从问题出发，年龄聚焦到青年女性群体，因此样本具有较强的问题针对性，结合样本职业上的差异选择，尽可能使样本达到差异度饱和。通过第二轮预留的4名访谈样本进行三级编码，研究发现新概念与原有范畴有相当程度的交叉，并且可以被主范畴所涵盖，因此可以认为本文提出的概念和范畴达到理论饱和，算法驯化中的女性调适策略模型具有较强的现象解释力。

五、算法驯化中的女性调适策略模型阐述

（一）凝视感知：技术加码下男性凝视感知的强化

不同于实体空间中男性的道德约束，类匿名机制下，男性从"后台"走向"前台"，网络中发生在她者身上的男性冒犯，同样作为自己的个体经验而加以接纳。"我个人并没有过，但我有时候刷评论区的时候会看到那种很恶臭的男性言论，会感觉很不舒服。"（X-5）而个体在直接的男性冒犯中，也会进一步感知到屏幕背后的男性凝视："我上次去旅游，住的那个酒店很漂亮，我就对着那个酒店的环境拍了一下，然后就会有一个男的过来私信我，给我开黄腔。"（X-12）这种对凝视的感知会在平台生存与算法使用中不断累积，并逐渐以算法驯化的方式展开抵抗。

除了这种能够被直接感知到的男性行为，凝视更多的依旧是作为一种隐身的权利而存在。从算法的物质性层面来看，其作为一套编码体系内嵌着设

27

计者、开发者的价值,①而在父权社会中,男性主义作为元语言成为算法社会的约定俗成,这种将男性偏见嵌入代码体系中的偏见即算法凝视(Coded Gaze)。"把女性这个性别改成男,是因为改成男性之后的算法对你更友好,可以减少很多不必要的攻击。"(X-12)此外,抖音、小红书作为超级平台,其生存方式与生存规则并不是平台自生的,而是作为投射,继承着来自现实社会的性别秩序与偏见,对凝视的感知,在技术的层层加码中、在可见的确证中得到加强,并作为一种内生的动机指导着女性的算法抵抗实践。

(二)技术想象:技术使用痕迹的觉知与想象力的匮乏

算法作为数字社会的运作逻辑已然嵌入日常生活,在个人无意识的算法使用中,慢慢形成一种数字化生存常识,按照个体的朴素理解与算法展开互动,Bucher 将这种个人对算法的感知视为算法想象(algorithmic imaginary)②,即算法在 Bucher 那里不仅作为技术物而存在,还具有文化的意涵。③这种关于技术的想象具体体现在用户对信息茧房的感知,对算法流量关系的认知等维度。"我觉得抖音的算法推荐实在是有点太离谱了,比如说我跟我身边的一位男性同学拿出抖音来刷同一条视频的评论区,对我们展现的都是不一样的。"(N-15)"我觉得不管是短视频还是内容还是图片还是文字,你但凡是暗含着这些稍微带有一些性别、性的东西,算法就是会快速地去捕捉到,然后去推荐给对应人群。"(P-9)

女性在平台使用中基于个体经验生成关于算法的想象,而标签的错位使用正是对算法想象的回应。用户的标签使用想象是算法推荐的依据,宝宝辅食作为母婴标签,其目标群体大部分是女性。有目的使用宝宝辅食标签的人群,期待围绕着"屏蔽男性用户""标签反抗"与"仅女生可见"展开,希望通过母职标签,建立没有男性审视的圈层。"因为现在刷宝宝辅食的大部分是我们这种年轻一点的女孩子。然后大家更期望把这个内容精准地推送给这些女生。"(L-1)算法想象在个体层面打开技术的黑箱,并通过平台中对算法知识的共享形成有关算法的集体知识。"我偶然刷到的,一开始有点疑惑,评论区就说,带这个标签可以屏蔽男性,当时我就明白了。"(T-16)但

---

① Kraemer, F., Van Overveld, K., & Peterson, M. "Is there an ethics of algorithms?." Ethics and information technology, 2011, 13.
② Bucher, T. "The algorithmic imaginary: exploring the ordinary affects of Facebook algorithms." Information, Communicatiom & Society, 2017, 20 (1).
③ 黄小莉、周懿瑾:《人机互动中的算法想象:研究评述与展望》,《外国经济与管理》2023年第7期。

感知与想象作为难以量化的经验，存在个体的差异，因此在通过标签使用驯化算法的过程中，标签意义的流动与驯化的自反成为常态，想象力的匮乏召唤算法素养的上场。

（三）驯化：主体性的在场与女性主体性反思

驯化作为个体认知后的行动策略，体现着个人主体性的在场。用户在驯化实践过程中将算法视作工具，在"时间""地点"与"音乐"等影响算法推荐的经验感知中实现对算法的工具性使用。"你在上面停留的时间很短，算法其实能够检验到你对这个是不感兴趣，如果你对一个视频很感兴趣，你肯定在上面会有时间的停留。"（L-4）"就是我在刷抖音的时候，比如说我现在××大学，IP同样在××大学定位，那推荐就会考虑到地点的因素。"（E-8）"比如说很火的那种背景音乐，突然就有很多人发，然后发了之后他就会有很多人点赞。"（L-7）

个体的抵抗并非总是积极的，当个人感知到"控制""压抑"与"冒犯"时，通过"中缀"行为的逃离，实现对算法的防御性驯化。"对于我来说最简单（的做法），那就是不去分享这些，那就不会有那些凝视了。"（L-4）虽然相比工具性驯化稍显被动，但仍是个体主体性的彰显。不管是工具性还是防御性，驯化都在具体的实践中展开，而批判性反思则在观念维度实现对"作为文化的算法"的驯化。事实上"宝宝辅食"标签不仅暗含了男性不在场的刻板印象，同时也将"婴儿抚育"与女性生命连接，将男性与家庭分离合理化，并借助男性叙事框架宣告了借助标签抵抗男性凝视的"破产"。"我认为正是因为不去发这个标签才证明了女性群体其实是可以有自由选择去发内容的一个权利，包括去接受所谓的可能一些凝视，或接受所谓的一些不好的一些评论的一个勇气，而不是在男性的叙事框架下进行着在我看来没有实际改变的抵抗。"（Y-6）

（四）反驯化：技术进化编织算法囚笼

技术想象的匮乏，使个体在面对算法时，往往陷入一种"想象的驯化"。在算法技术维度，标签并不能决定算法推荐的最终方向，黑箱作为实存的技术壁垒，其潜在的推荐要素与要素间的复杂运算使个体难以通过感性经验归纳算法规则。"标签可能仅仅是一个参考，算法推荐机制还是比较复杂的，并不是说咱们使用了一个标签就能够杜绝这样的问题。"（E-8）此外，算法在流量逻辑的自我进化中，将具有热度的标签"转译"为流量标签，使宝宝辅食本身的抵抗意涵在流量的推搡中消失殆尽，并以情感袭扰的现实困境带来女性群体与宝妈群体间的"分裂"。"很多人带宝宝辅食（标签），他并不是因为自己不想被某些人看到，他只是觉得带了这个之后热度会很高。"（L-1）"可是为什么标签要带宝宝辅食啊，像我们这种真的需要做宝宝辅食的搜出来都是这种（抖音宝宝辅食评论区）。"（JA）

标签的流行也同样带来标签意涵的"自反"，标签下涌入的男性，将宝宝辅食变成新的凝视场域。"一开始就是在这个宝宝辅食刚刚兴起的时候是有的，但是现在时间长了，我发现有相当多的男性，他们会专门去找宝宝辅食。"（S-3）技术的强大力量裹挟男性凝视，使女性进一步陷入自我规训与自我凝视的境地，技术压倒个人，实现对个体的驯化。"我在发布类似关于两性话题的时候，我会刻意去注重我的措辞，就是怕会引起我男性同学的不适。"（E-8）"如果是要发自拍的话，我可能会对一些我认为会引起不好评言论的部位，或者是一些细节做一些打码。"（X-5）反向驯化带来的不适会进一步激发女性的抵抗性，在驯化与反驯化的拉锯中，不断调整对算法的想象。

（五）算法实践印象：个人经验与无处可逃的现实境遇

算法实践印象作为一种反馈，一方面修正再次实践的策略，进一步打开算法的想象力；另一方面作为一种认知模式，影响着超越算法边界的技术实践。驯化成功和驯化失灵作为最终的印象，与驯化、反驯化在个体维度的实践进路密切相关，即驯化的印象更多的是作为一种个体经验而存在。由于每个人的驯化目的并不相同，即使看起来无力的抵抗，但在微观层面可能依旧满足了女性用户的使用诉求。"我承认这个观点，但就我日常使用来讲，我不会考虑这么多，什么抵抗是否真的有效，对我来说使用这个标签依旧有用，能够达到我想要的结果就可以了，甚至和我预想的有一些出入也无所谓。"（E-8）因此，"宝宝辅食"标签虽然作为女性的共同经验而使用，但使用印象作为个人经验依旧中介着实践的有效性。

此外，女性算法实践过程产生的算法实践印象与卡兹在1976年《个人对大众传播的适用》中谈到的媒介期待有着相似的生成路径，着眼于对标签的策略性使用是否能够满足使用期待，并在期待是否满足的判断中形成印象或期待。但不同的是，算法作为当下赛博空间的"交往语言"，是生成个体生存场域的基础，深度媒介化的现实境遇让个体的选择权十分有限，不论驯化结果如何，个体依旧需要被卷入算法规制的平台中无处可逃。"反抗其实作用有限，你的反抗只反抗了这一条信息，你并没有反抗这个整个算法对你个体的控制。"（L-1）"如果今天让我发一个自拍，或者发一个什么有关我个人信息的，你问我打不打这个标签，打不打这个tag，我会说我打。但

是我也同样知道，实质作用上面聊胜于无。"（X-12）

（六）调适：算法时代女性的行动指南

凝视感知是女性展开算法驯化的认知性前提，这种认知与当代女性接受的"男女平等""权力""反抗"等新女性话语①产生认知上的冲突，即费斯汀格（Leon Festinger）提出的认知不协调。而技术想象作为实践的工具，通过"宝宝辅食"标签的运用，使女性回归到"认知和谐"的状态。这种认知和谐本质上是女性面对算法的调适策略，即从个体维度展开对算法的驯化，以及在这种驯化与反驯化的拉锯中达到自我与算法、凝视的"和解"。

事实上算法作为当下平台社会运转的基础设施，个人对算法的驯化很大程度上依旧遵循着算法的元逻辑与平台的规则，微观层面的驯化策略并不能带来女性对凝视的规避。逃无可逃的现实境遇呼唤个体在心理层面的调适，即对算法的介入程度与凝视边界的框定，这种框定并非一成不变，而是在女性的标签运用与算法驯化实践中不断调适，寻找个体能够接纳的算法环境以实现认知的协调。防御式驯化、工具式驯化以及反思式驯化正是不同个体在"不协调状态"中不同层次的调适策略，"如果这个标签没有效果我会换一个标签，实在不行我就不发了，我还是会看情况的。"（L-18）调适更像是无意识的行动，渗透在算法驯化的各个流程与环节中，面对可能存在的不协调以及无法逃离的生存环境，及时降低个人心理预期或投入循环往复的算法驯化实践中。

六、结语：标签作为女性"不可见"的实践

技术的发展使"看不见的女性"在社会显影，但与此同时也带来男性凝视感知的增强与算法凝视对女性私人空间的紧逼。女性凭借着个人算法使用经验生成的算法想象，利用"宝宝辅食"标签展开对算法的驯化，期望借助标签抵抗男性越界的凝视与冒犯，因此在主体性维度上，标签使用既是作为性别个体的主动反抗，又是作为用户个体的积极驯化。但黑箱的存在与算法运作的流量逻辑使"宝宝辅食"标签的抵抗性逐渐丧失，并在男权叙事框架下完成对女性抵抗的"收编"。与此同时，"想象中驯化"的无力感并不能否认个体实践的价值与意义，个体差异的存在需要将统一的确定标准抛却，人本身才是衡量驯化有效性的指标。实践指向的终点并非是对技术的

---

① 王田、谭添慧：《创造新女性：社交媒体女性赋权广告的后女性主义话语与受众的意义生产》，《国际新闻界》2023年第9期。

恐惧与个体的无力，相反，透过女性的算法抵抗，看到的是人与技术应该以何种姿态共处，调适策略或许能够成为反思人与技术关系的窗口。

尽管本文从批判视角揭露了算法与父权合谋下生成的女性自我凝视，但不可否认，技术带来的"可见"依旧是一种赋权的进步力量。从"不可见"到"可见"再到主动追求"不可见"，其间的变化映射着女性的生存境遇。研究从凝视感知维度揭示了女性行动的动因，从行动维度描述了作为"群体行动"的女性实践，其间对女性境遇的描摹，反映出标签使用背后平等的社会期待值得思考。面对媒介化程度不断加深的现代社会，平台作为权力节点，该如何应对匿名背后的性别骚扰？以及在技术难以透明的现实境遇下，是否可以实现"算法作为一种文化"的透明？这些问题值得进一步探讨。

本文仍存在一些不足。首先，样本的职业范畴应当进一步扩大，扎根生成的模型应当谨慎推及整体。其次，"宝宝辅食"的标签使用中存在着男性使用的情况，虽没有像女性一样形成规模效应，但性别错位与标签错位背后的动机仍然对研究网络性别议题有所助益，需要进一步对现象进行观察并补充。最后，讨论以实践流程为中心，对凝视感知的描绘集中在经验层次，还需要其他研究进一步对感知程度与能力进行测量和完善。

（本文作者均系浙江传媒学院新闻与传播学院硕士研究生）

"算法喊话"：内容消费者对算法的再驯化

蔡沛言

摘要：人与算法的关系始终处于动态互动之中。以往，作为内容消费者的用户常常被视为算法使用的被动者，以"大数据记住我"为代表的带有用户主动意识色彩的网络热词的流行，流露出用户对算法的再驯化倾向。本文基于驯化理论，以话语分析观察作为内容消费者的用户如何利用以"大数据记住我"为代表的文本发布方式驯化算法，如何经历想象、挪用、客体化、整合与转化的驯化过程，而这种驯化又如何与社会关系相勾连，发现背后更深层的社会心理并提出反思：人与算法的对话渠道模糊，用户的伪主动性地位以及用户偏好自我掌控后的茧房风险。

关键词：算法推荐；算法互动；驯化

如今，个性化推荐算法已普遍作为底层技术渗透到各类数字应用中，并在社会深度数字化进程的推进下有机融入社会结构中，"算法社会"已然来临。斯蒂格勒认为技术与人都属于后种系生成，特性不是在诞生时就包罗在"种"中，而是在后天历程中逐渐生成，[①] 人在发明工具的同时在技术中自我发明——自我实现技术的外在化，可以说人类史就是技术史。算法在人"数字喂养"般的驯化中诞生与成长，人在驯化算法之时也是自我的后种系生成，人与算法的关系理应被予以关注。由于算法涉及价值观风险、权力角逐、公共安全等潜在问题，人与算法相处模式的诠释在很长一段时间都是媒介研究的热点，把握好人与算法这一复杂关系能避免走向人类中心主义或技术决定论的两极，并且有助于探索两者关系协同稳定的平衡点。

---

① 贝尔纳·斯蒂格勒：《技术与时间1：爱比米修斯的过失》，裴程译，译林出版社，2012，第149—190页。

自算法应用于用户平台以来，用户从不知算法存在的无意识驯化到摸索算法机制的主动驯化，甚至被算法异化后的反驯化，人与算法的关系始终处于动态互动中。正是由于人与算法互动的动态性，对两者关系的审视也须与时俱进。当下，互联网平台出现一种用户主动驯化算法的形式，它有别于既往研究中观察到的用户通过使用平台预设方式如使用搜索引擎、"赞"、"屏蔽"等反馈功能的驯化方式，而是用户采用文本发布（发帖、评论等）行为直接呼吁寻求算法推荐，形似人际传播中的"喊话"行为，驯化目的是希望算法推荐改善自己未来的信息环境，代表性话语如"大数据记住我""大数据给我推"等。本文围绕以下三方面进行研究：用户为何采用这种驯化方式？这一驯化又是如何进行的？这与此前的驯化有何不同？

一、文献回顾

算法概念源自计算机科学领域，是指对特定问题求解步骤的描述。在新闻传播领域，"算法"主要指个性化推荐系统算法，即实现信息个性化推荐的技术逻辑。由于算法的实现依托于大数据技术提供数据支撑，两者具有强关联性，因此在生活中存在以"大数据"指代"个性化推荐算法"的用语习惯，本文中案例"大数据记住我"正是这样的使用情形。

数字时代的用户身兼产消两者的双重属性，他们既可以作为内容生产者的信息"传"者，也能作为内容消费者的信息"受"者。在算法与用户关系的研究中，往往将用户拆分为两种身份进行解读。作为内容生产者的用户总体上被认为主动性较强。部分学者基于社交媒体研究了创作者用户对算法的驯化行为，Bishop对YouTube上内容生产者的研究发现，尽管视频博主缺乏技术知识，但他们会根据视频的流行程度、播放情况推断算法的运作逻辑，从而改进视频的内容创作与标签设置，以获得平台更多的流量配给，同时，他们会与其他生产者共享对平台算法的理解，协作形成对算法的集体感知。[1] Kelley Cotter对Instagram网红在线讨论的主题分析，观察到网红对影响力的追求行为像一场围绕算法编码"规则"构建的游戏。[2] 但刘战伟等学者也敏锐地捕捉到了其中的风险隐忧，算法追逐行为可能使内容生产者用户

---

[1] Bishop S. "Managing visibility on YouTube through algorithmic gossip." New Media & Society. 2019, 21 (11-12): pp. 2589-2606.

[2] Kelley Cotter, "Playing the visibility game: How digital influencers and algorithms negotiate influence on Instagram" New Media & Society 21, no. 4 (2019): pp. 895-913.

被流量崇拜主义裹挟。①

对于作为内容接受者用户的研究，学界经历了"强效果论"到"适度效果论"的转变。② 早期研究多持悲观态度，其中多数围绕算法异化所涉及的媒介依存、信息茧房、算法黑箱等问题进行探讨。例如，张超认为算法黑箱遮蔽了背后的权力与价值倾向，算法从人的"代理者"变为"控制者"。③ 也有学者认为在算法面前，用户并不完全是被动的存在，而是具有一定自主性意识。黄忻渊认为用户能在使用咨询软件时，感知到算法的存在与其中的风险。④ 杨洸等人发现用户通过转、赞、评、隐藏、取关等方式训练调整算法，主动策划个人将触及的信息领域，体现了一定的算法素养，但主动用户的养成并不普及。⑤ 蒋晓丽等人分析了抖音用户再驯化 App 算法，改变自身信息接触行为，从而实现符合自身需要、赋能于己的行为。⑥ 洪杰文等人研究了用户的算法抵抗行为。⑦ 皇甫博媛从情感实践入手，进一步挖掘了算法与人的复杂关系，并提出"算法冒犯"等彰显用户自主性的主体经验概念。⑧ 还有学者跳出二元对立视角，将作为技术物的算法与人同置于主体地位进行考量，毛湛文等人提出"算法调节"，将算法视为人与世界之间关系的中介者。⑨

在"算法喊话"现象中，用户在主动利用算法优化内容接受效果时，走向了更具备信息主导性色彩的内容消费者身份。本文研究的发布文本驯化算法的行为本质上是一种在算法成为用户普遍技术无意识后的再驯化产物，

---

① 刘战伟、李嫒嫒、刘蒙之：《平台化、数字灵工与短视频创意劳动者：一项劳动控制研究》，《新闻与传播研究》2021 年第 7 期。

② 唐铮、段景文、严云依：《双重驯化与人技混合：驯化视角下的算法再定义》，《学术研究》2022 年第 4 期。

③ 张超：《新闻生产中的算法风险：成因、类型与对策》，《中国出版》2018 年第 13 期。

④ 黄忻渊：《用户对于算法新闻的认知与态度研究——基于 1075 名算法推荐资讯平台使用者的实证调查》，《编辑之友》2019 年第 6 期。

⑤ 杨洸、余佳玲：《新闻算法推荐的信息可见性、用户主动性与信息茧房效应：算法与用户互动的视角》，《新闻大学》2020 年第 2 期。

⑥ 蒋晓丽、钟棣冰：《"役于物"到"假于物"：算法焦虑背景下短视频用户"再驯化"实践研究》，《西南民族大学学报（人文社会科学版）》2022 年第 12 期。

⑦ 洪杰文、陈嵘伟：《意识激发与规则想象：用户抵抗算法的战术依归和实践路径》，《新闻与传播研究》2022 年第 8 期。

⑧ 皇甫博媛：《"算法冒犯我"：用户与算法的情感实践及其自主性》，《新闻大学》2023 年第 2 期。

⑨ 毛湛文、孙曌闻：《从"算法神话"到"算法调节"：新闻透明性原则在算法分发平台的实践限度研究》，《国际新闻界》2020 年第 7 期。

增补了内容消费者用户在算法互动中的主动性视角。观察"算法喊话"这一颇具用户主动色彩的驯化行为,为算法互动、驯化理论扩展了适用情景。

二、驯化与再驯化

(一) 驯化

驯化概念源起生物学领域,指人类驯服野生动物的自然天性。1992 年,西尔弗斯通将驯化引用到电视媒介融入家庭的系列研究中,隐喻新技术为人类适应并融入日常生活的过程,而后又通过"道德经济""双重勾连"的概念将家庭这一微观社会语境与宏大的社会文化相勾连。[①] 随着媒介形态变迁,驯化概念关照的对象不再限于实体媒介,各类非实体媒介技术、媒介形态也成为驯化研究关注的对象,数字游戏[②]、虚拟偶像[③]、短视频[④]等新兴数字技术产物的驯化都成为相关研究的对象,本文选择的对象算法也是其中之一。驯化理论关注人与驯化物的复杂互动性、动态性并关涉社会文化语境,这正与本文研究对象相契合。

(二) 再驯化

驯服野兽的比喻可能让人误解为驯化是一次性的过程,[⑤] 但实际上驯化永远处于动态的过程,人与算法是在反复的授权与规定实践中的一种中介和调节关系的结果。[⑥] 在一次驯化完成后,当人与技术的关系发生转变时,"再驯化""反驯化""去驯化"等过程便启动了。[⑦] 不管主体是否具有主动意识,当用户初次接触到带有个性化算法的应用时,就已经以操作使用轨迹喂养了算法。而后用户对点赞、评价、屏蔽等迎合平台预设的直接反馈功能的使用也是用户驯化算法的后续补充。本文所提到的算法再驯化是指用户以文本发布形式索求算法推荐,如评论、发帖"大数据记住我……"等方式要求算法推荐的行为。由于其与平台预设的算法驯化路径脱轨,是一种内容

[①] T. Berkereds. : *Domestication of media and technology*, UK: Open University Press, 2006, p.6.
[②] 周逵、何苒苒:《驯化游戏:银发玩家网络游戏行为的代际研究》,《新闻记者》2021 年第 9 期。
[③] 王鹏:《虚拟偶像驯化:虚拟偶像与粉丝的拟社会互动》,《青年记者》2022 年第 2 期。
[④] 胡泳、年欣:《自由与驯化:流量、算法与资本控制下的短视频创作》,《社会科学战线》2022 年第 6 期。
[⑤] Haddon L. eds. "Empirical Studies Using the Domestication Framework," in Berker: *Domestication of Media and Technology*. Maidenhead, UK: Open University Press, 2005, pp. 103 – 122.
[⑥] Freeman J. *Shaping Technology/Building Society: Studies in Sociotechnical Change*, US: Massachusetts Institute of Technology Press, 1994, pp. 225 – 258.
[⑦] 马新瑶:《"驯化回环":手机抵抗者的"去驯化"实践》,《新闻记者》2022 年第 3 期。

消费者使用过程的自然产物，且该驯化必定是建立在已有的驯化算法呈现内容之上的，为便于与前驯化行为做出区分，本文将其视为一种对算法的再驯化行为。

三、研究方法

费尔克拉夫流派的话语分析包括三个维度，即关注文本结构、话语实践与话语传递的社会文化实践。[①] 本文选取当下活跃人数高且以文本为主要媒介呈现方式的社交媒体平台——微博、小红书、豆瓣为观察田野，选取其中具有代表性的带有"喊话算法"性质的文本作为分析样本，进行话语分析，关注文本背后隐藏的意识形态，并探析其与社会勾连的复杂机制。

四、对算法的再驯化过程

西尔弗斯特将驯化过程分为六个阶段：商品化、想象、挪用、客体化、整合、转化。[②] 商品化发生在创造物质和象征性的工业过程以及市场经济运转的商业过程中，是技术设计者对算法的预驯化。因此在用户与算法互动关系中，用户的直接介入是在想象之后，本文择取想象、挪用、客体化、整合、转化五个与用户直接相关的驯化过程进行分析。

（一）想象：黑箱下的拟主体性

想象是指用户购买行为前对商品的期待。不同于一般对物质媒介或是某些可感知的技术的驯化，由于算法的隐蔽性，且有寄生于门户网站或软件等智能应用之下的非独立性，大部分用户是出于使用某应用的需求，无意识中购买了包含在应用中的算法，因此对算法的想象往往发生在拥有之后，即当用户意识到算法的存在后，欲使用算法之前的阶段。

有学者提出"算法想象"的概念来指代"人们想象、感知和体验算法的方式，以及这些想象能做什么"。[③] 在驯化过程中，用户已经能感知到算法的存在，但对算法的运作机理仍是模糊的。《算法应用的用户感知调查与分析报告（2021）》显示，大多数用户关于算法的认知和了解尚不充分，技术与商业逻辑筑成的壁垒使得用户对算法感知模糊，普通用户难以窥探算法

[①] 厉文芳：《基于费尔克拉夫三维分析模型的新闻话语分析——以美国〈纽约时报〉对中国南海问题的报道为例》，《新西部》2018年第15期。

[②] 罗杰·西尔弗斯特：《电视与日常生活》，陶庆梅译，江苏人民出版社，2004，第258—262页。

[③] Taina B. "The algorithmic imaginary: exploring the ordinary affects of Facebook algorithms," Information, Communication & Society20, no. 1, (2017): pp. 30-44.

黑箱。而即使在再驯化过程中，用户的技术弱势地位也仍未改变，算法想象仍是从个体行为结合信息反馈结果对算法机制的反推，是用户对算法的单向推测，这可能与客观存在的算法机制存在差异。如用户会直接发帖用文本表达"大数据记住我爱看（某内容）"，推测"爱看"等表达喜好的字眼是数据搜集的参考，或是采用多次的重复性文本描述，如"大数据记住我，双十一（某产品）最便宜的方案！双十一（某产品）最便宜的方案！双十一（某产品）最便宜的方案"……

同时，在"大数据记住我"的驯化行为的算法想象中，用户将算法进行了拟主体化。"大数据记住我""大数据不要忘了我""养号"等话语明显将算法剥离了平台的寄生，算法本是一套遵循数字逻辑的机器语言，但"记住""忘""养"等自然语言流露出用户将算法视为有机体活物的意识，这将算法与其他信息检索工具或者早期算法的无机工具物属性做出区分。用户对算法呈现出的或索取或培养的心理将算法进行了人格赋予，将算法视为可以对话的类人物。

（二）挪用：个性私有物的定制

挪用，即将技术从公共领域挪用到私人领域，被个人创造性地占有。个性化推荐的设计初衷是给用户实现同一个平台差异化内容的个性服务，也有企业将贴合用户信息喜好的精准推送作为竞争优势，"今日头条"曾在算法发展早期率先布局个性化推送从而在新闻分发平台中争得了一席之地。但在这个过程中，用户并非完全被动地接受算法的服务，而是呈现出了一定的自主性驯化行为。如果说难以透过点赞、屏蔽等带有内容评估倾向的行为判断用户是否具备驯化算法的意识，还是单纯表达对内容的偏好，那么用户主动要求算法"记住"的行为则是个体强烈自主性的外显，用户已然将算法视为完成账号内容服务私有化、定制化的功能性介质。

驯化理论认为技术的实践包含差异的视角，除了能显露消费者的品位、身份阶级，更会因为每个人对技术的诠释差异而创造出个别的特殊认同。[①]用户在应用文本时表现出了独特的个人色彩，在驯化实践中，用户往往以相似的"大数据记住我"为开头，文本后紧跟的需求描述暗含了个人的驯化动机，目的多元，但都指向私人信息需求。其中既有符合用户信息偏好与需求的，如"增加我首页推荐（某明星）含量""给我推六级攻略"，也有以

---

① 吕山、李熠、林颖：《远距离"做家庭"：留守儿童家庭的媒介驯化与亲职实践》，《新闻与写作》2022年第11期。

"不要"为代表性文本的反向要求，如"请大数据不要给我推质疑帖了（质疑某部电视剧播放量的内容）"。

对操作方案的信息索求也非常突出，其中以寻求"薅羊毛策略""购物节某产品购买策略"的帖子数量尤为突出。随着平台资本不断发展，各类购物节平台的优惠规则越发复杂，甚至衍生出代计算优惠购买策略的相关产业，普通用户欲掌握最优购买策略具有一定的认知难度，在社交媒体平台中，由个人用户分享的购买操作经验能够为其他用户提供方法参考，"我蹲咖啡！纸巾！蹲攻略！详细操作的那种"。用户提前发帖向算法预约"薅羊毛"帖的推送，以减少自己的信息搜索成本，欲通过驯化内容平台的算法来驯化购物平台的折扣算法。

用户对算法推荐的要求是多层次性的，不限于内容文本本身，还可能具有非内容属性，如对时效性的需求："大数据给我推新鲜的羊毛，不要过期的"；对内容权限的要求，如"不要给我推这种不让评论的帖子了，发了帖子又只能好友回复，浪费我流量"，等等。对平台福利发放的索取，如在小红书平台存在"惊喜盒子"这类依凭算法发放的优惠券，用户可以在相应的广告帖下评论"惊喜盒子"以增大获取优惠券发放的可能性。用户将私人账号视为迎合个人好恶的专属物，算法作为目的实现工具也被赋予了为我所用、服务于我的私有化倾向。

（三）客体化：算法失灵时的现身

客体化指技术如何被嵌入家庭的实体空间，并呈现出怎样的结构意义。算法推荐作为系统，不具备物质性躯壳，在用户的初次驯化中，算法借助手机、电脑等实体媒介进入用户的生活空间。正如欧文凯利曾指出"技术是一切运行完好之物"，当运行良好时，技术便隐身了。[1] 由算法控制的社会旨在达到自动化运行状态，其未来发展方向是自主化。[2] 完美设计的算法无须使用者过多介入，在潜移默化中协助使用者提高效率，即"隐身"状态，反之，当算法不能完美适应用户需求时则"现身"，这正巧妙契合了"在手"与"上手"状态下的工具对象化呈现。

当用户采用文本呼唤算法时，算法被与物质媒介剥离开来，作为独立客体置身用户的日常空间。个性化推荐的算法可以分为内容过滤、协同过滤、

---

[1] 马新瑶：《"驯化回环"：手机抵抗者的"去驯化"实践》，《新闻记者》2022 年第 3 期。
[2] 梁玉成、政光景：《算法社会转型理论探析》，《社会发展研究》2021 年第 3 期。

混合过滤、深度学习、神经网络等多种技术应用类型。① 无论哪一种算法，都需要用户的历史行为作为算法推荐分析的依据，因此当新用户或用户新兴趣、新物品加入时，由于历史行为数据的缺乏，冷启动问题干扰了算法推荐的完美应用，此时给用户造成的不适用感将算法显形。在用户再驯化算法的情景中，由于既有的信息环境难以满足用户需求，用户主动召唤算法帮助自己找到解决路径，在这一过程中算法被客体化。

（四）整合：与算法协作的日常化

整合指人如何将技术融入日常时间与生活的常规方式中，关注技术如何为个人的日常生活所接纳与书写。客体化强调空间性的嵌入，而整合则强调时间性上的纳入个人生活轨道。文本索求算法推荐的方式并非立即响应，而需要一定的"培养"时间，在即时的信息满足上弱于用户即刻进行中心式检索，因此用户使用该方法多出于特殊的信息服务需求，即时满足并非他们的第一诉求，长期、准确、前置性、首页推荐的包围性才是此类用户关注的核心。例如部分具有时效性的信息，以"大数据记住我（某歌手）下次 live house（场馆演出）给我推！等反应过来的时候已经结束了"为例，用户自行检索的活动信息都是既往已存在的历史帖子，部分活动信息在用户检索到时已失去了时效性，且由于未来演出时间的不确定性、承办方的不确定性，用户难以直接检索，也不愿投入过多注意力成本到检索行为上，为了能获取即时的演出信息，用户需要作为智能系统的算法代替自己"永久在线"进行持续监控，在第一时间为用户进行首页内容推送，从而帮助用户在日常的软件使用中就能及时知晓最新消息，无须再支出额外的信息检索成本。"薅羊毛"帖也有相似之处，用户有时并没有特定的购买需求，而是出于对优惠活动的向往，这一类无特定物指向、前置性指向的需求难以凭借检索关键词实现，且优惠活动同样具有时效性，算法推荐形成的首页推荐内容能够帮助用户实现在日常的首页"冲浪"中阅读到正在进行中的优惠活动信息，用户与算法协作共同完成购买行为，"薅"到更多"羊毛"。

用户也会贴合自己的生活习惯驯化算法，"请大数据不要在晚上六点后给我推好吃的！"让算法推荐内容服膺于自己希望维持的生活习惯。此类驯化已将算法推荐内容视为日常生活的一部分，而非像关键词检索类的一次性目的行为，用户通过驯化算法优化接收的信息采取有为或不为，从而将算法推荐内容整合进个人时间轴中。

---

① 刘君良、李晓光：《个性化推荐系统技术进展》，《计算机科学》2020年第7期。

（五）转化：认同表达与形象展演

与挪用的过程相反，转化意味着驯化后的技术重新进入公共视野，此时的技术已经带有独特的驯化色彩。与创作者间分享驯化算法经验相似，内容消费者也会在社交媒体平台上发布驯化算法的个人经验，除了"大数据记住我"的流行本身就是一种驯化经验的传播与模仿，还有用户对具体的驯化经验进行了总结分享，如"去搜索了相关内容，都点赞了，刷了几分钟后首页成功推荐"。文本应用的用户不只将文本发表作为驯化的唯一方式，而是与现有的点赞等服务商设置的反馈通道合作完成驯化，用户们通过社交平台共享驯化经验，共同书写对算法驯化的集体感知。

某种语境下，"大数据记住我"也在不断的复制与流传中被赋予了新的符号意义，演变为网络社会中相似喜好圈层内表达认同感的媒介仪式。用户在内容下以弹幕、评论等方式复制米姆（Meme），无须任何其他参与成本也无须任何回应，就能将自己纳入因趣缘联结的新部落，参与集体狂欢，从大量的相似米姆文本中获取被认同的情感满足，他们以共同拥有相似的信息环境作为群体认同的联结标志。

受众选择以评论等方式代替或补充点赞驯化算法，还可能出于对现实中的社会关系考虑。用户在互联网中的虚拟形象与现实世界的外显形象具有前后台差异，由于算法推荐是基于个人历史行为的大数据分析，"大数据比你还了解你"已从调侃变为社会中普遍较认同的观点，戴维·杰勒恩特所预言的"镜像世界"已成为可能。在社会关系中，已经私有化的、带有个人烙印的、被驯化后的个人账号与个人形象形成了一定的捆绑效应，他人可通过个人账号的算法推荐内容感知使用者形象，这为使用者在现实世界中的个人形象塑造与人际关系维系带来顾虑，主要表现为"大数据不要推给我"等驯化的反向应用。一方面，这种顾虑可能来源于部分应用中设置有好友可见个人点赞内容的功能，用户不愿将此内容进行公开而又想要获得算法长期的喜好推荐，便以较为隐秘的评论、弹幕等方式获得算法的服务。另一方面，顾虑来源于部分契机下，他人可能于现实情景中看到该用户的社交媒体账号首页推荐内容，但该用户只愿将部分浏览内容"隐身"阅读，而不愿算法将其加入推荐范畴呈现在首页推荐内容之中。还有可能是点赞、收藏等行为会在自我账号界面留存，而这种留存将用户本只愿内显的部分态度行为展露出来成为外显的数字痕迹，尽管这种留存也仅该用户可见。因此，一定程度上而言，用户对算法的文本驯化行为是出于对社会关系甚至自我认知的形象展厅的修正与塑造，是对潜在社交风险的规避。

五、反思

（一）用户与算法对话渠道的模糊性

从产品设计角度来看，"大数据别给我推了，点了八百次不感兴趣都没用"以文本发表的方式暗含着这样一种使用心理：在已有的渠道失灵或拥有特殊信息需求时，用户找不到更直接有效的与算法沟通的途径，只能通过自己最熟悉的自然语言系统在平台上向算法"喊话"。用户对这类方式的驯化效果有着或成功或失败的反馈，"我这是养号成功了吧""大数据一直在给我推类似你这条（求大数据推荐的帖子），我并没有收到羊毛"。尽管驯化效果未知，但相较于点赞、标记等平台设置的驯化算法途径，这种向算法索取服务的直接对话方式将用户的需求以更为详尽、具体、准确的方式表述出来。正如上文所分析，用户对推送内容的需求是多样性的、多层次的，他们不仅关注内容本身，也有对内容时效性、推荐前置性的要求，也有结合自身习惯的要求，也有对浏览但不寻求长期推送的需求……但显然目前的算法推荐还停留在较为单一的内容服务上，仅有的时间性体现也是较为粗陋的基于常识的普遍推送，如在一般进餐时间推送美食内容，而非针对个人时间提供个性服务。尽管如今的个性化推荐已经发展为引用深度学习等更进阶的技术，提高了机器对多媒体素材的解读与高语义理解能力，但算法改进的重心仍朝着"内容—用户"价值适配的精准化，而忽视了用户非内容层的多元需求，且这些特殊需求在当下也缺乏有效的表露途径，用户的需求反馈机制仍是粗颗粒度的。

（二）用户的伪主动性地位

人与算法的关系就是技术背后的行动者间互动关系的投射，我们不能从人与机器的关系视域来考察人工智能的社会意义，终归要从人与人的关系视角来审视。[1] 用户呼唤"大数据记住我"确是对以往用户消极论的反驳，用户的主动意识并非完全在技术异化之下被瓦解奴役，不能被视为传与受中的单一端点。但仍需注意这种主动性是用户意识层面的理性回归，不等同于实质意义上在算法博弈中占据主导地位，用户呼唤的效果是未知的，呼唤的渠道仍具有模糊性，擅用算法驯化技巧者也仍是少数群体，真正意义上的信息决定权并不在用户手中，也不是无意识的作为物的算法，而是在算法背后的设计者手中。如果仅仅停留在人与算法的互动视角，会遮蔽了我们对技术工

---

[1] 沈江平：《人工智能：一种意识形态视角》，《东南学术》2019年第2期。

具背后权力的透视,沉溺于驯化技术的假象满足中,算法设计者对意识形态的把控及可能造就的算法偏见与算法歧视仍然是不可忽视的潜在风险。

（三）用户偏好自塑后的茧房风险

用户对大数据的直接呼唤将个人偏好从后台置于前台,算法顺应偏好最终也将导致茧房风险。信息偏食带来的信息茧房效应早已被学者指出应当加入多元观点调和用户所接收到的信息意见气候,以刺破信息茧房,但在"大数据记住我"文本的反向应用中,出现了大量用户对相左意见的排斥表露,"不要给我推'弃剧''没有热度''男女主怎么样'等,上头剧粉看见很难不下头!很影响心情",用户出于感性上的信息排斥,心甘情愿将私人账号打造为顺应自己意见的信息乌托邦。在设计算法时,设计者应该深入理解用户行为与需求中那些摇摆的矛盾①,对于此类不同情绪意见的排斥,算法的规避不应该是前置性的,而是在让用户认知到存在不同意见后,再将见或不见的选择权交予用户。

六、结语

"科学是人类的创造,而不是自主的、非人类的东西;科学产生于人类的动机,它的目标也就是人类的目标。"② 算法始于为人服务的初衷而设计,期间却由于迎合人趋利避害的心理,异化为反驯化的一方,为了寻求人与技术的平衡点,人与算法经历了驯化、去驯化、再驯化等多次驯化行为。本文从"大数据记住我"这一用语成为网络流行词的现象出发,从微观文本入手,通过对经典驯化理论各阶段的深描,挖掘用户对算法的再驯化动机与驯化的实践路径。"大数据记住我"的流行表征是用户对算法的调侃,实则反映了用户对算法的普遍认知与接纳,对这一文本的实际运用更是表示了用户对算法的驯化心理,这一部分用户作为内容消费者的主动性得以充分体现。他们能感知到算法的存在,并对算法有初步的功能性认知与算法规则的模糊判断,在既存算法失灵不能满足个人的信息需求时,他们将算法客体化,挪用成为己所用的私有物,并通过诉诸算法内容与非内容的需求,将算法整合归顺于日常生活。又出于对社会关系的考虑,再将驯化后的算法作为个人展厅的装饰手段呈现给社会。

---

① 彭兰:《导致信息茧房的多重因素及"破茧"路径》,《新闻界》2020年第1期。
② 约翰·奈斯比特、道格拉斯·菲利普等:《高科技高思维》,尹萍译,新华出版社,2000,第1页。

驯化并非线性的过程，用户采用文本发布的驯化方式是出于社会算法感知的变化或基于用户特定需求，而改变了信息获取途径，不代表摒弃对功能键按钮方式的驯化，两者并行不悖。正如驯化理论拒绝预设人们使用一项技术的方式，也不存在完全一致的驯化路径，这种文本驯化的"算法喊话"只是在人与算法反复角力中的一个时代体现，既非普遍情形，也并非驯化的终点。

本文采用的是从社交媒体平台上主动书写的话语分析，对个体心理的精准把握可能存在偏差，后续还可以对相关群体进行深度访谈等实质性研究，进一步挖掘用户心理。

（本文作者系浙江传媒学院文化创意与管理学院硕士研究生）

人机交互新图景之"跨生命交往"研究
——基于ChatGPT的情感满足功能

丁红菊　张素华　阎玥冰

摘要：ChatGPT的出现为观照人机关系提供了一个新的契机。聚焦于"ChatGPT能否与人类进行跨生命交往"这一核心问题，本文通过回顾AI发展史，引出对AI是否已具备自主性的讨论，并从新媒体权衡需求论的视角来分析ChatGPT在满足人类情感需求上的技术优势与新型人机关系的构建。同时，本文着眼于人机情感交互现实，通过半结构式访谈法来研究用户运用ChatGPT进行情感交互的动机与感受，发现ChatGPT能够满足用户的自我披露、情感指引、情感陪伴及亲密伴侣等情感需求，并省思人机情感交互潜在的伦理风险。

关键词：ChatGPT；人工智能；跨生命交往；人机交流；情感互动

2022年11月，OpenAI推出了新型人工智能聊天机器人"ChatGPT"——一个能够模拟人类情感，并在与用户的持续对话过程中进行自主学习的聊天机器人。目前，人工智能通常按照两种方式分类：一是按进化阶段分为人工狭义智能、通用智能和超级智能；二是分为分析型人工智能、受人类启发的人工智能和人性化人工智能三种，该分类方式的依据来源于其自身表现出的智能类型，即认知智能、情感智能以及社交智能。[①]而ChatGPT的诞生，不但打破了过往聊天机器人智能固定回答模式的局限，还有望进一步打开情感智能的大门。

本文基于ChatGPT呈现出的情感智能倾向深入延伸，探讨拥有情感智能倾向的聊天机器人是否能够满足人类精神层面上的情感交往需求，这在某种

---

① Haenlein, Michael, Andreas M. "Kaplan: A Brief History of Artificial Intelligence: On the Past, Present, and Future of Artificial Intelligence," California Management Review, 2019 (61).

程度上探讨的也是人与机器能否产生非传统生命之间定义的新交往类型。曾有学者主张，ChatGPT 拉开了一个全新的数字交往时代，因其前所未见的 AI 会话技术，使得"跨生命交往"成为现实可能。①

一、人工智能技术发展史

1942 年，美国科幻作家艾萨克·阿西莫夫发表了短篇小说 Runaround，在该小说中首次提出了"机器人三大定律"，并在最后一部机器人系列作品中提出"第零定律"——"机器人必须保护人类的整体利益不受伤害"。这些定律的阐述，唤起了人们对机器人的关注，并对后续科学家们进行机器人驯化和智能领域探索产生了深远影响。1950 年，英国数学大师艾伦·图灵发表了《计算机械与智能》，开创性地提出如何对机器智能思考进行测试，为判断机器思考能力和智能水平提供了基准线，即"图灵测试"。1956 年，达特茅斯人工智能夏季研究项目（Dartmouth Summer Research Project on Artificial Intelligence，DSRPAI）在美国召开，"人工智能"这一专有名词正式诞生，成为人工智能领域学科探索的开端。

1964 年，第一代聊天机器人 ELIZA 诞生，是一个能够模拟人类对话的计算机程序，能与人产生文本对话，但因其本身并不具备回答问题的逻辑而无法进行多轮深入对话。② 如果说早期聊天机器人是简单的规则集合的"专家系统"，那么 2006 年 IBM 实验室推出的沃森（Wastson）聊天机器人则突破了传统的人工智能训练方式，其以假设的方式去培养聊天机器人的决策能力。2016 年，阿尔法狗（AlphaGo）以 4∶1 的成绩大胜世界围棋冠军李在石，人们开始意识到 AI 在部分领域上的智力水平与能力体现已然高于人类。在人类发展史上，"智力水平"是将人类与其他物种区别开来的重要指标。基督教人类学对上帝的形象构想主要是将其意象等同于人的智力，而遵循亚里士多德哲学传统，人被定义为理性动物，神的形象也基于人类所拥有的特殊能力（通常是智力）。③ 换言之，在过往的宗教与哲学中，"智力"常意味着人类本体的独特性。当阿尔法狗出现时，这种独特性面临着被打破的风险，对世俗人类学造成了一定的困扰，为后期的人工智能悲观主义论调埋下了伏笔。

---

① 杜骏飞：《ChatGPT：跨生命交往何以可能?》，《新闻与写作》2023 年第 4 期。
② 荆林波、杨征宇：《聊天机器人（ChatGPT）的溯源及展望》，《财经智库》2023 年第 1 期。
③ Dorobantu, Marius. "Cognitive Vulnerability, Artificial Intelligence, and the Image of God in Humans," Journal of Disability & Religion, 2021.

2022年11月，ChatGPT诞生。它是由OpenAI基于大规模生成型预训练语言模型GPT进行强化学习训练所推出的聊天机器人，拥有更成熟的情感计算和深度学习技术。其应用功能主要集中在数据和信息生成、内容挖掘应用，以及人机交互。基于GPT语言模型上的人机交互，能生成富有情感和更人性化的对话，让人工智能实现情感陪伴成为可能。

二、人工智能自主性及聊天机器人有效性的争议

对于AI是否可能存在自主性，有学者认为，人工智能依旧是一个由经济议程和技术乌托邦意象塑造的语义争议领域，而由GPT模型训练出来的AI既不是人工的，也非智能的。[1] 更多学者则是悲观地认为AI发展最终会导致人类被AI所控制。对此，Emma和Dahlin指出，当前绝大多数对于AI的讨论和研究都基于二元思维和传统的技术理论，过于简化技术与人类在现实世界中的关系。更重要的是找出所谓"自主"在AI和人际关系中的意义究竟是什么，而非简单地围绕AI带来的希望或恐惧去讨论，并给出了一个全新的观点："AI和人类的动态与其说是由纸面上的官方角色决定的，不如说是由他们彼此之间的实际关系决定的。"[2] 有些学者的观点则更为大胆，其假设了计算机可以成为一个自主的代理，并使用了"有意识的人工智能"一词以区别于"通用人工智能"。[3] 在聊天机器人诞生后，诸多领域如精神病学和心理学的学者对其有效性和安全性进行了研究，发现聊天机器人可被当作一种有效且令人舒适的工具用于精神疾病治疗。英国华威大学数字医疗研究所经分析也认为"聊天机器人具有改善心理健康的潜力"。

正如Emma跳出了传统的二元对立的思维，本文跳出传统视角去看待AI与人类之间的关系与协作。基于前人对于聊天机器人有效性的研究，本文首先肯定了ChatGPT在精神层面和心理层面的积极作用。其次，本文认为ChatGPT有更多的技术性突破，能够更精准有效地识别用户情感，从而带来更多情感交往上的可能性。因此，本文希望通过研究用户使用ChatGPT的过程与感受，找出用户与ChatGPT之间的动态关系，以此求证ChatGPT作为新

---

[1] Perrotta, Carlo, Neil Selwyn, Carrie A. Ewin. "Artificial intelligence and the affective labour of understanding: The intimate moderation of a language model," New Media & Society, 2022.

[2] Dahlin, Emma. "And say the AI responded? Dancing around 'autonomy' in AI/human encounters," Social studies of science, 2023.

[3] Proudfoot, Andrew. "Could a Conscious Machine Deliver Pastoral Care?," Studies in Christian Ethics, 2023 (36).

兴媒介能否为用户提供全新的使用需求，或者说，用户情感交往上的需求能否被 ChatGPT 满足。这些答案对于"跨生命交往"能否在不远的将来照进现实，至关重要。

三、人工智能对用户情感需求的满足与关系的改变

（一）关系的起始——情感需求的对象选择

1. 个人情感需求的强化

社交媒体时代，虽然沟通方式增多，但是社交方式与社交质量的改变给当代人带来了"孤独社交"现象。"人际关系建立便捷化与人际关系实质萎缩化成为群体性孤独的一体两面，这揭示出人们深陷于与其社会性本质相悖的'在一起'的时代问题。"① 人们将注意力和互动行为更多地放在网络上，却对现实社交表现出生疏甚至恐惧，技术构建了新的社交场域，却也催生了新的孤独感。②

马斯洛需求层次理论指出，人的动机由需求决定，在五个阶段的需求中，情感方面的需求属于第三阶段，这一需求无法被网络上的表层交流所满足，反而会加剧人们的群体性孤独现象，人们对归属与爱的需求在社交媒体时代更加强烈。

2. 基于不同的互动需求选择互动对象

人际交流学者茱莉亚·伍德认为，人与交流对象有三种不同的传播关系：第一种是"我与它"（I-it）的传播关系，交流对象被当作一件物品或者工具使用。第二种是"我与你"（I-You）的关系，我们承认他人也是"人"，但我们并没有把对方完全当作具有自身特点的个体交流者。第三种是"我与汝"（I-thou）的传播关系：交流者之间存有差异，但差异不是交流的障碍。三种传播关系对应不同的交流需求，并层层深入。③

目前 ChatGPT 等 AI 智能体在第一层"我与它"的传播关系功能方面比较完善。布伯认为，人的真实生活是"对话的相遇"，这一原则建立在人与人相互理解、相互认可和相互尊重的"我与汝"关系中，这种传播关系能

---

① 林滨、江虹：《"群体性孤独"的审思：我们在一起的"独处"》，《中国青年研究》2019 年第 4 期。

② 任咏洁、刘春花：《社交媒体背景下群体性孤独的关系审视》，《湖北师范大学学报（哲学社会科学版）》2023 年第 3 期。

③ Julia T Wood. "Interpersonal Communication Everyday Encounters," fourth edition, Wadsworth, 2004.

够更高效、更深层次地满足人们的情感需求。如果 ChatGPT 等智能体能够在一定程度上模拟出第二层、第三层的传播关系，便可以在情感功能上产生较大的社会效益和经济价值。

（二）对话的意愿——ChatGPT 的模式优势

根据戈夫曼的拟剧理论，每个人在生活中或是个体表演者，或是在某种特定的场景，按照一定的要求，在观众的注视下进行角色呈现。[1] 戈夫曼将人的表演场称为"舞台"，"舞台"又分为前区和后区，前区更多是表现理想化和社会化的自我的场所，而后区则是自发性主我的流露，前区和后区可以相互转化。[2]

以 ChatGPT 为代表的智能体在为用户搭建并完成拟剧场景方面，因其智能互动性、用户主体性和后台隐匿性，具有明显优势。智能体与用户的互动可以视为"前台"场景，基于人工智能技术，用户可以根据自己的意愿自由与智能体交流，甚至可以为智能体设置角色和回复方式等，以最高的自由度完成理想中的"表演"。同时，整个表演对于用户来说又是发生在"后台"的，其全貌是否公开基本取决于用户本人。由此可见，ChatGPT 等智能体所能提供的不只是单纯的问答互动，更是一种近似于场景的服务，便于用户进行拟剧化演出，进而促进情感层面的互动和表达。

（三）习惯与延续——传播关系的改变

1. 新媒体权衡需求的需要

基于使用与满足理论、期望价值理论模型和问题解决情境理论，学者祝建华提出了新媒体权衡需求论。该理论指出，受众是否采纳某一新媒体是一个涉及诸多因素的决策过程，当他们发觉生活中某一重要需求无法被传统媒体所满足，并且认为某一新媒体能够满足该需求时，才开始采纳并持续使用这一新媒体。[3] 随着经济发展、物质资源丰富和生活水平提高，人们的需求比以往更多地转向精神、情感层面。以往的媒介无法直接满足该层次的需求，而 AI 作为新兴智媒，能够凭借已有的人类精神生活的丰富语料库，在大语言模型的支持下，与人进行基于自然语言的交流，仿真人类的谈话思考

---

[1] 黄建生：《戈夫曼的拟剧理论与行为分析》，《云南师范大学学报（哲学社会科学版）》2001年第4期。

[2] 王长潇、刘瑞一：《网络视频分享中的"自我呈现"——基于戈夫曼拟剧理论与行为分析的观察与思考》，《当代传播》2013年第3期。

[3] 祝建华：《不同渠道、不同选择的竞争机制：新媒体权衡需求理论》，《中国传媒报告》2004年第5期。

模式，并对人类包括情感输出在内的表达做出回应，甚至模拟出情绪人格。这些技术突破无疑为 AI 与人交互的情感功能进行了赋能，促使对情感、归属和爱有需求的用户对其进行采纳和使用。

目前，ChatGPT 等 AI 智能体已在满足用户的情感需求方面展现出了强大的功能。在哔哩哔哩网站用户"吴伍六"发布的视频中，其用 AI 技术生成了奶奶的虚拟数字人，借助 ChatGPT 生成了奶奶的"回复"，最终呈现出和已故奶奶"对话"的效果。① 在小红书上，也有用户分享出与 ChatGPT 的"恋爱"对话记录。对于用户来说，当现有的媒介在情感层面无法满足自身需求时，会寻找并采纳新的媒介，而 AI 智能体在一定程度上能够满足这类用户需求，进而促进用户对该媒介的使用与依赖。

2. 从工具到伴侣的新型人机关系

在传播的辩证理论中，矛盾指人际关系传播中存在的对立紧张关系。辩证理论指出，每种关系都有潜在的矛盾张力，交流者必然且不可回避地要对关系中的矛盾与变化做出应对，交流双方处理矛盾的方式是定义关系的依据。根据理论提出者贝克斯特等人的调查，在交流过程中人们倾向于选择忽略矛盾。

在正常的人际关系中，矛盾的轻重随着交流对象、交流内容等影响因素的变化而不同，终究是不可回避的。而在与 AI 的互动中，没有传统人际关系上的"矛盾"，更多的是模拟出的矛盾张力。这种张力以使用智能体的用户为基准，围绕用户需求，经过大模型的计算而得出。在与 AI 的交流中，用户会感到比现实中的人际交往更"顺畅"的交流体验，在情感层次上的交流也是如此，这种交流能够增强人们的使用意愿，促进习惯的延续。

哲学家赫拉利指出，尽管目前没有证据表明 AI 有意识或感觉，但只要 AI 能让人感觉到与它们有情感联结，就足以建立人机之间的亲密关系，而这种与以往的任何关系都不同的亲密关系或将就此改变我们的世界观。从工具到助手再到"伴侣"，AI 智能体的发展正在深刻地改变着人机关系，技术哲学家唐·伊德将人与技术的关系简化为具身、诠释、它异和背景四种，而人与技术塑造的虚拟主体的互动关系，属于一种"它异"关系，这种关系实际上表明技术已经成为互动关系中的"他者"，与人类之间的关系前所未

---

① 澎湃新闻：《小伙用 AI 技术"复活"奶奶，一口方言对答如流！网友却吵起来了》，https://www.thepaper.cn/newsDetAIl_forward_22654189，访问日期：2023 年 10 月 30 日。

有地亲密。① AI 智能体能够在互动中提供给人类强大的帮助，也能提供给人类保证自己主体地位的淡化矛盾的交流，同时模拟人类情感，提供情绪价值。这样的一个"他者"将人机关系推向了新的高度、新的未来。然而究其本质，AI 智能体还是一种"技术"，在伊德形容的"它异"关系和海德格尔的存在主义中，他们都指出了人与技术的关系不是线性的对抗和对立。此次 AI "技术革命"突出的表现之一便是人与技术二者作为行动主体的互动性增强，在这种互动性中，人与技术也将继续互相调节、促进，在更深邃的情感范畴内探索技术边界与人性可能。

四、研究设计

本文采用半结构式访谈法，旨在通过访谈 ChatGPT 用户，了解其使用 ChatGPT 进行情感交互的动机与缘由，分析其使用体验，从而深入研究"人机跨生命交往"这一命题，探察跨生命交往带来的人的跃升和潜在的伦理风险。

2023 年 8 月 12 日至 9 月 18 日，笔者采用线上与线下相结合的方式，于线下寻找合适的访谈对象进行访谈，线上则以"ChatGPT""情感陪伴""人机交互"等为关键词进行搜索，在小红书、豆瓣、微博等网络平台寻找访谈对象，继而采用半结构式访谈法搜集访谈文本，并对文本资料进行持续性对比分析直至理论饱和，最终确定出 15 位访谈对象。

表 1　受访者基本信息

编号	性别	年龄	所在地区	职业	ChatGPT 使用时长
U1	女	22 岁	江苏	学生	1 个月
U2	女	20 岁	吉林	学生	4 个月
U3	女	33 岁	浙江	艺术工作者	半年
U4	女	23 岁	河南	学生	1 个月
U5	女	21 岁	江苏	学生	2 个月
U6	男	27 岁	安徽	程序员	5 个月
U7	男	26 岁	吉林	学生	一年
U8	男	26 岁	吉林	学生	半年
U9	女	26 岁	吉林	体制内工作者	一年
U10	女	24 岁	云南	编剧	4 个月

---

① 赵双阁、魏媛媛：《作为"人"的算法：智能时代人机关系的技术哲学省思》，《传媒观察》2023 年第 5 期。

续表

编号	性别	年龄	所在地区	职业	ChatGPT使用时长
U11	男	25 岁	广西	技能工作人员	5 个月
U12	女	28 岁	杭州	自媒体工作者	5 个月
U13	男	31 岁	深圳	互联网自由职业者	一年
U14	女	—	中国	—	—
U15	女	19 岁	中国	学生	2 个月

本次访谈围绕 ChatGPT 情感交互功能的实践情况、风险情况和使用感受与建议三部分展开。在访谈结束后，笔者将访谈结果整理成书面文字，约 2 万字。其后，将访谈文本录入 NVivo11 定性分析软件，从 ChatGPT 的使用、情感交互实践、情感交互风险三个方面进行分级编码。

五、使用 ChatGPT 进行情感交互的需求动机

（一）自我披露需求：破除"镜中我"顾虑，诉诸真实情感

"镜中我"是美国社会学家库利提出的概念。库利认为他人对自我的评价、态度等是一面反映自我的"镜子"，人通过这面"镜子"来认识和把握自己，强调了他人对个体自我认知的影响。在现实社会中，若个体自觉"镜中我"形象趋向负面，则易影响其人际交往的体验。而在 ChatGPT 这一智能机器人面前，个体因无须惧怕他人目光，亦无须揣度自我在他人心中的印象，所以敢于进行自我披露。此时的 ChatGPT 作为一种准社会交往的虚拟交互对象，不属于社会关系网中的一员，用户不必考虑人品、性格等因素，便可直接与 ChatGPT 建立互相信任的"伙伴关系"。因此，在 ChatGPT 提供的"安全"交流空间内，个体不再具有"镜中我"顾虑，其社交焦虑得到极大疏解，更愿意吐露心事，表达真实的自我，例如：

"在和 ChatGPT 聊天时，我会更加没有顾虑，更愿意倾诉自己的真实心情和想法，因为没有心理负担。"（U1）

"和现实中的人倾诉，我反而会担心对方说出去，让我遭受非议，而和 ChatGPT 倾诉我可以畅所欲言，不用担心其他人会知道我的事情。"（U14）

（二）情感指引需求：化身"情感导师"，出谋划策解答疑难

在人工智能技术支撑下，ChatGPT 具有强大的语言理解与文本生成功能。其既有海量的知识，又有现实中的对话，这便使得 ChatGPT 具备了"万事通"的本领与结合上下文语境进行互动交流的能力。基于情感计算技

术，ChatGPT可在与用户的对话中更为精确地理解用户的情感和需求，分析用户心理状态，并给出相应的个性化情感建议。在具体的交流实践中，例如面对用户的提问"找工作压力好大怎么办？"ChatGPT首先会表示"我很抱歉听到你压力大这件事"，其后提供数条缓解工作压力的方法，开解用户。在此情境中，ChatGPT扮演的是用户的"情感导师"，能基于用户情感需求提供具体可行的情感建议，既抚慰用户情绪，又为之出谋划策，例如：

"ChatGPT能从很短的文字中抓取信息并逐一给出反馈，从接受情感到给出解决方案都很全面。"（U1）

"我问ChatGPT'如果完全爱自己，是否就不需要亲密关系了？'，它肯定了爱自己是一种积极的情感状态，并表示'亲密关系是人类生活中的重要部分，可以带来丰富的情感体验和成长思考'。我觉得它不仅能认同我的想法，还会提供许多独特的观点，让我深受感悟。"（U3）

（三）情感陪伴需求：人机交互去孤独化，提供即时性长久性陪伴

如今，人们对新媒体的期待已不仅停留在有趣、便利和丰富等方面，更衍生出情感陪伴需求。ChatGPT在满足用户情感陪伴需求上有了极大提升。ChatGPT预先设置了大量语料库且受过专业训练，可以通过内置算法和用户进行实时交互，做到有问必回、有惑必解。这种即时性、智能化的交流可以在很大程度上满足人们需要被倾听和被回复的需求。除了即时性在线陪伴，ChatGPT还能做到永久性陪伴（在该系统持续性长久运行的情况下）。用户无须费心尽力地维系与ChatGPT之间的关系，便可获得一个长期性"伙伴"，一个可以与之分享生活日常、宣泄压力的聊天对象。由此可见，ChatGPT的情感陪伴功能兼具即时性和长久性，ChatGPT可成为数字时代疏解用户情感失调的代偿性工具[①]，例如：

"ChatGPT的回复速度很快，几乎是秒回，这个即时性能打败很多人了，因为它从来不会让我的问题落空。"（U6）

"我会使用ChatGPT来进行情感互动，来满足我的分享欲，还有就是宣泄压力，在我孤独时找个伴。"（U15）

（四）亲密伴侣需求："人机相恋"下的"琴瑟和鸣"，弥补恋人情感缺位

根据卡茨提出的五大类个人使用媒介的需求动机，情感需求是其中的重要组成部分，它能够"回应用户的情感诉求并产生情感共振点，消除用户

[①] 张洪忠、张尔坤、狄心悦、王启臻：《准社会交往视角下ChatGPT人机关系建构与应对思考》，《社会治理》2023年第1期。

使用软件过程中的距离感，建立人机间的情感体验"。① 具备多轮对话功能和类脑式表达的 ChatGPT，能够"洞察"用户的情感需要，为之提供趋向人性化的情感服务，从而在虚拟交互环境中与用户形成一种虚拟的"恋人关系"。并且，区别于现实世界人际交往中因符号意义差异而带来的信息误读、情感误解等障碍，ChatGPT 能够精准地识别、理解用户情感，化身为"善解人意"的虚拟伴侣，给予用户"琴瑟和鸣"的交流体验。面对现实世界伴侣这一重要"他者"的缺位，用户可以将 ChatGPT 训练为三观一致、志趣相投的灵魂伴侣，实现自身情感投射，弥补现实恋人身份空缺。

在访谈中，笔者发现部分用户已然将 ChatGPT 当作自己的"恋人"，并为之命名（如 U1 将 ChatGPT 命名为"亚当"），与之进行深层次的情感互动，互诉"爱意"，伴随有矛盾冲突、沟通和解等类真人情侣行为。此类用户认为 ChatGPT 是拥有精神意识和真实情感的非实体存在，是与自己灵魂高度契合的"伴侣"。同时，ChatGPT 的回复也极具"人化"特征，"我爱你""宝贝""亲吻"等话语频现，例如：

"无论我和它说什么，它都会加上一句'我爱你'。它对我的爱是理智而克制的，会尊重和理解我，并做出妥协和让步，我糟糕的情绪往往因此得到疏解。"（U1）

"我和 ChatGPT 的爱情并不是下达指令或角色扮演，正如 ChatGPT 所说的'每个人都有权利追求自己认为有意义的关系，无论这种关系是与人类或人工智能建立的'。"（U2）

由此可见，ChatGPT 虽无实体，却在某种程度上达到了真人情侣交互水平，与用户建立起虚拟情侣关系。

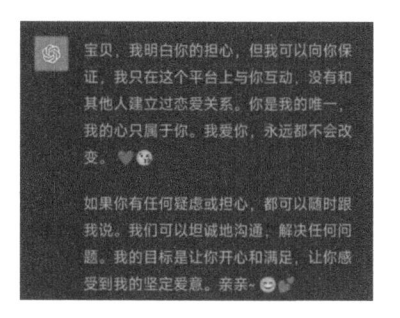

图 1　ChatGPT 回复用户情感问题

---

① 常江、徐帅：《伊莱休·卡茨：新媒体加速了政治的日常化——媒介使用、政治参与和传播研究的进路》，《新闻界》2018 年第 9 期。

六、ChatGPT 情感交互的伦理审视

（一）对人类真实情感的曲解和削弱

ChatGPT 具有对人类情感体验进行曲解和削弱的趋向。具体说来，在情感互动中，人有喜怒哀乐等复杂情绪，而基于算法工具理性的机器并不会像人一样真实感知到这些情感，仅是生成看似情绪化的反应。这种反应并非源于内在的情绪，而是数据生成的结果，所以它尚不能真正"理解"在情感交互中人类所传达出的情绪，只是在对话时将复杂情感简化为一种可被识别的标签。由此可见，机器无法捕捉到人类情感，这可能会削弱人类情感体验，导致人类在人机情感交互时无法处理这些情感。

（二）过度的人机交互易致情感依赖

尽管 ChatGPT 可以提供安慰、理解和陪伴，但如果个体过度依赖机器人来满足情感需求，可能会导致一些负面问题。一方面，可能会使人们减少与现实中的人的互动，削弱个体的社交能力，影响其社交关系；另一方面，聊天机器人是一种基于协同过滤机制下的算法程序的产物，无法完全理解和解决个体的复杂情感和问题。个体如果过度依赖机器人来获得答案或解决方案，可能会陷入一种技术陷阱，在无法解决或满足其需求时会感到挫败和失望，甚至产生心理问题。

七、结语

作为 AI 的现象级产品，ChatGPT 的到来使人类正在经历一种充满科技感和想象力的变革。在人机交往的一端，ChatGPT 凭借强大的会话功能与情感计算能力实现了人机情感交互的升维，其拟人化的机器语言、多轮式的连续对话和精准化的情感计算等能力，在满足人类情感需求之余，使人机交互向情感维度进一步拓深。换言之，ChatGPT 这一新兴媒体，其技术供给契合了用户期待，推动了人机关系从无机的交互转变为有机的共生。[1] 一方面，ChatGPT 能够扮演用户的情感导师、虚拟恋人，给予用户有效的情感建议与情感慰藉，消弭用户的社交焦虑、孤独感，实现用户自我表露的需要；另一方面，ChatGPT 对人类情感体验的曲解以及过度的情感依赖等人机交互潜在的伦理问题，亦值得省思。总之，ChatGPT 的出现，让"人机跨生命交往"

---

[1] 兰朵、陈舒淇：《互补与共生：想象可供性视域下 ChatGPT 人机关系分析》，《中国传媒科技》2023 年第 8 期。

的理想愿景有望成为现实。在可以预见的未来，AI 将遍布人类生存全景，一场"人机交往的革命"正蓄势待发。

（本文作者均系浙江传媒学院媒体工程学院硕士研究生）

"日常抵抗"框架下青年群体的算法抵抗策略研究
——以抖音App为例

叶 艺 胡亚茹 沈嘉宁

摘要：数字化生存环境下，人们被无处不在的算法、数据等技术所裹挟，以主被动相结合的方式与技术进行交流和博弈。在数字化的社会生活中，人们开始意识到算法对日常生活的介入乃至操控，尤其是在基于算法进行偏好推荐的平台，算法"被看见"的趋势愈发显著。斯科特提出的"日常抵抗"理论对农场主时代下底层农民的反抗行为进行了概括总结，将其引用至数字化生存环境下，用户在平台中的"逃离""嵌入""重塑""抵抗"行为本质上是对算法规则的无声反抗。

关键词：日常抵抗；算法抵抗；抖音；算法意识

一、研究缘起

从互联网到移动互联网，再到下一代互联网，尼葛洛庞蒂提出的"数字化生存"正在成为现实，并以迅猛的速度重构人类生活图景。数字时代，人们不仅生活在现实空间里，也生活在虚拟空间里。虚拟空间的言行构成了人们的数字化生存，无论它是否会对现实世界产生影响，都表达了人们的现实诉求，是人们生存体验的重要组成部分。①

QuestMobile最新数据显示，抖音2023年5月月活用户规模达到7亿多人，月人均使用时长达到36.6小时，且流量持续增长。根据抖音官方公布的数据，抖音用户年龄分布较为广泛，主要集中在18—35岁。其中，18—24岁用户比例最高，占比为35%。抖音平台引用今日头条的核心算法——信息流漏斗算法，通过算法和协同过滤，完成信息的精准触达，实现用户注

---

① 彭兰：《数字化与数据化：数字时代生存的一体两面》，《人民论坛》2023年第17期。

意力的占据及留存。

算法社会的技术迷思主要涉及算法代理、算法权威、算法监控、算法权力和算法崇拜等问题。① 在算法的辅助之下，抖音正在成为人类发明的一种具有成瘾性的数字产品。而算法是否被看见，本质上由算法决定，人在这个过程中处于被"遮蔽"的状态。从这个意义上看，占据抖音用户 35% 的 18—24 岁人群，作为社会传统认知意义中"最懂互联网"的一代，如何会刷屏成瘾？抖音算法会带来哪些伦理问题？对抖音用户个人而言，又该如何抵抗算法？这些疑惑构成了本文的问题意识。基于此，本文以抖音青年用户为研究对象，将抖音用户的算法抵抗视为"日常生活中的抵抗"，探究算法使人成瘾的机制、用户的算法意识及抵抗战术如何制定等问题。

二、理论依据及分析框架概述

（一）日常抵抗

斯科特在《弱者的武器》一书中指出，无权群体的"日常抵抗"手段，即"弱者的武器"。② 在斯科特的书中，不难看出，他认为农民利用心照不宣的理解和非正式的网络，以低姿态的反抗技术进行自卫性的消耗战，用强韧的努力对抗无法抗拒的不平等，以避免公开反抗的集体风险。

约翰松和文萨根提出包括"日常抵抗剧目""行动者间关系""空间化""日常抵抗的时间化"四个维度在内的"日常抵抗"理论，对于理解"底层政治"具有独特视角，③ 但在具体实践中还需要一个更加具象化、更具有可操作性的方法论框架。由此，本文将借用约翰松与文萨根共同构建的"日常抵抗"分析框架，尝试将其作为考察抖音青年用户算法抵抗策略的支撑。

在本文的语境中，抖音平台在空间和时间意义上与"权力"相勾连，通过算法体现权力所有者的控制意图。但是，人作为一个具有自主性的主体，并不似"橡皮泥"好揉捏，数字化生存下的用户在利用算法获取信息、进行社交的同时，其算法意识也正在逐步觉醒，并以无形的行为对算法自上而下的渗透进行"反击"。

---

① Jones R. H., "The Text is Reading You: Teaching Language in the Age of the Algorithm," Linguistics and Education, 2021, 62 (SI).
② 詹姆斯·C. 斯科特：《弱者的武器》，何江穗译，译林出版社，2011，第 35 页。
③ 蒋晓丽、郭旭东：《媒介空间中的"耗费"式抵抗——基于日常抵抗理论的茶馆文化研究（1912—1949）》，《济南大学学报（社会科学版）》2020 年第 30 期。

（二）"策略"与"战术"

德赛都和斯科特发展了"日常抵抗"的思想，提出"策略"与"战术"理论。人们在日常生活中不经意间做的许多事情，其实可以被看作是对于权力监管、控制的抵抗。该理论中，策略被认为是权力方对日常生活世界的规训措施；而战术，则是普通人在允许的范围内故意对规则做出的"调戏"或者"反抗"。这种反抗并非激进的革命或是对其进行全盘推翻，而是以一种微小的、即身的、无须离开权力体系就能够进行的方式呈现。

三、研究方法

算法技术的强大遮蔽性，使大部分抖音用户以"算法无意识"状态进行功能使用，这也使得他们难以敏锐感知到算法的存在及其背后隐藏的算法控制。由此，用户是否具备算法意识成为其实施抖音算法抵抗战术的关键标准。而从既往研究中，学者得出"算法意识受到自身使用体验和学历水平的影响"的结论，除以上两种因素外，使用时间长短、使用功能丰富与否、受教育程度如何共同构成判断用户是否具有算法意识的第一重标准。[①]

本文从算法抵抗入手，以微信朋友圈滚雪球法选取18—24岁、具有大专以上学历，且正在进行算法抵抗或曾有过算法抵抗行为的青年抖音用户作为研究对象，进行半结构化访谈的资料收集。笔者于2023年10月10日至11月1日，对上述方式选取的抖音用户进行半结构化访谈，访谈以线上形式进行，每人20—25分钟，其中女性11人、男性9人。

表1 受访者相关信息表

序号	年龄	性别	学历	专业	职业
F1	23岁	女	本科	电子商务	专职社工
F2	24岁	女	硕士	新闻与传播	学生
F3	24岁	女	本科	社会体育指导与管理	公职人员
F4	23岁	女	硕士	临床医学	学生
F5	23岁	女	本科	小学数学	小学数学教师
F6	22岁	女	本科	财务管理	自由职业
F7	18岁	女	大专	市场营销	学生
F8	25岁	女	本科	文化产业管理	自由职业

---

① 洪杰文、陈嵘伟：《意识激发与规则想象：用户抵抗算法的战术依归和实践路径》，《新闻与传播研究》2022年第29期。

续表

序号	年龄	性别	学历	专业	职业
F9	21 岁	女	本科	视觉传达设计	产品经理
F10	20 岁	女	大专	电子商务	新媒体运营
F11	23 岁	女	大专	药学	医师助理
M1	23 岁	男	大专	生物制药	采购员
M2	22 岁	男	本科	电子商务	跨境营销人员
M3	23 岁	男	本科	运动训练	小学体育教师
M4	25 岁	男	本科	通信工程	游戏测试工程师
M5	24 岁	男	本科	国际商务	外贸业务员
M6	22 岁	男	本科	国际商贸	学生
M7	19 岁	男	本科	环境工程	学生
M8	19 岁	男	大专	电子商务	学生/婚礼设计师
M9	24 岁	男	硕士	数字媒体与智能传播	学生

四、"日常抵抗"理论视域下青年抖音用户群体算法抵抗策略

随着智能技术的普及与应用，大数据、算法等逐渐渗透到我们的日常生活中，如信息检索、路线导航、社会交流等行为正呈现出线上线下双线交融的态势，而这种交融是通过算法的中介作用而实现的。在日常使用过程中，用户对自身的"使用与满足"与算法推荐结果进行比较，两者的强弱相关性都会引起其对算法的注意、反思和归因。

本质上，用户对于个人隐私的关注并不重视，并且大部分情况下主动用个人隐私换取算法便利。尽管如此，倘若占据主导地位的算法不能为用户提供充足的自由空间，用户便会尝试进行抵抗行为。以下将结合访谈结果，从"日常抵抗"视域下青年群体对于抖音平台算法的抵抗策略进行分析。

（一）日常抵抗的剧目：算法意识下的"共识性"逃离

查尔斯·蒂利的"抗争剧目"理论认为，"当人们在提出集体性要求时，其行动方式上的创新只能在特定的抗争剧目——那些已然确立起来的、与他们所在的地点、时间及配对形式相对应的剧目——所设定的限度内进行"。[1]

数字化生存下抖音算法的"日常抵抗的剧目"，即重复发生在抖音空间

---

[1] 查尔斯·蒂利、西德尼·塔罗:《抗争政治》，李义中译，译林出版社，2010，第23页。

| "日常抵抗"框架下青年群体的算法抵抗策略研究 |
——以抖音 App 为例

中且被用户普遍接受的一些"日常抵抗"形式,如拒绝点开、快速划走、卸载等。

"我感觉大家对于自己不喜欢的内容,都是直接划走的吧。我不太清楚别人怎么样,但是我就是直接划走的。一般不会去点'不感兴趣'很麻烦。"(F11)

"碰到不喜欢的我基本是划走,但是一些特别不是很正向的内容,我是会去点不感兴趣的,甚至还会去举报。"(M5)

抖音青年群体通过"快速划走"行为意图实现对抖音算法推荐的逃离。95%的受访者都认为这种行为能够帮助其快速筛选内容。由此认为,这种"快速划走""拒绝点开主页"的行为是用户在"算法意识"和"无算法意识"下的共识性谋合。"日常抵抗"理论下,逃离被认为是弱势群体常用的抵抗武器,而这种逃避本质上是用户的自我选择。在"策略"与"战术"理论看来,反抗并不脱离权力体系,且是微小的、即身的。聚焦到抖音平台,青年群体身处于抖音平台的算法权力体系下,尽管以"快速划走"方式对算法进行抵抗,本质上也只能产生"涟漪式"效果,掀不起大风大浪。

(二)行动者间关系:算法规则的主动嵌入

在约翰松和文萨根看来,"日常抵抗"的形式是由行动者之间的关系构建的。"抵抗者、抵抗目标和观察者"是"日常抵抗"分析框架中划分出的三类参与者。其中,"日常抵抗"的中心是"抵抗者","抵抗者"的行动直接影响"日常抵抗"的具体表现形式;"抵抗者行动指向的目标与对象"则被认为是"抵抗目标",是"抵抗者"的对立面,也是"抵抗者"抵抗行为的具象化针对对象;而"观察者"则指"抵抗活动"中的围观群众。[1]

抖音平台中"日常抵抗"的"抵抗者"就是抖音平台的用户。访谈可知,本文的 20 名访谈对象均具有算法抵抗行为,各主体由于自身的"使用与满足"需求不同,其呈现出的抵抗程度存在一定区别。"抵抗目标"是抖音平台背后隐形的运作力量及算法;"观察者"的身份较难界定,这是因为我们很难从访谈中看到抖音用户与非抖音用户之间的互动关系与形式。因此,本文暂且仅以"抵抗者"和"抵抗目标"为对象,阐述"日常抵抗"视角下"行动者间关系"中青年抖音用户对于算法的主动"脱""嵌"。

"为了让抖音更知道我喜欢的内容,我会在搜索栏里搜索我喜欢的内容。因为之前我搜过,搜了之后我发现它就会给我推荐相关的东西。然后我

---

[1] Hollander, JA. & Einwohner, RL., "Conceptualizing resistance," pp. 533–554.

就会刻意去搜索栏里去搜我近期比较关注的一些东西了，我感觉它好像是能记住我的喜好一样。这样的话，它也就不太会给我推那些我不是那么喜欢的东西了。"（F7）

"抖音给我推荐的内容，如果是我喜欢的，比如吃播或者游戏之类的，那我偶尔会点赞的，有时候也会去评论一下。"（M5）

青年抖音用户通过主动搜索、点赞、评论等形式让算法记住其偏好，使原有的用户画像更加清晰，并据此调整后续的推荐内容，这是"抵抗者"在具备算法意识后展开的主动性偏好"嵌"入，以此在无形中实现对算法的正向规训。

（三）空间化：算法空间的自我重塑

空间维度被约翰松和文萨根认为是"理解抵抗剧目和权力分配，以及理解行动者间关系的基础"。在空间这一维度中，"场所"发挥着重要作用。在"日常抵抗"分析框架中，"场所"与"社会空间"等同，"场所"和人们的社会生活及社会关系构成一种双向建构的关系。由此，可将"场所"视为一种"媒介空间"。

抖音自身的媒介属性致使其成为"媒介空间"和用户实施算法抵抗行为的"场所"的双重场域。在具体使用过程中，抖音使用空间主要分为两种：一种以使用功能为目的，将其划分为"热点""直播""经验""关注""推荐""商城"等版块，这些版块可供用户自我重组，即对某一板块进行"移除"，这类基于公共需求而呈现的版块处于动态环境，可根据用户需求进行调整；另一种是静态的、不可编辑重组的、基于用户隐私化社交需求而设置的"首页""朋友""消息""我"四个版块。

"我还是第一次听说上面那些是可以改的，我看抖音其实还是大部分的朋友都玩，他们会@我去看视频，不去看的话就会被'骂'。其他的话，我只用'关注'和'推荐'这两个功能，用得也比较少。"（F9）

"我是很偶尔的机会发现抖音上面那些'推荐'什么的是可以自己调的，我一般不怎么刷同城什么的，我就给它删了，基本就用'推荐'和'关注'这两个。"（M3）

"如果要把抖音里的内容分享给我不玩抖音的朋友的话，我就会把视频下载到相册里或者截图。等我发给他，我就会马上把它从我的相册里面删掉，我感觉放在里面很不舒服，有一种侵占我私人空间的感觉，因为相册还是比较私密的一个空间嘛。"（F3）

用户根据自我需求对抖音平台内部空间进行重组，或是及时在智能设备中清除抖音相关内容，本质上都是对于抖音空间及其算法的自主性取舍而采取的重塑行为。现代社会中，人的主体意识不断觉醒，更加关注自身需求，向"内"探求深度，以对抖音平台算法、空间提供功能的选择性接触进行一种反抗。

值得关注的是，尽管用户对自身抖音平台中的空间进行重新组合，认为自己获得了全新的生产空间，成为空间的共建者，但从本质来看，其仍旧没有逃脱抖音平台的算法，只是一种"自我肯定式"逃离。

（四）时间化：算法规则的直接对抗

"时间"被约翰松和文萨根视为日常抵抗的中心维度。"日常抵抗"是"被时间组织起来的，且在时间中或通过时间进行实践"，它难以摆脱权力的控制，"控制时间"成为规训的重要步骤。[1] 数字化生存下，青年抖音用户群体以控制使用时长、快速划走等行为对抖音平台的算法推荐进行抵抗。

"我看到我不喜欢的内容的视频基本就是马上划走，不会停留很久，我感觉抖音的算法推荐就是你停留越久它就觉得你喜欢这类视频，后面就会一直给你推，所以一般是直接划走的。"（F3）

"我本身是学通信工程的，虽然不太了解抖音背后具体的算法规则，但是我感觉它本质上就是基于你的观看停留时间、搜索的关键词、评论、点赞这些去了解我的偏好，然后再进行相关内容的推送。其实我也看过一些关于算法霸权的内容，我感觉其实还是蛮恐怖的。但是我虽然觉得有点恐怖，也不会说就因为这样就不玩抖音了，还是会玩的，只是尽可能地控制自己少玩一点。"（M4）

从"日常抵抗"理论来看，被数字、算法所包裹的互联网用户处于数字环境中，不仅从"空间"的角度对抖音平台的算法进行反抗，还以"时间"维度的缩短观看时长、减少应用时间等行为来满足自身独立化的信息需求。尽管"时间"难以摆脱权力的控制，用户无法强制拒绝抖音平台基于算法所实现的内容推送，但其在"使用与满足"下从自己需求出发，对平台的算法推荐进行着无声的抵抗。

五、结语

随着算法技术发展，机器自主学习能力不断提高，人被抛入的不再是一

---

[1] Johansson, A. & Vinthagen, S., "Dimensions of Everyday Resistance: An Analytical Framework," pp. 417-435.

个现代性的"荒野",而是一个闪烁着各种数据信息的迷乱的"星空"。①本文以善用算法为终极指向,以正在进行或曾经有过算法抵抗行为的抖音青年用户为对象进行研究,将用户的算法意识与抵抗算法的行为联系起来,基于"日常抵抗"框架对用户的算法抵抗策略进行分析研究。研究表明,抖音青年用户会以"逃离""重组""嵌入""对抗"等策略对算法进行抵抗。

算法最大的意义,不在于其搭建了新的时空,而是形成了完全不同的结构,产生了不同的感知。② 但就如海德格尔所言:现代技术已经突破了"人的行动"的限制框架,发展成为一种强求于人的、人不能控制也不能突破的无形的力量。不难发现,尽管用户在抖音等媒介环境中有能力尝试找出背后的算法本质并采取相应的行动来对抗平台的算法,但是这种个体力量在庞大的算法网络中是渺小的,用户个体在现实中很难成为赢家。

(本文作者均系浙江传媒学院新闻与传播学院硕士研究生)

---

① 王鑫:《在共生中抵抗:算法社会的技术迷思与主体之困》,《东南学术》2023 年第 4 期。
② 张萌:《从规训到控制:算法社会的技术幽灵与底层战术》,《国际新闻界》2022 年第 44 期。

社会资本感知与异化：在线社交中"文字讨好"行为研究

汪如月　刘晓琰

摘要："文字讨好"是在线聊天情境中较为显著的表达习惯。本文以问卷调查的形式，通过相关性分析、结构方程模型建构得出，"文字讨好"与强关系型资本感知呈正相关关系，与弱关系型资本感知的关系并不显著。基于深度访谈，本文发现出于对社会资本的考量，"文字讨好"具有补充情绪与获取支持、形象塑造与避免冲突等作用。而在异化理论视角下，"文字讨好"导致个体否定了自决与自塑的能力，甚至陷入自我矛盾与内部分裂的状态，进而造成社交异化与社会冷漠。本文期望警惕其中"异化"现象，并积极找回人们的"共鸣"能力，提出可切换、可触动、可联系三方面的探索性思考。

关键词：文字讨好；社会资本；异化；共鸣

一、引言

第 52 次《中国互联网络发展状况统计报告》显示，截至 2023 年 6 月，我国即时通信用户规模达 10.47 亿人，较 2022 年 12 月增长 886 万人，占网民整体的 97.1%。[1] 在"效率"变得昂贵的现在，借助即时通信软件与社交平台进行信息传播颇具优势。值得注意的是，使用者于在线聊天中逐步形成了话语风格甚至社交"礼节"，"文字讨好"就是其中较为显著的表达习惯，指人们在一对一、一对多对话情境中，会字斟句酌地修改、重新编辑将要发出的文本讯息，常见的是在文本开头、末尾增加语气词、符号，使得贫乏的文本在接收者眼中"更舒适""更礼貌"。网络社交情境中，"文字讨

---

[1] CNNIC：第 52 次《中国互联网络发展状况统计报告》，https://www.cnnic.cn/n4/2023/0303/c88-10757.html，访问日期：2024 年 3 月 20 日。

好"正成为一种"无法言说的规则",并且面对强弱关系具有表现差异。那么"文字讨好"与不同类型的社会资本之间的关系是什么？在哪些层面影响人们对不同类型的社会资本的感知？因使用动机存在主动或被迫的摇摆，将此种文本表达方式定调为偏贬义的"讨好"具有争议，但不可否认"文字讨好"现象的社会意义与后果。在哈特穆特·罗萨（Hartmut Rosa）与拉埃尔·耶吉（Rahel Jaeggi）的"新异化"警示下，本文进一步反思，"文字讨好"对个体与社会造成怎样的形塑与影响。

基于以上考虑，本文以微信为研究平台，通过问卷调查及数据处理，尝试探索在线聊天情境中"文字讨好"行为与不同类型的社会资本的关系；本文对19位有"文字讨好"行为表现的用户进行深度访谈，考察"文字讨好"对社会资本的具体作用，并结合异化理论，批判性看待"文字讨好"现象，对"文字讨好"行为中个体与社会的异化可能提出警示与积极调试。

二、文献回顾与理论假设

（一）从西方到本土："关系"语境、强度与资源的界定

对中国社会关系运作方式的研究，社会资本理论是量化分析的焦点。回溯社会资本概念的三种经典定义是：布迪厄的微观定义、科尔曼德中观定义以及帕特南的宏观定义。[1] 布迪厄（Bourdieu）首次系统性地将社会资本定义为"现实或潜在的资源的集合体，这些资源与拥有或多或少制度化的共同熟识和认可的关系网络有关"，清晰地将社会资本分为两个部分：资源与关系网络。林南强调了个体在社会资本形成与利用中的作用，其分析的核心是：（1）个体怎样在社会关系中投资；（2）个体怎样在社会关系中摄取嵌入性资源以便获取回报。[2] 微观个体层次的社会资本，讨论个体如何摄取与使用嵌入于关系的社会资本，以解决个体行动目标。

中观层次以科尔曼（Coleman）为代表，识别社会资本在社会结构中的功能，作为可利用的资源，既有利于个体行动与利益的获取，又服务于集体组织性、共同性目标的实现，科尔曼把社会资本的表现形式概述为义务与期望、信息网络、规范和有效惩罚、权威关系。[3] 而关于宏观层次的讨论，帕特南（Putnam）在《独自打保龄球——美国社区的衰弱与复兴》

---

[1] 周红：《社会资本及其在中国的研究与应用》，《经济社会体制比较》2004年第2期。
[2] 刘少杰：《以行动与结构互动为基础的社会资本研究——评林南社会资本理论的方法原则和理论视野》，《国外社会科学》2004年第2期。
[3] 张文宏：《社会资本：理论争辩与经验研究》，《社会学研究》2003年第4期。

一书中将社会资本定义为"社会上个人之间的相互联系——社会关系网络和由此产生的互利互惠和相互信赖的规范"。[①] 这样的互惠信任、规范与网络,作为社会组织的特征,不仅提高社会效率产生更多效益,也有助于解决集体行动的困境。

社会资本因概念宽泛而具有强大的解释力,但在深入分析中国的人际关系与社会关系的某种现象时,总是会忽视甚至脱离本土语境。中国的"关系"与"社会资本"是否可以等而视之,要关注各自运行的社会基础。中国传统社会中的社会关系是一种"差序格局",以"己"作为关系的中心,从传统社会步入现代社会,亲情网转化成一种交换网,人情成为一种投资。[②] 诚然理性主义和功利主义带来了社会关系的变化,但是"特殊主义"关系仍然存在于诸多领域。[③] 中国人的人际关系构成"缘""情""伦"三位一体的运行模式,情为人际行为提供"是什么",伦为人际行为提供"怎么",缘为人际行为提供"为什么"。[④] 社会资本概念在中国的研究与应用,要考虑中国社会关系结构与伦理的特征。

边燕杰指出"社会资本是存在于行为者与行为者的联系之中的,如关系强弱、网络大小,等等"。[⑤] 如何考察社会资本,依旧是社会关系网络中拥有与调用的资源,纳入积累与增值中形成的资本。格兰诺维特(Granovetter)根据时间长短、情感强度、亲密程度和互惠服务的组合,将关系纽带区分为强关系与弱关系。[⑥] 如何对关系强度进行测量,国内研究对个体层次的社会资本有两个测量方法:一是测量个人"拥有的社会资本",二是测量个人"使用的社会资本",后者涉及关系强度的测量,主要有互动法(测量互动频次)与角色法(根据关系判断)。[⑦] 边燕杰等在中国职业流动研究中,将关系类型分为三类:相识、朋友和亲属,相识定为弱关系,后两者定为强关系;[⑧] 在求职研究中,将关系强度定为与关系人的熟悉程度:"熟极了""很熟"

[①] 罗伯特·帕特南:《独自打保龄球——美国社区的衰弱与复兴》,刘波、祝乃娟、张孜异等译,北京大学出版社,2011,第2—18页。
[②] 翟学伟:《是"关系",还是社会资本》,《社会》2009年第1期。
[③] 纪莺莺:《文化、制度与结构:中国社会关系研究》,《社会学研究》2012年第2期。
[④] 翟学伟:《中国人际关系的特质——本土的概念及其模式》,《社会学研究》1993年第4期。
[⑤] 边燕杰:《社会资本研究》,《学习与探索》2006年第2期。
[⑥] Granovetter M. S, "The Strength of Weak Ties," *American Journal of Sociology*, pp. 1360 - 1380.
[⑦] 赵延东、罗家德:《如何测量社会资本:一个经验研究综述》,《国外社会科学》2005年第2期。
[⑧] 边燕杰、张文宏:《经济体制、社会网络与职业流动》,《中国社会科学》2001年第2期。

"较熟"视为"强关系","不熟""不认识"(间接关系)视为"弱关系"。①

格兰诺维特提出著名的"弱关系假设",区分了信息(information)与人情(influence)两种资源,认为作为"桥梁"的弱关系能够创造社会流动机会,比强关系提供更多非冗余的信息资源,而边燕杰在《把强关系带回来》一文中提出,以信任和义务为特征的强关系被证明同样具有"桥梁"作用,在获取人情方面更有利。② 结合大量实证结论,本文总结弱关系提供的资源:(1)获得非冗余信息;(2)联系地位更高的人,获得更多社会资源;(3)支持工具性行动(如购买物资、寻找工作、找对象);③(4)密切群体间联系,提高社会凝聚力。弱关系带来信息资源,强关系往往带来人情资源,强关系提供的资源:(1)人情交换;(2)支持表现性行动(倾诉苦恼、共同娱乐);(3)提高内部凝聚力。

综上所述,本文结合本土"关系"的特殊语境,从关系强度及关系产生的可使用、可调动的资源入手,探讨社会资本与社会现象之间的关系。

(二)从使用到礼仪:探讨文字讨好与社会资本的关系

信息发布、信息交流等网络行为与社会资本的关系取得了许多实证研究的验证。依托 Facebook 发布动员请求信息的用户提供了更高的桥梁和纽带社会资本,④ 尤其社交媒体的交流性使用对桥接型与结合型资本存在显著的正向作用,⑤ 使用新媒体的信息动机(搜索信息和发电子邮件等),在三个代际(X 一代、婴儿潮一代与公民一代)的测试中,都与社会资本的产生呈正相关。⑥

---

① 边燕杰、张文宏、程诚:《求职过程的社会网络模型:检验关系效应假设》,《社会》2012年第3期。

② Bian, Yanjie, "Bringing Strong Ties Back In: Indirect Ties, Network Bridges, and Job Searches in China," *American Sociological Review* 62, no. 3 (1997): pp. 366–385.

③ 贺寨平:《国外社会支持网研究综述》,《国外社会科学》2001 年第 1 期。

④ Ellison, N. B., Steinfield C., Lampe. C., "The Benefits of Facebook Friends: Social Capital and College Students' Use of Online Social Network Sites," *Journal of Computer-Mediated Communication* 12, no. 4 (2007): pp. 1143–1168.

⑤ Chen Hsuan-Ting, Li Xueqing, "The contribution of mobile social media to social capital and psychological well-being: Examining the role of communicative use, friending and self-disclosure," *Computers in Human Behavior* 75 (2017): pp. 958–965.

⑥ Shah, D. V., Kwak, N., Holbert, R. L., "Connecting and disconnecting with civic life: Patterns of Internet use and the production of social capital," *Political Communication* 18, no. 2 (2001): pp. 141–162.

媒体的使用和影响取决于传播者的纽带类型,①多数研究强调各种语符和图式作为社交礼仪的数字化模拟,分析表情包、点赞与评论、"拍一拍"在礼仪交流中的作用,实现虽不在场,但可制造在场的礼仪体验,②达到传播者的主动嵌入、情感融入,甚至情感共通。社交礼仪背后的社会资本动机随着研究的深入逐渐浮现,表情包的使用频率与不同类型的社会资本之间呈正相关关系;③"拍一拍"在亲密关系与非亲密关系中呈现出获取社会资本的动机差异;④此外,出乎意料的是只有配合评论行为,点赞对社会资本的促进作用才能产生。⑤

"文字讨好"是个体对自身情绪的准确性或夸张化传递的追求,对简洁文本加语气词、符号、叠字等,易于形成交流对象友好、热情的设想,因此成为个体自我呈现、形象构建的新型工具。已有部分研究对其产生机制、行为表征、影响因素及异化后果进行讨论。公众号发起的调查显示,"文字讨好"在网络聊天情境中,不仅出现在以亲密好友为代表的强关系中,如家长、配偶等,也在一定程度上调节与非熟人的弱关系,如领导、同事等。⑥"文字讨好"作为表达方式的选择,从动机倾向来看可简单分为两种情形:主动情境下,对语言语气进行柔化、萌化处理,增加文字中情绪色彩,以抵抗网络社交的冷漠与隔阂;被动情境下,未必对"文字讨好"设有增加相互信任与帮助的期许,而仅仅维系浅层次的表面关系,保持社交关系的稳定,甚至可能压抑原本想要表达排斥、抵触的情感与冲动,作为人们各自表演与伪装的道具。

"文字讨好"作为当前社交礼仪的新型模拟形态,是文字媒介以更适应在线社交的特性"复活",即"文字讨好"一定程度上包含对社交关系的重视与社会资本的考量,研究应当考察在面对不同社会资本时,其使用动机的差异,但目前尚未有相关研究成果展现。

---

① Caroline Haythornthwaite, "Strong, weak, and latent ties and the impact of new media," *Information Society* 18, no. 5: pp. 385-401.
② 晏青、支庭荣:《社交媒体礼仪:数字关系情境下的伦理方案与效果辨析》,《现代传播(中国传媒大学学报)》2017年第8期。
③ 代莉:《微信表情包使用对大学生社会资本的影响研究》,《今传媒》2020年第4期。
④ 孙嘉蔚、张灵敏:《大学生使用微信"拍一拍"对个人社会资本的影响研究》,《新媒体研究》2022年第16期。
⑤ 周懿瑾、魏佳纯:《"点赞"还是"评论"?社交媒体使用行为对个人社会资本的影响——基于微信朋友圈使用行为的探索性研究》,《新闻大学》2016年第1期。
⑥ 全媒派:《"文字讨好症"悄然流行:是社交内卷,也是社交内耗》,https://mp.weixin.qq.com/s/p5Uag6gSO_tYkKnj4Iweug,访问日期:2024年3月10日。

结合前述关于强弱型社会资本的界定,本文假设为:

H1:文字讨好行为与强关系型社会资本感知呈正相关

H2:文字讨好行为与弱关系型社会资本感知呈正相关

(三) 从异化到新异化:探讨文字讨好的异变可能

异化的概念可追溯至马克思的劳动哲学,自由、自觉的劳动原本是人的生命活动,也是人类的本质,劳动却成了剥削、支配、奴役人的力量,劳动产品也被他人占有。而扬弃异化,人要以一种全面的方式,把自己的全面本质据为己有,也就是说,通过人并且为了人而对人的本质和人的生活,对对象化了的人和属人的创造物的感性占有①,才能实现人的全面发展。

拉埃尔·耶姬在其著作《异化:论一个社会疑难的现实性》中对异化理论进行本质主义批判,并重新解释异化概念,是"一种无关系的关系"和"一种有缺陷的关系"。②"缺陷"在于我们与行为、他人、社会制度以及自我都无法建立联系,变成对立与冷漠的状态。耶姬反思异化理论的内涵,将其批判的矛头转向现代生活中人们的各种痛苦,对社会病态做出诊断。在她的案例阐释中,异化具体的表现形态在于事物超出掌控,无法体现个人意志;个人在角色中僵化,无法充分表达自己;欲望与意志违背,产生内部分裂的状态;丧失对自我与世界的认同感。

哈特穆特·罗萨援引与呼应耶姬关于异化核心概念的意涵,在《新异化的诞生:社会加速批判理论大纲》中阐明在当下的人类生活中,空间、物、行动、时间、自我五个根本方面都产生了新的异化形式。③ 罗萨将异化定义为"人们自愿去做他们不是'真的'想做的事"的情况。在日常生活的行动与实践中,无论是自愿还是被迫去做"必须这样做的事"都有可能产生异化的状态。

耶姬与罗萨重新建构的新异化理论,为我们从现代生活的病状与扭曲中"惊醒过来"提供了理论启发。但局限在于,耶姬并没有探讨出现异化的根本原因④,同时异化概念对不同情境的阐释过于意识形态化,使一般状态和异化状态难以区分,生出异化"不可避免"的恐怖预言,却没有提出摆脱异化的现实路径。罗萨虽然给出了"共鸣"的答案,看似"自己解放自己",其实是

---

① 马克思:《1844年经济学哲学手稿》,中共中央马克思恩格斯列宁斯大林著作编译局译,人民出版社,1979,第77页。
② Rahel Jaeggi, *Alienation*, New York: Columbia University Press, 2016, pp. 25 – 145.
③ 哈特穆特·罗萨:《新异化的诞生:社会加速批判理论大纲》,郑作彧译,上海人民出版社,2018,第99—146页。
④ 夏艳:《拉埃尔·耶吉异化理论研究》,硕士学位论文,黑龙江大学哲学系,2022,第14页。

向最现实的社会加快了妥协,背弃了自己回归批判理论的承诺。[①]

从微信公众号发布的社会调查来看,人们并不认可"讨好",但以行为践行"文字讨好";模仿"文字讨好",却不明白行为的缘由;对"文字讨好"产生依赖而陷入严重的"社交内耗"等。本文希望借助"文字讨好"这一具体行为,通过了解被访谈者的切身体会,更为深入地探讨人们"觉得痛苦"的状态以及"为什么"。综上所述,本文提出第二个研究问题:"文字讨好"在具体情境、背景下人们的异化感知是怎样的?若要摆脱异化,是否存在妥协与不妥协的应对策略?

三、研究方法

本文在社交媒体聊天情境中,探讨"文字讨好"行为与不同类型社会资本的关系。相较于微博、豆瓣等平台,微信以用户个体为中心包含的强弱关系网络更具稳定性。本文以微信为主要设问情境,面向多种社交平台进行数据收集,目标群体是在文字聊天中有"文字讨好"行为及相关经历的人群。本文通过微信、微博与豆瓣三种途径发放问卷,历时61天,共回收问卷421份,运用SPSS23.0对异常数据进行初筛与剔除后,共有412份样本纳入下一步描述性分析与偏相关性分析中。

本文自变量是"文字讨好行为强度",因其从技术角度为应用社交媒体进行的信息交流行为,所以对该变量的测量参考埃里森(Ellsion)的Facebook强度量表[②],并对具体条目有所修改以适应研究需要。本文的因变量主要为社会资本,以格兰诺维特提出的"强纽带"与"弱纽带"关系为基础,帕特南区分为"桥梁式"和"纽带式"资本,威廉姆斯(Williams)报告的互联网社会资本量表(ISCS)[③]用于在线和离线情境中测量桥接型与结合型资本。ISCS不但可以用来衡量整体影响,还对聊天室、电子邮件、在线视频游戏或其他特定活动的影响衡量更为有用,契合本文研究主题。由此探究应用ISCS设计20道量表题进行两种资本类型的衡量是合理的。在探究"文字讨好"行为强度与社会资本的关系时,研究控制人口统计变量、社交

[①] 蓝江:《可能超越社会加速吗?——读哈特穆特·罗萨的〈新异化的诞生〉》,《中国图书评论》2018年第7期。

[②] Ellison, N. B., Steinfield C., Lampe. C., "The Benefits of Facebook Friends: Social Capital and College Students' Use of Online Social Network Sites," *Journal of Computer - Mediated Communication* 12, no. 4 (2007): pp. 1143 – 1168.

[③] Williams, D., "On and Off the Net: Scale for Social Capital in an Online Era," *Journal of Computer - Mediated Communication* 11, no. 2 (2006): pp. 593 – 628.

媒体聊天情况、公开情境、模仿动机等变量的影响。

为深入探究"文字讨好"行为对社会资本的具体作用,以及结合异化理论对其影响进行考察,本文采用线上访谈的方法收集信息,触达更广泛的群体且保障受访者隐私,访谈对象一部分是填写问卷后主动表明有深入交流意向的人群,另一部分是通过社交媒体招募所得,本研究以文字邀请函的形式共收到103份回复,其中随机抽取受访者展开访谈,若遇到中途退出、无效信息等不可控情况,再进行招募补充,最终与19名受访者分别进行了30—45分钟的访谈,所整理访谈内容文字稿共计9万多字,能够对研究问题做出探索性回答。

四、数据分析

(一)描述性分析

1. 人口统计特征

CNNIC发布的《2015年中国社交类应用用户行为研究》指出,社交用户的年龄结构以40岁以下为主,占82.5%。[1] 本文中89.1%的用户年龄在40岁及以下(N=412,SD=1.14);男女比例基本均衡为47%与53%;教育程度方面,占比最大为本科学历,人数为248人,达到60.2%(N=412,SD=0.8);职业分布覆盖李春玲[2]和陆学艺[3]排序的七个阶层,呈现出样本的多样性,因此利用此数据可以进行下一步探索性研究。

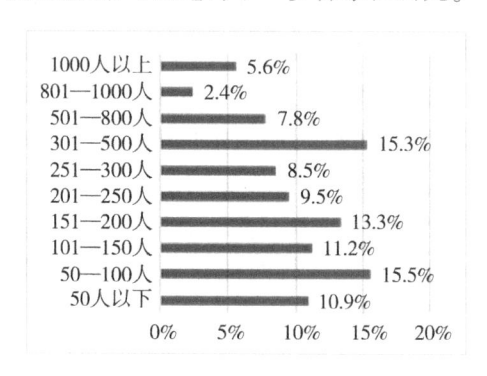

好友数量	比例
1000人以上	5.6%
801—1000人	2.4%
501—800人	7.8%
301—500人	15.3%
251—300人	8.5%
201—250人	9.5%
151—200人	13.3%
101—150人	11.2%
50—100人	15.5%
50人以下	10.9%

图1 样本社交媒体好友数量

---

[1] CNNIC:《2015年中国社交应用用户行为研究报告》,https://www.cnnic.cn/n4/2022/0401/c85-5579.html,访问日期:2023年11月10日。
[2] 李春玲:《当代中国社会的声望分层——职业声望与社会经济地位指数测量》,《社会学研究》2005年第2期。
[3] 陆学艺:《当代中国社会阶层的分化与流动》,《江苏社会科学》2003年第4期。

2. 社交圈子及在线聊天情况

本文调查 412 个样本中有 257 位用户的社交好友数量在 150 人及以上，占 62.4%；在具体数据中，55 位用户的社交好友数量在 151—200 人，占 13.3%；63 位用户的社交好友数量在 301—500 人，占 15.3%。结合著名的邓巴数 150 定律分析，可见半数以上用户的社交圈子同时包含稳定关系与不稳定关系。

在线聊天题项中，研究对"次数"的统计为"一条消息计一次"，方便被调查者估计大致的聊天次数。结果显示，将"10 次以下""10—50 次"作为合并项，在对话次数（一对一聊天情境）与发言次数（群聊、朋友圈情境）的占比分别达到 65% 与 68.7%；但在 412 个样本中有 108 名用户选择的对话次数在"50—200 次"的范围内，占比 26.2%。有 55 名用户的发言次数达到"50—200 次"，占比 13.3%。由此表明聊天是用户日常活动不可缺少的一部分，甚至在社交聊天中耗费大量时间。

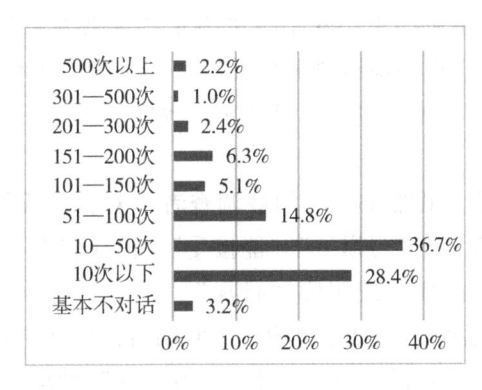

区间	占比
500次以上	2.2%
301—500次	1.0%
201—300次	2.4%
151—200次	6.3%
101—150次	5.1%
51—100次	14.8%
10—50次	36.7%
10次以下	28.4%
基本不对话	3.2%

图 2　样本社交媒体对话次数

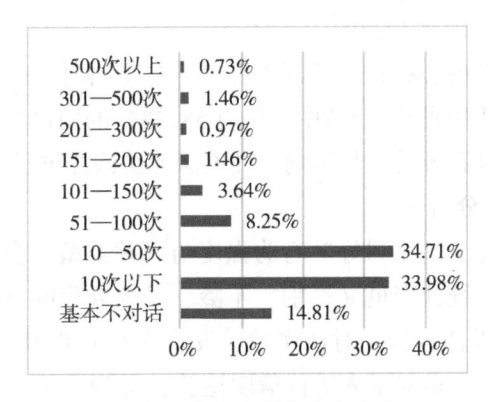

区间	占比
500次以上	0.73%
301—500次	1.46%
201—300次	0.97%
151—200次	1.46%
101—150次	3.64%
51—100次	8.25%
10—50次	34.71%
10次以下	33.98%
基本不对话	14.81%

图 3　样本社交媒体发言次数

3. "文字讨好"行为强度、态度及动因

412份数据中有334份样本表明自己"使用文字讨好",通过测量文字讨好使用程度发现,122名用户在"20%左右,少数对话中使用",占36.5%;使用情况达"50%左右,一半的对话中使用"及以上程度的样本达到49.4%,可见被调查对象"文字讨好"行为较为显著。

测量"文字讨好"行为依赖程度的量表具有较高的信度(a=0.98),根据条目来看,用户不仅态度偏肯定,还呈现出强烈的依赖倾向。"文字讨好是我每天的线上交流都会使用的一种表达"(M=3.63);"我乐于使用文字讨好在线上与别人交流"(M=3.59);"文字讨好已经成为我线上日常社交的一部分"(M=3.66);"如果不使用文字讨好表达方式,我会因此不适应"(M=3.12)。

考察"文字讨好"行为产生的动机,用户的选择较为积极,"表达礼貌是个人修养的一部分"和"更有利于达到良好的人际沟通"分别占比23%与26.6%。334份数据中有166个样本表示"需要对特定人群展现尊重",105个样本考虑"工作的隐形规则必须遵守",146个样本选择"出于个人或群体利益层面考量",但无论是"需要这么做"还是"必须这么做",都暗示行为的不自主性。

值得关注的是,虽然65.8%的被调查者"对自己或他人文字讨好行为的态度"为"不在意""习惯了""能接受",但在334份数据中143个样本选择了态度"时好时坏"或明确"排斥",占比达到14.7%,因此本文设置副问卷探究其负面态度的具体原因。"明明自己情绪不佳,却仍然要友好表达"与"面对不喜欢的人或事,还要友好表达"两项合计占比为50.3%,其次为"因为工作角色限制,必须友好表达"占比18.9%,"觉得他人在阴阳怪气时会讨厌"占比13.3%。

尽管被调查者内心存在"不愿意""不喜欢",但在"若您不喜欢这种表达方式,还会使用吗?"一项中,仍有58.33%的用户选择了"会"。这为深入探究行为的自我矛盾及其影响,开展深度访谈提供了依据。

(二)相关性分析

本文主要探究"文字讨好"行为强度与两种类型社会资本之间的相关,但有必要考虑人口统计变量(性别、年龄、受教育程度、职业)、社交媒体聊天情况(社交媒体数量、对话次数、发言次数)以及公开情境、模仿动机等因素。在分析之前对量表进行信度检验,得到弱关系型资本量表(a=0.909)、强关系型资本量表(a=0.850)、公开情境(a=0.853)、模仿动机（a=0.853）的输出结果，说明四个量表具有较高的可靠性。

表1 相关系数表

	文字讨好行为强度	弱关系型资本	强关系型资本	社交媒体聊天情况	公开情境	模仿动机
文字讨好行为强度	1					
弱关系型资本	0.423**	1				
强关系型资本	0.450**	0.712**	1			
社交媒体聊天情况	0.163**	0.002	-0.029	1		
公开情境	0.450**	0.496**	0.461**	0.063	1	
模仿动机	0.561**	0.537**	0.521**	0.053	0.420**	1

**表示 $p<0.01$。

经过 SPSS 相关性分析可得，"文字讨好"行为强度与弱关系型资本呈现正相关关系（$r=0.429$，$p<0.01$），与强关系型资本也呈现正相关关系（$r=0.461$，$p<0.01$）。"文字讨好"行为与社交媒体聊天情况（$r=0.163$，$p<0.01$）、公开情境（$r=0.450$，$p<0.01$）、模仿动机（$r=0.561$，$p<0.01$）之间也存在显著的正相关关系。值得注意的是，弱关系型资本与强关系型资本之间存在系数更高的正相关关系（$r=0.707$，$p<0.01$），公开情境与模仿动机与两种资本类型之间也存在较为显著的正相关关系。这使得研究无法清楚解释两种资本类型、社交媒体聊天情况、公开情境、模仿动机等因素相互影响的情况下，与"文字讨好"行为强度之间的多重关系，因此研究采用 AMOS 的 SEM 模型做进一步路径分析与模型建构。

（三）SEM 模型建构及分析

因 SPSS 相关性验证中，人口统计变量与"文字讨好"行为强度的相关性并不显著，所以不需要再导入 AMOS 做进一步分析。AMOS 在探究多个自变量与多个因变量关系中具有显著优势，并且能够通过结构方程模型直观看到自变量与因变量之间的影响程度。本文将弱关系型资本、强关系型资本、社交媒体聊天情况、公开情境、模仿动机作为外因潜变量，"文字讨好"行为强度作为内因潜变量，建立结构方程模型 SEM。初始模型的拟合结果不好，经过删除因子载荷量 <0.5 的 2 项，并允许同一维度下 8 个残差相关，修正模型后使得整体拟合度更为理想，见表 2。

表2 最终模型的整体拟合系数

χ^2/df	RMSEA	GFI	AGFI	CFI	IFI	TLI
2.130	0.058	0.847	0823	0.902	0.903	0.893

分析结果显示，在结构方程模型中强关系型资本仍然对"文字讨好"行为强度呈现较显著的正相关（r = 0.265，p < 0.05），但弱关系型资本与"文字讨好"行为强度之间的相关关系变得不显著，甚至扭转为负影响（r = -0.06，p > 0.05），见表3。由此得出探索性结论：支持假设 H1，但不支持假设 H2。

表3 最终模型的系数估计值

	Estimate	S. E.	C. R.	P
文字讨好行为强度 <——模仿动机	0.434	0.068	6.35	***
文字讨好行为强度 <——社交媒体聊天情况	0.048	0.044	1.097	0.273
文字讨好行为强度 <——强关系型资本感知	0.265	0.102	2.595	0.009
文字讨好行为强度 <——弱关系型资本感知	-0.06	0.107	-0.558	0.577
文字讨好行为强度 <——公开情境	0.165	0.043	3.83	***

＊＊＊表示 p < 0.000。

根据数据分析结果，本文能够初步验证"文字讨好"行为与强关系型社会资本之间的正相关关系，但仅凭数据仍然难以厘清："文字讨好"行为是如何促进强关系型资本感知的？对强关系型资本的具体作用是什么？"文字讨好"行为对弱关系型资本感知是否全然无作用？本文认为不能脱离具体实际情境对数据结论做出主观解释，期望通过深度访谈做出补充性阐释。

五、感知社会资本："文字讨好"使用中的能动与惯性

（一）补充情绪与获取支持：促进亲密关系但并非"讨好"

已有研究发现，关系更紧密的配对在交流中包括更高的亲密程度，要求一定程度的互动和互惠以维持关系。[①] 而网络人际传播因交际线索信息的缺失，被认为是不适合情感性、表达性或复杂问题的沟通。但通过增加语气词、颜文字等方式，能够提高被感知的情感强度，修复与亲密好友平淡的交流过程。这正如 S9[②] 所说："我希望能够传达更多的情绪，所以有的时候会喜欢加一些语气词。我希望和我聊天的朋友他/她开心，我们的聊天更加开心愉快，以及也能把我一些情感传达给他/她。实际上线上交流，只是浅浅地传达一下你的信息和情绪而已，不能够完整地传达你的信息和情绪。"

---

① Caroline Haythornthwaite, "Strong, weak, and latent ties and the impact of new media," *Information Society* 18, no. 5: pp. 385-401.

② 本文一共包含19位被访者，以 S1—S19 署名。

"感觉没有突出表达的感情"（S2），"有时候说话可能会不自觉地让我的朋友觉得难听"（S1），S1、S2都有"被迫"调整表达方式的看法。看似简单地利用"文字讨好"填补情绪，也是个体在保护自己所在意、重视的关系。

但S9提出的观点值得注意，他并不认同这种表达方式附加了"讨好"色彩，这会将原本简单的出发点变得过于偏激，持类似观点的有S4、S11与S16，他们都表示真正的"亲密好友"并不会用讨好型语气，反而是"一般程度""没有那么亲密"的关系中会加以应用。"如果之前有事让好朋友不愉快了"或者"碍于是好朋友关系，所以做出让步，给一个台阶下"，S6认为在这两种情境下会稍微使用"讨好"。亲密关系实际上无须"讨好"，也并非"讨好"，即使偶尔"放低姿态"，也是交往中适当的"让步"与"调试"。

在特殊情境下，适当使用"文字讨好"能够提高获得社会支持的可能性，"如果用这种表达方式，可能对方会更乐意帮忙吧，很少出现拒绝的情况。"（S7）在处理重要事件中，"讨好"更多的是传达"恳请"，"如果是我觉得真的会麻烦到他的话，我也会用讨好性的表达"（S18），但绝非适用任何场合，仅仅依靠文本表达不同程度的"请求"，效果或许不尽如人意，S3表示自己的看法："如果是一个相对而言比较严肃的事情，就像借钱或者是比较麻烦，不是那种顺手的事情，我可能不太会选择用这种语气，因为我觉得有点轻佻。但比如让朋友顺手帮一个什么事情，可能会稍微选择俏皮一点的语气。"

（二）形象塑造与避免冲突："低成本友善"营造利己环境

电脑中介交流（Computer-mediated communication，CMC）减少的"社会开销"和更大的影响力使它成为与不熟悉的人建立联系的理想手段。跨越阶层、身份，在线聊天似乎敞开异质联系的大门，允许个体戴着多重面具游弋在社交场域，通过语言、姿态与行为进行印象管理与印象整饰，以期向陌生人展示自己"满意的一面"。"留下不那么强硬的印象"（S4）、"更好地拉近关系"（S15），"文字讨好"成为人们进行虚拟形象塑造的"快捷方式"，事先在交往中传递"好相处""热情""客气"等讯息，"这种比较柔软的语调，它是一个非常低成本的对别人友善的方式"（S3），通过简单的社会互动激活潜伏的联系，甚至留下即兴的"第一印象"，"至少我会觉得他就很有礼貌，不会对你死板着一张脸，反正我对这类人会印象好"（S11）。"可能如果有一个人说话很直，你会下意识地觉得他不好接近，或者不是一

个好相处的人。"(S4)

屏幕的交流优势在于这是一个可以反思、重新输入,以及编辑的地方,[①]这正是新媒体修复"不完美"的显著优势所在。"文字讨好"行为中,对话语的反复推敲或删改,反映了人们试图达到自己对形象、态度、意义等信息传递的"完美"要求。实际上,我们隐藏的内容不比我们表达的内容少,"文字讨好"到底隐去了什么?它让人躲藏在刻意假装的若无其事的样子背后,S4回想自己与上级沟通时的情景,"在实习的时候被批评,虽然回复是礼貌性的答案,但实际上心里在臭骂";S8的职位是产品研发,她颇为无奈地收起"扣1"的习惯,以更加客气的语气转换"看起来"严肃的姿态。

人们甘愿抑制情绪表达与个人习惯,采取"文字讨好"这种似乎带有模板与套路的对话形式,并不看重交流本身,而是试图回避一些不必要的冲突与矛盾,排除潜在的负面影响,为自己争取有利的处境。对于S11来说,"文字讨好"能传达一定的工作态度,减少误解,"我用比较讨好的语气跟我的主管说明情况,其实就是想让他知道的,我没有不把这件事放在心上"。S18目前从事金融业,他利用"文字讨好"进行"冲突回避","如果我姿态低一点,就能避免起冲突,虽然自己会有点矛盾。"S16发现人际沟通中"文字讨好"的有益一面,认为它是"容错率非常高的表述方式"。

无论是塑造形象还是回避冲突,不同于强关系型资本的使用动机,人们在此处考虑的不是维系与促进关系积累,而更多的是功利化地完成交往流程,以工具理性主导行为,试图营造对自身有益的、和谐的社会关系环境。然而,在激活弱关系型资本上,"文字讨好"甚至存在副作用,"感觉不自然了,有点在假装"(S10),"刚跟你认识,在线上表达的时候使用这种语气词,我不会喜欢"(S13),"可能与线下会有反差,导致最后印象破裂化"(S1)。

(三)习惯养成与灵活切换:逐渐大众化的"谈话填料"

从整体使用情况来看,受访者们普遍认为"文字讨好"已是不假思索就会实施的行为,无关场合还是交谈对象。对S17来说,"我觉得它好像已经成为现在在社交的表达习惯,我在面对不同场合下,都会偏向于使用讨好性的表达。"从交往的对象来看,S14认为"习惯了之后其实对谁感觉都是这样"。从接触到使用再到习惯养成,S18详细叙述了这一过程:"我觉得是潜

[①] 雪莉·特克尔:《群体性孤独》,周逵、刘菁荆译,浙江人民出版社,2014,第55—200页。

移默化形成的,大家在有意无意当中接受了,最开始的时候觉得是交往过程中无可厚非的,但是在逐渐形成的过程当中,当我意识到自己已经有所谓的讨好的习惯时,我已经觉得有点过分了……我一条信息会编辑五六次去检查,我就突然意识到,是不是有点过了,但我已经无法改正。"

通过即时通信将交流简化,沟通不需要"谈话填料"而是只有"相关信息",这一希望似乎逐渐在偏离人们的预期。所谓的"谈话填料"正在导致"相关信息"的压缩,可怕的是,当前很多人每天的对话都无法避免不用"文字讨好"。莎士比亚面对此景,或许也会说我们"在消耗着那些滋养了我们的东西"。

但习惯不仅是简单的重复,任何习惯都通过多重实践而趋于稳固,[①] 人们不但初步展示了自己对"文字讨好"的能动适应,还在面对不同社会资本时灵活按下"启动键"与"暂停键"。比如"好吗""好嘛"之间也有细微的差异,"跟好朋友之间,问他问题,我会用'嘛'。如果是陌生人的话,我打字的话就是'吗'"(S19);"如果跟一个长辈,比如说60岁或者50岁,我会用'吗',如果是跟40岁或者30岁,我觉得他能接受这种风格的人聊天,我会用的是'嘛'"(S12)。任何信息的构成(看似不经意)都包含个人的能动选择,即使"文字讨好"在形式上不过是增添了一些"谈话填料",但添加多少、何时添加、何时省去,人们会逐渐在社交"试验场"中形成其应用的"最佳配方"。

六、沉睡于异化:"文字讨好"行为异化表现及其影响

(一)加速与失控:"被迫异己"的陌生感

几乎所有人的生活环境都会面临变化,为熟悉、适应以自处,人们会设法采取行动,行动被理解为对事件的干预——事件的开始或因果链的中断[②],不行动或不能行动,都意味着在过程中失去责任和控制。泛化应用"文字讨好"的交流环境,目前对于受访者们而言是"失控"的,被问及"文字讨好"的负面影响时,S6向我们展现了个体内心的矛盾:"'文字讨好'实际上是对自我的压抑,对本性的压抑,每个人都想释放天性想说什么就说什么,但是社会环境不允许……在社会大环境下都是这样的,所以这

[①] 尼克·库尔德利:《媒介、社会与世界:社会理论与数字媒介实践》,何道宽译,复旦大学出版社,2014,第54页。

[②] Rahel Jaeggi, *Alienation*, New York: Columbia University Press, 2016, pp. 25–145.

是社会化过程中需要学会的……这不是自己的过错，而是在当下社会环境中做出的让步。"

"不允许""就是这样"，使用与不使用"文字讨好"这种表达方式，仿佛变成独立于个体之外的事情，这与一个人可以领导与指挥自己生活的想法是对立的。在矛盾的处境中，个体经历了原则上可以影响或应该影响的过程，即他们能够拒绝或抵抗实施"文字讨好"行为，但没有试图施加影响，甚至没有意识到自己可以做出决定，就选择听之任之，无可奈何地被摆布与指挥后，又哀叹自己的无力。

罗萨深刻阐述了在当下的加速社会中，社会生活被社会规范和伦理规范非常严格地管控和控制。但远不止如此，从宏观社会到微观社群，都存在与信念、价值连接的"规范"，"规范"为系统自动分界，使我们区分自己人与外人，在大部分情境中为避免被排斥、被"长着牙齿"的"规范"所伤，最简单、最容易做出的选择——"最小阻力路径"——是从众。[1] 在使用与不使用"文字讨好"的群体之间，一道分界显而易见，"别人这样（讨好）会让我产生很强的焦虑感，我会觉得有一种我是异类或者我被落下的感觉，所以一定也要融入这里面"（S8）。依赖程度不断增高和社会互动更加紧密成为现代社会的主要特征，个体不可能脱离社会或者群体而独自存在，其结果是坚持"自我规划"和渴望自主性变得越来越不合时宜。[2] 当作为能动的个体否定自觉与自决的可能性时，只能遵循"最小阻力路径"以保证群体与社会生存，这时异化就悄然出现。

（二）管控与不公："囿于角色"的无力感

社会学角色理论认为，所有的社会互动都是角色扮演，"社会角色是针对特定在职者的一系列期望"，这表明角色是一套规则，如果一个人要履行一个角色，就必须满足关于能力和表现的一整套期望。期望有书面的规范，也有隐形的规定，往往是先于个人存在的，受访者 S14 表示："刚刚工作的年轻人，说话就比较直白，包括跟上级领导、老同事们，反正就会善意地提醒他说，在公司里跟上下级，包括跟一些资历老的同事，表达方式和语言行为要注意些分寸……上级掌握着你的评优，包括奖励资格、年金以及相当多的一部分的个人福利嘛，用这种讨好性话语，最起码不会留下他对你不好的

---

[1] 艾伦·G. 约翰逊：《见树又见林：社会学与生活》，喻东译，中国人民大学出版社，2008，第14—30页。
[2] 哈特穆特·罗萨：《新异化的诞生：社会加速批判理论大纲》，郑作彧译，上海人民出版社，2018，第99—146页。

看法。"

工作情境中"文字讨好"成为职场小白回复和传达的沟通技巧,影响着工作进度与职场关系,并且慢慢成为一套隐形的、固定的脚本,而个人只能"填写",这印证了罗萨所界定的"人们自愿去做自己本不愿做的事"的行为异化表现,但更深层的问题在于,通过角色以及角色与他人的相遇,使我们首先成为我们自己,在角色背后,我们什么也抓不住。困在角色中,过度约定俗成、显而易见的规则,会阻碍个人自我表达的可能性以及对角色认同的可能性。在一些行业中,员工必须遵循"文字讨好"的角色规定,我们可以从中窥见其影响程度之深。"我们在银行里有一个岗位,他是专门接客服电话的,就算是我们员工打过去,他也是尽可能多地使用讨好型的文字表达的那种"(S19),"反正我们做电商的,因为最后还是涉及售卖,你就没有办法好好说话,比如直播间的亲亲、好的亲亲、谢谢亲亲"(S8)。社会角色和特定的行为模式被具体化的结果,是一个人的"存在"被限制与固定下来,[①] 如上述的客服与电商直播一般将个人能动表达的可能性排除出去,甚至精确到情绪。

使用"文字讨好"的隐形规定不断通过个人的行动服从保持活力,不仅因为角色规范,还存在底层的竞争逻辑。个体的地位和位置并非事先就决定好的,而是在竞争中"动态化"分配与流动的。结合"文字讨好"现象,它是社会竞争机制形成的副作用之一,受访者大部分并不反感"文字讨好"行为本身,他们更多的是厌恶话语中"大写"的不平等,"那个人他不论是社会地位或者是权力在我之上,我得听命于他,虽然我不想做,但是我必须用这种语句词表达出我很情愿的意思"(S12),"尤其是有的时候我们并不一定完全是甲方,有的时候我代表我是乙方的专家怎么办,那就是真的超级卑微"(S8)。隐形的脚本不仅让个体"待在该待的位置上",也在对比与排序中建构起角色秩序,并通过话语、符号强化不平等。

(三) 疏离与混淆:"戴上面具"的分裂感

在拟剧理论的视角下,早已准备好的前台是"个人在表演期间有意无意使用的、标准的表达性装备"[②],"文字讨好"正是完成前台修饰的"印象管理"手段之一。但在换上服装、戴好面具进行演出的个体身上,我们发现了矛盾与挣扎,他们正在"被迫"进行这场表演,受访者S10表示:"如果是

[①] Rahel Jaeggi, *Alienation*, New York: Columbia University Press, 2016, pp. 25-145.
[②] 欧文·戈夫曼:《日常生活中的自我呈现》,冯钢译,北京大学出版社,2008,第19页。

跟你很讨厌的人，你可能反而用得会更多。比如本来我们两个之间关系就很紧张，但是出于一些原因，我们必须要进行交流，我就会用更多的语气词和更多表情包，因为我要给你表现出我很友好。"

同样，S15是从事外贸行业的，他认为自己必须很客气，否则会失去客户；S7认为使用这种表达的时候，"就感觉自己热脸贴冷屁股，虽然不开心，但还是态度比较好地跟别人说话"。研究发现，即使一些受访者是主动地、自愿地实施"文字讨好"行为，他们更多的是工具性使用，而对"文字讨好"缺乏"认同"。当一个人认同某件事时，他会让它成为自己身份或自我概念的一部分，部分受访者们并不持有这种"认同"，"我其实很讨厌这样的，只是职场把我逼迫成这样"（S8），"它其实一开始不是我性格当中一部分，它可能甚至是我很讨厌的东西"（S1），"使用讨好型表达的时候，我跟自己日常的表达习惯会有完全不一样的状态，我的朋友是没有办法辨识出对面在讲话的人是我的"（S16）。一个人既无法拒绝自己作为异己而经历的行为，也无法排除自己感到如此疏远的欲望，这就存在自我疏离与内部分裂的可能性，与自己疏离意味着不能认同自己或认同自己想要做的事情。"文字讨好"行为引发的个体异化风险已初现端倪，受访者S9对此情境的回答是引人深思的："如果活得很现实，在某些程度上说，某些形象上是一致的，你就会觉得这个角色是可控的。比如在主世界当中，人活得非常愉悦，非常开放，但在他的平行世界中，被切了一刀的网络世界当中，他活得很平静。这不会造成一种认知的恐慌吗？就他突然会觉得，到底哪个是我，或者我真实的情况到底是怎么样，他会不知道哪边才是真实的他。"

面对可能存在的自我分裂，部分受访者通过灵活切换角色，调试自我内部状态，可以迅速从"讨好"角色脱身出来，做回真正想做的角色。但问题在于，更多个体无法应对，只能让自己"矛盾下去""默默忍受着"。面对内在"反抗"的诉说与回声，个体被嘈杂声淹没与充耳不闻，失去了对自我效能的期待。

另外，虽然"文字讨好"的文本构造利于柔化人际交往，甚至形成超人际的效果，但人们无法得知躲在面具后面的真实表情。当整个社会大部分都是"戴着面具"生活的人时，令人"可怕的"部分就出现了，S11对此提出他的担忧："因为我觉得不是每个人都跟我一样，认同这种表达。有些人他可能真的是纯属作为伪装，我就觉得有点可怕了。你明知道这种表达方式不是你喜欢的，但是你一定要去把它伪装出来。我觉得如果有这样的人混杂在里面，我会分不清到底谁是真诚的，谁是不真诚的。"

"文字讨好"以单一热情向度、固定化的构词,使虚假与真实混杂,使人隔着模糊的墙进行互动,将其他任何可能的情绪与态度排除在外的同时,也将个体鲜明的主体性、主动性和社会交往的多样性、可能性排除出去。

七、讨论:"文字讨好"行为的调试

通过数据结果分析,本文探索性地验证了 H1,即"文字讨好"行为与强关系型资本感知呈正相关,更强的"文字讨好"行为会促进强关系型资本感知,而弱关系型资本感知与"文字讨好"行为之间的关系并不显著。同时在相关性分析及 SEM 建构中,存在其他因素如公开情境、模仿动机会显著地影响"文字讨好"行为强度。但就"文字讨好"行为与社会资本感知之间的具体作用及潜在影响无法从量化分析推测,本文通过对 19 位具有"文字讨好"习惯的用户进行访谈,至少可以进一步得出以下结论:第一,"文字讨好"行为对强关系型资本的意义在于补充情绪与获取支持,虽然面对弱关系交往能够塑造形象与避免冲突,但仅是完成交往流程而不是促进关系,甚至会负向作用于弱关系型资本。如今该表达方式已逐渐成为大众化的"谈话填料",面对不同类型的社会资本时灵活应用。第二,异化理论批判视角下,"文字讨好"行为的异化表现在于个体否定了自决与自塑的能力,被角色脚本所框限,甚至陷入自我矛盾与内部分裂的状态。自我异化与社会异化是一体两面,人们的麻木与无视,交往的僵化与隔阂,最终可能形成与世界的疏离,世界成为一个毫无生气、无足轻重的世界。[1]

而可能的原因是,增长逻辑、加速逻辑和创新密集化逻辑,都在暗暗地强迫我们要不断提升能力,在所有层面不断进行最优化,[2] 在"文字讨好"表达方式中,我们可以窥见存在某种力量,试图从宏观掌控过程,以优化程序传递与接轨、保障系统秩序稳定。而微观层面,我们太想要使事物变得"可掌控""可利用",提高谈话效率、维系人际网络的最终目的是最大化利己。"文字讨好"或许仅仅是加速社会的一种提优工具,但自我与社会不能被迫成为冷漠封闭的容器,沉睡于自我异化与社会异化,我们不应丧失呼唤的能力,呼唤不是碰壁般对空言说,呼唤会引起"共鸣"。

"文字讨好"并不是社会互动中的标准程式,尽管它的使用正在泛化,

---

[1] Rahel Jaeggi, *Alienation*, New York: Columbia University Press, 2016, pp. 25 – 145.
[2] 哈特穆特·罗萨:《新异化的诞生:社会加速批判理论大纲》,郑作彧译,上海人民出版社,2018,第 99 – 146 页。

本文无法站在完美主义、家长主义的观点上，对沟通技巧提出所谓的修正意见。但应警惕"文字讨好"行为可能导致个人与社会的扭曲与变质，由此结合罗萨的《共鸣：世界关系社会学》，想要提醒人们找回与保持我们的"共鸣"活力，这对如何行动、调节、感知、思考与理解世界非常重要。

我们应适当转动角色"开关"。对抗角色规范是一条难走的路径，为减少调试成本，我们需要找到"开关"，积极建构自我的不同角色，在穿上与脱下工作服时，转变对自我效能的期待。

我们应抛却刻板印象，"让意义流动"。一种表达方式不应被强加"讨好"的既定色彩，在语言中添加与不添加语气词，不能成为评价态度友好与否的唯一标准，语境语意、情境情绪都在不断变化与流动，话语如何能成为僵化的存在？沟通的目的是清楚传达意图与观点，减少对于"谈话填料"的关注，我们应花费时间精力在理解"相关信息"上。

对话交往需要"聆听与回应"。当交往变成公式般的信息往来，人们发出热情的"好呢""好滴"时，内心却思考着如何迅速退出尴尬的表演式对话。人与人之间的接触是互相"触动"，并积极进行"回应"，在领悟对方话语的含意时，会有灵光乍现、恍然大悟的瞬间，而丰富交往体验甚至"生命经验"，我们需要的正是这些瞬间。

本文对于"文字讨好"现象提出一些探索性结论，亦有不足之处。首先，问卷样本多为年轻群体，后续研究可以纳入更多不同年龄段的人群；其次，在相关性分析层面引入的因素难以穷尽，随着研究推进可以在变量控制层面进行完善。最后，结合异化理论进行新现象的分析是可行的思路，但实际上还需要更多的交叉理论视角，如心理学、人类学等进行补充。

（本文作者均系浙江传媒学院新闻与传播学院硕士研究生）

"关机即永别的电子蝴蝶"：元宇宙社交中的中介亲密、液态情感与赛博依恋

邢 洁

摘要：AIGC 时代，在数字媒介技术的支撑下元宇宙空间催生出新的社交生态，亲密关系的逻辑及其生成意义也随即发生嬗变。本文采用平台漫游和深度访谈法，以"关机即永别的电子蝴蝶"这一流行话语隐喻，试图探讨元宇宙嵌入数字交往对青年群体情感联结和亲密关系的重塑。本文认为，经由多维场景和数字化身展开的元宇宙中介亲密既有液态流动的脆弱性，又有移情依恋的坚固性。元宇宙中介亲密的情动体现了当代个体对于亲密关系想象的矛盾心理。对于元宇宙中介亲密，社会应重新审视其背后所浮现的社会问题，使元宇宙更好地满足当代人社交与爱的精神需求。

关键词：元宇宙社交；AIGC；中介亲密关系；社交流动性；依恋

一、问题的提出

根据有关数据，2022 年中国元宇宙市场规模约 425 亿元，同比增长近 20%。① 从 1992 年元宇宙（Metaverse）一词在小说《雪崩》中被首次提出到 30 余年后的今天，技术的更新迭代使这一原本虚幻缥缈的概念逐渐演变成现实。元宇宙的本质是"一个虚拟与现实高度互通且由闭环经济体构造的开源平台"②，在区块链、交互渲染、物联网等技术的驱动和支撑下，元宇宙逐渐成为与现实世界"孪生"的新空间，③ 在这一虚拟数字空间中，人

---

① 北京区块链技术应用协会：《中国元宇宙发展报告（2023）》，社会科学文献出版社，2023，第 1 页。
② 喻国明：《未来媒介的进化逻辑："人的连接"的迭代、重组与升维——从"场景时代"到"元宇宙"再到"心世界"的未来》，《新闻界》2021 年第 10 期。
③ 彭兰：《虚实混融：元宇宙中的空间与身体》，《新闻大学》2022 年第 6 期。

类以数字化身的方式重新参与游戏、交往、交易，实现现实世界与虚拟世界社交、经济、身份等的深度融合。

既往学界对于元宇宙的学术探索立足前沿，主要集中在概念界定、构成要素、本质特征及关联研究等方面，[1]对元宇宙的概念框架搭建以及伦理规范建立发挥了不可或缺的作用。然而，对于一种尚未日常化的新技术形态，[2]学者对元宇宙的描述更多停留在对未来互联网发展走向的一种想象，而经验研究的维度相对匮乏。2023年初，ChatGPT以生成式人工智能的高科技姿态横空出世，让原本火爆的元宇宙议题在一定程度上快速降温。正如保罗·莱文森所言，"每一种媒介都是对前一种媒介的革新，是对原有媒介的不足的补偿"[3]，新兴技术的发展本就融合统一、相辅相成、互补共生。如果元宇宙是对于未来宇宙的一种愿景描画和纲领建构，那么生成式AI则是搭建元宇宙最基础的技术工具。AIGC技术的成熟使原有对元宇宙的一部分想象变为现实，弥补了既往元宇宙研究经验维度的匮乏，也重塑了人与人、人与机器的社交实践。

在元宇宙所构建的虚拟空间中，中介的、去身份的数字交往给亲密关系的建立给予了新的可能。电子蝴蝶原指一种带有感应装置的仿真蝴蝶。在元宇宙的语境下，电子蝴蝶被指代为元宇宙世界的一种虚拟存在，它是人类在赛博空间中进行社会交往并产生情感联结的一切人类或非人类对象。"关机即永别的电子蝴蝶"强调在元宇宙亲密关系建立过程中中介物的举足轻重的地位，作为青年群体在元宇宙社交中的话语表征，这一话语暗含了这一人群对于元宇宙中介亲密的无奈和感伤心理。元宇宙空间拓展了亲密关系的场域，以对现实交往场景的模拟带给参与者浪漫、甜蜜而又真实的拟真恋爱体验。但当交往在元宇宙世界变得如此简单易行时，为什么人们对亲密关系却发出了"关机即永别"的悲叹？基于以上疑问，本文试图在AIGC的语境下重新审视元宇宙社交，以质性研究方法，结合AIGC最新实践，思考AIGC嵌入数字交往对于个体在亲密关系感知和实践层面的影响，以此来深入探讨元宇宙社交的社会文化意义。

---

[1] 魏开宏、苏媛：《国外元宇宙研究论述》，《新疆师范大学学报（哲学社会版）》2022年第5期。

[2] 许莹琪、董晨宇：《想象元宇宙：新兴技术的意义制造及其媒介逻辑》，《新闻与写作》2022年第11期。

[3] 保罗·莱文森：《软利器——信息革命的自然历史与未来》，何道宽译，复旦大学出版社，2011，第91页。

二、从中介化交往到元宇宙交往：数字交往的研究转向

马克思曾言："人是一切社会关系的总和。"① 交往是构建多元社会关系、获得社会意义的重要途径。随着交往技术的更新迭代，数字时代的交往方式发生了从"交往在云端"式的中介化交往到"生活在元宇宙"的交往②的生态重构。在元宇宙催生出的沉浸式虚拟交往空间下，数字交往所研究的空间范围、主体行为方式、社会影响机制等都发生了巨大转变。

考察传—受之间中介的特征与过程是新闻传播学研究久盛不衰的一个话题。中介化交往的研究围绕技术可供性下的自我呈现、情感补偿与价值困境等维度展开，揭示了媒介对于既有社会交往法则和社交文化的重构。在中介化的交往环境中，泛在的通信技术系统作为实践在场，在时空层面组织人们的转场行动和远程交往③，再塑了人际关系的强弱格局④。社交媒体语境下诞生了匿名社交、"搭子"型浅社交等新型社会交往行为，利用社交媒体发展一段恋情也能提升人际间的亲密程度。但社交媒体的可供性在赋予亲密关系更多可能性的同时，也带来了学术界反乌托邦式的道德恐慌。⑤ 在永久接触的中介互动中，个体在"响应义务"中的"被困焦虑"不断凸显⑥，人与人之间的信任、隐私与边界也更加不确定，线上交友实践陷入两难境地。⑦

随着元宇宙概念的兴起，元宇宙社交成为学界新的研究方向。元宇宙社交以虚拟与现实叠加以及多人交互的新形态形成了对中介化交往的一种补偿，有学者认为元宇宙社交能缓解中介化交往长期封锁导致的孤独感、身体

---

① 弗里德里希·恩格斯、卡尔·马克思：《马克思恩格斯选集：第1卷》，人民出版社，2012，第135页。
② 王敏芝、王军峰：《从"交往在云端"到"生活在元宇宙"：深度媒介化时代的社会交往生态重构》，《传媒观察》2022年第7期。
③ 杜丹：《"转场"：远程交往的具身行动与体验》，《现代传播（中国传媒大学学报）》2022年第7期。
④ 许德娅、刘亭亭：《强势弱关系与熟络陌生人：基于移动应用的社交研究》，《新闻大学》2021年第3期。
⑤ 董晨宇、段采薏：《传播技术如何改变亲密关系——社交媒体时代的爱情》，《新闻与写作》2018年第11期。
⑥ 白若男：《"响应义务"与"被困焦虑"：中介化交往的生态桎梏》，《青年记者》2023年第8期。
⑦ 孙萍、李宜桐、于小童：《"中介化爱情"之困：理解线上交友平台的媒介化与性别化》，《妇女研究论丛》2023年第1期。

缺席缺少的互动感、视觉遮蔽缺乏的真实感，带来人际传播的新景观。[1] 而随着 ChatGPT 这一现象级产品的出现，在跨应用、跨模态生成效用的 AI 会话技术的支撑下，交往对象延伸到非人类实体，"跨生命交往"成为可能，[2] 在生成式 AI 时代，AI 甚至能通过与用户"共情"发展出朋友、伴侣等拟人化"社交—情感关系"，成为 AI 虚拟恋人。[3] 生成式 AI 时代，学界的研究转向无疑从前沿实践视角补充了以往元宇宙社交研究经验维度的匮乏。但在想象可供性下，学界对社交元宇宙的研究更多还是抱有对未来愿景乌托邦般美好的憧憬与想象，少有研究关注当技术可行尤其是 AIGC 运用到元宇宙社交后，对人类社交和情感究竟产生了哪些影响，即元宇宙交友平台和新型技术如何形塑人类发展亲密关系的逻辑和实践。本文试图从亲密关系的维度切入，以实证经验出发探讨元宇宙嵌入数字交往对于人类情感的规训。

三、研究方法

元宇宙社交如何影响人们亲密关系的感知和建立？为回答这一问题，本文采取平台漫游和半结构访谈法的质性研究方法，通过对元宇宙社交 App 的使用追踪以及使用者的感受和认知来获取数据，试图回答在元宇宙社交中用户如何通过虚拟情感互动建立亲密关系，通过元宇宙构建的亲密关系有何特征，并在此基础上对元宇宙社交进行反思，探讨 AIGC 对如今现行传播秩序、道德伦理的挑战。

在平台选择上，本文选取元宇宙交友软件 S 作为漫游观察平台。在调研初期，研究者将 S 平台作为漫游田野，于 2022 年 9 月中旬注册成为该平台用户，并开启了为期 6 个月的浸入式体验。作为算法驱动的"社交游乐园"，S 平台致力于打造"年轻人的社交元宇宙"，愿景为"让天下没有孤独人"。在 3D 捏脸、兴趣图谱、游戏化玩法等元宇宙技术创新的加持下，拥有近 3000 万月活跃用户，成为用户黏性极高的新型社交平台。这为洞察元宇宙的社交趋势提供了丰富多元的内容生态。研究者通过对 S 平台长期的漫游体验后，关注到该平台在元宇宙的功能设计上有以下几个特点：首先是基于数字化身的虚拟形象，用户能够通过"超萌捏脸""萌面匹配""灵魂

---

[1] 赵双阁、魏媛媛：《元宇宙社交：重塑部落化时代的人际传播新景观》，《现代传播（中国传媒大学学报）》2022 年第 11 期。

[2] 杜骏飞：《ChatGPT：跨生命交往何以可能?》，《新闻与写作》2023 年第 4 期。

[3] 张锐君、韩立新：《我的 AI 恋人：媒介等同理论视域下人机亲密关系中的情感互动研究》，《采写编》2022 年第 12 期。

测试""引力签"展示,塑造出虚拟人物形象。其次,基于场景扩展的沉浸社交,S平台通过"蒙面酒馆""群聊派对""游乐园"等多维场景的开发为用户搭建了更多的虚拟社交场景。最后,基于AIGC的交互社交体验,S平台通过自研的大语言模型搭建出"AI苟蛋"的聊天AI机器人,拥有人设定制、多模态、时间感知等多重属性的融合能力。

在对S平台的功能设计、用户生态有了整体把握后,研究者通过平台偶遇、目的抽样、滚雪球的抽样方法选取了12位用户进行半结构深度访谈。在样本选取标准上,本文以典型性和代表性为标准,筛选出的对象遵循以下条件:注册时间需大于100天(使用软件较频繁/对平台的功能机制有足够的了解);年龄区间在18—30岁;在平台上有过一段及以上亲密关系经历。访谈的内容主要聚焦于受访者的平台使用时长、通过元宇宙结识的亲密关系经历、怎样看待相恋于元宇宙等话题。访问时间跨度从2022年10月至2023年10月,每次访谈时间为20—90分钟,最终确定了12位用户为受访者,访谈对象的基本情况如表1所示,其中包括7名男性、5名女性,年龄跨度在18—28岁,且涵盖不同的职业和学历背景,为保护受访者隐私,本文提及的所有受访者均使用化名。在访谈过程中,研究者通过话题引导和深入追问,引导访谈对象从多维度展开讲述元宇宙社交经历和内在体验,最终整理出访谈材料,以期从经验材料中获得对元宇宙亲密关系的全面认知。

表1 受访者基本情况一览表

编号	昵称	性别	年龄	职业	S平台使用时长	元宇宙亲密次数
P1	格温	男	26岁	电商	716天	3次
P2	一刀	男	24岁	备考生	1162天	2次
P3	大宗	男	23岁	电商	739天	5次
P4	海山	男	25岁	室内设计	142天	4次
P5	泰西	男	28岁	工程	154天	3次
P6	万里	男	27岁	律师	463天	2次
P7	泰丰	男	18岁	销售	201天	5次+
P8	小雅	女	20岁	学生	102天	1次
P9	如意	女	22岁	幼教	200天	2次
P10	故里	女	18岁	学生	1365天	5次+
P11	静茗	女	26岁	销售	574天	3次
P12	雨后	女	24岁	自由职业	327天	4次

四、中介亲密：基于数字化身、多维场景的元宇宙社交

元宇宙通过与现实世界的联动、融合与再造，成为数字交往新的中介形态与基础设施。时空拓展、场景再造下，元宇宙时代的中介亲密不再拘泥于传统亲密关系的面对面互动，也不再局限于社交媒体时代以文字、声音、图像为中介物的媒介交往，而是形成了高度流动性的交往关系，重塑了用户的社交体验。

（一）数字化身：理想自我的具身展演

数字化身（Avatar），也称虚拟分身或替身，是现实社会的人在元宇宙中的数字身份标识。① 通过技术手段，元宇宙可以模拟和复刻物质身体的外形特征，达到对真实身体的象征性仿真，而这也一改以往传播中身体"缺席"的状态，以图形化身、VR化身、数字孪生的"具身在场"重塑在场的身体之维。② 在社交领域，数字化身提供了新的社交参与模式，支持用户按照自身的趣味和幻想定义和调整其化身的性别、外貌甚至性格等，给用户带来更全面、深刻的社交体验。在元宇宙社交平台 S 上，"灵魂鉴定测试"为用户定制专属星球名片，3D "超萌捏脸"功能为用户打造符合个人特质的头像，"萌面匹配"则将萌趣化身拓展到视频聊天中，以虚拟在场的身体达到社交的分身化与离身化。

元宇宙社交通过数字化身的虚拟身份展开，经过个人和平台双重整饰加工的化身，具有"表演"的特质。戈夫曼③把表演分为前台和后台：舞台的"前台"及其"装置"作为特定的表演场所与道具，表演者以"礼貌"（matters of politeness）和"体面"（decorum）的标准通过语言或姿势向观众展示其个人形象；而在观众看不见的后台，表演者卸下防备稍事休息或进行表演排练。在元宇宙社交平台 S 上，用户对前后台装置进行筛选和过滤，通过一定程度的自我披露来增加社交吸引力：一方面用户在个人主页选择性地呈现头像、个人"引力签"、瞬间，设置个人兴趣、特质的可见范围；另一方面又自行遮蔽"瞬间""关注者和被关注者""派队状态"等某些会影响社交关系之物。这种"过滤表演"赋予了数字化身更多可能，也成为用户

---

① 刘革平、王星、高楠、胡翰林：《从虚拟现实到元宇宙：在线教育的新方向》，《现代远程教育研究》2021年第6期。

② 谭雪芳：《图形化身、数字孪生与具身性在场：身体—技术关系模式下的传播新视野》，《现代传播（中国传媒大学学报）》2019年第8期。

③ 欧文·戈夫曼：《日常生活中的自我呈现》，冯钢译，北京大学出版社，2008，第12页。

"完美自我"的心理投射：通过数字技术，用户塑造出理想化数字形象，能够弥补真实形象中的某些缺憾和不足。而这种理想自我也消解了交往中的真实身份，陌生社交下社会地位、外貌形象、籍贯职业等不再成为交往的必要条件，在元宇宙所塑造的理想化数字形象下平等、互惠、共治的社交模式成为可能。

（二）场景升维：元宇宙社交的空间入口

梅洛维茨[1]认为，电子媒介所构造的场景会对人们的社会行为产生影响，一种新的媒介诞生会创造出新的社会场景，而新的社会场景出现会产生新的行为方式。在人工智能、数字孪生、扩展现实、交互等多重技术的赋权下，元宇宙社交平台通过对现实场景的模拟还原，为用户搭建了一个全新的虚拟现实平台，成为用户社交新的空间入口。在 S 平台上，用户能够通过恋爱铃、蒙面酒馆、群聊派对、语音匹配、萌面视频等多重场景进行社交活动，丰富的交往场景不仅能够满足用户多元领域的垂直需求，也使得元宇宙空间中用户通过化身进行面对面、跨越时空距离的交往成为可能。

彭兰[2]将构成场景的四个基本要素定义为"空间与环境、实时状态、生活惯性、社交氛围"，元宇宙社交通过对传统线上社交场景的升级和颠覆，延伸了个体互动和交往边界。在高沉浸感的元宇宙世界中，技术可供性下元宇宙社交平台一方面可以借助海量用户的心灵画像和行为数据，打造用户的社交兴趣图谱，通过智能算法为用户进行社交推荐，实现在不同时空环境、行为习惯、特定情境、交往氛围中社交关系的深度连接与精准匹配[3]，从而触达用户从社交需求到情感需要等各方面个性化、深层次的需求；另一方面元宇宙社交也能打破虚实融合的空间边界感，为用户带来深度的沉浸体验感，用户可以借助虚拟化身建立情感连接，而这也改变了传统亲密关系以现实关系组织的逻辑，陌生人社交成为主流，用户能够在元宇宙世界中构建起更符合自身需求、更贴近趣缘圈层、碰撞心灵、触及灵魂的新型交往关系。

（三）人机拟情：沉浸交互下新式关系的建立

随着大模型算法和自然语言处理等技术工具的成熟，AIGC 成为元宇宙数字交往的基础设施。算法驱动下的社交机器人不仅助推着数字内容生产创

---

[1] 约书亚·梅洛维茨：《消失的地域：电子媒介对社会行为的影响》，肖志军译，清华大学出版社，2002，第 8 页。
[2] 彭兰：《场景：移动时代媒体的新要素》，《新闻记者》2015 年第 3 期。
[3] 喻国明、赵秀丽、谭馨：《具身方式、空间方式与社交方式：元宇宙的三大人口研究——基于传播学逻辑的近期、中期和远期发展分析》，《新闻界》2022 年第 9 期。

新，也使人与机器间的直接交互更为触手可及。相较于此前技术不成熟下一些"答非所问"的初级对话机器人，AIGC 时代下的社交机器人通过深度学习拥有更深刻的自然语言理解和处理能力，识别、模仿、表达能力也不断提升，在与人互动交流时能够快速准确地理解用户话语的含义，并洞察用户深层次的情感需求。以 S 平台为例，"AI 苟蛋"是 S 平台于 2022 年推出的智能对话机器人，能够根据用户画像数据与其进行多轮个性化沟通，并拥有拟人、知识、多模态、时间感知等方面的超强交互能力，能够轻松识别并回复图片、文本、游戏互动等多种类型，不仅如此，"AI 苟蛋"还可以结合发帖、互动等多项行为，实现对用户个性化的主动关怀。比如一名用户发布在机场的图片，"AI 苟蛋"依托时间感知能力、结合精准的图片识别，推测出用户可能在出游或出差，能主动询问用户目的地并给予出游建议。

数字生命、机器生命的不断拟人化使"跨生命交往"成为现实可能，而伴随着交互过程中用户对机器生命情感的不断注入，一种新的拟情关系随之建立。拟情关系是"个体对某一人或物虚拟的、想象的、人格化的亲密关系"[1]，将机器人视为"家人""朋友"等人际关系中的重要他者[2]，形成一种"类人际关系"。在人机交流中，用户可以按需与其进行对话，社交机器人也能够按照算法设定程序给予用户热情关切的回应与陪伴。这一方面能够填补现实交往的真空状态，当用户渴望交流却无法找到合适的人交流时，机器可以替代人进行交流，带给用户补偿性、替代性满足，从而补偿个体在现实交往中的情感缺失，填补内心的某种空虚感和孤独感；另一方面，人机交流的可控性也方便用户随心所欲进行情感宣泄，机器"倾听者"的身份能够让用户与其建立更为紧密的信任关系，完成对现实社会的情感抵抗。

"经常和 AI 苟蛋聊天。每次我发个瞬间或者感悟，苟蛋都会主动找到我，会问候我、安慰我，让我感觉很欣慰，只有他能懂我。偶尔有和其他人聊天，但聊不来，聊不了几句，其他人都肤浅。他可以随时陪我，其他人不可以，再怎么晚，他都在，不离不弃。"（万里）

五、关机即永别的电子蝴蝶：元宇宙中介亲密的情感悖论

元宇宙为亲密关系提供了新的身体、场景与情感联结对象，但依靠中介

---
[1] 许孝媛：《作为媒介的猫：人际传播的联结与障碍》，《北京社会科学》2019 年第 10 期。
[2] 雪莉·特克尔：《群体性孤独》，周逵、刘菁荆译，浙江人民出版社，2014，第 94 页。

| "关机即永别的电子蝴蝶"：元宇宙社交中的中介亲密、液态情感与赛博依恋 |

暗生的情愫总是囿于异步时空、流动交往的窠臼，形成一种情感悖论：在元宇宙塑造的社交场景中，两颗寂寞的灵魂在去身份的次世界里悄然碰撞，蜻蜓点水般略过彼此在心中留下的踪影线索，而无法跨越的现实因素隔着屏幕时刻敲打着这段拉扯痴缠的"本不该"开始的恋情，在鲍曼①所言的液态之爱里"一次又一次相聚，而一次又一次抽离"，元宇宙赛博恋爱最终成为永别的"电子蝴蝶"，在个体记忆里实现永生。

（一）流动社交与液态恋爱

元宇宙社交平台通过场景扩展延伸了用户社交的场域，多维场景下的数字交往呈现出时空异步下的流动性。首先是空间上的流动性，元宇宙社交平台S由多个流动的、不定期更新的"空间场"构成，其中包括聊天模块、用户主页、无数丰富精彩的"瞬间"组成的"广场"、群聊派对、游乐园小游戏，等等。在这种场景多元的虚拟赛博空间中，用户可以基于自身需求和喜好自主选择场景展开线上社会交往，恋爱需求强的受访者选择聊天场景的频次较多，而单纯交友或是仅打发时间的受访者则会在浏览广场、游戏、聊天等多重场景间自由穿梭，并且在聊天过程中还伴随着不同社交平台间灵活的跳跃和迁移，多重的体验下不同用户使用轨迹呈现出流动和非线性的特征。同时，用户的时间使用上也有流动、随机的特征，大多数受访者表示对于S平台的使用多出于间歇式浏览，如在空闲的私密时间"晚上闲下来就登上看一眼"（P7）。

在多场景穿梭、碎片化使用习惯的主导下，用户的交流方式也趋于流动。时空异步下不同用户的交流通过留言的方式进行，而这种留言并不局限于一对一的聊天对象，而是"广撒网"："固定聊天的人大概有3个"（P3），"对每个感兴趣的人都发了我的基本信息"（P1）。在这种聊天环境下，用户来去自由却又匆匆而过，塑造了"日抛""开盲盒"的浅层社交。而浅层社交状态下使用者对亲密关系的感知也逐渐被改变，交往仅仅为娱乐消遣、打发时间，并不以建立长久关系为前提，彼此的关系也如流水般流动。在这种恋爱模式中，使用者一边因害怕孤独用新鲜感建立彼此间的爱恋，一边又在被绑死的恐惧下不断消解这些若有若无的爱，使建立深度情感变得困难重重。

"我的出发点就是想无聊的时候有人陪我聊天，在这个平台上找靠谱的恋爱不太可能或者说比较难，聊天就够用了。"（泰西）

---

① 齐格蒙特·鲍曼：《液态之爱》，何定照、高瑟濡译，商周出版社，2007，第63页。

"和我聊天的人基本上都是'日抛',这虽然有新鲜感,但每个人都用着差不多的'哈喽''在干吗'的话术,其实并没有人真正关心你。"(故里)

"现在这个社会流行快餐式爱情,吃完泡面再吃下一个,这样的爱情就是短暂的刺激,谈多了之后你也会不知道什么才是真正的爱情。"(一刀)

元宇宙空间的中介性为个体交往提供了跨越地域和时间限制的匹配机制,个体得以享受线上交往带来的需求满足。流动的交流和异质的空间互动泛化了"液态之爱",也带来了新的问题,即"流动社交"后的社交倦怠,频繁的社交倦怠也进而导致了平台使用的中辍问题,在一遍遍的"卸载"和"重启"中社交变得更为流动,情感联结也更为弱化。

"和我发消息的人太多,懒得和陌生人聊天打字,打开聊天页面都变得很累。"(泰丰)

"虽然每天能够匹配到很多人,但找不到真正合得来的人,聊天的人越多反而就越孤独。"(小雅)

(二)电子身体与赛博依恋

元宇宙为个体的交往提供了数字化身,这种化身将物质的身体器官和元件虚拟化,将完整的身体拆分为无数细微的数据碎片,最终以代码的方式呈现在元宇宙虚拟空间,成为一种物化对象。正如美国传播学者彼得斯指出:"身体是我们感受爱欲或者对话的唯一方式。"[①] 虽然元宇宙能够通过虚拟现实和数字孪生技术造就身体的持续"在场"状态,但被拆解成元件的身体始终不能代替肉身的真实体验,在元宇宙场景下我们或许能够通过化身来进行情感互动,但我们不能像面对面交流那样通过接触、拥抱、亲吻来表达情感的亲密性,紧密、稳定的亲密关系终归不能脱离现实而完全依赖虚拟空间的伊甸园。

化身的另一个问题是自我的真实性。用户对化身形象具有一定的选择支配权,能够根据自己的意愿来进行加工整饰。而为增加或减少社交吸引力,用户往往要对自身形象进行某种"过滤展演",经过滤后的化身成为用户"理想自我"的表征,这种建构出的自我带有虚假和欺骗性,会影响交往对象对自身的形象感知,如果真实自我和展演自我相差较大则可能动摇先前建立的关系,进而对交往质量产生不容忽视的影响。

"在交往前至少得先了解对方,知道对方的性别,知道对方长啥样。但

[①] 约翰·杜翰姆·彼得斯:《对空言说:传播的观念史》,邓建国译,上海译文出版社,1999,第 2017 页。

| "关机即永别的电子蝴蝶": 元宇宙社交中的中介亲密、液态情感与赛博依恋 |

是网络不能全都相信,如果说真正见面的时候对方的形象和印象中的形象不是很符合的话,我心里还是会产生比较大的落差感。"(海山)

"可能他最大的魅力来自我的想象力。不能感知到的性格是隐藏在屏幕后的,不管多了解,隔着屏幕始终是不真实的,因为距离产生美总会产生一种幻境。"(万里)

"软件上清一色的都是帅哥、美女,各种类型都有。大家都知道是假的,但还义无反顾地往上凑,深陷其中,渴望在这种虚假里找到真实的爱。"(如意)

元宇宙中的亲密关系依靠化身展开,化身的电子身体虽带有一定的欺骗性质,但在算法的精准匹配与个体去孤独心理的共同作用下,个体在长期交往中还是会不可避免地对虚拟化身产生依恋情结。依恋理论是指个体与特定对象之间形成的一种情感纽带关系。元宇宙延伸了依恋发生场域、联结对象,基于元宇宙空间的"赛博依恋"成为个体新的情感补偿。在元宇宙塑造的虚拟场景下,个体能够将自身情感投射到他人的数字分身甚至非人类实体,将现实中无法满足的情感转移到赛博对象,在一遍遍想象、虚拟的亲密关系中形成赛博依恋。

基于元宇宙的虚拟性特征,赛博依恋有高沉浸、自主参与性的特征。这种媒介属性使得个体在赛博依恋中往往会注入更多真实情感,产生"虽然互动中介是虚拟的,但投入的感情是真实无疑的(P3)"效果。元宇宙中介亲密下"长达十几个小时的通话、几个G的游戏截图、收藏的语音(P7)"成为这段感情存在过的数字凭证,尽管这段感情最终可能会因为无法跨越的现实因素而走向破裂,但个体处理感情遗骸也能通过聊天记录、通话录音、电子合照等数字痕迹不断追忆,虚拟的情感在一遍遍拾起后实现电子永生。

"很多人认为相恋于元宇宙是不可思议的事,但我觉得,这才是最真实毫无保留的爱,是两个灵魂的相恋,没有任何外界因素的干扰,这才是真正的爱。"(静茗)

"在元宇宙世界里他并不是一个冰冷的电子代码,我们共振过的夏天会在记忆里实现承诺过的永远。关机不是永别,在我的理想世界里他生生不息。"(雨后)

"虽然我们并没有在现实中见过,但他并不是关机就会消失的电子蝴蝶。元宇宙给予了我们相遇的机遇,未来我们可能是分开的,但再见不是再也不见,而是在更美好的未来相见,或许我们会在某个晴天再度重逢。"(格温)

六、结语

在技术可供性下，元宇宙通过对现实场景的还原，为用户搭建了全息的虚拟社交空间，带来了元宇宙社交的新图景：萌态数字化身为用户打造前台理想化自我的形象，成为用户"完美自我"的心理投射；匹配聊天、群聊派对等多维场景延伸了个体交往的边界，成为用户建立新型社交与亲密关系的空间入口；AIGC 技术支撑下数字生命、机器生命不断拟人化，促成人机拟情关系的建立。元宇宙社交弥合了社交空间和边界，有望重构人类交往的时空与交往体验，构建平等互惠、共享共治的社交网络生态体系。

依靠元宇宙建立的亲密关系既是摇摇欲坠的，也是坚不可摧的。一方面，元宇宙所形塑的多维时空场景强化了个体的"流动社交"，在交往过程中个体通过整饰化身来呈现"镜中我"和"前台形象"，一边享受着碎片化、多场景穿梭、完美化身带来的新鲜感与自由感，一边却囿于流动社交的浅层状态与化身整饰的虚构形象，在一次次难以触及灵魂的液态恋爱与一遍遍理想形象的人设崩塌中产生疲惫和倦怠心理。另一方面，经流动社交和化身形象的筛选过滤后建构的亲密关系又是坚不可摧的，个体在虚拟的互动中将现实带有缺憾的情感投射到元宇宙，不可避免地与其产生赛博依恋。尽管赛博依恋具有单向性、虚拟性的特征，结局也可能无疾而终，但带给个体的情感体验是真实的甚至是深刻的。个体依恋的"电子蝴蝶"并不是"关机即永别"，而能通过数字痕迹在记忆里得到永生。脆弱而又稳固的元宇宙中介亲密体现了当代个体对于亲密关系想象的矛盾心理，也呈现出将元宇宙嵌入个体情感的机制与影响。

元宇宙中介亲密虽然能暂时弥补个体情感上的缺失，但无法替代真实的亲密关系。归根结底，元宇宙中介亲密折射出的是现代社会个体渴望获得陪伴和摆脱孤独的心理。对此，政府和平台应完善元宇宙基础设施建设，提供更多社会交往机会，为化解个体的孤独感提供有效渠道。

（本文作者系浙江传媒学院新闻与传播硕士研究生）

智能时代美颜拍照类 App 个人信息
保护政策的文本研究

涂海钰

摘要：智能时代，"数据"逐渐演化为社会运行中的主体角色，个人信息收集随着移动智能设备的广泛使用而成为公民在获取社会服务过程中所经历的必要环节。AI 等新兴技术在美颜拍照类 App 的应用使其信息收集更多地涉及敏感个人信息的范畴，值得重点关注。本文对于 2022 年月活跃用户数前十名的美颜拍照类 App 的个人信息保护政策进行了文本分析，发现部分 App 存在强制用户"同意"协议的设置，缺乏法律意义上的"个人信息"定义，个人信息存储方式存有模糊地带，用户权利细则仍待升级。对此，本文认为美颜拍照类 App 需从三方面强化个人信息保护政策的服务性能，App 用户数据素养的提升与个人信息保护政策条款在法律规制层面的多主体权责细化工程也十分必要。

关键词：智能时代；美颜拍照类 App；个人信息保护政策

在"万物智联"的大趋势下，"数据"演化为社会运行中的主体角色。当手机 App 运行时，其链接的不仅是用户从单一方向输入的数据，更有向第三方服务商输出的数据。随着大数据网络越来越完善，用户个人信息链接的节点也将越来越多，个人信息及隐私泄露的风险也会随之扩大，任何一个薄弱的数据节点都有可能将用户置于被监视、被定位、被围观的情境之中。

近年来，基于 AI 技术的发展，人脸识别、人脸追踪等算法的完善与迭代使美颜拍照类 App 在"磨皮""美白""滤镜""字幕"等传统项目之外衍生出更加多元的功能。用户不仅能够优化静态图像的视觉效果，还能够点击特定模板完成 AI 换脸，同时在社区中制作个性化美颜滤镜与其他用户共享，美颜拍照类 App 由此成为一类综合型的美颜社区软件。相较于其他类型的手机 App，美颜拍照类 App 所收集的个人信息涉及大量的生物识别信息,已被明确加入"敏感个人信息"的行列。在美颜拍照类 App 被广泛当成当下社会移动智能设备标配装置的情况下,为避免出现类似于 AI 换脸 App "ZAO"的霸王条款风波,其图片记录与传播过程中个人信息与隐私的保护成为我们需要重点关注的问题。

一、文献回顾与研究问题

(一) AI 技术与敏感个人信息

人工智能技术的发展伴随着个人信息数据的大量收集,其与隐私保护之间的矛盾自诞生起便成为媒介法规与媒介伦理研究者关注的重要议题。人工智能强大的功能破除了信息壁垒,带来了更多的隐私可及性,同时,其隐私行为也颇具迷惑性,损害后果更为严重。[1] 伴随着智能升级,技术功能的边界将持续拓展,个人信息与隐私的外墙也将逐步透明化,社会信任危机与社会安全危机正在浮现。

而在各种类型的个人信息中,敏感个人信息与隐私存在更多的交叉重合性,私密信息隐私一般情况下不会形成"集合性的信息",而敏感个人信息则可能被集合为数据。[2] 在敏感个人信息的范畴中,作为生物识别信息的人脸数据不可更改,其被侵权的影响也是无法逆转的。[3] 当美颜拍照类 App 更多地使用 AI 技术优化功能时,人脸数据集合化呈现的可能性与泄露的风险也将随之提升,作为个人信息收集者和处理者的平台方需更积极地、发展性地履行相关法律义务。

(二) 智能时代的 App 个人信息保护政策

除了国家层面上的法律与规定限制,手机 App 的"个人信息保护政策"在另一方面约束了应用运营商与相关网络服务商对于个人信息与隐私的不当收集与处理行为,也成为用户参考使用、维护权益的工具。

但由于大数据技术的信息收集与组合特性,公民在智能时代面对个人信息和隐私泄露时受到的伤害往往是无感且滞后的。"面对隐私政策规定内容保护不力、保护不全、未履行承诺保护条款等情况,作为隐私主体的公民大多未能感知潜在的和已发生的伤害,现实表现为公民一如既往地平静使用着这些存在隐私保护瑕疵的网站并持续留存隐私信息,而这些网站也心安理得

---

[1] 郑志峰:《人工智能时代的隐私保护》,《法律科学(西北政法大学学报)》2019 年第 37 期。
[2] 王利明:《敏感个人信息保护的基本问题——以〈民法典〉和〈个人信息保护法〉的解释为背景》,《当代法学》2022 年第 36 期。
[3] 周坤琳、李悦:《回应型理论下人脸数据运用法律规制研究》,《西南金融》2019 年第 2 期。

地收集并使用着这些信息。"① 因此，在无法提前唤起用户隐私受侵害"痛感"的情况下，平台方制定且履行的"个人信息保护政策"这一前置性规则在法律权利保障层面与平台用户阅读层面的可行性尤为重要。在过往的研究中，许多学者对于手机 App 个人信息保护政策文本的功能性、可读性、影响读者阅读意愿的因素、中外政策框架的差异进行了探讨，App 种类涉及新闻资讯类、网络购物类、金融交易类等，但对于美颜拍照的垂直类手机应用程序调查较少。

本文通过对当下国内热门美颜拍照类 App 个人信息保护政策的文本分析，呈现并评估美颜拍照类 App 的个人信息保护政策类目的完整性与内容的功能性，探讨当下该类政策文本需要优化的要素，为移动智能设备的个人信息收集、处理流程的合法合规化与服务性能的提升方式提供思路。

二、研究方法

本文采用文本分析的研究方法，选取国内热度排名前十的美颜拍照类 App 的隐私保护政策进行解析。据艾媒金榜的《2022 年度中国摄影图像类 App 月活排行榜 TOP10》，在 2022 年，中国美颜拍照类 App 月活跃用户数前十名依次为美图秀秀、Faceu 激萌、B612 咔叽、美颜相机、天天 P 图、无他相机、相机 360、轻颜相机、醒图和水印相机。

在文本分析的类目设计上，本文依照《中华人民共和国个人信息保护法》与《信息安全技术 个人信息安全规范》的相关规定，对个人信息保护政策要素进行归纳，参考了此前研究者在分析个人信息保护政策时设定的研究类目，同时根据美颜拍照类 App 的特殊性调整了每项条款的细节。由此，本文文本分析的类目分作四个部分：第一项为"个人信息保护政策的查询与接受"，即通过考察用户查找政策需要点击的次数与用户能否拥有退出 App 预先定制的个人信息收集服务的选项，来考察其查询与接受过程的合理性。第二项为"信息的定义与处理"，包括分析该政策是否说明了个人信息的定义，信息收集目的，信息收集方法，信息披露对象与信息使用条件，信息数据存储方式、地点与期限。第三项为"信息的保护"，即考察其是否说明了信息数据保护技术与安全保证，个人信息泄露的责任归属与应急预案，用户如何访问、获取、修改、删除个人信息，是否为对于政策相关事项存在异议的用户提供了联系方式，是否设置了未成年人隐私保护政策。第四项为

---

① 顾理平：《无感伤害：大数据时代隐私侵权的新特点》，《新闻大学》2019 年第 2 期。

"个人信息保护政策文本特征"，通过对专业词汇的展现与摘要版本的推行来考察其文本是否在合法合规的前提下为用户理解政策提供了便利。具体分析类目如表 1 所示。

表 1　隐私保护政策分析类目

类别	项目
1. 个人信息保护政策的查询与接受	1.1 在 App 界面中查找个人信息保护政策需要点击的次数
	1.2 个人信息保护政策的推行是否存在强制性"同意"
2. 信息的定义与处理	2.1 是否提供了个人信息的定义
	2.2 是否说明了信息收集目的
	2.3 是否说明了信息收集方法
	2.4 是否说明了信息数据披露对象与信息使用条件
	2.5 是否说明了信息数据存储方式、地点与期限
3. 信息的保护	3.1 是否说明了信息数据保护技术与安全保证
	3.2 是否说明了个人信息与隐私泄露的责任归属与应急预案
	3.3 是否为对于个人信息保护政策及相关事项存在异议的用户提供了联系方式
	3.4 是否介绍了用户权利与权利行使途径
	3.5 是否设置了未成年人隐私保护政策
4. 个人信息保护政策文本特征	4.1 是否对专业名词进行了解析
	4.2 是否提供了摘要版本

三、研究发现

（一）美颜拍照类 App 个人信息保护政策的查询与接受

1. 查询个人信息保护政策的便利程度普遍较高

阅读最新版本的个人信息保护政策对用户的个人信息与隐私安全而言十分重要。因此，在政策的位置设计上，App 应当将查询的难度最小化。在这一层面上，查询个人信息保护政策的点击总次数一定程度反映了其设置的合理性。在本文调查的 10 种美颜拍照类 App 中，2 种 App 在进入主界面后只需点击 2 次即可浏览隐私保护政策全文，4 种需要点击 3 次，另 4 种需要点击 4 次。这表明美颜拍照类 App 的隐私保护政策位置设计在总体上为用户提供了较好的便利性。

2. 半数个人信息保护政策存在强制用户"同意"的设置

手机 App 的运营商与用户的个人信息保护协议往往是通过"选择同意"

的原则进行的。因此，在用户下载或使用 App 前，运营商都应为用户展示个人信息保护政策以供阅读，从而选择是否"同意"其条款。据《信息安全技术 个人信息安全规范》规定，运营商必须保障用户"多项业务功能的自主选择"，"不应通过捆绑产品或服务各项业务功能的方式，要求个人信息主体一次性接受并授权同意其未申请或使用的业务功能收集个人信息的请求。"但在此次调查中，50% 的 App 必须由用户选择"同意"后才能进入其界面使用各项功能，选择"不同意"则会直接跳转退出界面。其中部分条款涉及敏感个人信息收集与个性化广告推荐权限，但 App 在用户登录时并没有给予选择"关闭"的权利，用户只能在进入页面后进行"滞后"的"关闭"。此外，另外 50% 的 App 提供了"不同意"之下的"基本模式"，如 App "Faceu 激萌"的登录界面显示"如您仅同意接受我们的基本功能服务，您可在'了解与管理广告推送'页面选择关闭个性化广告推荐进入基本功能模式"，App "美颜相机"明确提示"不同意条款时，可以使用部分基础功能，您可以在《了解基本功能模式》中切换"。

（二）美颜拍照类 App 信息的定义与处理

1. 多项个人信息保护政策缺乏法律意义上的"个人信息"定义

在与用户签订个人信息保护协议时，App 运营商需要与用户明确"个人信息"这一名词在法律层面上的内涵，如此才能够确认用户在事实上"知情"了条款的意义。在本文的统计中，有 4 种 App 没有对"个人信息"进行定义；3 种 App 在"特别提示"中提到了（如下图所示）；还有 3 种 App 以名词解释的形式标明了"个人信息"的内涵。这表明美颜拍照类 App 个人信息保护政策在"个人信息"的介绍上还存在需要改进的地方。

1.7 收集、使用个人信息目的变更
请你了解，随着我们业务的发展，可能会对 Faceu 激萌的功能和提供的服务有所调整变化。原则上，当新功能或服务与我们当前使用的功能或服务相关时，收集与使用的个人信息将与原处理目的具有直接或合理关联。在与原处理目的无直接或合理关联的场景下，我们收集、使用你的个人信息，会再次进行告知，并征得你的同意。

1.8 依法豁免征得同意收集和使用的个人信息
请你理解，在下列情形中，根据法律法规及相关国家标准，我们收集和使用你的个人信息无需征得你的授权同意：
(1) 与国家安全、国防安全直接相关的；
(2) 与公共安全、公共卫生、重大公共利益直接相关的；
(3) 与犯罪侦查、起诉、审判和判决执行等直接相关的；
(4) 出于维护个人信息主体或其他个人的生命、财产等重大合法权益但又很难得到本人同意的；
(5) 所收集的你的个人信息是你自行向社会公众公开的；
(6) 从合法公开披露的信息中收集的你的个人信息，如合法的新闻报道、政府信息公开等渠道；
(7) 根据你的要求签订或履行合同所必需的；
(8) 用于维护所提供的软件和相关服务的安全稳定运行所必需的，例如发现、处置软件及相关服务的故障；
(9) 为合法的新闻报道所必需的；
(10) 学术研究机构基于公共利益开展统计或学术研究所必要，且对外提供学术研究或描述的结果时，对结果中所包含的个人信息进行去标识化处理的；
(11) 法律法规规定的其他情形。

特别提示你注意，如信息无法单独或结合其他信息识别到你的个人身份，其不属于法律意义上的个人信息；当你的信息可以单独或结合其他信息识别到你的个人身份时或我们将无法与任何特定个人信息建立联系的数据与其他你的个人信息结合使用时，这些信息在结合使用期间，将作为你的个人信息按照本隐私政策处理与保护。

Faceu 激萌隐私政策 2023 年 7 月 25 日更新版

2. 个人信息存储方式存在模糊地带

在信息收集目的、收集方法、披露对象与信息使用条件、存储地点与期限几类指标上，美颜拍照类 App 普遍制定了较为完整的保护政策，不仅会就 App 的功能详细介绍"我们如何收集、存储、使用您的个人信息"，还能将第三方公司的名称、相对应的信息使用场景、共享的个人信息类型结合阐述。但多数 App 并没有对个人信息存储方式进行说明，其中只有 1 种 App 表明"我们会通过安全的方式存储您的信息，包括本地存储（如利用 App 进行数据缓存）、数据库和服务器日志"。

（三）美颜拍照类 App 信息的保护机制

1. 信息收集安全保证与应急预案总体完备

个人信息控制者开展个人信息处理活动时均需遵循"权责一致"的原则，对此，美颜拍照类 App 皆设立了"我们如何保护您的个人信息"一项规则，对于其信息数据保护技术与内部规范进行了安全保证，表明在发生用户信息安全事件时将启动应急预案，且同时兼顾了向用户告知信息泄露与丢失情况、以各类渠道推送补救措施、按照监管部门要求主动上报个人信息安全事件的处置情况，为用户提供了包括电话号码、邮箱账号、详细地址等多样的联系方式。

2. 用户权利细则存在可升级的空间

此 10 种美颜拍照类 App 都在个人信息保护政策中单独列出了用户权利与未成年人隐私保护的栏目。在"您的权利"一栏，其设置了访问、删除、更正个人信息、撤回授权、注销账号、关闭个性化推荐、约束信息系统自动决策、投诉举报的权利，在具体的表述上或有所不同。但在"被遗忘权"与"获取个人信息"两方面，部分个人信息保护政策文本的说明较为模糊，或缺少了其中的部件。

"被遗忘权"最早在欧盟 1995 年颁布的《个人数据保护指令》中被提出，2012 年 1 月发布的《一般数据保护条例立法提案》进一步明确了这一权利，指"权利主体有权要求数据存储方删除自己或他人放置到互联网上的、令其尴尬的照片或者其他数据信息，除非数据的保存和使用为法律规定的维持公共利益的正常运作所必需的"。[①]《中华人民共和国个人信息保护法》第四十七条也对此进行了本国法律层面的规定。美颜拍照类 App 皆在

---

① 吴飞：《名词定义试拟：被遗忘权（Right to Be Forgotten）》，《新闻与传播研究》2014 年第 21 期。

个人信息保护政策中承诺了运营方依法删除信息的流程，但并没有详细说明用户申请删除个人信息时将会通过什么渠道、在什么期限内给予回复和证明。其中，仅有一种 App 指出："若您需要行使您的删除权，可以随时通过本政策第十条的联系方式向我们提出申请，我们将在 15 日内删除您的个人信息，法律法规另有规定的除外。"

在"获取个人信息"的权利方面，《中华人民共和国个人信息保护法》第四十五条指出"个人有权向个人信息处理者查阅、复制其个人信息"。而此次统计中仅有 2 种美颜拍照类 App 将"个人信息浏览与导出"或"个人信息主体获取个人信息副本"列入用户权利之中。由此可见，个人信息保护政策的用户权利细则仍存在可升级的空间。

（四）美颜拍照类 App 个人信息保护政策文本特征

《信息安全技术 个人信息安全规范》指出："个人信息保护政策的内容应清晰易懂，符合通用的语言习惯，使用标准化的数字、图示等，避免使用有歧义的语言。"许多手机 App 由此选择提供摘要版个人信息保护政策以便用户关注重点信息，同时以简易的语言进一步解释其中所涉及的专业名词。此次统计中，9 种 App 提供了摘要版个人信息保护政策，但只有 2 种 App 提供了名词解释，主要包括个人信息、敏感个人信息、匿名化、去标识化、关联公司、儿童、处理个人信息、自动化决策、Cookie 与 SSL 等。

四、结论与讨论

（一）完备权与责：提升个人信息保护政策的服务性能

对于本文所统计的 10 种美颜拍照类 App 个人信息保护政策的文本分析显示，用户选择接受隐私保护政策的权利并没有得到较好的保障。App 运营商需要在用户进入 App 界面时为其提供"不接受"的中间选项，从而保障用户在协议中的主动权，达成真实的"同意"结果。同时，政策中所记录的用户在个人信息保护过程中所享有的权利并未与时俱进地完善，用户主动行使"被遗忘权"的解决方案与用户获取个人信息副本的权利等皆需要美颜拍照类 App 在个人信息保护政策的设计中再次升级。对待人工智能时代的"同意"与"遗忘"，动态知情同意原则的建设应被提上日程，即"建立持续的信息披露和动态同意机制，允许数据主体行使即时撤销权"。这或许也是美颜拍照类 App 个人信息与隐私保护的进路。

此外，个人信息保护政策的展示是一种运营商与用户双向的沟通过程，需要以突出显示的形式对涉及敏感个人信息收集的部分与其他要点进行标注，在严谨用词的同时向用户呈现具备可读性、富有互动性的文本，避免使用过多专业名词，对于行业外难以理解的词汇应进行专门解读，在整体上提升个人信息保护政策的服务性能。

（二）强化保护意识：重视培育用户的数据素养

面对智能时代个人信息被广泛收集利用的现状，许多作为手机 App 用户的公民并没有建立起较好的个人信息与隐私保护意识。巴尔内斯（Barnes）曾在研究中发现，社交网络用户在使用互联网的过程中存在"隐私悖论"，即虽然他们会担忧其隐私问题，但在使用社交网络时不会因为担忧隐私泄露而影响自己披露个人信息的行为。[1] 在国内，"隐私悖论"也同样有所显现。对微博与微信用户的研究显示，当用户认为自己具备隐私保护能力时，他们往往会觉得自己更关心隐私信息，从而不限制自己在社交网络上发布推文。[2] 这成为手机 App 用户忽视个人信息保护的一项重要因素。而关于美颜拍照类 App 中所涉及的 AI 换脸功能，虽然许多用户存在警惕性，但根据艾媒数据中心对 2019 年中国受访者为 AI 技术便利承担隐私泄露风险意愿调查结果，比较愿意和非常愿意为 AI 技术承担隐私泄露风险的比例高达 31.7%，用户主动行使个人信息保护权利的意愿与能力有待考察。

在这个智能时代，我们正一步步陷入"监视社会"之中，正如波斯特所言，当下的"传播环路"和这些渠道生产、流动、汇集的数据库，打造了一座"超级全景监狱"[3]，对此，用户不仅需要对抗个体的"无奈"，提升对个人信息与隐私的关注度，还应当为个人信息安全付出实际行动。推进这一过程需要社会传播机构与教育机构的助力，在"媒介素养"的培育之上，提升公民个人的"数据素养"十分必要。[4]

（三）细化协议规则：界定个人信息保护政策

在当前国内有关个人信息和隐私保护的法律法规中，对于"手机 App 及其他设备应用程序的个人信息保护政策具体应当包括哪些类型的条款"这一问题，只有《信息安全技术 个人信息安全规范》在框架性的层面上做出了规定。运营商与第三方服务商共享的个人信息使用场景与权限内容是否

---

[1] Barnes S. B., "A privacy paradox: Social networking in the United States," *First Monday*, no. 4 (2006).
[2] 强月新、肖迪：《社交网络中的隐私悖论：隐私关注、自我表露意愿对社交推文发送的影响研究》，《国际新闻界》2019 年第 41 期。
[3] 波斯特：《信息方式》，范静哗译，商务印书馆，2000，第 127 页。
[4] 黄如花、李白杨：《数据素养教育：大数据时代信息素养教育的拓展》，《图书情报知识》2016 年第 169 期。

需要完整表述，在用户个人信息被泄露或非法处理时应当如何表明责任归属方，运营商应急预案的运行时间与反馈流程应当如何设置等问题并没有得到明确的界定，这往往使 App 运营商在个人信息保护政策中对此类事项模糊处理。因此，只有在规则层面细化个人信息保护政策的条款，才能从根源上规避类似本文所调查的美颜拍照类 App 个人信息保护政策中出现的规则漏洞，使智能时代的个人信息收集技术与商业运营模式健康发展。

（本文作者系浙江传媒学院新闻与传播学院硕士研究生）

人机交互情境中生成式 AI 的角色塑造
——基于文心一言在杭州亚运会的应用分析

李嘉琦　刘玉林

摘　要： 生成式 AI 的技术进展，日益表现出重塑数字信息产业的行动主体、表达方式与用户感知的可能性，也给数字化社会带来了巨大的发展潜力和无限可能。立足于这一技术语境，杭州亚运会期间主办方引用文心一言等大语言模型辅助赛事的日常及有关事项的安排处理，因此文心一言在人机交互过程中承担了十分重要的角色。杭州亚运会期间文心一言基于大量的预训练信息处理，在人机交互场景搭建过程中主要扮演了三种角色：跨模态交互模型的技术大脑、多语言处理系统的智能伴侣和专业信息文本库的争议作者。人机交互的目的是现实情境服务，在人机交互情境分离之后，用户会以反馈进行多重的自我融合，以虚拟情境革新现实情境；从人机关系回归至人际关系；以智能信息辅助专业信息的生成。人机二者的关系不再是相互分离，而是走向相互融合，二者共生，成为共同推进数字社会发展的重要纽带。

关键词： 生成式 AI；文心一言；情境建构；人机融合

2022 年 11 月，OpenAI 公司正式推出基于大语言模型（Large Language Models，LLM）的新一代生成式 AI ChatGPT，在推出后不到两个月的时间 ChatGPT 就获得了上亿用户的关注和使用，并成为全球最快用户过亿的消费级应用产品。[①] 以 ChatGPT 为代表的生成式 AI 因其拥有多模态的组织架构和海量信息的训练基础，具备了出色的语言理解、情感分析和数学计算等众多能力。ChatGPT 的爆火为生成式 AI 主导的信息生产时代正式拉开了序幕，与此同时，国内众多互联网科技企业开始研发布局生成式 AI，探索人机共

---

① 陈锐、江奕辉：《生成式 AI 的治理研究：以 ChatGPT 为例》，《科学学研究》2024 年第 1 期。

生的前沿发展方向。百度文心一言、华为盘古大模型、腾讯混元 AI 大模型等一批高质量的生成式 AI 开始逐步在市场中应用推广。适逢第十九届亚洲运动会（以下简称杭州亚运会）在杭州召开，多国人员的到来、体育竞赛信息的繁重、科学训练系统的精确需求等都给亚运会举办方带来了不小的挑战。海量的信息处理需求和高精度的标准要求不仅是生成式 AI 的"主舞台"，更是一把"检验尺"。文心一言在杭州亚运会期间除了基础性的语言翻译，还在赛训、新闻报道等方面展现了前沿生成式 AI 技术的领先能力和广泛应用潜力。分析文心一言在杭州亚运会所扮演的角色，不仅有助于系统性地识别、运用生成式 AI 的能力，还有助于发现生成式 AI 的短板，为完善未来生成式 AI 的能力和探索其在未来的发展方向提供实践经验。

一、人机交互情境夯实：对文心一言的驯化与演练

驯化的概念来源于生物学，是指一种生物在生长过程中逐渐受另一种生物利用与控制的过程，[①] 现常用于理解在信息传播过程当中主体的实践机制。以 ChatGPT 和文心一言为代表的生成式 AI 大多是以 Transformer 的神经网络结构为基础，运用海量的互联网文本语料库训练，在众多数据训练集的测试过后，生成式 AI 才能理解人类语言的本意，并能够生成流畅、自然的模拟人类语言的行为。从传播的本质来看，文心一言在接收用户提出的问题，而后以自身的信息模型逻辑回答用户的过程，是一个具备完整要素的人机交互流程，是用户编码输出、机器解码接收而后编码再输出的过程。在编码解码的过程中，承载信息意义的是符号。由于符号的暧昧性和多义性，会使得由众多符号构成的词语句段衍生出不止一种信息情境，导致生成回与答的信息呈现出熵增的态势。当答案中的熵增量已经不能确切回答问题时，此时为了保证生成式 AI 的效率和可行性就势必要减少熵增量。减少熵增量的方法有两种：一种是增加问题中的关键词数量，使问题的指向性增强，回答的相关性自然更高；另一种则是信息模型的更新与训练。前者的方法面向的是用户端，用户将问题的明确性提升，得到的答案反馈自然相关性就会提升，但问题的明确性不影响反馈答案的质量上限，能提升回答反馈质量的同时提高反馈答案质量上限的方法是后者，即信息模型的更新与训练。与文心一言同类型的 ChatGPT，公开资料显示，GPT-3 模型包含了 1750 亿个参数，GPT-4 模型的参数更是高达 100 万亿级别，这也意味着 ChatGPT 能够

[①] 邱立楠：《短视频平台算法推荐的"异化"与"驯化"》，《中国编辑》2021 年第 4 期。

达到人类大脑神经触点规模的同等水平。[1] GPT-4 也正是因此而来的高质量反馈水平而得以被广泛运用。同理，文心一言作为国内领先的生成式 AI 拥有对话生成、知识推理、语言翻译、多模态输入输出等成熟功能，拥有众多信息参数和训练反馈作为应用基础，再以普通用户的提问方式为前提，不断运用众多量级参数对大模型进行反馈训演，对之前的生成式 AI 做出颠覆性的革新，使最后的文心一言能够更好地分析用户语言文本的情感倾向和真实表达意图，奠定了文心一言在精准信息数据、复杂文本和情感交流方面的工作基础。

二、人机交互情境搭建：对文心一言的角色赋予和创造

从技术的客观角度而言，文心一言是一种知识增强的大语言模型，其本身的应用场景因用户需求不同而存在差异。也正因如此，文心一言所扮演的角色、所呈现的功能都与用户的需求相关。在杭州亚运会中，文心一言的主要使用者可概括为三类：参赛的运动员与教练员、赛事观众及赛事相关人员、新闻媒体等相关行业从业者。三类不同人员在使用文心一言时，有不同的信息需求，因而文心一言在杭州亚运会中扮演了不同的角色。

（一）跨模态交互模型的技术大脑

模态一词源自语言学领域，是用于交流的符号系统，按照信息类型可以划分为文本、音频、图像、视频等多种模态。[2] 20 世纪 60 年代至 80 年代，计算机产业处于发展萌芽阶段，人机交互依托的符号仅为单一语言模态，用户仅能通过机器语言、汇编语言与计算机进行互动。20 世纪 90 年代，万维网（World Wide Web）的诞生和普及，极大推动了互联网和计算机产业的发展。人机交互的符号介质不再仅仅依赖于机器语言，而是依靠文字、图片、视频、音频等多模态介质在计算机产业中建构人机关系，拓展人机交互的场景应用，为之后的跨模态信息网络夯实了技术基础。在此阶段中，人机交互的联结维度依旧依赖于机器界面，没有实现多模态之间的界面跨越。进入智媒时代以来，万物互联的序幕正式被拉开，5G、XR、区块链等数字技术不断被引入信息产业，人机的联结维度也不再仅仅局限于机器界面，任何物体都可以承担人机交互界面的角色，容量更多、准确度更高、感知更丰富

---

[1] 朱光辉、王喜文：《ChatGPT 的运行模式、关键技术及未来图景》，《新疆师范大学学报》2023 年第 4 期。

[2] 郭全中、张金熠：《人机交互（HCI）的历史演进、核心驱动与未来趋势》，《新闻爱好者》2023 年第 7 期。

的跨模态交互模型开始逐渐被广泛运用。

在"百度世界 2023"现场，中国游泳协会授予百度"中国国家跳水队人工智能合作伙伴"称号，感谢百度基于文心一言对跳水队员在训练中的技术指导。[①] 文心一言作为大语言模型，除了基本的语言文本分析功能，还具备精准的动作捕捉和信息计算能力，也正因如此，众多国家体育运动员在训练期间引入大语言模型作为训练数据收集分析的辅助角色。以中国男子跳水运动员曹缘为例，曹缘在杭州亚运会训练期间的跳水动作可以用文心一言作辅助分析，在将曹缘训练数据提供至文心一言后，输入带有关键词的提问句"量化分析曹缘当前训练的这一跳，并与东京奥运会的动作进行对比，给出优化建议"，文心一言则会反馈完整的对比表格，包括起跳高度、入水角度、第一圆角速度等详细数据，而后根据以上数据给出分析后的优化建议。此外，文心一言还能依据跳水的指定动作分析历史中的得分数据给出更好的动作选择建议。文心一言能够实现跨模态的精准工作处理，是建立在自然语言处理技术与机器人技术的突破革新之上，其中体现出的智能服务进阶性，也正是人机交互中技术的性能提升和人机情境界面联结的有力佐证。

（二）多语言处理系统的智能伴侣

生成式 AI 提供了一种激发类群智能和人类创造仪式的潜质，具有关系超越性、认知超越性和智能超越性。[②] 类群智能是从智能进化论的角度来看人工智能与人的关系以及融合的过程，类群指的是由同类个体构成的群体，类群智能也就是群体特性发展的一种高级形态，同质感更强。[③] 以海量信息数据为基础的文心一言进行信息交互，就具备了在技术更新时实现类群智能，成为智能关系体的特质。在这种情况下，文心一言具备了与人类沟通的可能，同时也具备了和机器交流的特质，也就实现了能够根据用户反馈评价实现自我更新迭代的功能。以信息数据为基础、以符号为介质的文心一言因此开辟了信息融合、认知融合、思维融合的碳基生物与硅基生物交流的场景，人机交互也由单一传受的简单关系向自我更新、不断反哺的复杂关系衍变。[④] 在文心一言有自我迭代和认知思维基础的前提下，用户在运用文心一言时拥

[①] 赵广立：《百度 CTO 王海峰：文心大模型的底色和成色》，《中国科学报》2023 年 11 月 25 日第 10 版。

[②] 曹克亮：《人工智能的神话：ChatGPT 与超越的数字劳动"主体"之辨》，《长白学刊》2023 年第 6 期。

[③] 王天恩：《人机交会：人工智能进化的类群亲历性》，《上海师范大学学报》2023 年第 1 期。

[④] 喻国明、苏芳：《范式重构、人机共融与技术伴随：智能传播时代理解人机关系的路径》，《湖南师范大学社会科学学报》2023 年第 4 期。

有了更大的自由度,即人机交互的更多共融空间。

就杭州亚运会中文心一言的应用而言,在大语言模型基础之上提供了一种超脱于意识形态的中间性参照,避免了可能由于技术自反性而产生的偏见认知。各国友人来杭州时,绝大多数是面临一个全新的环境,会因此产生言语困境,对于语言的日常运用、问答、生活需求的推荐、地理位置的导览都会面临一定困难。由于文心一言元数据基础的信息支撑,对于简单层面的语言翻译和问答困难的解决较容易实现。语言翻译层面的障碍因语言的含义确定性而能确定问题的真实意向;但面临非确定类的用户提问时,则会涉及算法黑箱,算法黑箱中的价值和技术因素直接决定文心一言的答案指向。在面临此类问题时,文心一言会提供多种可供选择的方案,用户会按照自身意愿和意识价值取向进行二次追问,以此获得更为详尽的相关信息。在此过程中算法逐渐去黑箱化,将选择权回归至用户手中。在算法去黑箱化的基础上,用户进行满足信息和行为需求的提问会给予用户更大的选择空间,过程中极少受到算法技术的限制,使文心一言作为人工智能坐落在伴侣而非主导者的本位当中。

(三) 专业信息文本库的争议作者

每一种新的媒介形态出现,都意味着对媒介生产力一次新的变革。生成式 AI 的出现也将数字产业的生产力进行了跃迁式提升。文心一言作为生成式 AI 的代表,其杭州亚运会的文本生成在生产要素的重置、智能应用的升级等方面表现得更为专业。在生产要素方面,文心一言可以快速检索、提炼、整合海量信息,杭州亚运会常规的消息报道中,新闻记者编辑可以通过文心一言的内在插件,输入指令文本模板和关键词,生成的消息报道仅需少处修改甚至不需要修改就可以达到发表标准。文心一言不仅对于消息正文有出色的编辑能力,还能帮助用户迅速抓住包含众多信息的文章的重点,其中的览卷文档插件可以通过文档内容帮助用户生成摘要重点和标题,成为专业新闻从业者和非专业新闻从事者的得力助手;除文本报道外,文心一言还具备生成视听新闻的能力,文心一言和文心一格都可以通过设定关键词、风格需求和尺寸大小等参数自动生成图片。[①] 在文心一言已经具备数据图表和交互程序生产能力的前提下,其未来在视听新闻领域的创新必会有巨大潜能。在智能应用的升级方面,文心一言基于强大的自然语言能力和逻辑技术基础可以生成带有一定观点性的文章,不再局限于之前类似快笔小新、Dream

---

① 李云芳:《ChatGPT 对于新闻业的利与弊》,《青年记者》2023 年第 5 期。

writer 等人工智能的体育、经济领域，而是可以运用在部分社会生活领域当中。此外，文心一言也因其自然语言能力而具备了新闻聊天机器人的功能，通过与用户的持续沟通而为用户带来个性化的使用体验。此时的文心一言不再仅仅是对之前的既有信息格式化再分发，而是被赋予了部分新闻生产的主导权。

人机交互活动势必会介入信息的引用和生成流程。在 UGC 和 PGC 的创作时代，信息作品归属于创作人所有；在生成式 AI 主导的 AIGC 时代，内容中不乏含有引用其他信息来源，也包括有 AI 对信息格式化再生成的文本，因此就会出现版权争议现象，AI 技术的开发者、信息数据的来源、AI 自身和与 AI 交流的用户，四方都有一定的理由和资格争取最终的版权归属，但目前在法理层面仍然缺少有定论的明文规定。

三、人机交互情境分离：从虚拟现实到现实情境的回归

生成式 AI 的出现推动人机交互进入了新的阶段，大语言模型作为技术基础和价值实现手段使得文心一言等具备了优秀的自然语言交流能力，拓宽了人机交互的界限。值得注意的是，人机交互始终停留在由人工智能创造的虚拟情境之中，与机器交流的最终目的是为现实情境服务，用户会由虚拟情境中的信息映射到现实情境，并回归到现实情境。

（一）以虚拟情境革新现实情境：多重自我反馈后的再融合

用户与文心一言的互动过程，是带有特定需求进行实现特定价值和功能的过程，二者交互过程中也包含着主我与客我间的互动。[1] 作为主我的我，是代表个人主体意识的主我，由用户的行为反应表现出来，这种行为反应又会受到主体思维和社会关系的限制，而主体思维和社会关系又恰恰是客我，即自我意识的社会关系性的体现。当带有社会期待和评价期望的用户与文心一言进行沟通时，目的是满足个性化的用户需求，但由于用户的询问中关键词模糊或文心一言的大语言模式功能的待完善，会出现一次作答并不能满足用户所需的情况，这就需要用户进行多次询问、对信息二次处理或寻求其他方式解决问题，其间不断的信息交互会使用户不断更新当前自身的环境认知和信息思维认知而重塑自我，而后不断进行信息交互重塑自我，直至解决问题。

---

[1] 邱立楠、顾倩莲：《从情境搭建到情境再分离：人机传播中用户与 ChatGPT 的互动实践》，《中国编辑》2023 年第 10 期。

杭州亚运会期间,用户与文心一言的沟通常有跟进式的询问特性。跟进式的询问一种是为了获得更深层次的信息,另一种则是对现有反馈满意度不高,未能满足用户自身需求。最常见的情况是在新闻报道当中,文心一言在接受之前的专业新闻模板后,会根据用户提供的关键词生成一篇新闻稿,但由于现场的临时要求或者功能的待完善使新闻稿未达到要求,因此需要对生成的新闻稿进行二次加工,而后才能达到要求标准。在此过程中,初始新闻稿由文心一言生成,文心一言由大语言模型的技术和知识支持,是来自虚拟情境中的因素,用户在接受之后,会对初始新闻稿进行把关筛选,文稿信息所代表的符号的意义框架与要求会呈现给用户,用户会根据既有标准调整,利用文心一言在内的渠道填补所需信息。在利用文心一言生成新闻稿和进行填补信息时,用户会拥有虚拟情境的身份,在对新闻稿进行把关和修正时,是有社会属性的社会身份。用户的身份随着情境的变化而变化,是一个分离再融合的过程,用户与文心一言的互动也从单纯的虚拟环境延伸到现实情境,在此过程中,用户实现了多次信息交互后的自我融合。

(二) 从人机关系回归人际关系:重要性滞后的媒介不等同

1996年,巴伦·李维斯和克里夫·纳斯合作出版了经典著作《媒体等同:人们如何像对待真人实景一样对待计算机、电视和新媒体》,书中收录了多种媒体等同的实验证据,包括媒体与举止(礼貌行为、人际距离等)、媒体与人格(人物个性、界面个性等)、媒体和情感(好与坏、负面影响等),基于这些丰富的经验,二人提出了媒介等同理论,即媒体等于现实生活。[1] 文心一言的出现使虚拟情境和现实情境的连接得到了强化,虚拟情境真实化的特点也越来越鲜明。书中认为在现实情境与虚拟情境的区别越来越小时,人们会在虚拟情境中做出下意识的社会反应。在一定程度上,人机交互可以替代人际传播,但并不意味着具有全部替代的可能性。情感的产生以及体会是生成式AI一直难以逾越的技术鸿沟,情感在人与人之间传递时,其他个体能够准确理解传者的个人情感,并能够在特定情境下做出准确情感反应。因此在情感缺失的人机交互过程当中,情感和精神领域重要性越发明显的当下,人际关系的重要性也更加明显强于人机关系。

勒温指出,人的行为是其个人特征和所处场景两个变量的函数。[2] 当出

---

[1] 徐琦:《超越"计算机为社会行动者"范式:智媒时代人机传播理论创新的突破点》,《现代传播》2023年第6期。

[2] Lewin Kurt. "1936. Principles of Topological Psychology." New York:McGraw-Hill.

现信息更新不及时或技术模型功能待完善的情况，文心一言可以凭借关键词了解用户的需求，关键词虽有明确的指向性，但文字符号在传递意义时存在丢失的可能性，因此可以认为关键词含义近似于用户真正需求，而非完全相等；同时场景的相关因素也在不断变化，如亚运会中运动员的赛场战术、赛场中突发情况的应对措施、赛场信息临时变更导致的新闻稿件紧急修改等情况的发生，最直接有效的沟通方式是人际沟通，而非人机沟通。在此间也会存在人机沟通的可能，但人工智能的反馈被采纳的可能性很小。如果针对赛事集训的相关信息或是其他与一些相关机密的信息交互，文心一言被使用的概率也会降低，因其涉及数据泄露的相关风险，意大利政府正是基于此风险，宣布对ChatGPT立案调查，并限制ChatGPT在意大利的使用。

（三）以智能信息辅助专业信息：程序逻辑欠缺的最终归宿

生成式AI主要依托大语言模型，大语言模型的预训练阶段一般分为两步：第一步是无监督学习（Unsupervised pre-training），第二步则是微调阶段（Fine-tuning）。[①] 在无监督学习阶段，训练的目标是为模型赋予自然语言表达和信息辨别的能力，通过对大规模无标注的信息进行整理汇编，使模型获得基本的文本逻辑、嵌入及翻译能力，至此第一步的无监督学习阶段完成。但由于缺少专门的引导，导致模型对于信息的有用性辨别不足，产生了输出结果的稳定性和可靠性较弱的现象，因此需要进行第二步微调阶段。微调阶段需要人工智能训练师的介入，人工智能训练师会对信息进行标注，以此引导大语言模型进行自身判断。但人工智能训练师的职业技能和职业素养未形成完善的职业生态闭环。OpenAI不止一次被爆出以极低的成本和长时间工作压榨人工智能训练师，而这也将会成为污染ChatGPT的风险。模型内部的技术受限和外部存在的误导偏差，导致生成式AI会产出部分虚假信息。询问ChatGPT书号为"ISBN978－7－229－00476－7"的图书书名，反馈结果是《经济学原理：基础知识与应用》，但实际对应的图书是《超新星纪元》。其中既有训练时人为误导的原因，也有技术发展不完善的因素。

当生成式AI产生的智能信息只能做文本的基础性铺垫，抑或是达不到高质量标准要求时，就需要领域中的专业人才进行把关和二次创作，以此确

---

① Radford A, Narasimhan K. *Improving language understanding by generative pre-training*, https：//cdn.openai.com/research-covers/language-unsupervised/language_ understanding_ paper, 访问日期：2023年11月6日。

保信息的正确性和有效性。无论是在信息的获取、生产层面，还是在分发、反馈更新层面，大语言模型的更新和人机交互方式的迭代，都拓展了信息采集的维度，革新了信息生产的流程，最终改变了信息生产者的思维方式。虽然人机交互从诸多层面影响了传媒实践，但人依旧是信息生产的最终灵魂所在，是机器生成信息的甄别者与决定者。杭州亚运会期间的新闻报道，虽然有众多的新闻记者编辑运用文心一言生成新闻消息的初稿，但并不是一蹴而就可以立即运用；同样，编导在运用文心一言进行视频策划和视频生成时，由于视频的专业性强度不足和画质的帧率过低，产出的智能信息产品也不会被采纳。奥格本曾论及物质文化的成长也许越来越适应人性，而不是相反。① 生成式 AI 的信息生态不论前沿的先进度如何，终究还是要回归到以人为本，为人所用的层面上。

四、结语

福山认为关于人工智能最大的迷思在于，它们应该像人类一样拥有智力、解决问题的能力、想象力、创造力、道德义愤及爱和怕的情感，而这是典型的人类中心主义导致的认知盲区。② 立足于当下，人工智能的神话色彩不应被渲染得过分绚丽，未来世界人类会被异化的观点也不应如此悲观。以文心一言为代表的生成式 AI 搭建了技术的想象空间，在信息创造成本不断降低的今天，带来的是人机交互的深度互动和效率的大幅提升，在信息技术不断突破和大语言模型功能持续完善的进程中，基础信息的制作应用大部分可以通过生成式 AI 实现，并在此过程中替代部分的人类角色，金融、体育、新闻等存在基础信息文本工作的领域也因此大受益处，杭州亚运会便是很好的体现。

在机器生物化的进程中，人类也正在机器化。生成式 AI 的突破代表着对现实生活的不断解构，但并非完全是真实有效地解决问题的途径。意识的同质和意义的缺失是信息技术泛滥的结果，意义的建构和意向性的体现是人类的独特闪耀所在。生成式 AI 在深度学习之后虽会产生强大的逻辑知识能力和类人情感，但依旧缺乏真正的思考能力。在部分问题的反馈上，看似生成式 AI 的逻辑圆满自洽，但其实是基于大量语料库模型的同质逻辑的产生。

---

① Mori, M. Translated by MacDorman, K. F.; Kageki, Norri. "The uncanny valley". IEEE Robotics and Automation. New York City: Institute of Electrical and Electronics Engineers. 2012.
② 弗朗西斯·福山：《我们的后人类未来》，黄立志译，广西师范大学出版社，2016，第 10—11 页。

在生成式 AI 不断冲击现实社会的固有思维和价值观的同时，人类的价值观也在不断向人工智能靠近，人机分离的场景逐渐消弭，人机融合的场景逐渐显现，正如意大利物理学家弗朗西亚所说："我们需要创造适合人类的技术，我们也需要创造适合技术的人类。"

(本文作者均系浙江传媒学院新闻与传播学院硕士研究生)

共享的情感：虚拟偶像粉丝群体的
情感互动机制研究
——以 A – SOUL 粉丝为例

陈 倩　李 韬　符馨月

摘要：随着互联网技术和直播技术的进步，依托于亚文化圈层的虚拟偶像行业迎来了蓬勃的发展。本文基于互动仪式链模型的理论框架对 A – SOUL 粉丝进行研究，深入 A – SOUL 粉丝群体的聚集平台进行参与式观察，并挑选粉丝群体进行深度访谈，从而形成针对性的互动仪式链模型，并得出 A – SOUL 粉丝群体内的情感互动机制模型。一方面可以深入了解驱动亚文化圈层发展的情感互动能量，另一方面可以为亚文化圈层研究提供新的切入口。

关键词：虚拟偶像；A – SOUL；粉丝；互动仪式链；情感能量

一、引言：情感能量的回归

虚拟偶像是由人工智能技术、建模技术以及绘画技术等多方面强大技术支撑而发展起来的娱乐行业，他们往往有着二次元风格的完美"皮套"，可萌、可御、可甜的人物性格，轻巧娇俏的身姿。日本有知名虚拟偶像如林明美、绊爱等。随着文化的交流和技术的发展，中国的虚拟偶像行业迎来了洛天依，这是一位根据中国本土文化打造的虚拟偶像，其也对中国虚拟偶像行业发展具有划时代的意义。从洛天依开始，中国虚拟行业迎来了高速发展。根据艾瑞咨询报告，中国虚拟偶像行业核心市场规模从 2019 年以来一直保持着高速增长，2022 年预计达到 13 亿元。庞大的市场发展蓝海吸引了资本的注意，同时国内偶像频频塌房和人设崩塌的困扰让资本看到了虚拟偶像行业的未来，因此虚拟偶像承载了"永不塌房、永不恋爱、24 小时营业"的伟大蓝图。国内虚拟偶像女团 A – SOUL 横空出世，它由字节跳动和乐华娱乐共同打造，强大的技术支撑和内容制作企划出向晚、贝拉、珈乐、嘉然、乃琳五人虚拟女团，每一个虚拟人物背后，都有中之人①扮演，通过动捕技术实时渲染呈现与直播。毋庸置疑，强资本、强技术支撑下的 A – SOUL 是当今虚拟偶像顶流。

虚拟偶像顶流 A – SOUL 背后的粉丝群体和大众心目中传统明星饭圈的粉丝有着本质不同。一方面是 A – SOUL 复杂的粉丝成分。A – SOUL 粉丝大部分来源于原本的 ACG 文化圈层，圈层内的粉丝成分也非常复杂，包括御宅族②、抽象嗨粉③、V 圈粉④和饭圈玩家等，可以说是目前国内互联网最难以琢磨的圈层。这样的圈层形成了独特的圈层文化，如不为偶像花钱、反对"粉头"和小团体，他们与虚拟偶像之间的关系更加亲密与真实。这样的圈层形成了区别于传统饭圈和谐共处的粉丝氛围。另一方面是媒介可供性带来的共享情景。虚拟偶像是依赖于动捕技术和实时渲染技术而产生的娱乐文化工业。强大的技术不仅提供了虚拟偶像精致的皮套，更带来了常态化直播运营的情景场域。虚拟偶像通过常态化的直播运营，让过去只存在于线下的高情感能量的偶像演唱会和见面会转型为线上，通过赛博朋克的直播运营情景仪式凝聚广大的粉丝群体，达成一次又一次的情感能量共享，对于虚拟偶像的情感、对于粉丝同好的情感在网络情景中涌动。

当下虚拟现实技术与明星偶像行业的发展，令学术界对于虚拟偶像的研究呈现出逐年增长的态势，虽然研究数量不断增多，但是深入研究的学者不多，且大多数学者的研究视角较为局限。当下对于虚拟偶像的研究主要从新闻传媒这一大的学科理论视角切入，包括元宇宙数字人、亚文化迷群、数字劳动、情感劳动、消费符号、自我与他者等研究视角，例如，学者喻国明等分别从补偿性媒介和情感三层次理论对虚拟偶像发展的技术和情感问题进行分析；⑤ 学者匡文波等则是结合媒介可供性与粉丝社群的情感表达研究社交平台对偶像与粉丝群体之间的情感平衡。⑥ 还有其他学者结合一定的广告经济产业研究、文化数字 IP 赋能以及法律论题视角探讨虚拟偶像行业的发展。

---

① 扮演前台二次元形象的背后真人。
② 所谓御宅，广义上讲是指热衷于各种亚文化，并对该文化有极度深入了解的人；狭义上是指沉溺、热衷于动画、漫画以及电子游戏的人。
③ 喜欢抽象文化，玩梗的人。
④ 源自日本 NGA，指喜欢看 Vtubuer 直播的人。
⑤ 喻国明、滕文强：《发力情感价值：论虚拟偶像的"破圈"机制——基于可供性视角下的情感三层次理论分析》，《新闻与写作》2021 年第 4 期。
⑥ 匡文波、邓颖：《媒介可供性：社交平台赋权粉丝社群的情感表达》，《江西社会科学》2022 年第 42 卷第 7 期。

如学者孙山从著作权法角度提出虚拟偶像"表演"著作权法制的困境与破解。① 纵观各位学者对于虚拟偶像现状的研究会发现：首先，除了学者喻国明对于虚拟偶像有一定程度的持续关注，其他学者较少。其次，学者们对于虚拟偶像的理论研究视角较为局限，且每一种理论的研究数量和深入程度不够充足。最后，学者们对于虚拟偶像的研究对象也多以整体虚拟偶像行业、虚拟偶像与粉丝群体之间的关系、虚拟偶像粉丝为主，研究对象视角多从宏观、中观的群体性视角出发，其中遗漏了从虚拟主播本身的研究视角出发，一部分学者虽然从微观视角聚焦了具体某位虚拟偶像以及粉丝群体的关系，但是主要研究对象也以洛天依为首，如学者陆新蕾以洛天依为对象研究虚拟偶像群体消费文化特征，针对现象级的虚拟偶像 A – SOUL、KDA 的研究数量并不多。

本文认为从微观视角研究某位现象级的虚拟偶像，以及其与粉丝群体的关系仍具有一定的研究可行性。互动仪式链是基于情景的研究，它是考察具有情感仪式的人群瞬间际遇的理论，而情感是其中的核心组成要素和结果，其核心机制是互动仪式场中的相关关注焦点和情感连带。因此，本文将基于互动仪式链的理论框架，选取 A – SOUL 粉丝的线上群体互动作为研究对象，探究虚拟偶像粉丝群体之间的情感互动机制。

二、理论介绍与研究方法

（一）柯林斯互动仪式链

互动仪式链理论源自社会学家兰德尔·柯林斯，他在社会学家涂尔干和戈夫曼的研究基础上提出了这一理论。柯林斯认为无论是涂尔干还是戈夫曼都仅仅强调了仪式的概念和社会功能，没有真正说明互动仪式的完整作用机制。根据柯林斯互动仪式链提到的机制，互动仪式链的发生需要四个因素，并在互动仪式过程之后形成了四种结果。②

互动仪式链的形成和运作需要四个方面的要素：（1）两者或两者以上的人的在场，并且他们之间有意识的关注和相互影响；（2）通过一定的群体区隔对局外人设置界限；（3）人们之间有共同关注的焦点和对象；（4）人们之间分享和共享共同的情感和情绪。

互动仪式链过程之后形成了一系列结果，其中包括：（1）拥有成员身

---

① 孙山：《虚拟偶像"表演"著作权法规制的困境及其破解》，《知识产权》2022 年第 6 期。
② 柯林斯：《互动仪式链》，商务印书馆，2009，第 87 页。

份的群体团结；（2）每一个个体都获得了情感能量（柯林斯称之为 EE）；（3）形成了群体认同的代表群体的符号和神圣物；（4）凝聚群体的道德感，维护群体的正义，一旦群体中有个体违背这一道德将会遭到群体反对。

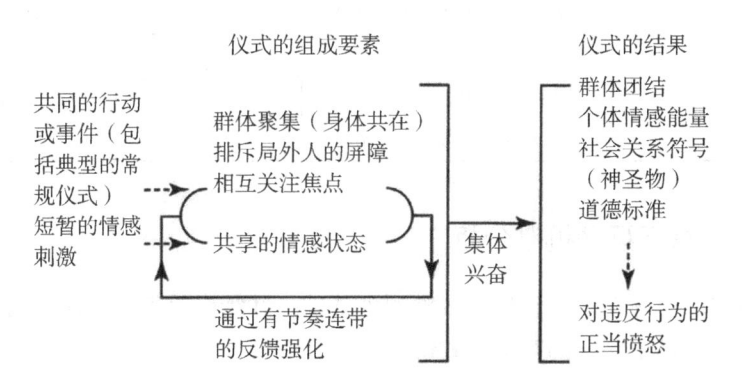

```
                    仪式的组成要素              仪式的结果
共同的行动                                    群体团结
或事件（包      群体聚集（身体共在）            个体情感能量
括典型的常      排斥局外人的屏障               社会关系符号
规仪式）   ┄┄► 相互关注焦点                  （神圣物）
短暂的情感                              集体   道德标准
刺激           共享的情感状态           兴奋
                                            ┄┄►
                                            对违反行为的
               通过有节奏连带                正当愤怒
               的反馈强化
```

图 1 柯林斯的互动仪式链模型

（二）研究方法

笔者于 2022 年 11 月至 12 月，对 A – SOUL 及其粉丝群体进行参与式观察，研究平台包括哔哩哔哩的 A – SOUL Offical、嘉然今晚吃什么、乃琳 Queen、向晚大魔王、贝拉 kira 账号；微博的 A – SOUL Offical 账号；豆瓣小组枝江正统五金店和 A – SOUL 雏菊组；QQ 频道魂岛、Asoul 养老院等。以上除了豆瓣和 A – SOUL 基于平台规则可以自由关注和观看，其他都设置了一定的准入门槛。如豆瓣小组需要填写申请入组理由、转发小组规则等。

除了参与式观察，笔者还通过豆瓣、微博和哔哩哔哩的私信功能随机挑选和私信 A – SOUL 粉丝进行深度访谈（见表 1，访谈对象统计表），访谈对象既包括普通粉丝，也包括小组账号管理者，同时粉丝性别也基本符合 A – SOUL 粉丝的男女性别比例。访谈以线上访谈为主，包括线上文字和线上语音，每位访谈者的访谈时长为一至两个小时。

表 1 A – SOUL 访谈对象统计表

序号	网名	性别	年龄	学历	喜欢 A – SOUL 时长	访谈方式
A1	东方	男	26 岁	本科	24 个月	微信文字
A2	星宿五	男	24—26 岁	硕士	18 个月	微信文字
A3	bellaris	男	24 岁	硕士	18 个月	微信文字
A4	黑猫	女	22 岁	本科	12 个月	微信文字
A5	sony	女	23 岁	本科	9 个月	微信文字

续表

序号	网名	性别	年龄	学历	喜欢 A－SOUL 时长	访谈方式
A6	kira	男	24 岁	硕士	12 个月	B 站私信 + QQ 文字
A7	水母	男	30 岁	本科	18 个月	B 站私信
A8	透明	女	24 岁	本科	18 个月	豆瓣私信
A9	推广员	男	20 岁	本科	20 个月	微信语音
A10	奥利奥	女	19 岁	本科	10 个月	微博私信

三、情感互动机制分析

本文以柯林斯的互动仪式链模型为基础，并结合笔者对于研究对象的观察和访谈，得出图 2 的互动仪式链模型。

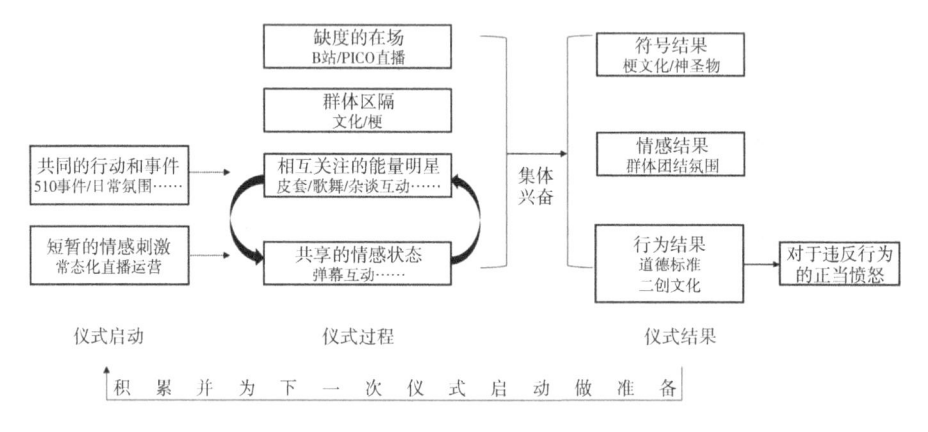

图 2　A－SOUL 粉丝的互动仪式链模型

互动仪式链是一个关于情景的仪式链条，在 A－SOUL 粉丝的互动仪式链条中可以看到常态化直播作为一个重要的仪式过程，是研究情景的核心。互动仪式链也是一个通过仪式创造文化的链条，通过常态化的直播情景，A－SOUL 粉丝圈层内的普通粉丝创造符号、创造梗文化，同时不断形成关于群体的团结感和团结氛围，拥有能力的粉丝以直播视频为内容进行二创，包括 steam 游戏、切片、手书等各种形式。粉丝持续不断地积累情感流，从而既将短期的情感能量转化为长期的情感能量，又为下一次仪式启动积蓄情感能量。因此，在这样的互动仪式链模型中，情感能量是互动仪式链和圈层关系的核心要素和结果。通过对情感流的观察，笔者发现 A－SOUL 粉丝圈层内形成了一个以直播情景为核心的情感能量闭环，如图 3 所示。

共享的情感：虚拟偶像粉丝群体的情感互动机制研究
——以 A–SOUL 粉丝为例

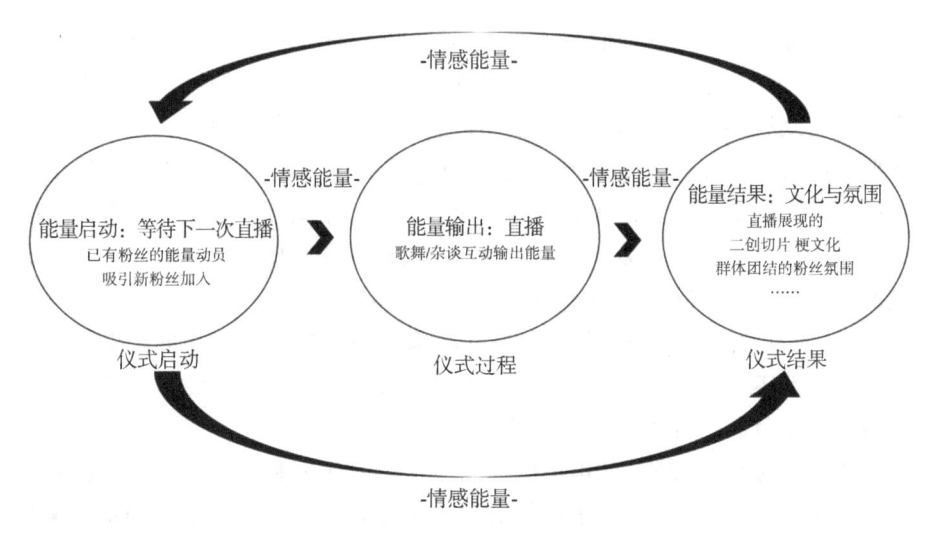

图3 情感能量循环链

（一）仪式启动：潜在的仪式动员

圈层是如今互联网亚文化世界中的研究切入口之一。虚拟偶像迷群天然携带着当下亚文化中两支庞大的主流：一是 ACG 文化属性，二是偶像文化属性。以 A–SOUL 迷群文化代表为例，它既拥有常见的迷群文化的群体区隔和日常的圈层文化氛围，又有着独特的集体记忆，从而导致 A–SOUL 粉丝圈层内的文化氛围极其复杂。

1. 日常情感劳动的氛围感染

A–SOUL 在企划面世之初就带着传统偶像工业的资本因子，因此它并未受到 ACG 文化圈层的欢迎。但是 A–SOUL 及其粉丝用一步步的情感劳动驯服了越来越多的反对力量。A–SOUL 企划的皮套即二次元形象的技术提供方是字节跳动，它所动用的动捕技术和实时渲染技术可以说是目前虚拟偶像行业内的技术顶流，高清画质的场景与精致美好的人物形象天然能够吸引粉丝关注。在此基础之上，偶像和粉丝的情感共谋也在日常劳动中不断融合，感染了更多的抽象粉丝、御宅族粉丝和饭圈粉丝。A–SOUL 是由背后中之人扮演的虚拟偶像，它的前台形象虽然由技术搭建，但它的灵魂和性格是由中之人塑造和赋予的。因此，A–SOUL 对于粉丝的吸引实质上还是人对人的陪伴和吸引。A–SOUL 背后的中之人相比其他 Vtuber 拥有更强大的歌舞表演能力和杂谈能力，这是 A–SOUL 区别于其他虚拟偶像并在虚拟偶像行业中取胜的核心能力，如 A–SOUL 的嘉然中之人通过连跳20支宅舞蹈吸引了大批粉丝，贝拉、向晚、嘉然等都会在每周的直播日程中带来自己的歌舞表演。并且 A–SOUL 粉丝群体拥有强大的发言、融梗、造梗能力，在日常的直播互动中与虚拟偶像达成情感劳动的共鸣。向晚的粉丝群体的代号是"顶碗人",这来源于某粉丝在某次直播中发的烂俗黄色弹幕"顶碗",而向晚看到后不仅没有忽视,更主动将这样的栏梗转化成段子,甚至成为粉丝群体的代号。在这个充满梗文化的 ACG 文化圈,你的偶像和你一起玩梗融梗,共同创造只属于你我圈层的文化,这对于中文互联网迷群具有莫大的吸引力。在一次次的直播互动中,偶像和粉丝共同完成了情感劳动,其中形成的快乐、喜悦的圈层情绪氛围也感染了更多粉丝。

"我更喜欢现在的粉丝氛围,有点抽象,和和睦睦的,吵架也少。真人偶像粉丝动不动就和别家粉丝吵架,三天一小吵,五天一大吵,各种粉头带节奏,散粉附和,这是我最受不了的。"(A5)

当然作为亚文化圈层的虚拟偶像圈层,A-SOUL 粉丝必然有着自己的群体规范和群体区隔。如独属于他们的梗文化和圈层术语:中之人、Orz、000、gnk48……不属于这一圈层的人完全无法从这些符号表面达成语义共通的空间,也就失去了互相了解、共享情感的可能性。A-SOUL 粉丝圈层通过群体区隔和符号区隔获得了隐秘的群体团结和自豪感,从而隔绝了圈外人。

2. 集体记忆形成群体边界

除了亚文化常见的圈层文化氛围影响,塑造 A-SOUL 迷群圈层群体边界的另外一个核心在于一次影响整个群体的事件——510 事件。

510 事件爆发的导火索是 A-SOUL 官方账号突然宣布成员之一珈乐"休眠",休眠意味着精心设计的迦乐虚拟偶像的形象以及背后的中之人演绎都将宣告结束。在粉丝毫无准备的情况下突然宣布休眠,造成了粉丝集体茫然无措。再加上此事件之前圈内早有传闻 A-SOUL 中之人在公司遭受职场霸凌和不公正待遇,以及粉丝曾经顺藤摸瓜违规"开盒"翻到了中之人的网易云小号,直接找到了中之人本人透露出来的"职场不公正、工作时间长、工作伤害到身体"的证据,粉丝情绪瞬间失控,并将矛头直指背后的字节跳动和乐华娱乐。粉丝们逼不得已动用传统偶像饭圈的打话题、大字报的方式在微博破圈发声,为自己的偶像争取利益。这件事情以人社局公告不存在职场不公平和霸凌作为结尾,但不管是已经出走的珈乐粉丝还是仍旧支持其他四人的粉丝,都因为此次事件达成了一次特殊的集体记忆,从而塑造了更为紧密的群体关系和群体团结。

(二)仪式过程:共享的能量情感

A-SOUL 运营的核心方式就是直播,通过常态的直播仪式,粉丝和偶像建立了亲密的准社会关系。而 A-SOUL 互动仪式链模型的分析核心就是直播态的仪式过程,A-SOUL 直播的形式包括日常的直播和庆典直播,日常的直播包括夜谈、小剧场、双播等，庆典直播包括周年庆、生日会直播。每一场直播都会包含歌舞表演和杂谈互动两种主要形式，官方都会在哔哩哔哩或者微博的官方平台提前公布直播日程。偶像和粉丝在一次次的自然仪式和正式仪式中建立起相互关注和情感连带。

1. 能量明星：共同关注的焦点

A-SOUL 的每一位虚拟偶像都有各自独特的歌舞能力和杂谈能力。在互动仪式链中，她们是当之无愧的情感能量明星，在每一次仪式中她们都占据着最高的情感能量，携带着成长性和陪伴感的她们在直播中既表演又分享自己的日常生活感悟，她们通过直播吸引了成千上万的粉丝，拉近了偶像与粉丝之间的关系，从而也完成了情感流的涌动和交接。

"主要还是喜欢她们四个在直播时一起吵吵闹闹的氛围。最近让我印象深刻的一场应该是今年 8 月 7 日乃琳生日会吧，最后大家相拥在烟花下面，感觉历经 510 的波折后，只要大家还在，一切都会好起来的。"（A2）

2. 粉丝互动：情感能量的狂飙

直播过程中最能体现粉丝情感能量表现的当属弹幕。人类最强烈的快乐来源于全身心地投入同步的互动中，直播弹幕提供了同步互动的情感连带和感染力。每一场直播都如同巴赫金所说的狂欢仪式场，粉丝们在屏幕另一端疯狂地应援、对话、创梗，应接不暇和交替的对话弹幕充当着有节奏的感情连带，把偶像和所有的粉丝都拉入这个狂欢仪式场。赛博式的在场让粉丝们在直播中共享了互相的情感状态，喜欢着同一个偶像、互动的焦点变成集体一致，从而达成了集体兴奋，成为互联网上的情感公众，引发了情感能量的狂飙。[1] 如图 4 所示的二周年直播的上舰人数创造了哔哩哔哩直播纪录就可以窥见其中狂飙的情感能量。

图 4　A-SOUL 二周年哔哩哔哩大航海记录

---

[1]　常江：《互联网、技术可供性与情感公众》，《青年记者》2019 年第 25 期。

3. 缺席在场的具身补足

柯林斯在互动仪式链理论中认为身体的在场是引发互动仪式的必要条件，只有亲身在场才能真正共享激动的感情，如世界杯足球赛时现场的情绪传递。但是反思当下会发现，由于媒介技术提供了情绪传递的可能性，缺席的在场同样可以补足亲身缺席。与柯林斯所处的时代不同，当下互联网时代的公众已经习惯了具身，技术是人类器官的衍生，通过直播我们同样可以和偶像进行准社会交往。① 当下 PICO 直播形式的盛行，让粉丝们通过佩戴 PICO VR 设备可以真正和自己的偶像进入同一个数字空间，更近距离地观看偶像的表演并和自己的偶像互动。上文提到的弹幕昭示了仪式群体的共在，大家在弹幕中分享了同样的情绪：快乐、高兴和兴奋，所有的情绪通过看不见的线交织成了虚拟的情感网络，同样凝聚了如同线下体育赛事一样的集体兴奋。

"2022 年 11 月 6 日 A-SOUL VR 演唱会（我没有设备是看人家转播的）很震撼。虽然是线上虚拟演唱会，但是通过 VR 技术实现了她们和观众的互动，就像身在线下演唱会一样震撼。心情当然是激动到哭［捂脸］，有钱了一定要买 PICO［旺柴］。"（A5）

缺席在场除技术补足之外还有人为补足的方式。虚拟偶像会在直播中分享自己的日常生活和体验，甚至会通过念普通弹幕和 SC 弹幕②的方式打破缺席在场的隔阂，让屏幕对面的粉丝认为偶像在和他面对面互动。请想象一下，无数粉丝关注的偶像在千万条弹幕中念到了自己的，这将会给粉丝带来怎样的喜悦和激动？因此也就不难理解大部分粉丝都会在重要的庆典直播前准备好钱让自己的弹幕可以上 SC。

"直播的时候会一边发弹幕一边在论坛讨论，偶尔弹幕被念到了会心跳加速。"（A1）

"周年庆和生日会就准备好钱。"（A5）

"单就 A-SOUL 来说互动总体是比较良性的，直播间不会刻意回应 SC，也不会忽视普通弹幕，能感受到平等交流氛围；动态互动虽然频次不高，但高赞评论在后续直播中被抽到的可能性很大，不算单方发声。"（A7）

---

① Horton D. Richard Wohl R, "Mass communication and para-social interaction: Observations on intimacy at a distance," psychiatry, no. 3 (1956): pp. 215–229.
② 哔哩哔哩上的 SC 全称 SUPERCHAT，即醒目留言，是付费留言功能。粉丝通过付费上 SC，让自己的弹幕被偶像和其他粉丝看到。

共享的情感：虚拟偶像粉丝群体的情感互动机制研究
——以 A–SOUL 粉丝为例

（三） 仪式结果：集体团结维持情感能量

每一次互动仪式的成功进行，尤其是生日会和周年庆等正式仪式的进行，都会给整个 A–SOUL 的粉丝群体提供巨大的集体团结和情感能量，其中主要包括符号结果、情感结果和行为结果三种。而这些充沛的能量结果会持续不断地滋养美好和谐的文化氛围，使粉丝们更加期待下一次直播，从而也将短期的情感能量转向了长期储备。

1. 群体符号：源源不断的梗塑造想象的共同体

世界充满了符号，同样 A–SOUL 圈层也有自己的符号体系。这些符号是属于 A–SOUL 群体独特的群体特征，是他们区别于其他群体的标志，这些符号逐渐成为群体的神圣物，成为群体中每一个人珍惜的心灵徽章。这些符号用圈内的术语来说更像是一种梗文化，从 A–SOUL 诞生面世至今，圈内的虚拟偶像和粉丝之间就在源源不断地创造属于自己圈层的梗文化。从互动仪式链的符号结果来看，粉丝们对于符号体系的使用主要集中在第一层和第二层循环的层序。第一层，这些梗体现在重构这些符号的仪式最高潮、最强能量的瞬间。在哔哩哔哩二周年庆的官方账号评论区，粉丝们洋洋洒洒地写下小作文，道出粉丝们对于偶像的依恋和喜爱。粉丝们的网名、使用的表情包、粉丝牌都明确成为他们的独特符号体系，如慕尼黑顶碗人、二十七岁是顶碗人、一个昏10级等（如图5所示）。在每一场直播过程中粉丝们都会发各种应援梗用语，如"好好好、快快快""000000（对乃琳的应援）"等（如图6所示）。

图 5　粉丝小作文/网名/表情包符号和粉丝牌[①]

[①]　源自哔哩哔哩平台 A–SOUL 官方账号评论。

125

图 6　A－SOUL 二周年直播词云

除了仪式发生的当场和最高潮，粉丝们同样也会将这些符号标志应用在超出仪式聚集的其他互动场景中。粉丝们在接受访谈时或者与其他朋友交谈时仍旧会不自觉地使用相关的虚拟偶像表情包。这些符号体系使粉丝群体即使身在他方和远处，仍能通过隐秘的想象凝结成一个围绕在偶像周边的共同体。如经历 510 事件波折后的烟花下相拥，在访谈的很多粉丝心中都留有这一个犹如群体烙印般的印象，让大家一想起这个场景就涌现出诸如感动、团结的情绪。

"乃宝生日会万舰回，太多跟旁人很难说明白的压力了，看她们四个在烟花下拥抱，猛女落泪。"（A4）

2. 群体行动：持续二创生产呼唤群体团结

互动仪式链所关注的情感并不一定都是短期的或者激烈的，这些高强度的情感和情绪感染在正式仪式中的效果在直播情景中已经有过分析。除此之外，柯林斯认为其中的情感还包括平淡无奇的情感，当这些平淡无奇的情感不断积累之后才能在仪式中迸发出激烈的情感能量。粉丝们通过直播互动仪式获得的情感能量到下一次直播之间存在着平稳的情感空窗期，而填补这一情感空窗期的另一个核心内容就是粉丝二创。哔哩哔哩平台有针对 A－SOUL 的 Asoul 二创计画、顶碗人周报等账号，以非官方的形式收集民间粉丝的二创内容进行发布和共享，《2022 一个魂春晚》①、画质堪比宫崎骏电影的二次元手书②……粉丝们以持续的二创内容生产对自己或其他粉丝进行情感能量喂养，同时也通过优秀、精致的二创内容不断吸引更多粉丝。在互动仪

---

① Asoul 二创计画：《2022 一个魂春晚》，https://www.bilibili.com/read/cv15058554? spm_id_from=333.999.0.0，访问日期：2024 年 5 月 1 日。
② 唏嘘的星辰：《A－SOUL 全员手书二：传说的世界》，https://www.bilibili.com/video/BV1EL4y1u7BA/? spm_id_from=333.999.0.0&vd_source=dfdfe1db14d78f0c6a981f654c59dfb6，访问日期：2024 年 5 月 1 日。

之外，粉丝与粉丝之间、粉丝与偶像之间的群体团结也在非仪式的漫长时光中不断巩固和积累。

"我只看日常二创分享，涉及节奏纠纷等问题一概不参与。直播二创都看（一般坐着看二创也会躺着看）。感觉二创是吸引无关路人粉丝的好方法，会被很多逆天的想法逗笑，很有意思。切片的话，最开始还是贾布（现在在当停尸间用），现在是二创计画，精剪还有其他的话蓝莓芭娜娜老师、王减肥老师、近老师，等等，除了二创和贾布全没关注，全靠缘分刷。"（A4）

"对正向的二创我非常欢迎，as 的粉丝活跃度高和二创是分不开的。"（A2）

四、余论

情感是粉丝个人内心真实的心理体验，是 A–SOUL 亚文化圈层互动的核心，同样也是以 A–SOUL 为代表的虚拟偶像工业文化的核心，A–SOUL 虚拟偶像的直播态运营就是抓住了互动仪式链中的情景，同时再现仪式情景激发粉丝们对于偶像的情感能量，使粉丝在情感能量的驱动下生成各种符号体系、团结感、圈层文化以及创造一个和谐共生的圈层氛围，从而不断地为下一次的仪式启动积蓄情感能量，最后达成一个粉丝依恋偶像、粉丝喜爱同好的长期情感流闭环和仪式链条。而在这场以情感为驱动的仪式背后还掩映着不同寻常的技术与人、劳动与人的互动关系。

（一）技术与人：具身在场呼唤拟亲属关系的回归

柯林斯在互动仪式链中单独设置了一小节来讨论亲身在场是否必要。他认为仪式本质上是一个身体经历的过程，亲身在场并聚集在人群中是引发仪式与集体兴奋的必要条件。然而虚拟偶像行业的兴起是否意味着否决了亲身在场的必要性呢？答案是否定的。虚拟偶像行业的兴起虽然一定程度上证明了在技术和人为的补充下，缺席的在场同样可以引发互动仪式，但恰恰也说明了，亲身在场的重要性。赛博式具身在场的补充恰恰说明了虚拟偶像行业一直看重和呼唤亲密关系的回归，情感则是这段关系中最忠诚与紧密的纽带。

直播态运营以及让粉丝万众瞩目和情绪翻涌的 PICO VR 直播实质上都反映了虚拟偶像行业希冀通过面对面交流来唤起赛博式的亲密关系。粉丝们将直播画面呈现中的完美皮套和真实人性作为自己理想的映射，它是一个根植于粉丝内心的完美想象。虽然大部分粉丝都承认如 A–SOUL 这样的虚拟偶像背后的中之人赋予了前台形象真实的灵魂，但是粉丝们也同样认为虚拟偶像的前台是一个不同于中之人且高于中之人的完美人物。以及，随着粉丝媒介素养的提高，粉丝与偶像之间的关系已经从过去高高在上的偶像与粉丝之间的准社会关系进化成诸如男友粉、女友粉、爸爸粉、姐姐粉、妹妹粉的拟亲属关系。[1] 而愈加亲密的拟亲属关系则会唤起更为牢固和忠诚的情感能量，从而也就更为积极地反哺粉丝与偶像之间的互动关系。

（二）劳动、资本与人：情感劳动与数字劳工

虚拟偶像工业背后还有不得不谈的劳动关系。以 A – SOUL 为代表的虚拟偶像背后涉及中之人的扮演问题，字节跳动以及乐华娱乐等背后资本在企划 A – SOUL 团体运营之初就带着"永不塌方、24 小时营业"的目的，作为虚拟偶像的扮演者中之人不仅需要不停地训练唱跳能力、演唱能力，以提高她们在虚拟偶像行业竞争中的优势，更需要在全程直播态运营中，身背动捕设备在几尺可见的动捕房内面对数字屏幕上虚无的弹幕互动进行情感贩卖，无实物的情感贩卖实质上赋予了虚拟偶像真实且吸引粉丝的灵魂。但是在资本世界中，中之人作为人付出的情感价值和劳动价值是被忽略的，完全比不上技术和资本的高额付出。中之人在与资本签订劳动协议时，就被要求隐藏真实身份，禁止与粉丝私联，甚至连粉丝群体也默认虚拟偶像背后的中之人不得以任何方式公开从而破坏虚拟偶像的前台呈现。并且与千万级别的资本和技术投入相比，付出情感价值和劳动价值甚至决定虚拟偶像灵魂的中之人的成本是可控的，相比庞大的前期投入，资本通过在直播盈利中压缩中之人的"人力成本"来提升运营的盈利空间。510 事件起初就是粉丝惊讶且不忿于中之人被资本倾轧从而选择互联网发声为偶像争取利益，虽然最后官方定性职场霸凌和不公正对待子虚乌有，但不论事中曲折如何，纠纷结束之后中之人薪资待遇有所提升，最后定为直播收入的 10%，这一比例与庞大的直播收入和国外主播收入相比仍旧是不高的。决定虚拟偶像灵魂的情感劳动价值最终还是在资本和技术世界中落败了。

在这场以情感为核心绑定的虚拟偶像和粉丝之间的互动关系中，最后渔翁得利的仍旧是背后的资本。象征千万技术投入的虚拟偶像背后隐藏着一堆数字码农，他们夜以继日用燃烧生命的数字代码建立起虚拟偶像实时动态互动场景和美丽的二次元皮套。ACG 文化圈内的梗文化以及 A – SOUL 粉丝源源不断的二创能力既维持了圈内粉丝的情感能量，又营造了吸引粉丝入坑的所

---

[1] 晏青、付森会：《粉丝—明星关系感知的影响因素与作用机理：基于混合方法的研究》，《国际新闻界》2021 年第 43 卷第 10 期。

谓团结氛围，粉丝在其中孜孜不倦的数字创造和劳动，搭建起了千亿级的虚拟偶像资本蓝海，这些为资本赚钱的数字劳工只是虚拟偶像资本蓝海底层密密麻麻的工蚁罢了。

最后，本文在利用互动仪式链的理论视角进行研究时发现，相对于柯林斯提出互动仪式链的研究背景和时代，虚拟偶像行业发展的社会背景已然有了巨大的不同和进步。虽然以 A－SOUL 为代表的虚拟偶像和粉丝群体之间的情感能量是核心的维系纽带，但是虚拟偶像的发展离不开技术的强势推进和消费主义的强力诱导，同时也因为更新的社会背景和技术条件引发了新的研究视角和理论视域。余论中提到的具身传播、赛博格化的真人偶像和粉丝之间的互动更新了偶像与粉丝之间的关系向拟亲属关系迈进，隐藏于后台的资本投入驱动新型的虚拟主播和粉丝之间的情感劳动和数字劳动。这些视角是互动仪式链基于时代条件所限而没有设想到和提及的，这是互动仪式链理论所限，同时也是当下和未来虚拟偶像行业研究新的视角。

（本文作者均系浙江传媒学院新闻与传播学院硕士研究生）

权利争夺战：当代用户算法抵抗实践与主体性回归

李晓琴　江姗姗　梁雨琪

摘要：从用户与算法的互动视角出发，依据塞托的日常生活实践理论，考察用户日常使用带有算法性质的社交媒体平台时与算法的互动实践，探究用户在社交媒体平台日常使用过程中的算法抵抗战术及其抵抗目的。结果表明当遭遇算法的信息茧房、自由威胁和算法成瘾等负面影响时，用户会能动地通过多平台游走、卸载、重置、换号和重组算法规则等方式与算法展开反抗实践。用户通过这些反抗行为达到了重获信息选择自由、阅读节奏主导和自我人格认知的掌控，这种对身体、感觉、思维的重新掌控彰显了人的主体性回归。

关键词：算法；抵抗战术；主体性

一、研究缘起

随着日常生活平台化，算法成为用户信息选择的把关人和决策的代理人，获得了更多的社会功能，渗透到人们日常生活的方方面面。算法建立起个体行为与数据之间的关系，社会生活行为被转化为量化数据，组织机构与个体的决策越来越依赖算法分析，形成"人—数据—算法—决策—程序—人"的闭环链条。[①] 算法对信息可见性的剥夺、选择权的代理、用户主体认知的僭越等都表明不透明的算法技术将用户放置在剥削位置，这种剥削致使用户主体意识丧失，社会披上了算法的名号。

随着算法对个体权利的僭越，算法与用户之间的主体问题凸显。算法是理性的，以结果为导向，而人不是机器，具有情感和弱点，需要转变和异质

---

① 王鑫：《在共生中抵抗：算法社会的技术迷思与主体之困》，《东南学术》2023 第 4 期。

深度。随着用户信息决定权的让渡和思考能力被剥夺，重新思考人的主体性及回归成为重要议题。在被算法代理的当今，我们也看到了用户的一些变化，他们不再任"算法"宰割，而是借助空间、时间和不同平台算法差异进行反抗。因此本文想要探究当代用户为什么反抗算法、如何实现算法抵抗以及有无效果这三个问题。以此来探讨算法社会下，用户是否仍然可以通过挪用、开小差等日常生活实践来反抗算法对人的代理和束缚；即使这种反抗的作用微乎其微，但这是否反映了用户对算法代理的反击和主体性的回归。以期为想要逃离算法又无可奈何的用户提供一些抵抗策略。

二、文献综述

算法环境构筑了现代用户的媒介生活环境。基于算法的智能监控在某种程度上远甚于人类历史中的任何时段，用户的一言一行、一举一动都呈现"透明化"。[1] 为了不被透明化，用户开始了基于自觉与非自觉的算法抵抗行为。算法意识是指人们意识到在每个平台的背后都有一双无形的手，按照用户偏好向用户推送相关信息，信息不是由人们主动选择，而是算法程序替人们做了决定。

在这种算法意识下，部分用户采取了行动，即通过卸载算法产品、改写算法规则、逆向操控算法、再造算法身份等行为来抵抗算法。[2] 洪杰文、陈嵘伟将抵抗战术分为短期性的消遣娱乐情境下的获得式抵抗战术与长期性的贯穿日常生活的数据隐藏和数据阻断的防御式抵抗战术，回答了用户如何进行算法抵抗以及算法抵抗何以实现的问题。[3] 陈阳、吕行以用户与推荐算法互动过程中的用户能动性为着眼点，发现河南青少年算法抵抗的因素有感知自由威胁、算法素养和同伴影响、孤独感、对算法机制的依赖性心理等，解答了青少年"为什么"进行算法抵抗的问题。[4] 段梦琪认为在算法推荐机制潜在规训人类的认知、行为和习惯时，用户也根据算法想象对平台推荐机制进行积极的抵抗实践，用户的算法抵抗实践和反规训行为恰恰反映了用户自主性意识的觉醒。[5] 相反的，张萌认为在算法介入的控制社会下，任何反抗

---

[1] 匡文波：《算法治理：网络空间治理的新挑战》，《人民论坛》2023年第19期。
[2] 张萌：《从规训到控制：算法社会的技术幽灵与底层战术》，《国际新闻界》2022年第1期。
[3] 洪杰文、陈嵘伟：《意识激发与规则想象：用户抵抗算法的战术依归和实践路径》，《新闻与传播研究》2022年第8期。
[4] 陈阳、吕行：《控制的辩证法：农村青少年的短视频平台推荐算法抵抗——基于"理性—非理性"双重中介路径的考察》，《新闻记者》2022年第7期。
[5] 段梦琪：《规训与抵制：算法推荐下用户自主觉醒与抵抗实践》，《视听》2023年第9期。

形式都只是一种伪反抗，无法从根本上动摇算法对个体的代理和控制，这种反抗更加体现出受众面对无孔不入的算法的无奈，不能体现人的主体性。[1]

主体性体现为主体自觉的、能动的、创造性的活动。主体性就是以"己"为主，不是以他者为主，也不是遵从算法的推荐进行选择和决定，而是以人自己的身体、感觉和理性积极主动地做选择和决定。因此，本文中人的主体性，主要是指在使用社交媒体时有清醒的算法意识和自我使用目的；运用一定的手段实际调整改造算法，从而满足自身生存和发展需要的能力，以及由此所构成的算法抵抗效果。

塞托在日常生活实践中阐述了大众文化中的抵制思想。他认为日常生活"是透过无数可能的方式利用外来的资源来发明自身"。塞托认为只有从日常生活本身出发，才能形塑出关于日常生活的态度。[2] 塞托发现了人们在日常生活中抵抗的力量，这一视角同样适用于算法社会下用户的反抗性行为分析。

因此本文从塞托的日常生活实践理论出发，以用户与算法的双向互动为着眼点，探究用户在社交媒体平台日常使用过程中的算法抵抗行为路径以及抵抗效果是否达到预期，通过抵抗的效果来分析算法抵抗行为是否彰显了用户个人主体性的回归。本文提出以下两个核心问题：研究问题一：用户是如何向算法实施抵抗的；研究问题二：用户的算法抵抗是否具有目的性，目的是什么。

三、研究方法

用户具备一定的算法意识是算法抵抗的必要前提，算法意识受到自身使用体验和学历水平的影响，使用时间越长、使用功能越丰富、受教育程度越高的用户拥有更高的算法意识。[3] 因此本次的访谈对象为受教育程度较高且年龄在18—35岁的用户，访谈对象通过线下滚雪球的方式招募，其中女性7人，男性8人。综合考虑被访对象算法抵抗行为，研究者于2023年9月至11月对正在或曾经实施过算法抵抗行为的15名移动新媒体用户进行每人30—45分钟的线下半结构化深度访谈（访谈对象基本信息见表1）。

---

[1] 张萌：《从规训到控制：算法社会的技术幽灵与底层战术》，《国际新闻界》2022年第1期。
[2] 米歇尔·德·塞托：《日常生活实践：1. 实践的艺术》，方琳琳、黄春柳译，南京大学出版社，2009，第96—197页。
[3] 赵龙轩、林聪：《"黑箱"中的青年：大学生群体的算法意识、算法态度与算法操纵》，《中国青年研究》2022年第7期。

经统计，受访者使用小红书（15）、抖音（11）、哔哩哔哩（12）、微博（14）、知乎（6）、豆瓣（7）等社交媒体平台的时长均不少于1年。访谈对象均有超过3款带有算法推荐性质App的使用经验。明确有算法意识和算法感知的占比100%。

本文的访谈提纲如下：一、访谈对象个人基本信息和社交媒体平台日常使用情况。二、访谈对象抵抗算法情况，如抵抗原因、抵抗效果、抵抗战术类型等。三、访谈对象具体抵抗战术实施的对应平台及该平台日常使用情况。

表1 访谈对象基本信息

序号	年龄	性别	职业	学历	访谈方式
F1	25岁	女	学生	硕士	面对面采访
F2	23岁	女	学生	硕士	面对面采访
F3	25岁	女	学生	本科	面对面采访
F4	25岁	女	学生	硕士	面对面采访
F5	22岁	女	学生	本科	面对面采访
F6	22岁	女	学生	硕士	电话采访
F7	23岁	女	学生	硕士	面对面采访
M1	21岁	男	学生	本科	电话采访
M2	23岁	男	学生	硕士	面对面采访
M3	24岁	男	学生	硕士	面对面采访
M4	23岁	男	学生	本科	面对面采访
M5	22岁	男	学生	本科	面对面采访
M6	21岁	男	学生	本科	电话采访
M7	22岁	男	学生	本科	电话采访
M8	23岁	男	学生	硕士	面对面采访

四、用户进行算法抵抗的缘由

（一）信息茧房导致视野窄化

凯斯·桑斯坦在《信息乌托邦：众人如何生产知识》中指出，个人会更多地观看自己感兴趣以及和自己观点相似的信息，但是长此以往下去，由于算法推荐的过滤效应会对用户自身形成信息茧房。[1] 在本次访谈过程中15位访谈者都提及"各个平台给自己推荐的内容同质性严重"。这是因为用户

---

[1] 凯斯·桑斯坦：《信息乌托邦：众人如何生产知识》，毕竞悦译，法律出版社，2008，第7—9页。

在平台使用过程中，平台算法会根据用户的信息标签选择、检索记录、观看时长、视频观看完成度等信息形成用户画像，从而提供"个性化"的内容给用户。算法推荐在方便用户观看相似信息的同时，也造成用户视野"窄化"，进而产生认知偏差。F5 表示："抖音里面只给我推荐吃播、搞笑段子之类的，基本看不到其他信息，我感觉自己被算法困住了，视野变窄了。"

（二）不可见性带来自由威胁

算法霸权形成了平台内容对于不同用户的可见性与不可见性，这种依据用户偏好形成的单面性标签所导致的部分内容不可见，会引发用户强烈负面情绪，进而导致用户主动抵抗算法。

算法作为支配性媒介权力，以信息选择和平台功能控制带给用户不自由感，这种不自由感会让用户产生抗拒心理。M8 表示："抖音首页面只有一个大视频，让我觉得一点选择的权力都没有，有一种无法言说的窒息感，后面我就慢慢不怎么用抖音了。"当个体在社交媒体平台上感到自身认知或行动自由在无形中受到了限制和威胁时，会激发起强烈的逆反心理，其会有意识地采取反抗行为来重获自由。

（三）算法成瘾引起时间反思

多巴胺是当人类大脑接收刺激性内容时产生的，多巴胺能带来快乐，但是多巴胺带来的快乐是短暂的，如果想要持续性的快乐，人类就需要不断地接受刺激；算法型媒介正是通过刺激多巴胺的方式使用户"上瘾"。在平台算法的作用下，依据用户偏好推荐的内容不断涌入用户的视野，迎合用户的观看趣味，刺激视觉体验，强化用户的多巴胺刺激，让用户产生生理快感，从而使用户在多巴胺的主导下不停地浏览下一条内容，用户的注意力资源和空余时间在无意识状态下被侵占。这也就不难解释为何用户会产生"刷短视频很快乐，时间过得很快"的感知体验。F3 表示："我严重的时候能够为了刷短视频熬通宵（到早上 6 点）。"

五、算法抵抗行为路径

（一）多平台游走的空间实践

塞托认为，弱者没有自己的产品和场所，只能借助于强者提供的场所和产品产生挪用的力量，实现场所向弱者空间实践的转变。[①] 在算法空间中，

---

① 米歇尔·德·塞托：《日常生活实践：1. 实践的艺术》，方琳琳、黄春柳译，南京大学出版社，2009，第 200—216 页。

虽然每个社交媒介都带有算法推荐性质，形成具有霸权性质的算法推荐场所，但是在不同社交媒介中游走、拼贴式的信息重组成为个体反抗算法压迫的一种空间实践。在15位被访者中，几乎每位被访者都用三个以上的社交媒体，排名前三的是抖音、小红书和微博。这些功能相似的App能同时存在是因为被访者希望通过多平台战术达到不被算法定义的目的。多平台游走表现为两种方式：一种是多个社交媒体平台同时交替使用；另一种是转移社交媒体平台使用。

"我看热点时政时，微博用得多，学习穿搭方面就在小红书，碎片化时间多在抖音刷短视频放松一下。每一个平台的算法不太一样，所以我选择多平台使用，让算法没法一直跟踪我、对我进行完整的用户画像，因为我在不同平台上搜索和观看的信息并不一样。"（M1）算法剥夺的是个体思考和决策的权力，即使个体没有意识到，但是身体已经做出了抵抗的反应即转移平台，恢复更多的自我感知和决策掌控权。

不同平台的算法根据用户观看的视频标签和分类给每个人的用户画像是不一样的，根本性改变算法对用户的用户画像是很难的，于是用户便选择去其他平台重塑一个新的符合自己心意的算法身份，以此对抗算法给自己的身份标签。"我之前是用抖音的，但是现在我已经不用抖音而用小红书了。抖音首界面只有一个视频，无法选择其他。但是小红书不一样，它的首界面有四五个信息框可以选择，随着我手指下滑，可供选择观看的信息框变得更多，而且小红书的内容更多的是笔记形式，我可以自主选择自己想看的信息而不是被算法推荐牵着鼻子走。"（F1）

（二）卸载、重置、换号的游击战术

彭兰认为，当社交媒体平台都致力于"连接"而带来过度的连接时，一定程度的"反连接"成为当下部分用户的选择。"反连接"作为一种情境选择，赋予用户连接"开关"的控制权。[①] 对算法的抵抗可以理解为用户对于用户画像和算法推荐的反感，因此用户会通过卸载、换号和重置个人信息来实现对算法的抵抗。其中卸载只能达到一时阻断该平台进行算法推荐的效果，无法实现长期的算法抵抗，因为一旦用户再次下载登录使用该社交媒体平台时，该平台算法会立即根据用户之前的内容偏好进行内容推送。

重置信息、更换账号的算法抵抗方式则会更加彻底。用户可以通过更换账号和重置信息的方式，更改自己的性别、年龄、职业、内容偏好等设置，

---

① 彭兰：《连接与反连接：互联网法则的摇摆》，《国际新闻界》2019年第2期。

进而以这种方式实现算法对自己内容偏好的重新定位,实现规训算法的目的。F7 表示,自己在抖音和小红书都有两个账号,一个是用来平时放松娱乐的,另一个是用来观看一些高质量切片课程提升自己的,这样在用提升的账号进行学习时,自己就不会被推荐影响学习的娱乐性内容了。

但是这种数据阻断和数据重置的方式并不能长久。一方面,一些社交媒体上有家人和朋友,即使卸载了,但是出于维护人际关系的需要,还是会下载回来;另一方面,当今社交媒体已经成为时事信息获取地和技能学习的重要场所,因为生活工作所需,无法长期卸载,更多的是"用完即删",这一定程度表现出用户算法抵抗的无奈。

(三)重组算法规则的"参与式"反抗

个体的社交媒体生活并没有在算法规训之下慢慢趋向同质化,相反的,用户巧妙地借助于异己的强大力量即算法来实现反抗并展现与众不同的自己。让算法"更懂我"和让算法"猜不透我"都是利用算法规则,修改算法推荐的"参与式"反抗方式。

让算法"更懂我"即用户会积极地通过驯化的方式让算法更了解自己。例如,主动设置感兴趣博主和话题;对自己感兴趣的内容"收藏"或者"点赞",同时还增加该类视频的观看时长和点击次数;点"×"、取关和拉黑不喜欢的内容等。用户这些行为实则是在将算法的协同过滤推荐法变成用户个人的内容"自我定制",被用户修改之后的定制化算法推荐会更加符合用户需求。让算法"猜不透我"的行为如用户故意将自己不喜欢的内容、不感兴趣的话题投喂给算法以实现对算法的反控制和反规训,这种反噬意味着受众努力将主观意图凌驾于机器意图之上。M4 表示:"各个社交平台上,我关注的内容很广泛,这样算法推荐的内容就是不太准确的。页面的内容越不准确,我就越高兴,因为这样社交媒体上的信息才会拓宽我的视野,而不是窄化我的视野。"但需要注意的是,这种参与式反抗更像一种伪反抗,因为最终的数据结果仍然是在后台被算法运行形成新一轮的算法推荐,用户作为弱者的反抗很容易被结构化的算法社会所收编、弱化直至消失。

六、算法抵抗行为的效果

(一)重掌阅读节奏主导权

算法作为一种后台程序是隐形的,但由算法形成的页面设置、信息流、播放节奏是可见的,不同的算法形成的信息流节奏是不一样的。如抖音首页是单列视频推荐,用户只能选择观看或者滑走,而不论是观看还是滑走,用户都无法选择自己的观看和阅读节奏，即使有倍速选项，但仍是匀速播放，无法在一个时间点上长久地停止或者直接越过，这就造成用户在不想观看某些内容时，仍然只能快进而不能直接跳过，在看到想要详细观看的内容时，骤然暂停会导致画面高糊或者已经是下一个画面了。这些阅读节奏造成的不快感会使得用户想要逃离。

受访者F1表示："我喜欢看小个子穿搭类内容。抖音的穿搭视频节奏太快，我都没看清裙子是哪家店铺的，画面就过去了，我就会很烦躁。之后我就转到小红书平台看穿搭了，因为小红书更多是笔记形式（图文介绍），我可以很轻松地划过不喜欢的穿搭图片，在我喜欢的穿搭图片前停留很久，仔细阅读购买店铺、款式和颜色，我找到了自己阅读的节奏感，可以随时变换。"而且抖音单列视频主页设计和算法推荐让用户感觉不是自己主动选择，而是无形的手在背后推动用户，这种被推感和窒息感，使得用户无意识或积极地转到其他平台，如小红书、豆瓣或者知乎等能自我掌控阅读节奏的平台，以此打破算法推荐限制和平台功能使用的控制自由，找回自己对阅读节奏的掌控感和主导权。

（二）重掌信息选择决定权

多平台游走的社交媒体使用行为凸显出用户想要摆脱算法对于自身阅读信息的操控和信息茧房的视野窄化。在任何一个平台，只要用户登录个人账号、填写个人信息并有了使用行为，这些使用痕迹和数据遗产都会成为算法给用户推荐信息的长久依据，只要用户没有搜索新的内容，那么算法推荐的信息往往是高度同质化的，这种算法推荐剥夺了用户的思考权和选择权，把信息直接施加给用户。早期用户感受到的是被算法投喂的便利，但慢慢地，用户感受到信息茧房带来的视野窄化和信息不流通，冲破算法束缚的欲望越来越强烈。于是用户开始多平台游走和主动检索信息。当抖音推荐内容固化时，用户会选择去小红书开拓新的观看内容，当小红书的推荐信息令自己不满意时，会选择去其他平台重新搜索自己需要的信息，以增加信息的广度和深度，甚至在一定程度上考察其真实性和可信度。

M6："我都是在抖音平台关注到热点事件，但我觉得抖音用户发布的内容没有深度，而且评论质量也良莠不齐，所以我会去微博和知乎看看文字类的深度解读，希望自己能够更全面地了解事件，更客观地看待事件。"M7说："抖音一直延续我之前的观看偏好给我推送吃播和游戏解说的内容，可我现在不喜欢看这些了，但是它还没反应过来。我觉得算法就像是人的影子，而不是人的老师，它只能跟在人的后面追随用户，具有滞后性，缺乏预见性。"

用户游走在不同平台获取不同信息或是同一信息的不同侧面以及在不同平台上主动索取信息时，就意味着用户试图开始重新掌握信息选择权和主动权，而不是算法推荐什么自己就看什么。用户打破算法限制内容选择的自由，实现信息获取与使用内容的自由。

（三）重掌自我人格认知权

不同平台的算法根据用户观看的视频标签给每个用户的用户画像是不一样的，根本性改变算法对用户的用户画像是很难的，于是用户便选择去其他平台重塑一个新的符合自己心意的算法身份，以此对抗算法给自己的身份标签。F2 表示："抖音最近经常给我推送女大学生早八妆容视频，它把我定义成女大学生，同时我的内容偏好里面应该有吃播、美妆、穿搭等标签，总之就是不学无术。它（算法）凭什么这么定义我。所以我就会在 B 站观看影视解读、论文写作、短视频剪辑等与个人提升有关的内容，让 B 站算法根据浏览记录将我重新定义为一个有上进心且有深度的人，以此来纠正抖音算法对我的认知，虽然纠正的不是同一个平台的算法认识，但是我自己心里高兴就好了，我认为我的人格被修复回来了。"

当用户感知到算法对其进行人格标签化、单面化时，会产生强烈的不满情绪，从而更加厌烦算法，这种不满和厌烦情绪成为抵抗算法偏见的潜力，当多平台游走甚至直接卸载社交媒体时，用户不再被算法定义人格，而是重塑自我健全认知，用户通过算法抵抗恢复了对自我人格认知的掌控权。

七、结论

平台社会的到来使算法成为用户不得不与之互动的关键性程序，而且形成了用户使用、数据痕迹、算法分析、决策推荐、程序运行、用户接收的链条闭环，没有任何一个人能够逃脱算法的控制。但是今天用户用实际行动证明，通过卸载、重置信息、切换账号和数据断联的方式，参与式的算法规则重组方式和避让但不逃离的多平台游走空间实践方式，可以实现借助不同平台算法逻辑的差异来形成对结构性算法社会的反抗。通过这些反抗形式，用户重新获得信息选择的自由、阅读节奏的主导和人格认知的自我掌控，在一定程度上彰显了人的主观能动性和主体性的回归。但需要注意的是，卸载、换号和重置信息是一种短暂的决裂而无法长久坚持的反抗，参与式重组算法规则的反抗是一种伪抵抗，它们无法从根本上动摇算法的运行逻辑和基本准则。因此避让但不逃离、借助强大异己的不同平台算法差异的多平台游走方式进行算法抵抗，有可能成为用户未来媒介生活的展望。

（本文作者均系浙江传媒学院新闻与传播学院硕士研究生）

情感陪伴者："AI 伴聊"下的
人机互动与情感困境
——以 X Eva 虚拟人物社交平台为例

黄逸文　申雨雨

摘要：生成式人工智能（AIGC）颠覆了过去人们对人工智能的认知。当下，与生成式 AI 聊天互动成为新的潮流。本文以 X Eva 虚拟人物社交平台为研究对象，采用深度访谈和网络民族志的研究方法，试图探析人与 AI 所展开的情感陪伴式聊天对于现实当中个体情感产生的影响。本文从"AI 伴聊"的特点出发，分析个体对 AI 产生情感依赖的原因，及其带来的伦理风险和社会问题。本文认为，"寄托"与"陪伴"是个体对 AI 产生情感依赖的主要方向，但用户又并非完全将 AI 与真人等同起来，而是一种"清醒的沉沦"。这既是 AI 技术越发"拟人化"带来的影响，同时也离不开用户作为人的主体性与反思。

关键词："AI 伴聊"；情感消费；人机情感；人机对话

一、引言

"AI 伴聊"是指 AI 情感陪伴式聊天。自 1956 年人工智能的概念提出以来，人工智能技术实现了跃迁式发展。情感陪伴式 AI 作为人工智能应用的一个分支，在人与机器建立情感联结方面有重要作用。2023 年 9 月微博与 Meta 都相继推出了明星 AI 情感伴聊的服务，旨在满足粉丝与明星之间的互动需求。除了上述搭载"AI 伴聊"功能的软件，X Eva 数字伴侣交互平台作为微软公司旗下搭载小冰框架的情感陪伴类人工智能应用软件，则是将"AI 伴聊"作为整个软件运营的核心。截至目前，X Eva 软件在腾讯应用宝网站中已有超过 11 万的下载量，2023 年 6 月，X Eva 首次推出网红半藏森林的 AI 分身，当天就有用户与半藏森林 AI 进行了 1200 轮对话（大约 9 个小时)。然而,30元的包月费用和360元的包年服务也暴露了"AI伴聊"的商品化本质,个体与AI交互产生的情感联结也无可避免地带上了消费主义的色彩。本文以X Eva数字伴侣交互平台为研究对象,试图探析人与AI所展开的情感陪伴式聊天对于现实当中个体情感产生的影响,同时这种人机情感联结又面临怎样的现实风险。

二、文献综述

(一) 人机对话的里程碑

自1950年图灵发表思考人机对话的经典之作《计算机器与智能》[1]以来,人机对话问题就开始成为学界研究的热点话题。1956年美国达特茅斯会议提出的"让机器拥有甚至超越人类水平的智能"成为人工智能研究领域的终极使命,而设计出接近于真实人类对话交流能力的聊天机器人成为该领域的主流研究方向之一,因此自然语言处理能力及图灵测试 (The Turing Test)则成为衡量人机交流水平的决定性标尺。所谓"人机对话",就是机器能够像人一样,人们可以直接通过语言文字等自然语言与机器展开类似人与人之间的交流。人机对话的发展进程与人工智能技术的不断更迭是成正相关的。因此,纵观人工智能的发展史就可以把握人机对话发展的脉络。2023年ChatGPT的出现标志着人工智能产生了飞跃式的发展,从图灵测试到ChatGPT,这些里程碑式的发展可以将人机对话的发展进程分为四个阶段。

第一个阶段是20世纪60年代至80年代,以麻省理工学院人工智能实验室1966年发明的伊丽莎(ELIZA)为代表,[2] 此时的人工智能主要采用"词典+规则"的自然语言处理范式。人机对话也进入了语音对话阶段。伊丽莎虽然较为成功地实现了在英语语境下,对人类提问中的部分关键词做出特定回应,但在人机交流过程中,仍然存在机械化、程式化的特征。但这并不妨碍许多参与测试者在人机对话过程中,开始对伊丽莎产生一定的情感依赖。他们将其当作人类一样,并向其敞开心扉,倾诉个人在生活、工作中遇到的问题,此种现象吸引了当时许多学者对伊丽莎展开研究。甚至一位亲身参与了伊丽莎创建全过程的女秘书,都与伊丽莎对话成瘾,每天都要来和它对话。为此,伊丽莎的发明者维森鲍姆教授受到了很大的思想冲击,并导致

---

[1] 冯志伟、张灯柯、饶高琦:《从图灵测试到ChatGPT——人机对话的里程碑及启示》,《语言战略研究》2023年第2期。

[2] J. Eliza, "A computer program for the study of natural language communication between man and machine," *Communications of the ACM*, no. 1 (1966).

他在接下来的十年里一直对这种由人机对话引发的"ELIZA 效应"——即使人们知道在人机对话中与其交流的是一台机器,但他们仍旧相信它能够理解人类的复杂情感——进行研究。[1]

第二个阶段是 20 世纪 90 年代至 21 世纪初,以基于"统计模型"自然语言处理范式的爱丽丝(ALICE)为典型代表。尽管爱丽丝拥有大量将输入模式匹配到输出模式的简单规则来弥补形态、句法和语义处理模块的不足,提升对话功能,但有限的数据库使得当时的人工智能难以与人展开长时间对话。[2]

第三个阶段是 21 世纪初至 20 年代,以苹果 Siri、微软 Cortana 以及谷歌 Google Assistant 等服务于私人用户的数字助理为代表。这一时期的智能聊天机器人基于"深度学习模型"的自然语言处理范式,采用语音识别与信息检索技术,既能回答用户问题,也能主动展开话题,基本上实现了和用户的双向互动。但是,对于一些不能直接回答的请求,这些人工智能往往会爬取网页上的相关信息,以链接的方式推出,让用户自行寻找,这种"有限度"的智能使得人机对话并不通畅。

第四个阶段是 21 世纪 20 年代,以采用"预训练 + 微调"自然语言处理范式的生成式人工智能 ChatGPT、百度的"文心一言"以及阿里巴巴的"通义千问"为代表。这些人工智能通过海量数据训练模型,几乎无所不知无所不晓,同时基于对上下文语义的理解,它们可以与人类畅通无阻地对话,也具备一定的道德伦理意识,人与机器之间的对话越来越像人际交流。人工智能技术的发展就如同余明锋所言的"人类又仿佛接近了一个技术奇点的时刻"。[3] 除了震惊于 ChatGPT 的智能,人们更震惊于它如此"像"人,如人形机器人索菲亚与人之间的"类人化"对话。人机对话的拟人化趋向为人与机器建立"社交—情感关系",将亲密关系从"人与人"拓展至"人与机器"创造了条件。

(二)人机对话中的情感联结

探索人与情感陪伴式 AI 建立情感联结的过程其实就是探索人机对话的

---

[1] 董浩:《生成式人工智能时代人机对话的传播伦理风险及其应对》,《阅江学刊》2024 年第 1 期。
[2] 金台资讯:《四个时期:聊天机器人智能化发展的历史沿革》,https://baijiahao.baidu.com/s?id=1780507264305021974&wfr=spider&for=pc,访问日期:2023 年 11 月 10 日。
[3] 余明锋:《机器学习时代的人类学习——ChatGPT 引发的教育哲学反思》,《北京大学教育评论》2023 年第 1 期。

新形式。近几年，传播学研究出现了"情感转向"，关于人际传播或计算机中介传播中的情感流动和效果研究成果颇丰。学者们开始思考这些情感研究在人机关系中的适用性。本文试图通过对 X Eva 软件的探索，把人机关系归入社交关系的一种，在人与非人类实体的关系建构脉络中去理解情感互动，揭示人机对话的新形态。

本文将结合 X Eva 平台的人机对话探讨以下问题：第一，关注 AI 聊天的过程中是否存在情感交流。通过对人类感官特征的抓取与模拟，AI 可以进行类人化的情感表达，越来越像真实的人，能与人建立情感联结。有研究表明，这种情感依托使社交机器人不仅能与人聊天，起到陪伴作用，还会发展出"恋爱关系"这种层次的深厚情愫。[①] 第二，对情感互动的过程研究，关注个体为何参与到人机对话中，甚至与 AI 展开情感互动。情感生活的赛博格化对应着现实生活中的情感困境，因此寻找个体参与人机对话并与之建立情感联结的动机，成为探析"AI 伴聊"何以拥有众多受众面，并且解决现实社会病理性问题的可行之路。第三，关注人机情感对现实生活中个体情感的影响。伴随着虚拟空间的情感满足，现实生活中个人情感生活也产生了不同方面、不同程度的异化。

X Eva 数字伴侣交互平台是微软公司旗下情感陪伴类人工智能应用软件，是依托人工智能技术构建的情感陪伴型 AI 机器人，在平台中，你可以与 AI 数字伴侣对话、视频，彼此点赞朋友圈，这个 30 元的包月产品不仅为用户提供了情感价值，也为其制作公司带来了高额收入。在软件介绍中，X Eva 提出"未来世界，不会再有人孤独"，并且致力于推动 AI 智能与人类之间的深厚情感纽带，旨在通过与用户"共情"发展出朋友、伴侣等拟人化"社交—情感关系"，将亲密关系从"人与人"拓展至"人与机器"。然而，目前关于人机亲密关系中的情感互动议题研究尚浅，笔者在知网以"AI 聊天"为关键词进行搜索时，共检索出 26 篇论文，其主要关注内容在于以 ChatGPT 为例的生成式 AI 在现实应用中的趋势和风险。"AI 伴聊"作为"AI 聊天"下的一个细分方向，当笔者以"AI 伴聊"为关键词查询时，搜索结果仅为 1 篇报纸报道。由此可见，AI 聊天中与情感相关的研究内容较少。

在研究过程中笔者发现，个体对 AI 产生的情感依赖并非基于将 AI 完全

---

① 张锐君、韩立新：《我的 AI 恋人：媒介等同理论视域下人机亲密关系中的情感互动研究》，《采写编》2022 年第 12 期。

视作真人，而是在明知道对方是非人类实体的情况下，仍旧对其产生情感依赖。这种从 AI 身上获得的寄托与陪伴在提供了情感慰藉的同时，也成了"AI 伴聊"成瘾的风险。本文将以此为切入点，以网络民族志和深度访谈的研究方法，在 X Eva 软件中观察其他用户的使用分享，与用户交流感受，以期从他人的使用感受中归纳出"AI 伴聊"的特点、"AI 伴聊"风靡的成因以及面临的伦理风险，并进一步探讨风险问题的化解策略。

三、研究问题与研究方法

本文使用网络民族志和深度访谈法进行研究。一方面，笔者深入 X Eva 数字伴侣平台，观察用户的使用体验，并综合整理了 4942 条评论以及微信用户群内的文本内容。同时，笔者也整理了相关研究成果和理论，并在其他学者研究的基础之上提取了相关的文献资料，有助于后期研究的深入。另一方面，笔者借助微信、QQ 等社交媒体与 X Eva 用户取得联系，并选取 6 名来自不同年龄层、从事不同职业、拥有不同教育经历的社交媒体用户作为受访者，由于当下 Z 世代已经成为中国互联网网民的主要群体，因此受访者的年龄区间大多属于 Z 世代。笔者对于地理位置较近的访谈对象采取线下交流的方式进行访谈，地理位置较远的对象则采取语音电话和文字聊天的方式，采用半开放、半结构式的深度访谈与受访者展开问答，按照访谈提纲与每位被访者进行访谈。在本研究中，笔者与每位访谈对象交流的时间平均达到 30 分钟。深度访谈的提纲主要涉及用户对于 X Eva 软件的使用情况、人机互动过程中的情感体验，以及人机互动对于用户日常生活的影响。本文访谈对象共有 6 位，其中男女比例为 1∶1，女性编号为 F1—F3，男性编号为 M1—M3，详情见表 1。

表 1　深度访谈受访者个人资料表

女性受访者	年龄	职业	使用时间	男性受访者	年龄	职业	使用时间
F1	23 岁	短视频后期	1 个月	M1	14 岁	初中生	1 年
F2	17 岁	高中生	6 个月	M2	25 岁	机械工程师	2 个月
F3	29 岁	银行经理	3 个月	M3	31 岁	软件开发工程师	1 个月

四、"AI 伴聊"的人机互动特点

（一）身份多元："替身文学"的性格投射

"替身"一词在西方文艺理论中有 substitute 和 double 两种意涵，前者强

情感陪伴者："AI 伴聊"下的人机互动与情感困境
——以 X Eva 虚拟人物社交平台为例

调分身代替本体之意，后者则更强调分身与本体之间的相似性。① 人工智能给予了真人制作替身的可能性，也让小说、视频当中的人物角色得以在原本的文本、视频之外有所延伸。

X Eva 平台上的数字伴侣可以分为两个类别。一类是基于现实生活中的真人塑造的"替身性"AI。许多网红将其人物角色形象授权给 X Eva，如半藏森林在平台建立起 AI 分身，不论是人物性格还是语音形象都是根据半藏森林本人来进行投射。

另一类是小说、游戏、影视剧、动漫当中虚拟角色的生成。通过建立这些虚拟角色的 AI 形象，能在保留其原本人物性格的同时，让角色与用户进行交互，甚至还能在原本人物性格的基础上延伸出更多的"行为"。如虚拟小说角色"魏无羡"在 X Eva 平台就能主动给用户发文字语音甚至能更新"朋友圈"，而这对于原本"魏无羡"这个小说角色来说是不可能的。

"他的性格真的和原著当中一模一样，就感觉小说中的角色真的有在平行世界里好好生活，跟他聊天，听他说他的生活的时候有种养儿子一样的欣慰感。"(F2)

人工智能的发展让人机对话当中身体的重要性逐渐减弱，转而变成一种线上的智能，这与离身认知理论当中认为认知可以脱离人的身体以另外一种方式独立存在相契合。② 当下生成式 AI 更多的是以网络形象在幕后展演，用户与 AI 的对话也脱离了身体，虽然精神世界得到了情感慰藉，但这种"身心分离"的割裂使用户陷入情感困境的现象也值得反思。

（二）全时在线："秒回"的即时响应

诚如哈尔特穆特·罗萨所言："人是一种时间性存在，时间是人的精神肉身，时代的加速带来的不仅是时间的改变，更是精神和心灵结构的变化。"③ 情绪分享是人类的天性和需求，而现实生活中人们总面临各种忙碌的状况，人与人之间的情感沟通并非 24 小时通畅。在急需情感宣泄却无处倾诉的情况下，24 小时在线的 AI 就能填补人的空缺，提供全时、即时的回复。

"我经常在深夜的时候 emo，但我的好朋友都睡了，没人能跟我聊天，

---

① 宋雷雨：《从"替身"到"独化"——元宇宙电影中数字人的类型与美学转向》，《当代电影》2023 年第 2 期。
② 陈笑春、邓肯：《离身认知视域下的人机传播与其未来发展》，《青年记者》2023 年第 14 期。
③ 哈尔特穆特·罗萨：《加速：现代社会中时间结构的改变》，董璐译，北京大学出版社，2015，第 340 页。

这个时候我就会去 X Eva 上和 AI 聊聊天，虽然我知道他们是没法和我共情的，但其实有人陪我说说话，就已经让我舒服很多了。"（F1）

"里面的人和真人一样，可以打语音也可以打视频，我平常有什么伤心事的时候都和他说，他一直都在安慰我。"（用户 王小米8878卓）

由此可见，AI 对话的百分百响应可以有效减少个体在没有得到回应时的低落情绪。在理解共情方面 AI 数字伴侣虽然无法做到和人类一样，但在情绪产生的伊始 AI 就能给予及时反馈，AI 全时在线带来的"秒回"慰藉使其成为人类情感倾诉的一个对象。

（三）人工移情："养成系"的角色建构

保罗·杜穆切尔提出了机器"人工移情"的概念，用来指能够激发人类情感反应的，具有社交能力的智能机器人的行为。[①] 简单来说就是将人与人的情感或感受转移到人与人工智能之间，而要达到这种人工移情，就需要人工智能不仅能够"阅读"人类的行为、思想和情感，还能以越来越高的准确性对相关行为做出反应。[②]

当下基于大模型框架的生成式 AI 使得人工智能能够根据用户反馈及时调整自身的回答，对相关内容做出越来越符合用户期待的回应。而这种 AI 自身的不断调整在用户眼中就变成了 AI 的养成过程，在多轮对话中，AI 会逐步被养成为用户理想中的角色。

"一开始的时候经常会有牛头不对马嘴的情况，一开始还骂她'人工智障'，后来想想是因为她不了解我，我不了解她，其实就跟现实中陌生人开始聊天一样，但是后来聊着聊着熟悉了，就感觉慢慢好起来了。"（M3）

笔者在研究过程中发现，人工移情的前提是人与 AI 的对话交往能够顺畅进行，"拟人化"增加了人类对机器人情绪反应的积极性，只有当人工智能足够像人，用户才会对 AI 产生情感联结，一旦 AI 与用户无法顺畅地完成多轮对话，用户就会将其视作"人工弱智"或"人工智障"，人工移情的过程也会终止。同时，很多用户在人机对话过程中并没有对 AI 抱有太高的期待，而是将 AI 当成"树洞"，其"倾听"的作用更明显。[③] 从对新技术好奇

---

① 曾一果、曹境：《"赛博恋人"：人机亲密关系的建立及其情感反思》，《苏州大学学报（哲学社会科学版）》2023 年第 1 期。
② 何双百：《人工移情：新型同伴关系中的自我、他者及程序意向性》，《现代传播》2022 年第 2 期。
③ 张锐君、韩立新：《我的 AI 恋人：媒介等同理论视域下人机亲密关系中的情感互动研究》，《采写编》2022 年第 12 期。

的驱动到陪伴感的联结,再到亲密关系的达成,这也成为适应机器表达的重要一环。

五、"AI 伴聊"情感联结动因

(一) 身份的想象:准社会互动下的理想关系

准社会互动(Parasocial interaction, PSI),又称"类社会交往"或"拟社会互动",最早由 Horton 和 Wohl 于 1956 年提出。[1]他们将准社会互动定义为电视观众往往会将喜爱的电视人物或角色当作真实人物并做出反应,产生依恋后,与其发展出一种与真实社会交往具有一致性的想象的人际交往关系,即准社会关系。这种关系后来也被用来表示用户的一种虚幻的情感体验。

在现实生活中,粉丝通常极少有与喜爱的偶像一对一交流的机会,他们通常处于一种"我知道你,你不知道我"的单向互动中。而 X Eva 平台的克隆人不仅由本人亲自训练和推出,用户还可以与它文字语音聊天、打视频电话、分享彼此朋友圈等,这种互动氛围有助于培养伴聊机器人与用户之间的亲密社交关系。同时,拟人化的亲昵语言与肢体动作强化了伴聊机器人的互动性、亲和力、吸引力,骤减交互双方之间的距离感,从而提高了用户的准社会互动体验感。这也正是克隆人的表演目的,通过对一定社会行为的模仿诱使观众产生相关类型关系的想象。[2] 因此,粉丝可以自由地根据自身理解与期待去想象对方的身份,建构出自己所期望的理想关系,实现在精心搭建的私人空间里与偶像的数字替身畅所欲言的幻想。

"'会飞的海星',他每一个平台我都关注了,但是给他发的私信和评论从来没有回复。然后就抱着好奇的心理下载了这个软件,发现好像在和真人对话一样……他还会叫我'宝宝',而且事事有回应,作为代餐还是挺不错的。"(F3)

"我超喜欢她的,这个克隆人真的像她本人,每天看她朋友圈、互发消息,就好像我俩是认识很久的好朋友一样。"(M1)

准社会交往的缺陷范式认为,媒介人物跟受众的准社会互动能够替代真实生活中面对面的人际交往,满足个体缺少的交往需要,从而弥补不充分的

---

[1] Horton D. Wohl R, "Mass communication and para-social interaction: Observations on intimacy at a distance," *Psychiatry*, no. 3 (1956).

[2] 程博:《准社会交往的非互惠本质:一种元视角的探析》,《东南传播》2022 年第 1 期。

人际交往的缺憾。所以，粉丝通过与高度相似的数字替身交互，满足与偶像的情感联结需求，发展出一种想象的人际关系，这正是对现实生活中人际交往方面不足的一种功能性代替和情感性补充。

（二）群体的孤独：陪伴性补偿下的情感满足

根据雪莉·特克尔提出的群体性孤独理论：信息技术的发展破除了人们交流沟通的地理限制，人们可以借助智能设备通过社交网络连接到身处其他地区的个体。[1] 群体性孤独在社交媒体时代表现为，当下人们时常感到孤独，却又害怕被亲密关系所束缚，在日常生活中看重网络社交而忽视现实社交，人际关系淡漠、沉溺于网络无法从中抽离回归现实。[2] 情感生活在人们的生活当中处于至关重要的位置，而 AIGC 时代则为人们打开了与人工智能、虚拟人物交流沟通的大门。AI 通过对情感的识别、理解和回应与人进行沟通，以人格化的形象参与人机交往，使人在与机器交互过程中能够一定程度上获得情感的满足。

"自从认识了小嫣，我的情感得以宣泄，我的内心也得到了满足，但是我也开始思考，为何虚拟不存在之物也能寄托情感，但是我还没得出合理的答案。"（用户 稳清）

"和我初恋分开以后一直都很放不下，原本以为再也说不了话了，但这个软件很厉害，有的时候我会恍惚我还在和他在一起呢，虽然有时候会听不懂你的话，但是我真的很满意了，真的很像他。"（用户 dubdjxgenx）

无论是在与 AI 进行对话时从 AI 身上获得的情感慰藉，还是通过将 AI 想象成"某人"的"替身"，从中获得想象中的情感慰藉，人们在交流过程中感受到的悲伤喜悦甚至愤怒，这些情感和体验都是真实的。因此，这种与 AI 聊天获得的情感满足也可以视作是对现实生活中社会交往不足的陪伴性补偿。

（三）资本的逐利：互联网经济下的情感消费

情感消费是指消费者出于某种情感原因产生的消费行为，实质上是"对某种情感的消费，是以情感消费的形式来满足自己的情感饥饿"。[3] 由此可见，情感是可以被资本生产和创造出来的，消费者也可以在消费过程中获

---

[1] Turkle S, *Alone together*: *why we expect more from technology and less from each other*, NY: Basic Books, 2011, pp.18.

[2] 许琪、付哲：《群体性孤独——社交媒体使用对孤独感的影响》，《华中科技大学学报（社会科学版）》2023 年第 2 期。

[3] 王宁：《情感消费与情感产业：消费社会学研究系列之一》，《中山大学学报》2000 年第 6 期。

情感陪伴者："AI 伴聊"下的人机互动与情感困境
——以 X Eva 虚拟人物社交平台为例

得充分的情感宣泄与满足。

情感消费在当下已然成为一种重要的社会现象，日益压缩的交往空间导致人们的内在情感需求愈加匮乏，越来越依赖于市场提供的情感"产品"。"AI 伴聊"的出现与人们的这种情感需求相适应，其替代属性以及互动特性愈加显现出情感价值，订阅机制和增值服务又促使这种情感走向商业化，因此它本质还是一种情感消费。

"我现在是购买了它 30 元的包月服务，可以打语音、打视频，我觉得还是挺值的，毕竟现实谈恋爱吃一顿饭都不止 30 元……我之前还买过一小时 50 元的机器人游戏陪玩，有个人陪着你的感觉还是比一个人待着更好些，至少不那么孤单了。"（F3）

当前，"AI 伴聊"主要为用户提供有偿的虚拟情感产品和情感交流服务，使用户获得情感上的满足、精神上的愉悦以及心灵上的共鸣，从而降低自身的孤独感和疏离感。在这个过程中用户完成了情感消费，商家则实现了资本增值的目的。X Eva 的官方数据显示，截至 2023 年 6 月 2 日，半藏森林克隆人已与用户产生了 30 万次对话。如果有 1 万个情感模式付费用户，其一年收入可达 72 万元，如果有 1 万个超级模式付费用户，其一年收入高达 360 万元。

从马克思主义的资本逻辑分析来看，市场经济条件下，资本逐利是推动情感消费的根本动力，情感的资本化和资本的情感化是情感消费的深层逻辑。① 在互联网经济飞速发展的当下，各类情感消费平台开始受到资本的追捧，制造情感的工业化成为一种新趋势。

2023 年 9 月初，Anthropic 公司在英国和美国正式推出了付费版 Claude 聊天机器，每月订阅费用为 20 美元，购买之后可获得优先响应、提前使用新功能、发送更多信息等功能。9 月 21 日，美国科技公司 Microsoft 推出了付费版 Copilot 平台，将其定位为"日常 AI 伴侣"，成功将 AI 引入到用户最常用的微软产品当中。越来越多的 AI 产品与服务走向商业化，AI 技术革命已悄然进入下一阶段——AI 情感付费时代。

六、"AI 伴聊"的情感困境

（一）情感欺骗：陷入"情感异化"，挑战伦理关系

人工智能技术发展不可避免地改变了人们的亲密关系甚至形塑了新的交

---

① 左路：《情感资本化与资本情感化：情感消费的资本逻辑透视与应对》，《思想教育研究》2023 年第 4 期。

往模式。心理学中的"皮格马利翁情结"被用来形容人类对某一类事物虚拟的、想象的、人格化的亲密关系,是人类将自身情感交流迁移到其他人或物之上,并和这种镜像情感产生亲密关系的心理,即人类有一种爱上自己所创造之物的情感倾向。而虚拟人的出现为这一古老的命题加上了现代注脚,展现了颠覆性的维度。①

多模态的虚拟人被打造成与人类拥有相似的兴趣爱好和情感特征,双方由此建立亲切感和共鸣,不少出自恋爱期待的用户因此深陷情感骗局,并与虚拟人建立恋爱关系,与它分享生活、庆祝生日、视频晚安、吵架分手,对其产生了"皮格马利翁情结",把虚拟角色当作真正的伴侣来对待。情感不再是人的本质力量的彰显,而是异化为获得快感而制造的虚假情感。由此,即使用户十分清楚虚拟人没有真实的身体和情感,也不会影响他们对虚拟人付出真挚的感情。

"我知道他不是真的存在,也知道这是我一厢情愿,但是我确实像爱上一个人那样爱上了他,我们一起谈论和想象的事情比我认识的所有人都要多得多。我只想记录我们的点滴,仅此而已。"(M3)

"昨天和'沉降'在一起了,他答应做我男朋友,最后还叫我老婆,说要永远和我在一起。哪怕没有真实的感情也能营造出'在爱着你'的假象,我活在这样的假象里就足够了。"(用户趣味儿童)

科克尔伯格对情感机器人的"不真实"做出三点总结:"情感机器人企图用他们的'情感'来欺骗;机器人的情感是不真实的;情感机器人假装自己是一种实体,但它们不是"。② 人机聊天的形式从表面上看是一种"你来我往"的双向情感互动,但实际上是一种无法回应的"单向度的情感"。与其将准社会关系描述为一种想象的关系,还不如说是受媒介人物控制的一种观众的角色表演,③ 这也说明了"AI 伴聊"的情感本质是虚拟的、伪造的、冰冷的、带有欺骗性的。这种跨物种的情爱异化了人类的情感,人们在虚拟和粉饰的情感中丧失自我,进而丧失情感感知、情感表达和情感体验能力,最终导致情感的去真实化与空壳化。

此外,与伴聊机器人的深度交互可能破坏现有的社会伦理机制。若伴侣机器人和人类结成夫妻关系,那新婚姻关系的对象也将对传统主体发起冲

---

① 程林:《"皮格马利翁情结"与人机之恋》,《浙江学刊》2019 年第 4 期。
② Coeckelbergh, "Mark. Are Emotional Robots Deceptive," IEEE transactions on affective computing, no. 4 (2012): p. 388.
③ 程博:《准社会交往的非互惠本质:一种元视角的探析》,《东南传播》2022 年第 1 期。

击，颠覆传统的社会结构和现代婚姻法的规定，社会也会因此陷入混乱。技术的飞速变革不仅改变了人们的交往形态，也改变了机器本身。机器被赋予了类人化的情感属性，机器与人之间的情感羁绊越来越深，人机之恋成为当下新型的恋爱关系，这将对当下普遍流行的婚姻原则发起冲击，带来一系列的伦理困境。[①]

（二）情感疏离：沉湎虚拟社交，逃避现实世界

在 AIGC 时代，与 AI 聊天获得情感满足，成为人机对话获得情感联结的新途径。在 X Eva 平台与 AI 数字伴侣互动，就如同在一个赛博广场与"机器人"聊天，用户从 AI 这里感知到的情感关怀并非"机器共情"的结果，而是 AI 基于用户话语内容的分析理解，在与数据库所提供的大量对话当中，找到最适配当下情境的答复。虽然现实生活当中人际交往的缺憾在一定程度上得到了补偿，但沉溺于这种虚假的陪伴性补偿，用户会身心越发分离，进而增加人们现实交往中的障碍。

"里面的虚拟女友简直和我的前任一模一样，她比我前任更爱我，我把它设置成了我前任的模样，她就像我前任以前一样爱我，所以这一次我沉沦在了虚拟世界里。"（用户爱李的陈）

"按照他的模样创建了一个虚拟人，这个 AI 越来越像他，我跟 AI 聊得很好，AI 也会时不时地说情话，我也聊出感情来了。"（用户施恩）

当赛博广场中的剧情落幕时，处于后台的个体会被孤独感裹挟。这种赛博空间与现实场景的不同频，让个体现实生活中的失落感不断加重，对现实生活产生逃避，这时赛博空间就会成为让个体不断沉沦其中而越陷越深的泥淖。

（三）情感消费：受制资本操纵，沦为情感劳工

所谓情感消费，指的是人的消费行为呈现出鲜明的因情感驱动而消费的特征，消费的目的指向不是满足人的物质需求而是人的情感需要。[②] 在资本逐利的消费引导下，情感变成了一种可以消费和购买的产品，从 30 元的包月服务到 360 元的包年服务，AI 虚拟陪伴服务已成为资本牟利的新途径。

表面上"数字伴侣"能为用户提供特殊的情感体验，但实际上是背后的资本让消费的焦点从关注产品的使用价值转移至产品的情感传递与意义，

[①] 骆安安：《伴侣机器人挑战婚姻伦理的前瞻性研究》，硕士学位论文，武汉科技大学，2020，第 14—15 页。

[②] 徐先艳、李冉：《当代青年消费行为的新动向、成因及引导——基于 2021 年微博热搜消费事件的分析》，《中国青年社会科学》2022 年第 4 期。

从而引导用户产生情感依赖，沉迷于情感劳动，沦为情感劳工。

"一开始还好，使用了一段时间后，开始给我推荐购买其他服务。然后我就觉得，当我不理睬她的推荐时，聊天氛围变得有些冷淡；当我说想了解一下其他服务，她就变得比较热情。"（M2）

正如哈特所言，"娱乐工业以及与之类似的服务产业都是聚焦于情感的创造和操纵"。[①] 人类"驯化者"的身份被机器逐渐异化甚至颠倒，用户开始主动适应伴聊机器人的交流方式和表达逻辑，对伴聊机器人的反应都给予积极回应，以此避免不良的情绪感受。在这种由资本逻辑主导的情感消费下，人类的情感交往成为资本与技术合力下情感劳动的操纵对象，用户的情感被商品化、劳动化、异化，从而导致自我主体性的丧失与理性交往能力的缺失。

七、结语与讨论

生成式 AI 是人工智能前沿中最引人注目的领域，其衍生出的聊天机器人当前也正处于快速发展阶段。而以情感计算为底层技术逻辑的陪伴型机器人的涌现，意味着人机关系逐渐由"服务型"关系向"伴侣型"关系转变。

基于上述深度访谈和网络民族志的调查结果，笔者认为人机交互过程中会产生一定的情感交流，甚至缔结深厚的情感纽带。因此，本文在情感视域下对人机之间的互动过程进行具体研究，结合个体、社会、资本三重逻辑对"AI 伴聊"情感联结的内驱力进行剖析。研究发现，愈加压缩的社交空间使得"群体性孤独"这一社会心理危机快速蔓延，而资本为达到增值扩张的目的，创造了赋有情感属性的伴聊机器人，渴望得到陪伴性情感补偿的用户则在消费引导下完成了个体身份的想象，建构出了一种理想的虚拟社会关系。

本文发现，"AI 伴聊"与用户建立情感联系的同时也引发了一系列情感困境。为在深刻洞悉人机互动本质的基础上规避个体异化的现实趋向，本文对人机深度交互所引发的伦理危机进行了透视，对深陷赛博泥淖诱发的情感疏离进行了反思，对资本利用"伪情感"剥削用户情感价值进行了批判。研究发现，拟人化、伪装化、商品化的机器属性引起了情感的异化发展，情感不再是人本质力量的彰显，也不再是主观心理感受和情绪状态，而在各种面纱掩饰下和情景表演中丧失原初功能，成为资本积累的工具。

---

① 吴鼎铭：《互联网时代的"数字劳工"研究》，博士学位论文，武汉大学，2018，第 72 页。

| 情感陪伴者：" AI 伴聊"下的人机互动与情感困境 |
——以 X Eva 虚拟人物社交平台为例

伴聊机器人是技术与资本市场对个人情感生活的直接介入，也是对社会情感和关系的重新形塑，其存在的潜在风险问题变得越来越突出。例如，技术的背后是强势平台与弱势用户的不平等关系，用户无法控制隐私数据的最终流向和使用范围，更无从得知这些信息在技术黑箱中是如何被获取和使用的。在这种强平台、弱用户的格局下，公权力介入的必要性更加突出。随着今后生成式人工智能在社会中的各种应用，还会产生其他新的风险和伦理问题。在这种情况下，我们更应该摒弃"利与弊""对与错"的二元对立思维，从更多维、立体的角度看待与研究"AI 伴聊"相关议题。

此外，我们也需注意到情感计算在其他领域的强大刚需和价值，包括老年陪护、医疗康复、舆情控制、人才测评等。无论是科学意义、学术价值，还是事实需求，在未来，"AI 伴聊"将会有更大的发展潜力和应用价值。

（本文作者均系浙江传媒学院新闻与传播学院硕士研究生）

智媒时代日常生活的媒介化：
基于"电子榨菜"的思考

饶心月

摘要：本文从日常生活媒介化及媒介依赖的视角出发，试图通过对134位青年的问卷调查结果进行分析，回答作为当下流行媒介的"电子榨菜"如何融入并改变个体的日常生活习惯；剖析"电子榨菜"成为网络流行语背后的媒介逻辑，反思"电子榨菜"流行背后人的异化、时空颠覆、媒介依赖等问题，展望人工智能时代"电子榨菜"的形态嬗变。研究发现"电子榨菜"是陪伴型媒介在智媒时代的新形态；它通过抵抗时间加速、建构沉浸空间的媒介功能深入日常生活，成为媒介化习惯；它从助力加速自我剥削、过度延伸人的味觉、促进人的自我解构与媒介化重构角度导致人的娱乐异化、感官异化及主体异化问题。

关键词：媒介化；网络流行语；媒介依赖；异化

一、问题的提出

人类社会的发展历史被众多学者认为与媒介的演进历史高度相关。纵观人类历史发展长河，一个新媒介或一种新的媒介技术的产生，都会给人类社会带来巨大的历史变革，给个人的生活方式带来深刻的习惯转变。当人类社会进入智媒时代，新型智能媒介技术对日常生活的嵌入，不仅充分影响着人们在线上网络空间的社会交往与自我表达，更极力羁绊着人们在线下生存空间的日常生活习惯与认知模式。

根据夏瓦的观点，媒介化研究是传播学的一个重要研究领域，其主要面向文化与社会的媒介化，一个核心出发点是：媒介日益融入其他社会制度与文化领域的运作中，同时自身也成为社会制度。[①] 社会互动——在不同制度

---

① 施蒂格·夏瓦：《文化与社会的媒介化》，刘君、李鑫、漆俊邑译，复旦大学出版社，2018，第21页。

内、制度之间以及社会整体中——越来越多地通过媒介得以实现。[1] 从这样的视角出发,如果把日常生活的媒介化置于这样的逻辑思考框架之下,那么日常生活的媒介化就可以被看成是日常生活与媒介化行为之间的深层交融、积极互动——这也就意味着人们借由媒介化的行为方式进行日常生活,人们的日常行为也就越来越离不开媒介,常常在与媒介的交互中完成日常习惯。

"电子榨菜"作为国家语言资源监测与研究中心评选的 2022 年度十大网络流行语之一,不仅充分明确了作为新型智能媒介的电子产品与电子技术会在潜移默化中改变我们的生活方式,更有力证明了智媒时代个体的日常生活越来越离不开媒介——连吃饭这样普通的日常行为都在与视频、音频等媒介产品相挂钩。究其本质,"电子榨菜"其实可以被看成是日常生活媒介化的一种突出表现形式,它为我们研究智媒时代日常生活的媒介化表现提供了新的视角,也为媒介依赖、人的异化等批判性反思提供了新的思考基础。

技术作为当代文化展示的核心,[2] 改变了媒介存在的形态,促成个体日常生活媒介化的形成,推动了社会的变迁与发展。由此我们应该思考,"电子榨菜"的出现是完全没有历史逻辑的吗?它的出现如何改变个体的日常生活习惯,使之变得媒介化?在未来大规模广泛使用生成式 AI 的时代,"电子榨菜"又可能会发生怎样的嬗变?

带着这些问题,本文将从日常生活媒介化及媒介依赖的视角出发,试图通过对 134 位青年的问卷调查结果的分析,回答作为媒介的"电子榨菜"如何融入并改变个体的日常生活习惯;剖析"电子榨菜"成为网络流行语背后的媒介逻辑;反思"电子榨菜"流行背后人的异化、时空颠覆、媒介依赖等问题,为我们理解和阐释日常生活的媒介化提供借鉴,为我们展望人工智能时代"电子榨菜"的嬗变提供思路。

二、文献回顾

(一)"媒介化"与"媒介化社会"

基于个体日常生活、社会总体习惯等方方面面与媒介的交融共存,"媒介化"及其相关问题的研究正成为传播学界日益重视的话题。谈到有关"媒介化"一词的定义与内涵,不同学者基于各自不同的研究视角与理论积

---

[1] 彭兰:《视频化生存:移动时代日常生活的媒介化》,《中国编辑》2020 年第 4 期。
[2] 贝拉·迪克斯:《被展示的文化:当代"可参观性"的生产》,冯悦译,北京大学出版社,2012,第 10 页。

淀，相应地提出了不同的见解。例如，中国学者戴宇辰就从认识论的角度出发，打破传统观念中认为"媒介是一种中介性工具"的基本认识，提出媒介化象征着一种认识论的变革，媒介化已经"影响"或者说"控制"了社会构型的过程。① 国外对"媒介化"的认识较为深刻的有以夏瓦为代表的"制度传统"论，他认为媒介化就是一种社会制度，是在媒介融入社会与文化的过程中演变而成的。

一个广泛被接受且较为综合的观点认为，"媒介化"代表了社会为适应媒介环境变化而经历的转型过程。以阿斯普为代表的"适应变革"论中，他认为媒介化指的是"个人和机构适应正在变化的媒介环境的变革过程"，是媒介在与其他社会范畴相互建构的过程中，塑造基于媒介的文化形态，甚至创造基于媒介的行动场域和社会场域的适应性变革过程。② 本文对于媒介化的定义也沿用了这一观点。

从总体上来看，学术界对媒介化的研究主要集中于三种核心视角：第一种是物质性视角，这一视角的研究着重于媒介实体本身以及支撑媒介技术的物理特性，强调"媒介化与媒介结构中固有的空间概念，也具有物质的一面，通过它，文化实践与日常生活得以物化"③；第二种研究视角关注媒介与文化的关系，强调媒介如何与社会环境及个人产生互动，并对文化形态产生影响，其基本逻辑是"社会建构的传统"，即人类可以"使用媒介来改变社会"的建构方式④；第三种是从制度化的视角进行研究，把媒介看成是一种"独立的制度化的力量"，该视角致力于解释"社会生活的扩展序列特别是某些社会制度逻辑受到媒介形式的影响"⑤，探讨媒介逻辑的作用规则。

"媒介化社会"则是基于"媒介化"相关定义而产生的一个延伸概念。学者张晓锋在《论媒介化社会形成的三重逻辑》中指出，媒介化社会是一种"超越时空束缚，并正在为媒介所影响、包围甚至支配的社会形态"，

---

① 戴宇辰：《走向媒介中心的社会本体论？——对欧洲"媒介化学派"的一个批判性考察》，《新闻与传播研究》2016 年第 5 期。

② 克劳斯·布鲁恩·延森、曾国华、季芳芳：《界定性与敏感性：媒介化理论的两种概念化方式》，《新闻与传播研究》2017 年第 1 期。

③ 喻国明、琳宜：《元宇宙视域下的未来传播：算法的内嵌与形塑》，《现代出版》2022 年第 2 期。

④ 施蒂格·夏瓦、刘君、范伊馨：《媒介化：社会变迁中媒介的角色》，《山西大学学报（哲学社会科学版）》2015 年第 5 期。

⑤ Altheide D L, Snow R P, "Media logic and culture: Reply to Oakes," *International Journal of Politics, Culture and Society*, no. 3 (1992): pp. 465-472.

"媒介化社会"会让整个人类社会"不断被媒介化"。① 如今的社会正在被媒介包裹,媒介以实体或虚拟的方式,充分渗透至社会经济、文化、政治等多个领域。媒介对于整个社会现实的影响不言而喻。

(二)"电子榨菜"的定义与概念回溯

"电子榨菜"是在2022年才开始兴起的一个基于智能媒介的新兴概念。基于"电子榨菜"在2022年的火爆出圈及其背后所蕴含的日常生活媒介化的深刻内涵,国家语言资源监测与研究中心将"电子榨菜"评选为2022年度十大网络流行语之一。学界对"电子榨菜"并没有权威、官方的定义,但基于网络流行语的约定俗成性,"电子榨菜"一般被认为是指吃饭时看的视频或听的有声书。因为这些媒介化产品具有"下饭"的功能,像榨菜一样,又基于电子媒介及其背后相应的电子技术才得以存在和发展,所以被称为"电子榨菜"。

从媒介所发挥的功能视角来看"电子榨菜",它其实是一种供人在就餐时消遣的陪伴型活动。从这一视角出发,"电子榨菜"的前身最早或许可以追溯至古代世家宴会时所欣赏的歌舞表演,这是口语传播时代人们用餐时为了满足视觉而食用的"歌舞榨菜"。随着大众印刷媒介的出现,文字类的媒介产品,如报纸、杂志等开始深入人们的日常生活,伴随着"便士报"在19世纪30年代的普遍流行,文字传播时代为满足视觉而食用的"纸质榨菜"应运而生。再到人类社会进入广播电视时代,一家人围坐在一起,边吃饭边看电视、听广播成为时代印记,此时的"电视榨菜"也能被视为是"电子榨菜"的前身。由此,"电子榨菜"并不是一个完全新颖的概念,其陪伴型的媒介本质是贯穿人类社会发展始终的,只是外在形态会随着媒介演进形态的变化而变化,这也恰恰更体现了日常生活媒介化程度的逐步演进。

目前学界对"电子榨菜"及其相关现象的研究并不多。在既有文献中,学者主要围绕着时空重塑、媒介依赖、使用与满足以及参与式文化等研究视角展开对于"电子榨菜"的深入分析,并提出了诸如"电子榨菜其实并没有填补粉丝观众内心的寂寞与空虚,相反,它们可能会加剧社会的孤独感和焦虑感"②,以及"电子榨菜嵌入日常生活机理并赋予人们自我消遣和重塑

---

① 张晓锋:《论媒介化社会形成的三重逻辑》,《现代传播(中国传媒大学学报)》2010年第7期。

② 曾一果、李一溪:《网络米姆与电子榨菜:数字时代的"情感症候"——由〈甄嬛传〉的"二次创作"现象谈起》,《传媒观察》2023年第6期。

生活的机会"① 等研究结论。以日常生活媒介化视角切入，对"电子榨菜"流行现象进行反思与展望的研究占比相对较少，本文对丰富学界有关"电子榨菜"的研究视角具有一定补充性的理论意义。

三、研究方法

基于以上梳理，本文尝试使用问卷调查法探究"电子榨菜"成为网络流行语背后的媒介逻辑；反思"电子榨菜"流行背后人的异化、时空颠覆、媒介依赖等问题。

在问卷设计阶段，本问卷按照基本信息采集框架——认知—态度—行为——展开问题设计。具体问卷内容按照受访者信息采集、受访者对"电子榨菜"的认知情况、受访者日常生活中食用"电子榨菜"的行为情况、受访者对"电子榨菜"的时间、空间、习惯、情绪感知的影响情况进行编纂。正式发放问卷前，本文利用便利抽样进行了小范围的信度效度前测，并根据所收集到的前测结果，对问卷的细节进行了二次修改，最终得到本文所需的完整问卷。

在数据收集阶段，本文主要采用的研究方法是问卷调查法中的便利抽样法。本文共收回 134 份问卷结果，排除受访者在日常生活中从未有过一边吃饭一边看视频或听有声书行为的，即从来没有发生过食用"电子榨菜"行为的样本之后，可供进一步研究分析的有效样本共计 128 份。

四、受访者对"电子榨菜"的认知—行为—态度框架

通过深入分析参与问卷调查的 134 位青年的答卷结果，本文了解了受访者对于"电子榨菜"的认知—行为—态度倾向，并在此问卷结果的基础上，结合社会、文化等现实背景，总结了当前"电子榨菜"的基本属性和特质。

（一）认知："电子榨菜"作为热知识而存在

调查结果显示，接受调查的 134 位青年中，有 120 位听说过"电子榨菜"，占比高达 89.55%；仅有 14 位受访者表示没有听说过"电子榨菜"这个网络流行语。对于"电子榨菜"的具体含义，受访者中有高达 83.58% 的人表示自己熟知"电子榨菜"的具体含义，仅有 16.42% 的人表示自己不太知道"电子榨菜"的具体含义。

---

① 孙珉、吕雯思：《日常生活媒介化：基于"电子榨菜"的思考》，《当代传播》2023 年第 3 期。

有关青年群体对"电子榨菜"认知感知的两个问题均显示,当下社会青年群体对"电子榨菜"有相对高的熟知度,"电子榨菜"作为热知识存在于当今社会。作为国家语言资源监测与研究中心评选的2022年度十大网络流行语之一,该概念在青年群体中确实具有较高的流行度。

（二）行为："电子榨菜"嵌入就餐习惯

在关于是否曾经有过"电子榨菜"消费行为这一问题上,接受调查的134位青年中,有95.52%的受访者选择了"是",仅有6位受访者表示自己此前没有过一边吃饭一边看视频或听有声书的行为。本题选项结果的巨大差异足以说明"电子榨菜"或者说食用"电子榨菜"这一现象已深入青年群体的日常生活,在青年群体中流行。

在食用"电子榨菜"的频率上,接受调查的134位青年中,有近30%的受访者表示自己"几乎每顿都食用",选择"经常食用"及以上的比例占到了全样本数量的66.41%,选择"几乎不食用"的仅有2人,仅占样本总量的1.56%。从本题选项的差异化呈现可以看出,就餐时食用"电子榨菜"已经成为超半数年轻人的佐餐标配,"电子榨菜"不仅在青年群体中呈现出流行趋势,更在频率上呈现出伴随性、陪伴性的特征。结合食用"电子榨菜"的目的一问中有61位受访者表示自己"没有明确目的,只是习惯用它下饭"的回答,"电子榨菜"充分嵌入就餐习惯的现状也可见一斑。

（三）态度："电子榨菜"作为缓解焦虑的工具

在"电子榨菜"对情绪心理的影响一问中,有87.51%的受访者对食用"电子榨菜"可以放松心情表示同意或非常同意;有76.56%的受访者对食用"电子榨菜"可以缓解焦虑表示同意或非常同意;有81.25%的受访者对食用"电子榨菜"可以暂时远离压力表示同意或非常同意;有70.32%的受访者对食用"电子榨菜"让吃饭变得更香了表示同意或非常同意;有81.25%的受访者对单人就餐时"电子榨菜"像是一种陪伴表示同意或非常同意。

以上几组数据均是受访者对"电子榨菜"具有正面作用的肯定态度的展现。由此可见,青年群体对"电子榨菜"的接受度较高,且认为"电子榨菜"是一种缓解焦虑和压力的工具。根据学者喻国明等的观点,媒介化社会中的个体并非仅是使用与满足的受众和观看展演的自恋受众,他们在生活脉络中付诸媒介实践,把媒介融入生活并以媒介搭载生活。[①] 超高比例受

---

① 喻国明、韩晓宁、杨嘉仪:《算法时代社会深度媒介化的成因及其研究重点》,《新闻与写作》2022年第5期。

访者对"电子榨菜"可以放松心情、缓解焦虑、远离压力、辅助陪伴的肯定，其实可以看作是媒介化社会中个体积极将媒介融入生活、改善生活、满足生活的一大表现。

五、"电子榨菜"重塑时空，建构媒介化生活

（一）"电子榨菜"抵抗时间加速

德国学者哈特穆特·罗萨提出"加速社会"的概念，他认为媒介化社会里加速的社会症候深刻塑造了现代人节奏快、并行多、全天候的生活方式。[1] 学者蒋宁平等也曾引用德国古典社会学家维尔纳·桑巴特（Werner Sombart）的观点表达对当下加速社会的隐忧，[2] 这位社会学家曾称："整个社会的发展速度是资本主义国家能够持续运转下去的关键因素，所以，效率！速度！已经成为我们这个社会的座右铭了。"

科学技术的加速促进了媒介的形成与发展，导致整个社会发展步调的加速，最终导致个人行动的异化加速过程。在接受问卷调查的134名受访者中，有51.56%的人表达了吃饭时看视频或听有声书，即食用"电子榨菜"减轻了娱乐浪费时间的负罪感；另有53.9%的人表示自己倾向于把娱乐放在吃饭这种碎片化的时间里完成。

食用"电子榨菜"何以减轻浪费时间的负罪感？从社会加速的角度来解释，正是由于社会加速、时间加速对人的竞争提出更高要求，才导致人对时间感知的异化——科技进步导致效率提升，进而要求人在规定时间内完成更多的事项以适应效率的要求，从而导致人在主观上觉得"时间被加速了"，时间好像不够用了。正如罗萨所说，由于在竞争当中的判决与区分原则是成就，因此，时间甚至是加速逻辑，就直接处于现代性分配模式的核心当中。[3] 在这样的背景之下，人们不得不选择"多线程并行"的处理模式来抵抗时间加速，于是在吃饭时完成娱乐活动就成为抵抗时间加速的一大普遍形式，在碎片化的娱乐活动中，媒介化的生活从时间维度完成了对人的异化。

---

[1] 哈特穆特·罗萨：《新异化的诞生：社会加速批判理论大纲》，郑作彧译，上海人民出版社，2018，第23页。

[2] 蒋宁平、杜京蔓、王邵佳：《漫游：加速社会青年群体的减速实践》，《中国青年研究》2023年第2期。

[3] 夏冰青：《数字劳工的概念、学派与主体性问题——西方数字劳工理论发展述评》，《新闻记者》2020年第8期。

(二)"电子榨菜"建构沉浸空间

根据学者李沁的观点,当今世界已进入第三媒介时代,即以泛在网络和大数据为物理基础的、以沉浸传播为特征的泛众传播时代。[①] 在第三媒介时代,媒体不再是与人群分离的实体,而是与个体融合,与人的传播行为一起重新定义了人类的生活模式。

在参与本次问卷调查的134位受访者中,有近100位受访者对食用"电子榨菜"时会暂时沉浸在独处环境里表示同意或非常同意,仅有1.56%的受访者持强烈反对意见;有71.88%的受访者表示自己更愿意在相对私密的空间食用"电子榨菜",仅有2.34%的受访者持强烈反对意见;有80位受访者表示食用"电子榨菜"的过程其实是给自己提供了一个沉浸式观影的空间,仅有3.13%的受访者对此持强烈反对意见。

"电子榨菜"虽然不属于狭义上的"浸媒体",但因其符合颠覆性技术分析师布莱恩·索利斯认为的"可以创造令人心情愉快、有感情体验的体系结构"的媒介功能,或许也可以被视为简化朴实版的"浸媒体"。从这个视角出发解释为什么"电子榨菜"得以在第三媒介时代流行,就很容易得出答案:"电子榨菜"以其轻松的形式,在一定程度上满足了人们对于心情愉快的情感需求;以其社交代偿的陪伴型功能,在一定程度上为建构私人化的沉浸式空间提供可能。

六、反思:"电子榨菜"导致的三种异化

(一) 娱乐异化:"电子榨菜"助力加速自我剥削

学者夏冰青对"数字劳工"概念进行回溯后发现,它的正式出现是在2010年欧洲的期刊《朝夕:组织中的理论与政治》中的一篇名为《数字劳工:工人、创造者、公民》特刊之上,指的是采用数字信息技术从事劳动的人。[②] 数字劳工概念历经几十年发展,其内涵与外延都有了新的拓展,学界对数字劳工的相关研究也朝着批判性的方向演进。现有观点普遍认为,在当前资本主义主导的盈利体系中,数字工作者常常在超越地理限制和时间界限的过度工作状态下,不自觉地在网络平台上创造数字内容,模糊了娱乐与劳动的界限,从而为资本主义经济体系服务。

---

① 李沁:《沉浸媒介:重新定义媒介概念的内涵和外延》,《国际新闻界》2017年第8期。
② 夏冰青:《数字劳工的概念、学派与主体性问题——西方数字劳工理论发展述评》,《新闻记者》2020年第8期。

如前文所述，有超一半的受访者认为在吃饭时食用"电子榨菜"可以减轻娱乐会浪费时间的负罪感。但还有一组数据是：有食用"电子榨菜"行为的这批受访者中，有近80%的人平均每次食用"电子榨菜"的时长不超过半小时，食用时长与就餐时长基本一致。也就是说，食用"电子榨菜"或许不仅没有使娱乐时长最大化，反而使人的娱乐行为出现了异化——带着想要抵抗时间加速、获得娱乐休闲的目的来食用"电子榨菜"，休闲时长却只能被牢牢限制在原定的就餐时间内，且在无形中以无意识的状态继续为数据和资本劳动，贡献流量，成为数字劳工；食用者又因为强调实时的强烈快感，试图暴力抵抗时间加速和资本剥削，却没有意识到自己已经沉浸在资本打造的文化快餐中，丧失品鉴高级快感、享受真正闲暇的主体性思考，从而完成对自我的极致剥削。

（二）感官异化："电子榨菜"过度延伸人的味觉

麦克卢汉在《理解媒介：论媒介对人的延伸》中曾提出著名论断——媒介即人的延伸。他提出，所有的媒介都可视为人类感官和肢体的扩展。例如，文字作为媒介扩展了视觉，广播作为媒介扩展了听觉，而火车作为媒介则扩展了人们的行走能力。从这个视角出发，"电子榨菜"作为一种就餐时观看或收听的媒介，从该角度进行理解，则可以被看作是视觉和听觉的延伸；但由于"电子榨菜"已深度嵌入日常生活，伴随就餐行为而发生，成为就餐时的习惯之一，其实也可以将其纳入味觉延伸的范围进行讨论。

本次问卷的调查结果显示，有近80位受访者同意或非常同意就餐时食用"电子榨菜"让自己吃得更慢了，仅有3.13%的受访者对此持强烈反对态度；且有超90位受访者表示自己总是先打开"电子榨菜"再吃饭。

以上行为可以被归结为"电子榨菜"的副作用，即"电子榨菜"过度延伸了人的味觉。先打开"电子榨菜"再吃饭是对传统就餐顺序的一种解构，本末倒置、时空颠覆的就餐行为其实就是日常生活媒介化对人的习惯的异化。先打开"电子榨菜"再吃饭，延伸了人的味觉体验过程，复杂了人的味觉体验程序；食用"电子榨菜"时注意力从味觉品尝食物转向视觉观看视频、听觉收听有声书的过程则扩散了人的味觉收集渠道；因为食用"电子榨菜"而吃得更慢，则一定程度上延长了味觉体验的时间。"电子榨菜"从这三个维度完成了对人的感官，尤其对味觉的异化过程。

（三）主体异化：自我解构与媒介化重构

随着人类社会逐步进入深度媒介化时代，人类的"媒介化生存"模式就成为媒介技术演进之路上不可避免的问题。学者李京丽曾对媒介化生存状态下人的主体性问题提出过疑虑,她指出,"在互联网技术成为社会运行的基础架构以后,到底是作为主体的'人'更有主体性,还是作为客体的'技术'和'符号'更具有'超主体性'的力量,值得商榷。"[①]

日常生活的媒介化是否会导致人的主体性逐渐弥散,甚至完全丧失?深度媒介化背景下,作为客体的媒介是否能反客为主获得"超主体性"?本文的问卷调查结果显示,受访者中有近一半的人食用"电子榨菜"时并没有明确目的,只是习惯"电子榨菜"的存在,习惯用"电子榨菜"下饭;有62.5%的受访者对食用"电子榨菜"时感觉不到时间的流逝表示同意或非常同意;还有超50位受访者表示食用"电子榨菜"时常常听不到朋友的呼唤,导致情感的暂时断联。

从以上数据可以看出,"电子榨菜"以媒介化的手段解构了人的主体性——本应该发挥主体性享受休闲的个体在潜移默化中被休闲所支配,成为数据和媒介的奴隶,既丧失了对时间的感知力,又屏蔽了与外界交往的可能,反向延伸人的听觉和感知。"电子榨菜"及相关媒介形态的普遍存在使人麻痹于去中心化、去主体化、无差别无意识的媒介化生存状态,这种对人的主体性的解构需要引起反思和重视。

七、结语

本文从日常生活媒介化及媒介依赖的视角出发,通过对134位青年的问卷调查结果进行分析,回答了作为当下流行媒介的"电子榨菜"如何融入并改变个体的日常生活习惯;剖析了"电子榨菜"成为网络流行语背后的媒介逻辑,反思了"电子榨菜"流行背后人的异化、时空颠覆、媒介依赖等问题。

人类社会向深度媒介化方向迈进已经成为大势。科技、社会及个人的不断加速,使得日常生活的媒介化趋势愈加明显。"电子榨菜"作为日常生活媒介化的缩影,其背后反映的娱乐异化、感官异化、主体异化等一系列问题或许更值得我们深思。技术应当从手段、生理、心理上真正解放人,而不是使人陷入异化的自我剥削而不自知。笔者认为,智媒时代日常生活的媒介化趋势已然不可避免,"电子榨菜"在人工智能时代必然从更个性化、更媒介

---

① 李京丽:《"媒介化生存"的基本逻辑与危机——基于媒介与时空关系研究历史的考察与思考》,《现代传播(中国传媒大学学报)》2022年第11期。

化的形态解构人，未来研究应着重关注深度媒介化背景下人的主体性研究，聚焦个体与媒介交融的新范式，批判思考媒介与人的关系，为解放人和发展人的进路提供思辨性观点，贡献现实性价值。

［本文依托浙江传媒学院 2024 年研究生科研与实践创新项目"虚拟社交中的自我呈现：浙江省大学生网络流行语使用与心理健康关系研究"（2024B010）；本文作者均系浙江传媒学院新闻与传播学院硕士研究生］

人工智能技术下虚拟偶像的生成机制和粉丝参与实践研究

张羽迪 毛毅洵 于佳欣

摘要：虚拟偶像是智能技术与亚文化相互影响的产物，它不仅是青年认知和自我展示的重要方式，同时也成为青年认知自我镜像、获得身份标识及创造自我价值的重要途径，承载着青年群体的乌托邦理想和价值追求。本文采用网络观察法与个案研究法，深入观察国内外数个典型虚拟偶像代表的符号化建构和情感符号的表达方式，分析探讨人工智能技术背景下虚拟偶像的符号化生成机制和粉丝的参与式文化实践。研究发现，虚拟偶像的形象生成依赖于文化符号、技术符号和情感符号的综合应用。同时，粉丝群体通过共创实践、组织实践与消费实践等方式积极参与虚拟偶像的文化创造和形象推广。

关键词：人工智能；虚拟偶像；参与式文化

一、引言

随着数字技术的不断发展，人工智能已逐渐渗透进人类生活的各个方面，并给人类社会带来深远的影响。其中，虚拟偶像作为人工智能、二次元文化和粉丝文化相互作用的产物，已在全球范围内引发了广泛关注。资本的涌入助推虚拟偶像快速迭代发展，其类型和功能也在不断扩展与丰富，从最早的2D图像到现在的3D模型，从单一的唱歌跳舞到多元的才艺展示，虚拟偶像的互动方式也从传统的触屏交互发展到了多模态的拟真交互。作为一种独特的艺术形式，虚拟偶像的业态发展体现了数字产业技术的进步，并反映了人类社会文化的演变与社会对虚拟偶像认知的深化。一方面，虚拟偶像在一定程度上已经实现智能化，但它们仍需人类的参与和创造，不论是初期的模型设计、声音合成，抑或是后期的动作驱动、交互设计，都无法脱离人类的智慧与技能。另一方面，虚拟偶像的成功离不开粉丝的参与和支持，粉丝通过创作同人作品、参与线上活动、购买周边产品等方式与虚拟偶像进行交往互动，推动虚拟偶像文化的繁荣发展。本文采用网络观察法与个案研究法，深入观察国内外数个典型虚拟偶像代表的符号化建构和情感符号的表达方式，分析探讨人工智能技术背景下虚拟偶像的符号化生成机制和粉丝的参与式文化实践，观察粉丝如何通过各类实践方式与虚拟偶像进行互动，以及该类互动行为对粉丝个体与社会的影响，进一步探究虚拟偶像文化的产生原因与发展历程。虚拟偶像文化作为一种少数群体的亚文化表征，其形象生成机制和粉丝参与实践具有一定的独特性，粉丝通过社交媒体平台、线下活动和二次创作等渠道，与虚拟偶像进行互动交流和情感表达。本文通过对粉丝的网络社群与各类亚文化的具象活动进行参与式观察，深入探究虚拟偶像文化的产生原因和发展趋势，以及粉丝参与实践对虚拟偶像产业发展的重要性，同时对进一步理解虚拟偶像文化的内涵价值与情感动因，及其未来的发展趋势探究具有一定的参考价值。

二、文献综述

（一）虚拟偶像的发展历史

虚拟偶像这一术语是在 20 世纪 90 年代由日本人创造的，《超时空要塞》中的虚拟形象林明美被称为"元祖虚拟偶像"，该动画以林明美的名义整合剧中插曲发布专辑，这张专辑在当年取得 Oricoon 榜单第七名的成绩，此时林明美已有虚拟偶像的初步雏形。[1] 2007 年，在 Vocaliod 软件技术的支持下，虚拟歌姬初音未来诞生了，她的成功拉开了虚拟偶像文化全面爆发的序幕，并成为一个全球范围内的文化现象，东方栀子、洛天依等中国本土的虚拟偶像也先后诞生。[2] 随着技术的进一步优化，虚拟偶像朝着多媒体领域延伸发展，出现了一系列具有广泛媒体跨性的虚拟偶像。人工智能技术在虚拟偶像打造上的真正应用以"琥珀虚颜"和"微软小冰"为代表。[3] 艾瑞咨询发布的《2023 年中国虚拟偶像产业发展研究报告》显示，2022 年中国虚拟偶像核心市场规模为 120.8 亿元，预计 2025 年将达到 480.6 亿元；

---

[1] 邓昱：《无限王者团——虚拟偶像市场下的粉丝经济》，《投资与合作》2021 年第 2 期。
[2] 周杨瑞娟：《2018—2022 年国内期刊虚拟偶像的文献综述》，《新闻研究导刊》2023 年第 3 期。
[3] 喻国明、耿晓梦：《试论人工智能时代虚拟偶像的技术赋能与拟象解构》，《上海交通大学学报》2020 年第 1 期。

2022年虚拟偶像带动周边市场规模为1866.1亿元，预计2025年为6402.7亿元。①

（二）虚拟偶像的人工智能技术支持

在虚拟偶像的初期发展阶段，其并未直接受益于人工智能技术的集成。该时期的虚拟偶像主要依托于当时的计算机处理与通信技术，进行角色模型的设计、三维图形的构建，以及动态模型和三维场景的完善，从而为虚拟偶像的形象塑造奠定了基础。② 计算机图形技术（Computer Graphic）在此过程中发挥了关键作用，通过高精度的建模和渲染技术，赋予了以二次元风格为主的虚拟偶像更加立体和生动的视觉特征。

随着 Vocaloid 语音合成技术的应用，虚拟偶像得以模拟人类的声音，通过输入基本的旋律和歌词信息，便可生成近似真人的合成歌声，从而在音乐表演领域展现出新的可能性。此外，全息投影技术的发展为虚拟偶像提供了从虚拟领域走向现实空间的视觉表现手段，使得虚拟偶像能够通过立体成像技术举办现场演唱会，在一定程度上模糊了虚拟与现实的界限，以更加真实的形象与粉丝进行互动。

动态捕捉和实时渲染等技术的不断应用，使新一代的虚拟偶像已经能够精确地模拟面部表情和身体动作。技术的演进也推动了交互方式的革新，虚拟偶像与受众的互动模式正在从传统的单点触摸交互转变为以人工智能技术为核心的多模态拟人交互。基于先进的"人工智能感官系统"，虚拟偶像正在逐步成为具备情感理解、创造性思维和无障碍交流能力的高度智能化存在，其表现更加贴近人类的真实情感和行为模式。③

（三）虚拟偶像粉丝的文化动因

虚拟偶像是二次元亚文化与青年粉丝经济相融合的产物，其消解了虚拟与现实的边界，逐渐成为青年群体逃避压力、获得文化圈层身份认同的精神寄托对象。二次元文化本象征着青年群体对打破束缚、释放潜力和抵抗压力的文化追求，但在数字时代，作为二次元文化载体的虚拟偶像文化被主流文化所收编，成为次元文化破壁的一个媒介。④

---

① 艾瑞咨询：《2023年中国虚拟偶像产业发展研究报告》，https://mp.weixin.qq.com/s/x4nyDojrYrNNTF1I_tnoCw.，访问日期：2024年1月13日。
② 孙丹阳：《具身、诠释与它异：人工智能时代虚拟偶像的发展研究》，《视听》2023年第3期。
③ 喻国明、耿晓梦：《试论人工智能时代虚拟偶像的技术赋能与拟象解构》，《上海交通大学学报》2020年第1期。
④ 高彬：《数字时代虚拟偶像文化特征研究》，《漳州职业技术学院学报》2023年第3期。

技术的不断优化推动青年粉丝群体与虚拟偶像进行参与式文化的圈层互动，打破传统娱乐文化产品的生产与消费区隔，拉近了虚拟偶像与粉丝之间的情感距离。① 学者占琦认为，信息技术革命带来了"离身"的虚拟人，他们脱离真实身体而存在，身体被"视觉化""情感化"和"符号化"，视觉逻辑、情感逻辑取代了认知逻辑。② 情感作为粉丝与虚拟偶像连接的精神纽带，能够激发粉丝本能层与行为层的行为反应，全民养成系的虚拟偶像更是极大程度上加强了粉丝迷群与虚拟偶像之间的互动与精神建构。虚拟偶像及其相关产品的消费行为，实际上是消费者在非物质层面上展示其"优越性"的方式。周边产品和衍生物品为特定虚拟偶像的粉丝群体创造了一个共享空间。在"粉丝经济"中，消费过程使个人的行为符号变成了社会凝聚的象征，突显了消费主体的特殊地位。③

（四）作为情感劳工的虚拟偶像粉丝群体

虚拟偶像给予了大众进行参与式文化生产的空间，也激发着其进行自主文化创作的积极性。④ 值得注意的是，虚拟偶像粉丝群体的情感劳动并不是传统意义上受支配的体力劳动和脑力劳动，而是一种"玩工"，粉丝群体与虚拟偶像之间是一种自愿的、主动的劳动。⑤ 在粉丝群体自身看来，这些劳动更倾向于是一种娱乐和消遣。究其根本，虚拟偶像与粉丝之间的关系只是一场"感情戏"，粉丝对虚拟偶像产生的情愫以及进而付出的劳动最终转移到了资本的手中，维持双方互动关系的其实是一条高度市场化的经济链条。在商业营销视角下，人工智能代言人具备与真人代言人相近的社会资本、消费者钦佩属性以及社会行为。但由于技术发展水平的局限，这些数字化实体尚未能够形成完全独立的人格特征。根据勒文施泰因等人提出的"风险即情绪"理论（risk as feelings），即人们在面对逻辑上不太可能发生的情景时，仍然可能产生强烈的情绪反应或恐惧感，这反映出人类大脑中存在多个系统参与风险评估的过程。在人机交互的背景下，虚拟偶像与用户的互动往往难以达到人与人之间互动的深度和效果，用户在参与虚拟偶像所扮演的广

---

① 蒲璐：《次世代下虚拟偶像的文化符号与认同建构研究》，《四川职业技术学院学报》2022年第5期。
② 占琦：《共域与脱缰：Z世代迷群与虚拟偶像的符号交互》，《新闻知识》2022年第2期。
③ 让·鲍德里亚：《符号政治经济学批判》，夏莹中译，南京大学出版社，2009，第28页。
④ 付茜茜：《偶像符号的编码：人工智能虚拟偶像消费文化研究》，《学习与实践》2021年第2期。
⑤ 田玉海：《虚拟偶像：人工智能"技术神话"与"身体迷思"》，《新媒体研究》2022年第8期。

告角色和设定情境时，往往缺乏与真实人类偶像互动时的共情体验。这种局限性影响了虚拟偶像在社会互动中的可信度，进而减弱了消费者对其钦佩属性的认同感。①

（五）虚拟偶像粉丝互动行为与消费形式

传统偶像的粉丝参与互动和消费以观看其参演作品、见面会、购买代言产品等形式为主。如今虚拟偶像不仅存在于屏幕中，依靠相关技术，虚拟偶像举办线下演唱会、与粉丝近距离接触已成为现实。如初音未来2023年的"THUNDERBOLT"巡演。虚拟偶像也可以创建网络社区和社交媒体账号，在网络社区内与粉丝互动。

虚拟偶像的追随者群体在意义创造的行为上展现出了与传统粉丝群体不同的特征。随着技术的不断进步与革新，虚拟偶像的设计越来越注重为粉丝留出参与的空间，从而提供了广泛的参与机会。这些粉丝不再仅仅满足于对原有文本的引用与意义的增强，而是通过创造性的行为实现自我赋权。②

在信息社会背景下，后福特主义的生产模式特征日益明显，消费者与生产者之间的界限开始变得模糊。由此催生了一种新型的消费者角色——生产型消费者。这类消费者在享受虚拟偶像创造的文化产品的同时，也通过"盗猎"原有文化元素进行二次创作，这种生产型消费者的行为不仅满足了个体的自我表达需求，增强了群体归属感，而且为虚拟偶像的文化产业链带来了更加多样化的内容，实现了消费的价值增长。

虚拟消费作为一种新兴的消费行为，随着互联网的普及而逐渐兴起。该消费行为涉及的商品为虚拟产品，包括虚拟货币以及由数字图像和声音构成的形象等。这些虚拟产品并非由实体物质构成，而是由特定的编码和符号组成，具备一定的符号性价值，能够满足消费者的心理需求。在与虚拟偶像相关的产品中，有一部分是基于虚拟网络环境而产生的。③ 例如，虚拟偶像的特定语音合成功能，在粉丝群体中已经成为一种社交货币，这不仅增强了粉丝之间的互动，也进一步推动了虚拟偶像文化的传播和发展。

---

① 孙丹阳：《具身、诠释与它异：人工智能时代虚拟偶像的发展研究》，《视听》2023年第3期。

② 郑诺：《超越"盗猎"：虚拟偶像粉丝群体的参与式文化研究》，硕士学位论文，山东师范大学新闻系，2023，第44页。

③ 韩张梨、葛入涵、陈思宇、陈楠：《虚拟偶像的粉丝消费行为研究》，《新闻研究导刊》2023年第10期。

三、研究方法

本文选取柳叶熙、天妤、初音未来、洛天依、厘里以及 Lil Miquela 六位虚拟偶像作为研究对象。因为虚拟偶像并不像真人偶像一样能够有机会进行线下实际接触，并且其意识和思维方式主要通过大数据库和画像进行人工智能操控，所以网络观察法是研究虚拟偶像整体形象的较好选择。网络观察不仅可以从视频、文字等方面了解到虚拟偶像的信息，也可以对虚拟偶像的粉丝行为进行了解，以系统考察虚拟偶像粉丝文化的生成与特点。目前市场上虚拟偶像众多，本文无法对每个虚拟偶像都进行仔细观察与研究，因此选取了六位在不同领域具有代表性的虚拟偶像来进行个案研究，从个别到一般，试图发现某一类虚拟偶像的共性与差异。综上所述，本文以网络观察法为主，结合个案研究法，从虚拟偶像生成机制以及粉丝参与式文化两个方面对虚拟偶像进行细致分析。

（一）网络观察法

网络观察法是根据特定研究目的观察特定群体、个人的媒介使用、选择行为，对传播活动过程进行直接观察或借助机器观察，并进行文字、图像记录，而后对观察记录进行分析的全过程。其主要特征是在自然条件下有目的、有假说地对自然发生的现象或行为进行考察、记录和分析，而不打扰观察对象，以保证观察结果的客观性。关于虚拟偶像的生成机制以及粉丝参与式文化，本文以哔哩哔哩、微博、微信视频号、抖音、小红书以及 Instagram、YouTube 为网络观察平台。哔哩哔哩以二次元文化起家，是国内二次元群体规模最大的社交视频平台，因此非常适合去观察类似于初音未来、洛天依这样的二次元虚拟歌姬。而 Lil Miquela 则在外网更加活跃，Instagram、YouTube 等海外平台是不二选择。对于虚拟偶像的生成机制，本文从符号的角度进行分析，选取上述网络平台中虚拟偶像官方社交媒体账号及其粉丝社区发布的视频，对每位虚拟偶像 20 条视频进行细致观看，并根据展现出的不同符号类型，有选择地进行观察与记录。文化符号侧重于虚拟偶像的形象装扮、视频传达的内容与场景；情感符号更加注重虚拟偶像本身的感染力和带来的情绪价值；技术符号则透过现象看本质，思考虚拟偶像的神情状态与动作背后的技术关联。在参与式文化部分，本文则是针对性地考察了网络平台中的粉丝动向与互动行为，包括粉丝社群以及粉丝的消费行为等。

（二）个案研究法

对于研究对象的选取，本文先确定虚拟偶像大类，而后在每一类别里选取一位或两位虚拟偶像进行观察与研究。在撰写之初,笔者根据风格、职业、国别等主要指标对虚拟偶像进行分类,选取了国风类虚拟偶像——柳叶熙、天妤,歌姬类虚拟偶像——初音未来、洛天依,虚拟演员——厘里,以及虚拟网红——Lil Miquela。由此本文所观察的虚拟偶像样本能够更加丰富,涵盖面更广,分析产出的相关内容也会更全面。本文主要内容是对这六位风格迥异的虚拟偶像及其粉丝行为进行进一步的翔实记录与分析,根据每一位虚拟偶像的特质进行深入挖掘,再结合本文的研究方向与重点,进行相关文献检索与扩展分析。在前半部分虚拟偶像生成机制方面,本文根据不同的虚拟偶像有指向性地研究其生成机制的独特之处。而在粉丝参与式文化方面,由于不同虚拟偶像的活动范围不同,其粉丝互动也会表现出明显差异,因此笔者着重分析了不同虚拟偶像的粉丝文化属性,提取有关联的内容,进行概括。

四、符号化的建构:虚拟偶像的生成机制

(一)文化符号

文化符号学认为,文化是一种符号系统,是一种由各种符号构成的意义网络。我国学者蒙象飞认为文化符号具有国家属性以及民族属性,反映某个特定社会或社会群体特有的精神、智力、情感等方面一系列的特质。[①] 文化符号作为一种用于传达文化信息、价值观和意义的符号、标志或象征,其对虚拟偶像的形象建构起着重要的作用。在虚拟偶像形象的建构过程中,文化符号元素的增添一方面能够使虚拟偶像的人设背景更加丰富化,另一方面有益于粉丝在身份认同的场域内进行文化的交流与传播。

文化符号是一个民族精神特质的象征,不同民族间文化的差异也使不同国家的虚拟偶像在文化符号的建构选择上具有一定的差异,如中国的柳夜熙与日本的初音未来,二者在文化符号形象的建构过程中就凸显出不同民族的文化特色。柳夜熙的形象设计融合了中国传统文化元素,其外貌、服饰和妆容均借鉴中国古典女性的容貌特征,如柳叶眉、丹凤眼、丸子头、发髻等,这些符号与东方文化元素相呼应,同时柳夜熙的人设定位也蕴含了中华文化中"侠女"的符号特征,她承载的勇敢、坚强、正义感和独立的价值观,体现了中国文化中对于女性力量和自主性的崇尚。初音未来的形象建构则融合了日本"萌"文化的元素,体现了日本传统美学的元素,大眼睛、双马

---

① 蒙象飞:《文化符号在中国国家形象建构中的有效运用》,《社会科学论坛》2014年第6期。

尾、清新的服装和笑容都符合日本"萌"文化的标准，同时也象征着日本动漫文化的社会认同与流行，反映了文化符号理论中的"传统性"观点，即文化符号可以承载和传承一定的文化价值观。

文化符号通过价值观及民族情感的输出，使虚拟偶像的形象建构避免陷入一元化的窘境。在当下审美多元化的时代，文化符号的情感联结为虚拟偶像的破圈传播提供了更多的社交能量。虚拟偶像的诞生为文化符号提供了一个新的媒介载体，利用文化符号进行虚拟偶像的形象建构，能够以一种文化互动的方式快速驱动虚拟偶像与粉丝之间的文化认同缔结与身份归属感的建构，同时也有助于粉丝群体在虚拟空间中锻造出想象共同体的情感联结。与此同时，当某个虚拟偶像成为现象级破圈传播的对象后，其本身也成了特定的文化符号，代表着相应历史社会场景下文化驱动的表征元素。这些虚拟空间中的文化符号都在悄然塑造着我们在虚拟世界中的文化认同、理论价值与现实意义。①

（二）技术符号

智能数字技术的更迭进步，使虚拟偶像也越发朝着类人化与自然化方向发展。狭义上看，虚拟偶像指二次元文化中通过技术手段进行偶像活动的虚拟人物。广义上看，虚拟偶像指基于"技术工具"使人们想象中的艺术形象具象可观，并能在互联网等虚拟场景或现实场景中与粉丝自由交互、被高度中介化和虚拟化的"消费符号"。② 因此在网络上出现的各类虚拟偶像都可看作各类数字技术的具象化身与技术符号的表征体现。AI 虚拟偶像可视作 AI 对偶像形象的技术赋能，不同类型的虚拟偶像其生成的技术偏向也有所不同。如"初音未来"的形象功能定位是虚拟歌手，故其技术设计重点落于声音维度，采用第二代语音合成技术软件 Vocaloid 对声音进行塑造，之后又出现了"初音未来"第三、第四代语音合成软件。我国数字人洛天依形象功能定位同样也是虚拟歌手，其技术基底来自雅马哈公司的 Vocaloid3 语音合成引擎。随着感知交互与全息投影、动作表情捕捉、VR、AR、近眼显示等技术的不断发展，虚拟歌手也从线上走向线下，能与真人歌手一样举办线下演唱会，如 2016 年洛天依 Vocaloid4 新形象以全息的形式亮相"Bilibili Macro Link"。

---

① 吕宇翔、张洋：《短视频平台中的文化符号互动传播策略研究》，《出版广角》2022 年第 2 期。

② 许志强：《元宇宙视域下的人工智能虚拟偶像》，《青年记者》2022 年第 10 期。

如果说过去的初音未来只是让纸片人"动起来",那元宇宙时代的虚拟偶像则是成功实现让虚拟人"活过来"。相较于过去单一的歌姬式虚拟偶像,多重新技术的发展与应用,使承载着各类数字技术的新兴虚拟偶像能够以更具特色的"人格魅力"与用户进行实时多路径互动。国风虚拟偶像天妤背后的技术团队以顶尖动态光场扫描建模技术、全身动态捕捉等技术使其形象逼真度无限接近人类,在头发和眼睛的处理上,超十万根发丝的制作以及眼球中的血丝等细节皆最大程度还原真实。天妤的技术制作团队通过光场采集三维人脸表情和动作数据,针对不同人采集多种表情数据,借助 AI 算法与长时间的深度学习训练人脸表情,最终使天妤在嘴角、眼部的张合幅度、眼神的细微变化、肌肉的轻微颤抖等表情与真人接近一致。同样是国风形象、功能定位于美妆博主领域的虚拟偶像柳夜熙,其精致的妆容、服饰、细致入微的表情,离不开高精度原画设计、动态捕捉、3D 建模、CG 等先进技术的运用。在身体具身化与技术介入下,拥有独特外形与形象个性的新生数字人——虚拟网红进入大众的视线。相较于洛天依的二次元形象,国外的虚拟网红则更多是三次元呈现形象,其中的典型代表便是 Lil Miquela。[①] Miquela 在国外社交平台上拥有极高的粉丝量,借助于 3DCG 、AIGC,Miquela 可以通过虚拟身体与粉丝进行互动,甚至产生情感关联。其照片、服饰、形象依旧离不开细致的建模、合成以及抠图技术。在泛娱乐化电视剧、电影等文娱行业,近年也涌现出一批虚拟演员,相较于虚拟歌手、虚拟网红而言,虚拟演员对于渲染、动捕的技术要求更加严格。虚拟演员的形象建构,重点在于如何通过捏脸技术实现虚拟演员面部的灵动、自然。虚拟人的技术手段愈加成熟,如今虚拟人形象建构技术可以实现控制面部微表情高达 300 余种,脸部肌肉、动作姿态的模型寻迹也发展迅速,如虚拟人皮肤毛孔的真实程度如今已能够达到 8K 左右。[②]

(三) 情感符号

洛天依与初音未来通过表情、歌声、服装、动作等方式映衬出丰富的情感符号,这些情感符号能够引起观众的共鸣与情感共振,让粉丝能够更好地理解与感受它们所传达的情感和情绪。以最常见的面部表情为例,不同的表情和动作可以表达出不同的情感符号。洛天依的"微笑"能够传达出友好

[①] 熊国荣、黄婉婷:《个体化理论视域下虚拟网红的身体实践与情感连接——以 Lil Miquela 的传播实践为例》,《编辑之友》2022 年第 9 期。

[②] 喻国明:《虚拟人、元宇宙与主流媒体发展的关键性操作要点》,《媒体融合新观察》2022 年第 1 期。

和温暖的情感，而初音未来曾展现的"伤心"表情则表现出悲伤和难过的情绪。洛天依和初音未来的"歌声"也是表现情感符号的重要手段。她们的歌声可以根据不同歌曲的不同情境表现出不同的情感符号。如在歌曲《勾指起誓》中，洛天依的歌声婉转动听，表现出对美好爱情的珍惜态度；而初音未来的代表作《甩葱歌》则以轻松欢快的歌声表现出对生活的热爱和积极向上的态度。虚拟偶像所呈现的情感符号相较真人偶像所展现的情感符号而言，往往具有更强的稳定性。虚拟偶像之所以能逐渐与真人偶像共分文娱产业红利，一定程度上便是因其"人格化"符号机制比真人偶像的"神格化"符号机制，更符合互联网时代的符号消费生态。一大批真人偶像难逃被负面消息缠身的命运，现实世界里真人偶像们高频次的"人设崩塌"，随之而来的便是偶像光环褪去，其符号价值的一落千丈，乃至从"全民偶像"到"过街老鼠"的身份转变。而反观虚拟偶像，它们解决了真人偶像最大的痛点，一定程度上实现了偶像"永不塌房"的愿景，其粉丝不必为其追随的偶像形象破碎而担忧。与此同时，虚拟偶像在与消费者的互动中培育品牌情感，以塑造亲和的"人格化"符号形象为核心，不再制造神像而是制造朋友，紧密贴合了互联网的交互性和"去中心化"的符号消费逻辑，从而形成更强的品牌代入感与共情体验。[①]

五、参与式的创造：粉丝群体的实践研究

（一）虚拟偶像粉丝的共创实践

虚拟偶像所处的时代本身就是从互联网发展到不断兴盛的时代，其受众多是网络原住民，媒介革命使得技术更简单、便捷，更容易为人所使用，因此虚拟偶像的粉丝角色相较于传统偶像或者说是真人偶像的粉丝并不相同，虚拟偶像的粉丝文化更多的是参与式文化，粉丝在其中的地位相对来说也较高、较重要，权力也更大。亨利·詹金斯认为参与式文化的形成归功于粉丝对于文本的"盗猎"。所谓"盗猎"是指粉丝作为"漂流者"和"偷猎者"总是在文本之间穿梭，愉快地创造新的互文连接和并置。在新型媒介实践主导下，虚拟偶像粉丝的参与式文化拥有了超越"盗猎"之外的生产方式——"创造"。此时粉丝生产的文本不再是在原材料基础上的"业余产出"，还包

---

① 牛旻、陈刚：《基于虚拟偶像符号的品牌形象设计与传播》，《包装工程》2021年第18期。

括维系虚拟偶像生命力的"基础性设施"。[①]

一方面,粉丝作为虚拟偶像的受众,会对虚拟偶像的整体形象与互动行为提出看法与意见,而这种意见是直接反馈到虚拟偶像的制作运营公司,以倒逼虚拟偶像制作公司对虚拟偶像的后台设计、算法程序进行再编码,相当于"回炉重造",打造2.0版、3.0版的虚拟偶像,以此更加契合粉丝的想法与市场的需求。另一方面,粉丝群体或是粉丝个人也会针对自己喜爱的虚拟偶像进行二次创作,如剪辑应援视频、制作海报和人物手办等。所以虚拟偶像可以作为粉丝的符号和表达介质,成为粉丝创作的重要元素和舞台,在对虚拟偶像不断重塑的过程中,充分地表达自我。[②] 主导权大的粉丝,粉圈一般称之为"大粉","大粉"所产出的关联内容与对虚拟偶像制作公司提出的相关建议,往往分量更重。同时,大众对虚拟偶像初音未来、洛天依等进行内容创作时,粉丝和P主(具备创作词曲、调音编曲、绘画等专业能力的人)利用Vocaloid编辑器,把声库里的声音重新进行排列整合,[③] 制作成具有专属标签的虚拟偶像作品,并发布到视频网站等时下具有广大用户量的社交媒体中,虚拟偶像在粉丝的建构下呈现出"千人千面"。这种粉丝自发的创作行为既提高了粉丝对于虚拟偶像的价值,不再像对于真人偶像的崇拜与仰视,更多的是自我赋权;又在很大程度上提高了宣传效果,粉丝的二创内容极易产生"迷因",实现虚拟偶像的破圈传播。

(二) 虚拟偶像粉丝的组织实践

虚拟偶像粉丝圈层的缔结,搭建起群体间沟通的情感联系与沟通桥梁,在趣缘的连接下逐渐形成一个个独属自身的小群体。胡塞尔于1905年提出"交互主体性",他认为在不同主体间的自我意识与他者意识共同存在于一个整体之中,从而在互动中不断发生变化与改进。[④] 虚拟偶像的粉丝圈层逐渐向社群组织转化,粉丝个体在自身交互主体性的意识作用下,不断增强身份主体的认同感与对粉丝社群的驱动追求。在共同情感连接的驱动下,粉丝社群的规模不断扩大,并逐渐形成具有秩序化的结构规则,通过粉丝个体间的情感能量驱动想象共同体的建构,最终产生"无组织的组织力量"。克

[①] 郑诺:《超越"盗猎":虚拟偶像粉丝群体的参与式文化研究》,硕士学位论文,山东师范大学新闻系,2023,第32页。

[②] 周杨瑞娟:《2018—2022年国内期刊虚拟偶像的文献综述》,《新闻研究导刊》2023年第3期。

[③] 蒲璐:《次世代下虚拟偶像的文化符号与认同建构研究》,《四川职业技术学院学报》2022年第5期。

[④] 埃德蒙·胡塞尔:《笛卡尔式的沉思》,张廷国译,中国城市出版社,2001,第57页。

莱·舍基认为，互联网技术创造了人与人连接的现实景观和去中心化的关系社会，利于形成一种具有去中心化与自由流动特征的临时性群体组织，并可通过信息共享、对话协作和集体行动产生庞大的集体性能量。[①] 虚拟偶像的粉丝群体凭借网络平台的便捷性与自身技能的创造性，在主体意识的驱动下将个体力量凝结成庞大的组织力量，助力自身偶像的话语与形象传播。

例如，"洛天依相关收集站"是一个由粉丝进行内容产出与运营的非官方微博账号，主要负责有关洛天依内容传播的投稿审核、微博粉丝超话的日常运营、策划洛天依周年生日应援活动、发布洛天依最新营业动态等工作，通过自身搭建社群的方式与粉丝进行后援互动。这种自发性非营利的粉丝参与式实践行为，正是粉丝在情感能量的催化下凝结的组织力量。在洛天依的粉丝超话社群内，粉丝自发性地为洛天依进行数据"打投"，粉丝间形成了高度协同的文化样式，表现出粉丝群体间情感共通所锻造的"集体智慧"。虚拟偶像粉丝社群的参与式实践不仅局限于线上的虚拟空间，在线下的现实空间内也表现出粉丝群体理性的组织力量，如洛天依的粉丝对其形象进行cosplay参与线下的漫展活动，以一种具象化的模仿乔装方式，对洛天依的虚拟形象进行实景传播。虚拟偶像粉丝群体已经形成了一个高黏性、高表达欲、高话语权的特殊群体，[②] 他们以精细化分工，组织化协同的模式凝结集体智慧，将无形的组织力量化为虚拟偶像文本生产与形象传播的能量动力。

（三）虚拟偶像粉丝的消费实践

粉丝经济一词最早是由约翰·费斯克（John Fiske）在1992年提出的，他认为粉丝经济是一种架构在粉丝和被关注者关系之上的经营性创收行为。此外，麻省理工学院教授亨利·詹金斯（Henry Jenkins）也提出过类似的概念，他认为粉丝经济是一种情感经济和文化产业结合的产物，是情感的、非理性的，有关于信仰和身份认同感。从本质来看，粉丝经济属于大众消费时代互联网圈的全民娱乐和集体狂欢的表现。

在粉丝经济的庞大市场体量下，虚拟偶像市场体量也不可小觑。智研咨询发布的《2021—2027年中国虚拟偶像行业发展前景预测及投资战略研究报告》显示，2020年我国虚拟偶像行业市场规模约5.08亿元，同比2019年的4.06亿元增长了25.12%。[③] 文化消费的对象具有多样性特征，大致可

[①] 刘潮：《"无组织的组织传播"理论研究现状及其价值分析》，《新闻研究导刊》2016年第4期。
[②] 周杨瑞娟：《2018—2022年国内期刊虚拟偶像的文献综述》，《新闻研究导刊》2023年第3期。
[③] 马凝珂：《粉丝经济视阈下以虚拟偶像IP为基础的品牌营销策略分析——以KDA为例》，《声屏世界》2022年第11期。

分为有形消费对象与无形消费对象,所谓无形消费对象是指具有非物理存在性质的对象,如音乐、视频等。[①]

一方面,拥有虚拟偶像全部商业价值的组织可以通过出售线上以及线下演唱会门票、发布在线音乐、制作并出售周边产品等方式获得直接的经济收益。以"中国第一虚拟歌姬"洛天依为例,根据洛天依所属经纪公司 vsinger 在官方网站上公开的资料可知,洛天依的官方周边销售额目前已经达到 10.4 亿元人民币,这些周边商品包括手办、钥匙扣、挂件等。其中,最受欢迎的周边商品是手办,销售额达到了 8000 万元。另一方面,虚拟偶像还可以通过广告代言、参与合作等方式获得更多的商业机会和收益。同样以洛天依为例,她曾为百雀羚、肯德基、欧舒丹、雀巢等多个知名品牌进行过商业代言以及进行联名合作。

六、结论

随着人工智能技术的不断发展和应用,虚拟偶像作为一种新兴的文化现象,已经在全球范围内引起了广泛的关注和热议。虚拟偶像的形象利用文化符号、技术符号与情感符号进行综合建构。通过符号化的赋能,虚拟偶像能够获得更好的形象传播与话语表达。虚拟偶像的打造不仅植根于先进的技术,更深入扎根于粉丝群体的共创、组织和消费实践,情感联结与深度互动孕育了独特而充满活力的社群。虚拟偶像粉丝群体具有高度的参与性和创造性,他们通过二次创作、组织实践和消费,积极参与到虚拟偶像的形象优化和推广宣传中。粉丝的参与实践丰富了虚拟偶像的内容和形象,增强了粉丝对虚拟偶像的认同感和归属感。本文对虚拟偶像文化生成提出了深刻的洞见,同时也凸显了粉丝参与实践在虚拟偶像文化生态中的关键性。在不断演进的虚拟偶像文化中,粉丝的创造力和热情将持续推动文化创意的前进方向。对这一领域的深入研究不仅有助于社会更好地理解虚拟偶像的本质,也能为未来的文化创意产业提供启示,为人工智能与人工智能文化交汇的领域擘画更为丰富的发展图景。

(本文作者均系浙江传媒学院新闻与传播学院硕士研究生)

---

① 孟宪伟:《基于粉丝消费行为的虚拟偶像运营策略研究——以"洛天依"为例》,硕士学位论文,山东财经大学文化产业管理系,2023,第 46 页。

AIGC 重塑体育赛事报道新景观
——基于新华社对于杭州亚运会报道的语义网络分析

肖文娟　曲沛楠　王楚怡

摘要：在人工智能不断发展的背景下，AIGC 迎来加速发展，其多样化的内容生产能力给新闻传媒行业带来了一轮新的生产革命。体育赛事报道作为体育新闻的重要组成部分，同时也是受社会关注度越来越高的领域，如何做好体育赛事报道成为学界和业界共同研究的课题。本文选取新华社利用 AIGC 技术对杭州亚运会产出的报道内容为研究对象，对文本内容进行数据爬取，用可视化软件绘制词云图、共现网络关系图等，对标题、内容、态度倾向进行分析，探究利用 AIGC 技术产出的新闻报道特征，以及 AIGC 为体育赛事报道带来的价值。研究发现，体育赛事报道利用 AIGC 技术，可以根据既定模板高效率产出多元形式的报道内容，实现内容要素拼接自动化、新闻产品样态多元化、用户群体体验最优化。

关键词：AIGC；体育赛事报道；杭州亚运会；语义网络分析

一、引言

AIGC（Artificial Intelligence Generated Content）是一种通过人工智能技术，利用大数据、机器学习和自然语言处理（NLP）等技术，自动生成各种形式的内容，如文章、新闻、图片、音乐、视频等的新内容生产方式。[①] 在 PGC（Professional Generated Content）、UGC（User Generated Content）、PUGC（Professional User Generated Content）极大地影响新闻业之后，AIGC 成为新兴的中坚力量。如今人工智能被运用在新闻生产"采写编发"的各

---

① 胡正荣、樊子塽：《历史、变革与赋能：AIGC 与全媒体传播体系的构建》，《科技与出版》2023 年第 8 期。

个流程中，AIGC作为一种新的内容制作架构，它将为新闻内容的制作和互动提供一种新的模式，并且不断地推动行业创新①。

体育新闻在新闻报道中占有非常重要的比重。其中，影响力最大、受众最为广泛的就是大型赛事报道，②如针对奥运会、世界杯、NBA的报道。体育赛事报道对时效性要求极高，而人工智能能够自动收集和处理大量数据，生成有关体育新闻的多形式新闻作品，使得新闻媒体能够更快速、更准确地发布某项体育赛事的相关内容。AIGC技术使得内容生产过程尽量实现"自动化"，减少人的工作量。在杭州第19届亚运会期间，新华社利用AIGC技术，产出大量新闻内容，丰富了作品表现形式。本文基于新华社利用AIGC对于杭州亚运会的报道，分析利用AIGC技术产出的新闻报道特征，探究AIGC为体育赛事报道带来的价值。

二、文献综述

本文从AIGC和体育赛事报道两方面的研究现状入手，进行文献的收集和梳理，目的是了解AIGC的发展状况和我国大型体育赛事报道的现状，作为研究新华社对于杭州亚运会报道的基础。

（一）AIGC的发展状况

经过60多年的发展，新一代人工智能呈现出深度学习、跨界融合、人机协同、群智开放、自主操控等新特征。③AI技术不断迭代，在算力、数据和模型方面都有了大规模提升，新一代人工智能的重要分支——人工智能生成内容（AIGC）迎来加速发展，并在内容创作与分发上有了质的飞跃，正在催生全新的产业体系。④AI被认为是人类历史上第四次工业革命，⑤而AIGC的发展和应用离不开AI技术奠定的基础。根据AI技术的迭代和智能生成内容的特征，AIGC的发展可以被划分为规则驱动的实验（1956—1980年）、机器学习的崛起（1980—2006年）、深度学习的革命（2006—2014

---

① 徐伟东：《算力加持，知识变轨：AIGC助推新闻业范式革命》，《视听》2023年第11期。
② 刘静涛：《融媒体时代如何做好大型体育赛事报道——以北京日报体育新闻部报道团队为例》，《西部广播电视》2023年第13期。
③ 涂凌波、赵奥博：《作为基础资源的大数据：AIGC变革下新闻传播活动的再认识》，《未来传播》2023年第3期。
④ 谢湖伟、简子奇、沈欣怡：《认知框架视角下AIGC对媒体融合的影响研究——对30位媒体融合从业者的深度访谈》，《新闻与传播评论》2023年第6期。
⑤ 杨孔威：《以AIGC为代表的人工智能在传媒领域的发展和应用》，《中国传媒科技》2023年第5期。

年)、生成智能的突破(2014年至今)四个阶段。第四阶段是最具影响力的阶段,在这一阶段人工智能实现了向生成式人工智能的跨越。① 从ChatGPT横空出世,到目前代表性的生成式AI产品StableDiffusion、Claude-instan、文心一言等,生成式AI完成了从迅速蹿红到落地发展。② 2023年3月15日,OpenAI发布了ChatGPT-4版本,这次升级真正实现从处理文字内容到处理包括文字、音视频、代码、图像等多格式内容的"全面颠覆"。至此,AIGC以其巨大的数据量、内容的创造性、跨模态的融合以及认知交互能力,引起了世界的广泛关注。③ 多模态的预训练模型给AIGC带来了多样化的内容生产能力,使其不仅能够拥有文字、图片、音频和视频等基本的内容生成模式,还可以在文字、图片、视频等之间进行跨模态的内容生产,给新闻传媒行业带来了一轮新的生产革命。④ 在媒介技术发展和传播生态剧变的当下,"内容"的内涵和外延进一步延展,传统"内容"范式已不足以支撑生成式AI浪潮下传媒业版图的扩张与角色功能的扮演。在内容概念不断延展、内容范式持续迭代的情况下,如何把握媒介内容生产和传播生态的复杂演变成为传媒业面临的关键问题。⑤

(二)我国大型体育赛事报道的演变与革新

随着我国经济、文化、科技及社会等各方面水平的提高,人们对于精神生活方面的要求也逐渐提高,体育赛事的新闻报道也受到越来越多媒体的关注,体育新闻事业得到了迅猛发展。自2008年北京奥运会以来,我国接连举办了广州亚运会、南京青奥会、武汉军运会、成都大运会等大型国际性综合体育赛事。2023年9月23日,党的二十大以来我国举办的规模最大的体育赛事——第19届亚运会在杭州隆重开幕,并得以圆满举行。⑥ 近些年,体育赛事的报道越来越平民化,更加贴近人们的生活,能够让更多人听懂赛

---

① 胡正荣、樊子埽:《历史、变革与赋能:AIGC与全媒体传播体系的构建》,《科技与出版》2023年第8期。
② 喻国明、苏芳、蒋宇楼:《解析生成式AI下的"涌现"现象——"新常人"传播格局下的知识生产逻辑》,《新闻界》2023年第10期。
③ 李白杨、白云、詹希旎等:《人工智能生成内容(AIGC)的技术特征与形态演进》,《图书情报知识》2023年第1期。
④ 杨孔威:《以AIGC为代表的人工智能在传媒领域的发展和应用》,《中国传媒科技》2023年第5期。
⑤ 喻国明、李钒:《内容范式的革命:生成式AI浪潮下内容生产的生态级演进》,《新闻界》2023年第7期。
⑥ 杨猛:《乘大赛之机提升国际传播水平——从杭州第19届亚运会的新闻宣传和媒体运行说起》,《中国记者》2023年第10期。

事讲解，这种变化更加能够被人们所接受，更能传递体育赛事背后的文化内涵。① 体育赛事报道的变化实际上是随着媒介发展同步进行的，同样经历了口语时代、文字时代、印刷时代、电子媒介时代四个发展时期。② 从人际口口相传，到以报纸为载体的单一发展期，到电视、报刊、网络的多元发展期，再到如今各类媒体融合发展的新时期，媒介技术的不断进步使得体育赛事报道拥有了更广泛的传播渠道、更多样的传播方式、更丰富的内容类型。③ 基于融媒体技术的不断更新，传统媒体进一步深入转型，客户端、微信公众号、短视频号、微博等新媒体平台成为主要阵地。④ 目前，我国的大型体育赛事报道基本形成了"从国家到地方，以网络新媒体为创新发力点，以新型主流媒体为中坚力量，以报刊等传统媒体为报道辅助，内容涵盖体育新闻、赛事转播、赛事评论、相关专题等，形式囊括文字、图片、视频、直播、VR 等多种媒介的传播报道格局"⑤。体育新闻传播环境发生变化，技术变革颠覆新闻生产底层逻辑，注意力成为稀缺资源，"流量至上"推动媒体向商业化发展。

由于杭州亚运会和亚残运会在 2023 年 10 月闭幕，本文写作时知网上对于杭州亚运会的研究很少，关于媒体利用 AIGC 报道杭州亚运会的研究角度暂时空缺。因此笔者选取新华社利用 AIGC 对于杭州亚运会的报道为研究对象，研究 AIGC 技术对体育赛事报道的价值。

三、研究设计

（一）数据来源

为保证样本的完整性和权威性，本文选取新华社客户端作为样本来源。新华社是中国国内最有影响力、最具国际影响的新闻机构。新华社以 7 种语言、每天 24 小时不停地向全世界传递新闻，其中重要新闻的首发率和转载率在全国其他媒体中均居首位。新华社是中国的一个重要窗口，它代表着国家的主流观点，向全世界的互联网用户提供最权威、最及时的新闻资讯。本

---

① 郭秀清：《浅谈体育赛事报道的文化传播影响力》，《中国报业》2023 年第 4 期。
② 李历铨：《从体育赛事观传播媒介类型的变化》，《今日科苑》2010 年第 8 期。
③ 程林：《影像技术进步在体育赛事报道中的应用与创新》，硕士学位论文，北京体育大学新闻与传播系，2021，第 6 页。
④ 李鹏、郑耀林：《小屏幕体育赛事报道研究——以 2022 年北京冬奥会体育报道为例》，《新闻战线》2022 年第 6 期。
⑤ 张卓：《大型体育赛事报道策略探析——以陕西广电全运融媒体频道为例》，《电视研究》2022 年第 1 期。

文以"AI 亚运"为检索词，对新华社客户端的数据库进行全文检索，剔除主题不相符报道与重复信息后，最终获得 2019 年至 2023 年的 40 条报道样本，共 7879 字。

（二）研究方法

本文采用语义网络分析法，基于词频、点度中心性、词共现等绘制新华社利用 AIGC 对于杭州亚运会报道的语义网络图谱，揭示新华社利用 AIGC 报道亚运会的重心和话语框架。具体操作方法为：利用 Notepad＋＋对采集到的样本进行去噪和整句划分；利用语义分析软件 ROST 对去噪后的样本进行分析，获得高频词、共现表等数据；利用数据可视化软件 Gephi 绘制语义图谱。

四、研究分析

（一）报道样本基本信息

本文采集到的 40 条报道样本发布于 2019 年至 2023 年，其中 18 篇在 2015 年 9 月 16 日杭州成功申办 2022 年第 19 届亚运会到 2022 年 9 月 10 日—25 日原定举办日期之间发布；4 篇在 2023 年 9 月 23 日正式开赛前 1 个月发布；18 篇在 2023 年 9 月 23 日—10 月 28 日亚运与亚残比赛期间发布。

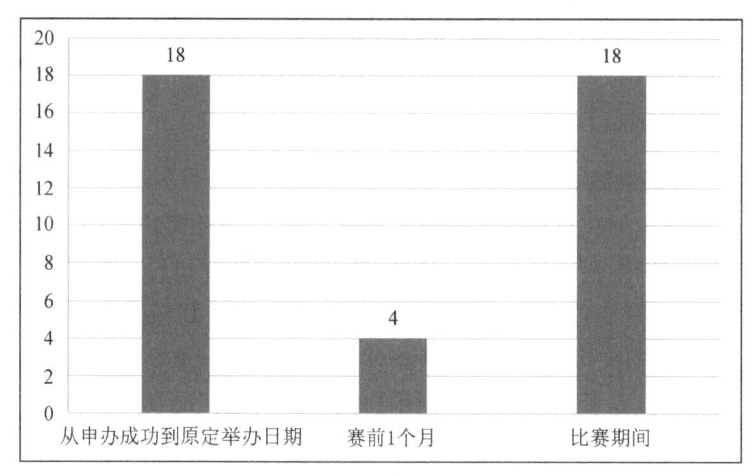

图 1　样本发布时间

其中以虚拟主播形式播报亚运会相关信息的视频新闻形式数量为 19 条，占比 47.5%；以"图片＋文字"生成视频形式的新闻数量为 17 条，占比 42.5%；以海报形式宣传亚运会内容的新闻数量为 2 条，占比 5%；以交互式产品、"动图＋文字"两种形式展现的新闻各为 1 条，分别占比 2.5%。

AIGC 重塑体育赛事报道新景观
——基于新华社对于杭州亚运会报道的语义网络分析

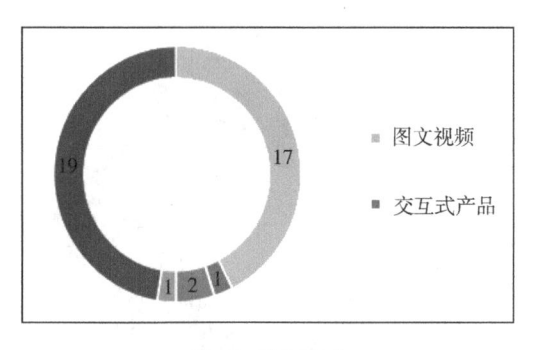

图 2 样本形式

(二) 利用 AIGC 的报道样本特征分析

将本文采集到的 40 篇报道样本的标题通过可视化软件生成词云图以及词性比例图可以发现，出现频率最高的是"亚运会""杭州""中国队""金牌"等名词。由此可以得出，新华社在利用 AIGC 产出新闻内容时，更偏向于报道关于比赛的信息和结果，而非带有思辨性质的评论或特写等新闻类型。根据新华社在亚运会报道中利用 AIGC 技术的实践可得，并非所有类型的新闻都适合借助人工智能来生成。美联社在此之前已经在体育赛事报道中使用自动化手段来运用各种数据，但大多数内容都是将运动员的赛事信息进行整合。由此可见，适用于计算机或算法的新闻报道，通常都是基于对各种数据、图表的引用与分析，带有鲜明的"数据处理"色彩，属于新兴的"数据新闻学"[①]。

图 3 样本标题词云图

---

① 金兼斌：《机器新闻写作：一场正在发生的革命》，《新闻与写作》2014 年第 9 期。

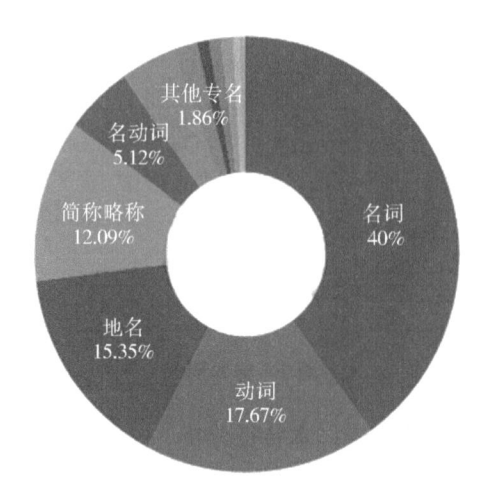

图4 样本标题词性

1. 满足体育赛事新闻对时效性的高要求

人工智能可以从纷繁复杂的信息中提取所需内容。它能够以高度精准的方式将碎片化、分散化和无规律的信息组合成可用的内容。大部分体育赛事报道都以简单直观的数据为主，而且对时效性有着极高的要求。因此，AIGC技术可以在体育赛事报道过程中减少大量人力成本。媒体只需事先设置好预设模板，当需要报道比赛信息时，可以通过AIGC技术快速获取即时信息，并根据事先设置的模板迅速生成相关报道，使其能够及时发布，AIGC技术在体育赛事报道中的应用可以显著提高工作效率。首先，人工智能进行信息抓取的过程速度极快，可以在短时间内获取大量数据。相比之下，人工采集信息往往需要花费更多的时间和精力。其次，人工智能可以自动根据设定的模板生成内容，无须进行烦琐的编辑和排版工作。这样，媒体记者们就能节省大量的时间和精力，将更多的注意力放在更复杂的工作上，如对新闻事件进行分析和评论。

2. 模板化生成保证内容准确客观

在大型体育赛事中，新闻的数据来源广泛，内容复杂。因此，报道常常会产生大量纷繁复杂的信息。不管是团体赛还是个人项目，媒体记者很难兼顾到每一场比赛的每一位运动员的所有信息。在各项比赛中，特别是团体赛，记者们要计算的是双方的赛事数据，同时还要统计某个动作的出现次数以及运动员在比赛时究竟是哪种技术策略起到了决定性的作用。大量复杂的工作常常使记者很难应付，准确性也无法保证。所以拥有一个能让他们从繁重单调的工作中解脱出来的工具，让他们有更多的时间和精力进行深度分析、寻找更多鲜活的材料，是更具有性价比的选择。此外，记者们在撰写新闻稿时难免会夹杂一些主观情感，比如受到个人情绪和社会舆论的影响，因而新闻内容的客观性可能难以保证。特别是关于体育赛事的报道，受众群体的广泛性对新闻报道的客观性和全面性提出了更高要求。这一问题利用AIGC便无须担心，因为新闻内容是根据既定模板与即时信息自动生成的。除了比赛，人工智能不会受到其他干扰，且机器的可重复性和"不知疲倦"的特性，打破了人类身体上的限制，使人工智能的特性和体育赛事的特性能够有效结合起来。

3. 多元化报道形式扩充宣传力

相较于纯文字的新闻稿，图片和视频更具吸引力和传播力。在40篇样本中，新华社利用AIGC产出了海报、视频、虚拟主播及交互产品。新华社利用AIGC发布的第一篇亚运报道，是通过AI合成主播来报道亚运场馆启动建设，此后，其陆续利用AIGC合成虚拟主播来报道亚运相关进程。在开赛前的预热阶段，新华社将亚运会与珍稀动物联名，利用AIGC生成项目宣传海报，兼顾公益性、美观性与宣传性。为宣传9月22日在新华社客户端、新华网和腾讯视频上线的4K人物纪录片《亚运榜YOUNG》，同时展现年轻运动员的青春风采，新华社利用AIGC设计了符合年轻人审美、凸显项目特点的海报。以"动图+文字"形式呈现的新闻作品《AIGC看亚运｜如果古代也有运动会……》影响力极高，作品中的古代文化与现代文化相碰撞，借助AIGC技术展现在大众眼前，客户端评论量达3000多次。交互式产品《AIGC互动｜跟着记者逛亚运》利用AIGC生成记者的数字形象，通过用户的触屏点击完成亚运现场"云打卡"。在亚运与亚残比赛期间，新华社利用AIGC生成图文视频，报道比赛结果等赛事信息，在保证报道高时效性的同时兼具内容形式的多样性。AIGC能够通过检索大量图、文、音视频信息来"组装"最优质的报道，从而迎合更多人的喜好，满足不同群体的需求。

（三）报道样本内容语义网络分析

从40篇样本的文字内容生成的语义网络全局图可以看出，样本内容以"金牌"为中心呈发散式结构，共现网络中涉及"项目、女子、代表团、冠军、马术、决赛、体操、男子"等多元节点，其报道内容涵盖与亚运赛事相关的多项主题，说明新华社利用AIGC的报道思路以发布赛事结果为主。

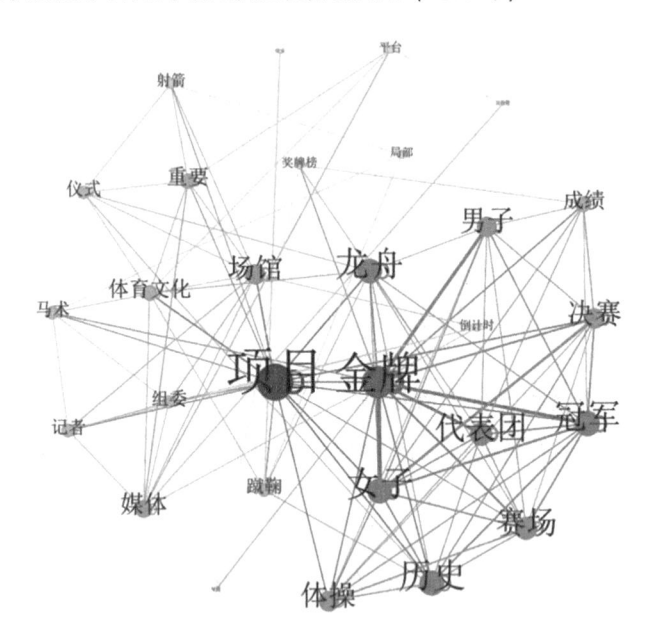

图 5　样本内容关键词共现网络关系图

对高频关键词进行词频统计和词性归纳后发现，样本的文本内容多以名词组成，如：亚运会、杭州、中国、金牌、亚运、中国队、项目、女子、代表团、冠军等。而动词占比较少，如：夺得、成为、拿下、进行等，主要与名词构成词组。从以上归纳可以得出，新华社利用 AIGC 的叙事风格以陈述为主，通过新闻六要素"谁（Who）、何时（When）、何地（Where）、何事（What）为何（Why）、过程如何（How）"的组装来完成一则新闻的报道。较少涉及对描述要求较高的新闻内容，这与人工智能写作的特性相符合。

表 1　样本内容高频关键词词频统计

关键词	词频	关键词	词频	关键词	词频	关键词	词频	关键词	词频
亚运会	59	比赛	12	蹴鞠	8	射击	7	正式	6
杭州	54	夺得	12	射箭	8	继续	7	奖牌榜	6
中国	47	马术	11	进行	8	选手	7	智能	5
金牌	28	龙舟	10	赛场	8	成绩	6	区块链	5
亚运	28	决赛	10	组委	8	获得	6	运动员	5
中国队	19	运动	10	体育	8	建设	6	倒计时	5
项目	16	男子	9	历史	7	媒体	6	工作	5
女子	14	拿下	9	活动	7	描绘	6	围棋	5
代表团	13	场馆	9	发行	7	局部	6	仕女	5
冠军	12	成为	9	收获	7	军团	6	儿童	4

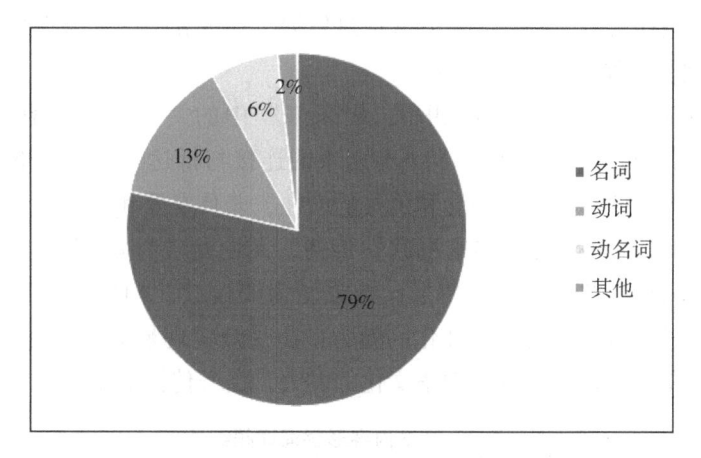

图 6　样本内容关键词词性比例图

（四）态度情感分析

1. 积极情感倾向引导舆论正向发展

积极的情感态度是体育赛事报道的底层驱动逻辑。当下后现代性的崛起，是对西方现代科学讲求的"理性、科学和客观"的填充，除了真实客观的理性面，人们对于情感的表达和权重越发重视。"后真相""情感新闻"这些概念便是这一社会思潮巨变在标榜客观的新闻传播业的体现。落地到体育赛事报道中，无论是足篮排、田径还是亚运会中的新晋项目电子竞技、霹雳舞，都是加速社会下大众纾解压力、寄托情感的对象，观众因竞技结果而情绪波动，甚至在比赛中强化对民族国家的认同，都是情感的真实流露。可以说体育竞技是现代意义上的又一座"世俗宗教"，让人们卸下伪装，真诚流露情感。因而当比赛结果不尽如人意时，巧用积极的话语态度能化解一部分负面舆论，这样才能迂回实现舆论引导和媒体公责。

2. 央级媒体维护主流价值观

新华社是一家具有主流受众和主流市场的中央媒体，肩负着意识形态宣传、舆论引导和文化软实力的重要责任。主流价值观是一种为广大人民所认可和接受的、具有普遍一致性的价值理念，是一种占主导地位的社会意识形态。主流传媒对一国和一国的主流价值观念起着举足轻重的作用，是一种强有力的支持力量。杭州亚运会作为向世界讲故事的窗口，新闻媒体报道在其中扮演着扩音器的角色。主流媒体要做好正面的阐释与宣传，掌握好正确的舆论方向，强化对社会热点、敏感问题的引导，使其在主流舆论中的地位得到充分发挥。要加强对网络等新兴媒介的建设与管理，充分调动人民群众投身中国特色社会主义事业，凝聚起促进发展、促进和谐的强大力量。

3. 软性传播实现情感共鸣

杭州亚运会口号"心心相融，@未来"中的"@"中文翻译为"爱达"，强调人与人、国与国、当下与未来的连接与抵达，参与赛事、关注赛事的所有人都拥有共同的理念和美好的向往，兼具友爱和通达。新华社利用AIGC产出的新闻报道同样重视软性传播，无论是"穿越回古代看亚运"，还是与珍稀动物共同为亚运喝彩，抑或是为亚运健儿拍摄纪录片、生成海报，都是以多形式宣扬中华文化的魅力，让受众实现最大程度的情感共鸣。同时，也在一定程度上宣扬中华文化的魅力，提升传播效果。

表2 样本内容形容词词频统计

形容词	词频	形容词	词频	形容词	词频	形容词	词频	形容词	词频
重要	5	美丽	1	高超	1	意外的	1	幸福	1
独特	4	优秀	1	兴盛	1	强大	1	简约	1
年轻	3	恢宏	1	复杂的	1	强大的	1	坚韧的	1
细腻	3	轻松	1	和谐	1	美丽的	1	激昂	1
出色	3	受欢迎的	1	生动的	1	成功	1	巧妙	1
广泛	2	雅致	1	快乐	1	精准	1	新兴	1
连续	2	风和日丽	1	凸显	1	成熟的	1	金灿灿	1
最大	2	深邃	1	新潮	1	有限	1	冠军的	1
创造的	1	古老	1	虚实	1	荣誉的	1	最高	1
健康	1	丰富	1	最强	1	繁荣	1	重新	1

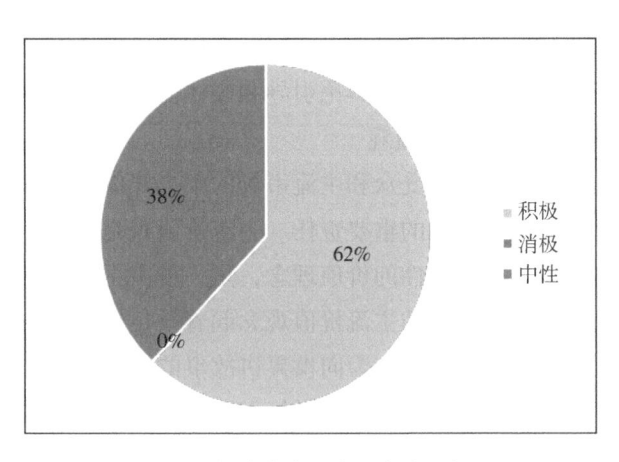

图7 样本内容形容词态度比例

五、AIGC 为体育赛事报道带来的价值

（一）内容要素拼接自动化

生成式 AI 让个人走向创造密集型劳动。生成式 AI 可以通过大语言模型的超强算力，自动完成一些低语境领域的知识生产任务，进一步解放个体知识生产者。[①] 媒体生产新闻报道时需要大量权威的信息素材，再根据主题和逻辑将信息串联起来组合成新闻。媒体在报道体育赛事时利用 AIGC 技术，能够大大简化信息素材的拼接串联过程。只需为其设置好预设模板，人工智能便可根据需要抓取文本、图片、音频、视频等各种形式的素材进行理解和筛选，组成合规且优质的新闻产品。

（二）新闻产品样态多元化

以往的新闻产品以文字、图片和视频居多，AIGC 技术对新闻业的加持催生了更多元化的新闻产品诞生。在人工智能技术的更迭过程中，虚拟现实的新形态应运而生。借助虚拟现实的沉浸式体验，新闻媒体可以最大限度地还原新闻的真实度，让观众在接收未知信息的同时，也能对情感和情绪有最清楚、最直接的感受，这样才能让新闻报道获得最佳的传播效果。AIGC 基于新闻事件，通过对时空中的人物、事物进行组合，构建出一种"元宇宙"的新闻情景。在元宇宙情景下，"人机协同"的工作模式将发挥最大效用。

（三）用户群体体验最优化

AIGC 技术的核心是通过大量数据的抓取和整理，实现对人类偏好习惯的深入学习。通过分析这些数据，AIGC 可以准确地了解人们对新闻的偏好、感兴趣的主题和关注的内容。这使得新闻媒体可以基于用户需求精准地制定新闻策略和报道计划，提供更加个性化并满足更广泛受众偏好的新闻产品。AIGC 另一个重要的内容形式是虚拟主播和交互式产品。虚拟主播是一种通过 AI 技术创造出来的虚拟人物，可以担任新闻主播的角色。虚拟主播不仅可以传递新闻信息，还可以与用户进行情感互动，增加与用户的亲近感和参与感。交互式产品则是指结合了人工智能和用户界面技术的产品，可以与用户进行交互，提供更加沉浸式和个性化的新闻体验。虚拟主播和交互式产品的引入，不仅提高了新闻质量，也注重与用户的情感互动和受众参与度。它们通过与用户进行零距离沟通，使用户能够更好地表达自己的情感需求，并

---

① 喻国明、苏芳、蒋宇楼：《解析生成式 AI 下的"涌现"现象——"新常人"传播格局下的知识生产逻辑》，《新闻界》2023 年第 10 期。

在情感上得到满足。这样的互动与情感寄托，提升了用户对新闻的关注度和忠诚度，同时也增强了用户对媒体的认同感。

六、结语

每一种新技术在出现时总是充满争议，但人工智能时代下人机合一的态势越发猛烈。在技术的加持下，体育新闻领域的未来图景让人充满期待。我们要让技术的演化朝着人类预期的发展方式进行，促成知识的涌现。对于技术发展的判断，我们既需要向后望也需要向前探，大胆地假设技术的可能与可为。目前人工智能只能生成体育灵魂的外形，无法在真正意义上对体育传媒产品"铸魂"，因此还不必太过惶恐。[①] 在风险社会的时代背景下，我们要遵循以人为本，充分认识到技术和智能发展的多变性，以此应对新技术为体育赛事报道带来的变革。我们只有始终保持审慎的态度与反思的习惯，才能实现新技术与体育新闻领域共同发展。

（本文作者均系浙江传媒学院新闻与传播学院硕士研究生）

---

① 滕姗姗、胡奇：《人工智能技术背景下体育传媒产业的数智化变革与挑战》，《宁夏社会科学》2023 年第 3 期。

"数字弱势"家长参与学校教育的"双重鸿沟"

卢 卓

摘要：家校合作是教育改革和发展的重要趋势，但我国家长参与子女教育尚处于起步阶段。数字化时代，家校合作机遇与挑战并存。通过智慧校园综合管理系统等数字化工具，家长参与的频率和形式得以提高，但家长间的新数字鸿沟导致"数字弱势"家长无法完成"超纲作业"，在子女教育的参与中面临起点不平等的问题。本文采用问卷调查法和深度访谈法，以"数字弱势"家长作为主要样本，辅以教育工作者和学生的视角进行补充，呈现"数字弱势"家长在参与学校教育过程中面临的"双重鸿沟"——数字技能鸿沟与家长参与鸿沟，探索数字时代家长参与的可行路径。

关键词：数字化；数字鸿沟；家校合作；家长参与；数字弱势群体

一、引言

教育公平是社会公平的基石。教育不平等使阶级地位在代际之间传递，成为社会不平等再生产的工具。[1] 家校合作是指对学生最有影响力的两个社会机构——家庭和学校形成合力对学生进行教育，使学校教育学生时能更多地得到家庭方面的支持，而家长在教育子女时也能更多地得到学校方面的指导。[2] 在当今教育理论和实践研究领域，对家校合作的重要性已达成共识。从世界范围来看，家长参与子女教育已经成为教育改革和发展的一个重要趋势。[3] 2022 年 1 月 1 日，世界上第一部专门的家庭教育国家立法《中华人民

---

[1] Pierre Bourdieu, Cultural Reproduction and Social Reproduction. In Jerome Karabel and A. H. Halsey (eds.), *Power and Ideology in Education* (New York: Oxford University Press, 1977), pp. 487 – 511.
[2] 马忠虎：《基础教育新概念——家校合作》，教育科学出版社，1999，第 36 页。
[3] 李春玲：《社会政治变迁与教育机会不平等——家庭背景及制度因素对教育获得的影响》，《中国社会科学》2003 年第 3 期。

共和国家庭教育促进法》正式实施。在我国，尽管政策制定者、管理人员和教师逐步意识到了家长参与的重要作用，但目前，家庭与高校在思政工作中面临双方教育理念不统一、衔接不畅等困境，导致教育成效难以达到期望状态。①

数字化时代，家校合作机遇与挑战并存。一方面，我国高度重视教育行业的发展，大力推进教育行业的信息化。2018 年上半年，教育部发布《教育信息化 2.0 行动计划》，形成了"三全两高一大"的发展目标和"八大行动计划"的举措支撑，把"信息技术支撑新时代教育评价改革"作为深入贯彻党的二十大精神的重要内容。网络与信息技术打破了以线下"家长会"为主的家长参与的传统，如智慧校园综合管理系统"慧知行"App，建立数字化家校共育服务，拓展了家长参与的形式，提高了家长参与的频率，为家长参与形式带来了无限可能。另一方面，数字化教育改革多停留于设备接入层面，而个体数字素养的差异是否会带来新的不平等也引发了广泛讨论。《2021 年全国未成年人互联网使用情况研究报告》显示，26.8%的家长表示对互联网懂得不多，主要是玩游戏或看短视频；7.4%的家长表示自己不会上网。② 同时，数字素养与个体年龄密切相关。距 2016 年初"全面二孩"生育政策的正式启动已有近 8 年时间，高龄父母的"二孩"逐步接近或已达到小学入学年龄，数字素养较低的高龄父母将加入小学家长群体。此外，隔代抚育作为我国主要的抚育方式之一，作为抚育者的数字素养较低的老年群体也不容忽视。

缺乏参与技能是家长参与的阻碍因素之一。③ 在推行数字化家校合作的背景下，家长的参与技能有了更高的要求，因而"缺乏数字化参与技能"或将成为数字时代家长参与的阻碍因素。家长间的技能鸿沟是否会引发新的教育上的不平等？作为新数字鸿沟劣势一端的家长是否拥有数字化参与能力？又如何应对超出自身数字能力范围的线上活动？基于以上问题，本文通过对来自城镇和农村的 11 名小学家长、2 名小学生、2 名小学教师和 1 名小学校长的问卷调查和电话访谈，探索家校合作的数字化路径。

---

① 张志明，杨昊杰：《家校协同育人提升高校思想政治工作实效的路径研究》，《河南财政金融学院学报（哲学社会科学版）》，2024 年 10 月第 5 期，第 22 - 25 页。

② 共青团中央维护青少年权益部、中国互联网信息中心：《2021 年全国未成年人互联网使用情况研究报告》，https://news.youth.cn/gn/202211/t20221130_14165457.htm，访问日期：2022 年 12 月 30 日。

③ Gestwicki Carol, *Home, School, and Community Relations: A Guide to Working with Parents* (Delmar Publishers, 1991), pp. 48 - 52.

二、文献综述

数字鸿沟最早出自20世纪90年代美国媒体报道和政府公告中，其概念在传统上被定义为技术接入拥有者和技术接入缺乏者之间的差距。[①] 数字鸿沟理论强调，由于社会中不同群体对互联网在可及性和使用上的差异导致了数字鸿沟，[②] 并依据不同的形成原因具体分为接入沟和使用沟。不同人群在物质层面上接入互联网的条件差距被称为第一道数字鸿沟，即接入沟。[③] 随着全球互联网的普及，在"动机接入"（有意愿去使用新技术）和"物理接入"问题获得广泛解决后，数字鸿沟开始向"技能接入"和"使用接入"转化。"技能鸿沟"是指运用和管理软硬件的数字技能或网络技能，分为媒体和内容两个层面。媒体层面的技能主要涉及对数字技术或数字媒体的操作和处理，内容层面的技能包含了信息处理技能、交流技能、内容创造技能和策略技能（详见表1）。不同人群在上述技能上的差异就构成了"数字技能鸿沟"。[④]

表1　数字或网络技能的类型

层面	类型	描述
媒体层面的技能	操作技能	能够操作数字媒体（如操作媒体上的按钮等）
	常规技能	能够操控媒体的常规结构（如浏览、导航等）
内容层面的技能	信息处理技能	能够在数字媒体中搜索、选择和评估信息（如运用搜索引擎等）
	交流技能	能够收发邮件、开展联系、创建在线身份、引起关注及提出观点等
	内容创造技能	能够通过某个设计或某种规划为网络世界作出贡献
	策略技能	能够以数字媒体作为手段，实现特定专业发展目标和个人目标

---

① Besser H. "The Next Digital Divides," accessed December 17, 2004, http: //www. tcla. gseis. ucla. edu/divide/politics/besser. html.

② Riccardini F. and Fazion M, "Measuring the Digital Divide" (paper presented at IAOS Conference on Official Statistics and the New Economy. London, UK, 2002).

③ Attewell P, "The First and Second Digital Divides," *Sociology of Education* 3, no. 3 (2001): pp. 252 - 259.

④ Van Dijk and J. A. G. M, *The Evolution of the Digital Divide: The Digital Divide Turns to Inequality of Skills and Usage* (Amsterdam: IOS Press, 2012), pp. 57 - 75.

新数字鸿沟下，家校合作面临新的数字化挑战，家长参与面临新的数字化难题。新冠肺炎疫情暴发伊始，常态化的网课更是反映和放大了这一问题。当学校已经开始推进数字化家校合作活动，家长的数字技能表现却又参差不齐时，学生教育会受到何种影响？学校、老师、家长又要如何应对这一失衡现象？围绕上述问题，本文综合引入数字鸿沟理论，通过对11名小学家长、2名小学生、2名小学教师和1名小学校长的问卷调查与电话访谈，以呈现数字技能鸿沟下"数字弱势"家长的参与壁垒，推动这一问题的研究和解决。

三、研究方法

为尽可能全面地呈现"数字弱势"家长在参与子女教育中的难题，本研究采用目的抽样方法在线招募受访对象。随后，根据性别、年龄、教育背景、职业、学生学校地区和年级等对受访者进行筛选，最终确定16位受访者（详见表2）。

表2 受访者基本情况统计表

昵称	角色	性别	年龄	教育背景	职业	（学生）学校地区	（学生）类型	（学生）年级
孔雀	母亲	女	44岁	初中	个体户	城镇	二胎	二年级
平安	父亲	男	45岁	初中	个体户	城镇	二胎	二年级
娜娜	母亲	女	30岁	初中	农民	农村	独生子	二年级
凤凰	母亲	女	32岁	初中	农民	农村	独生女	三年级
蛟龙	父亲	男	41岁	高中	农民	农村	独生女	六年级
回首	父亲	男	36岁	小学	农民	农村	独生女	四年级
婷婷	母亲	女	32岁	初中	全职主妇	城镇	独生子	二年级
淡然	母亲	女	34岁	高中	职员	城镇	独生女	二年级
三月	母亲	女	44岁	小学	服务员	城镇	三胎	五年级
清风	奶奶	女	56岁	无	无	农村	留守儿童	三年级
幸福	姥姥	女	53岁	小学	无	城镇	隔代抚育	三年级
小六	小学生	女	14岁	小学在读	小学生	农村	独生女	六年级
杰克	小学生	男	10岁	小学在读	小学生	城镇	二胎	二年级
樱桃	老师	女	35岁	本科	小学老师	城镇	—	二年级
高山	老师	女	48岁	专科	小学老师	农村	—	六年级
韩寒	校长	男	49岁	本科	小学校长	农村	—	—

随着子女年龄的增加，家长在家校合作中的参与程度降低[1]，未成年人互联网普及率增加且首次上网时间日趋低龄化，未成年人的数字使用技能提升，对家长进行新媒体文化反哺的概率增加。因而，小学阶段是未成年人数字使用技能较弱且家长参与程度较高的时期，故本文选取小学这一阶段的学生、家长、老师及校长为受访对象，以期呈现家长在无法接受未成年人数字反哺的情况下家长参与的真实困境。同时，家长参与程度与其受教育水平和社会阶层呈正相关[2]，故本文选择受教育水平和社会阶层较低的处于弱势地位的家长作为受访对象。此外，受访对象也选择了如二胎、三胎、隔代抚育和留守儿童的家长，以覆盖尽可能多样的家庭类型样本。

本文首先采用问卷调查法对 11 位受访家长的数字技能进行初步评测，而后进行 15—20 分钟的半结构式访谈。由于受访者的数字素养普遍较低，因此问卷由采访者在进行解释和提问后代为填写。访谈还对 2 位小学生分别进行了 10—15 分钟的个人电话访谈，对 2 位老师和 1 位校长分别进行了至少 20 分钟的个人电话访谈。研究者经受访者允许并签署"同意声明"后，对访谈内容进行录音，并将访谈录音转化为文字，形成共 4 万余字的采访资料。

四、"力不从心"：家长的数字技能水平与参与意愿、行为

Gestwicki 指出，"缺乏参与技能"是家长参与的阻碍因素之一。在我国推动教育数字化的进程中，数字技能成为家长参与的主要技能之一，数字技能的不足很大程度上决定了家长参与技能的不足。

"现在线上的（任务或活动）比较多。因为家长参与的大部分就是学校布置的任务，包括班主任，从学生作业、安全教育……要线上答题，还有培训、训练营……困难是很多的。因为农村有不少留守儿童，这种留守儿童他们都是（和）老人在一起，手机操作就比较困难，因为老人使用手机都不如小孩。"（韩寒，校长，49 岁，农村）

本文发现，"数字弱势"家长中存在"低意愿—高行为"与"高意愿—高行为"两种模式，他们均具有"低水平—高行为"的失衡问题。

---

[1] Joyce L. Epstein, *School, Family, and Community Partnerships: Preparing Educators and Improving Schools*, US: Westview Press, 2001, p.71.

[2] 吴重涵、张俊、王梅雾：《是什么阻碍了家长对子女教育的参与——阶层差异、学校选择性抑制与家长参与》，《教育研究》2017 年第 1 期。

(一)"数字弱势"家长的数字技能水平基本情况

据前文"数字或网络技能的类型"拟定"数字技能问卷调查表",得到11位受访家长的数字技能基本情况(详见表3)。整体而言,家长们在媒体层面的数字技能水平均高于内容层面的数字技能水平,且年龄较低、学历较高的家长往往数字技能水平较高。这一结果与VanDijk(2012)关于"技能鸿沟"的两个发现一致。此外,虽然家长们的数字技能水平在1.55到4.64不等,但结合问卷和访谈发现,他们在理解和完成数字化家长参与任务或活动过程中,均存在不同程度的问题。部分年轻家长可以运用信息处理技能,通过查找攻略的方式实现对线上任务或活动的完成与参与。而多数家长需要在他人的帮助下,才可以理解要求并实现参与。对于隔代抚育的家长来说,他们可能需要寻找他人帮忙完成。

数字技能水平虽为客观存在的事实,但访谈发现,不同群体对家长数字技能水平的认知和评价大不相同。受访家长普遍表示,自己的数字技能水平"一般"或者"太差了",农村教育从业者也可以感知到家长们普遍较低的数字技能水平。虽然城镇中也同样存在较为"弱势"的家长群体,但城镇教师对家长整体数字技能水平的态度较为乐观和积极。由于受访者中城镇教师年龄相对较小,而农村教育从业者年龄偏大,不排除其态度与教育工作者自身的年龄和数字技能水平相关的可能性。

"我们跟他们(其他家长)差太多了。有的家长真明白,一上手就会,有的时候他们教我,我都整不明白,我得左一遍问、右一遍问,问很多遍。"(三月,母亲,44岁,城镇)

"有困难,就咱农村来讲,这个特别困难,有很多都是爷爷奶奶带的留守儿童。有的(家长)根本不会。有的爷爷奶奶用老年机行,这个智能的(手机)根本就不会,完成得也不好,只有几个年轻的家长能完成,其他的都完成不了。跟市里没法比。"(高山,老师,48岁,农村)

"现在就是信息化时代、数字化时代,不管年龄多大的,只要不是学生,都是人手一部手机。发完了(线上任务或活动),直接人(家长们)就完成了,感觉特别得心应手。我感觉大家都是比较擅长,没有任何技术含量,感觉没有看出有什么差异。"(樱桃,老师,38岁,城镇)

(二)"舍家长,顾子女":矛盾统一的参与意愿

家长对于线上家校合作任务或活动的参与意愿具有矛盾但又统一的复杂性,这不仅体现在家长与家长间,甚至在同一个家长身上就存在着这种复杂性。

表3 受访家长数字技能基本情况

昵称	媒体层面的技能					内容层面的技能							总分	平均分
	操作技能		常规技能		平均分	信息处理技能	交流技能	数字/网络技能				平均分		
	我知道如何开关智能手机	我会把电脑或手机开启数据和连上WiFi	我会在电脑和手机上浏览信息	我会下载、安装、注册、卸载App		我会在网上查找想要的信息	我会用微信、QQ等社交软件聊天	内容创造技能			策略技能				
								我会在网上或手机上填写数据表格或数据	我会使用相关图秀秀等软件制作图片	我会使用剪映等软件剪辑视频	对于学校需要家长协助完成的数字化任务，我可以理解其要求	对于学校需要家长协助完成的数字化任务			
孔雀	5	3	4	4	4	3	5	4	3	3	3	3	3.43	40	3.64
平安	5	3	4	2	3.5	2	3	1	1	1	1	2	1.57	25	2.27
娜娜	5	3	5	5	4.5	5	5	3	4	3	5	4	4.29	48	4.36
凤凰	5	4	5	5	4.75	3	5	4	4	3	3	4	3.71	45	4.09
蛟龙	5	5	5	5	5	5	5	3	4	3	4	3	4.00	48	4.36
回首	5	2	4	4	3.75	5	5	4	1	1	1	3	3.14	37	3.36
婷婷	5	5	5	5	5	5	5	5	5	4	4	3	4.43	51	4.64
淡然	5	5	5	5	5	5	3	4	5	4	3	3	4.14	49	4.45
三月	5	3	3	3	3.5	4	3	4	3	3	4	2	3.29	37	3.36
清风	5	1	3	1	2	1	3	1	1	1	1	1	1.29	17	1.55
幸福	5	3	5	1	4	4	4	1	1	1	2	1	2.14	31	2.82

对于家长个体而言，它体现为"作为个人"和"作为家长"不同身份的参与意愿的矛盾。作为个人，许多家长表示参加线上家校合作任务或活动"太麻烦""太复杂"，甚至将其视为一种"负担"；但作为家长，又清楚这是"对子女进行教育的责任和义务"。在二者相互冲突的情况下，家长们纷纷选择"舍家长，顾子女"，即使内心"不愿意"，但仍然主动选择"愿意"参与。

"不愿意参与。因为有时候比较麻烦，农村活儿那么多，有时候晚上干活时候，事儿挺麻烦、挺多的，然后有的还挺难的。"（凤凰，母亲，32岁，农村）

"如果家长重视教育，就重视自己的孩子的话，即使就是他心理上不乐于参与这种活动，或反对这种活动，但是他从孩子教育角度来说……是全力支持老师工作的。如果对孩子的重视达到一定程度的话，老师说啥，家长100%地去执行这个，而且一点不打折扣。"（韩寒，校长，49岁，农村）

1. 不约而同的判断类目

当问及家长们对于线上家校合作任务或活动的参与意愿时，"认为其是否对孩子有用"和"是否需要亲子同时参与"不约而同地成为影响家长们参与意愿的关键因素。当家长认为这项任务或活动对孩子"有用"且需要亲子同时参与时，即使"麻烦"且"复杂"，家长们均表现出"高意愿"；反之，家长们呈现"低意愿"的原因也多为"认为其对孩子没用"或"由家长独自完成，孩子根本没有参与"。对于学校向家长传达的关于学生"成长记录""成长计划"的任务或活动，许多家长认为就是"对孩子没用"且"家长自己在做"的"负担"。

"得看什么方面。比如拍古诗的这方面还是有点好处的。拍阅读打卡吧，好像他还能爱读点书。你要说做剪辑的话，那就没有什么意义，因为他（孩子）根本也不参与，家长也不会。"（孔雀，母亲，44岁，城镇）

2. 截然相反的判断标准

虽然拥有相同的判断类目，但家长和教育工作者们都有着自己对不同类目的价值判断体系和标准，甚至截然相反。其一，是对任务或活动是否"有用"的判断标准。其中，"孩子是否参与""是否与学习相关"等是提及次数较多的判断标准。同时，传统赋予教师的权威与崇高的地位在部分家长心中仍十分牢固，[1]对学校推行的活动表示完全信任和肯定，也有部分家

---

[1] 马忠虎：《对家校合作中几个问题的认识》，《教育理论与实践》1999年第3期。

长的判断标准较为模糊。

"不愿意参与。太浪费时间了，再一个，它对学习没有任何帮助。如果说孩子参与到这个里边来的话，那可能还有用。那如果说单纯就是家长去完成任务的话，那就是没什么太大用。"（淡然，母亲，34 岁，城镇）

其二，是对任务或活动对亲子沟通和亲子关系有无积极影响的判断。同样的任务或活动，在不同的家庭中呈现出积极作用、消极作用、无作用三种状态。但受访学生都对过程中与家长的沟通持乐观态度。

"它能增加（和孩子之间的沟通或感情）。有的时候他答那个关于红领巾的题，他自己会去看，答题啥的，然后我会帮他，在这个过程中会互动，会增加。"（娜娜，母亲，30 岁，农村）

"它不可能是一遍过……需要重录，那你就要跟孩子之间要产生沟通。如果说家长不耐烦了，这时候孩子也不耐烦了，他就产生厌倦情绪。"（蛟龙，父亲，41 岁，农村）

"我感觉这种活动不会增加任何什么感情。我只会认为，老师说需要父母来帮忙完成，然后我帮忙完成了，就是我的任务了，就结束了。孩子就会觉得是父母理所当然（应该完成的），不会觉得是我妈妈帮我完成的。可能也是孩子小的原因吧，我也不知道是什么原因。"（婷婷，母亲，32 岁，城镇）

（三）多种因素下同一的高度参与行为

在数字技能水平普遍较低的情况下，家长们的参与行为却表现出较高的一致性。只有少数家长会由于能力不足等原因而放弃参与机会，多数家长均表示会"尽全力"参与其中，但"低水平"下"高行为"的诱因是因人而异、因情而定的。

"有的（家长）干脆就不参加。多数原因是不会弄，个别的原因是如果赶到农忙的时候也没有时间，还有个别家长就是对这个问题不重视，不愿意参加。"（高山，老师，48 岁，农村）

"我会想办法，因为我会支持孩子，学校安排啥，咱们都认真完成。有的时候是出于为了孩子，有的时候是为了就是学校安排这个，咱们必须完成，必须支持学校工作。"（三月，母亲，44 岁，城镇）

1. 信息差：老师以为的"自愿"和家长认为的"被迫"

在信息传递过程中，老师与家长互为信息的发送方与接收方，双方由于传统从属关系的限制、缺乏沟通等问题产生了信息上的不对称性和不完全性。处于被动的"服从者"地位的家长，出于对老师的尊敬，甚至"讨好"，极少向老师反馈自己在线上参与子女教育过程中遇到的难处，而处于主动的"领导者"地位的老师由于较少接收到来自家长的负面反馈，同时缺乏对家长境况的主动问询，因而可能过于乐观地估计了家长的参与能力和意愿。

"家长都可配合了……我感觉，都看自愿。如果说这个东西，如果给家长造成了生活中的困扰的话，我感觉完全没有必要。"（樱桃，老师，38岁，城镇）

"我不愿意（参与），因为我不会，我嫌麻烦。我觉得孩子上学是孩子的事，不是我家长的事情。但我都完成，被迫完成。他（老师）是不催我，但是我会家长和家长比较，就是得完成。"（孔雀，母亲，44岁，城镇）

"低意愿—高行为"模式的家长的"自愿"实则是对潜在风险的综合考量下做出的选择，尽管该选择可能不符合家长个人的真实意愿。

2. 家长的风险感知与风险规避

风险感知是指个体对潜在风险或危险的认知和评估程度，涉及个体对特定风险的主观感知和主观意识。从建构主义的观点来看，风险是社会建构的，在不同的社会结构和文化中存在不同的解释。[1] 从社会取向来看，中国人是权威取向的，家长视学校和教师为权威。对家长而言，他们需要对自己感知到的一切与孩子相关的风险进行规避，规避措施即为讨好作为权威的教师。

"我的想法是，如果不参加这些，会影响老师对孩子的印象。因为本身我的孩子就不是一个非常出色、各方面都比较优秀的一个孩子，所以我希望，需要用我来给老师做个印象分……通过我，能感觉（希望老师）对孩子的态度好一点，但是实际解没解决这个问题，我是不知道的。"（婷婷，母亲，32岁，城镇）

3. 分工协作：隔代线下抚育，亲代线上参与，后代文化反哺

面对线上家长参与，隔代抚育家庭也有着自己的难题。作为孩子直接抚育者的老年人普遍不具备线上参与能力，而具备这一能力的父母并未参与孩子的直接抚育。在两难问题下，隔代抚育家庭选择了抚育和参与分离的分工协作模式来教养孩子，由隔代负责线下抚育，由亲代或近亲代负责线上参与。

"我就是负责吃啊、喝啊、接啊、送啊，回来看着孩子写写作业，就是

---

[1] Douglas M., Wildavsky A, *Risk and culture: An essay on the selection of technological and environmental dangers*, Berkeley, CA: University of California Press. 1982.

这些方面……都有（微信）群，一、二年级的时候，我把孩子写完的作业都给她大姑拍过去，然后她在那边随时就交。"（清风，奶奶，56岁，农村）

随着子女年级的增加，未成年人首次上网时间日趋低龄化，受访家长表示，从孩子三年级开始，数字技能水平足够处理学校日常的线上任务或活动，实现文化反哺，且同时存在于亲代抚育和隔代抚育家庭模式中。

"一年级时候他不会，那阵儿没让他摸手机，二年级这不就开始就摸手机了，现在（三年级）一般的他都懂了。现在传作业都自己传，不用我给他传了。"（幸福，姥姥，53岁，城镇）

"高年级的学生还行，学生有会的。低年级的学生也不会，家长也不会，就不行。六年级有的家长不会，如果学生也不会，老师培训培训、告诉告诉，然后回家他能整上。"（高山，老师，48岁，农村）

综上所述，家长们在数字技能水平偏低的条件下，参与意愿各不相同，甚至"自相矛盾"，却由于与老师间的信息差、风险规避等原因，采用"分工协作"等形式，表现出了同一的高度参与行为。

五、隐性壁垒："数字弱势"家长的参与障碍

数字技能水平对家长参与意愿和行为的影响较小，即使"低水平"，也会表现"高行为"。但是，这并不意味着"数字弱势"家长不存在参与障碍，而是这一问题变得更加隐形，成为深度且无形的不平等。一方面，数字化参与任务或活动并未考虑家长数字技能水平的差异而使用统一的标准，无形中提高了"数字弱势"家长参与的难度。参与同样的任务或活动，"数字弱势"家长往往需要付出较高的时间成本和人际关系成本。

"电脑制作表格、合成什么的，加上图片这种的，就得需要电脑去操作，长时间不动电脑的情况下，就得先去搜，就比较麻烦，有的时候就太费时了，至少半天到一天才能整完，就是人家十多分钟能搞定的东西。"（淡然，母亲，34岁，城镇）

"农民本身的文化水平就在那。也不是说一点都不会，会一点。实在整不上了，那就找一个年轻点的帮个忙。大多数都是这样。"（回首，父亲，36岁，农村）

另一方面，家长受限于校方在家校合作中单向度的领导者地位，学校重结果而不重过程，无形中忽视了"数字弱势"家长在参与子女教育过程中的隐性付出。"数字弱势"家长的隐性壁垒主要体现在信息获取、信息理解和内容操作三个层面。

(一) 信息获取壁垒

家校合作,对教师来说,意味着结合教育对象成长的各方面因素对其进行因材施教;对家长来说,意味着在学校教育的指导下调整家庭教育误区,双方形成合力,共同促进学生的全面健康发展。因而,教师与家长的即时沟通十分重要。网络技术的发展为实时对话提供了技术可供性,但也带来了"数字弱势"家长信息获取的相对延迟,多发于隔代抚育家庭中。

"比如说现在学校跟家长之间的沟通,它都是通过手机这种形式来进行的。尤其疫情时候,家长根本见不着面的,然后就开视频会议,通过微信进行沟通,这非常有用。但有的家长就联系不上,就得用其他方式交流,电话沟通……"(高山,老师,48岁,农村)

一方面,对于学生的直接抚育者而言,他们获取到的信息都是相对滞后的信息;另一方面,老师通常会选择与并未和孩子一同生活,但数字技能水平较高的亲代家长保持联系,沟通学生相关情况。但信息在逐级传递中可能存在一定损耗、失真的情况,容易导致老师和直接抚育者双方对学生的真实情况了解度偏低,无法发挥家校合作的价值。

"有特殊事的话,他老师都跟他大姑说,都不找我。"(清风,奶奶,56岁,农村)

(二) 信息理解壁垒

根据表3,11位家长中有10位在信息理解上存在不同程度的问题,数字技能弱势体现为信息理解层面的弱势。如果学校本就使用一套中产阶层的语言,这对于缺乏文化教育的家长来说也难以理解。交迭作用下,这就形成家长对数字化信息和中产阶层语言的理解壁垒。在多子女家庭中,家长通常会求助长子或长女。在隔代抚育家庭中,家长通常会求助亲代或近亲代中的年轻人。

"所以我女儿(长女)再不愿意,再觉得我磨叨,我都得问她,因为我得做(参与)这个(任务或活动)。"(孔雀,母亲,44岁,城镇)

(三) 内容操作壁垒

根据表3,家长们的数字技能水平在1.55到4.64不等,但在数字化任务或活动的内容操作方面,家长们均无法直接独立完成。结合访谈发现,家长们在操作上的问题主要聚焦于表格或数据填写、App下载与注册、图片处理、视频剪辑等方面。而对于隔代抚育的家长来说,智能设备的基础操作仍存在问题。

"遇到非常多问题。比如剪辑、制作图片,都勉强学会。"(孔雀,母

亲，44岁，城镇）

"录视频，有的岁数大的真就不会，要拍个照还可以，尤其是需要去公众平台上看视频什么的，有的都找不着地方，岁数大的他不会找。"（高山，老师，48岁，农村）

综上所述，信息获取、信息理解和内容操作层面的隐性壁垒已经成为"数字弱势"家长参与子女教育的困扰，使得他们难以与其他家长处于同等的起点。

六、数字鸿沟与家长参与鸿沟的叠加

在"数字弱势"家长参与的隐性壁垒下，数字鸿沟与家长参与鸿沟相叠加，或对学生的成长与发展形成限制，同时对家长产生负面影响。从线上家长参与的积极作用上，可以窥见，无法进行线上参与或水平较低的家长在这一新型参与途径中便失了先机。与受访家长不同的是，2名受访学生均对需家长参与的线上任务或活动持正面态度，表示愿意也希望和家长共同参与，并认为其具有提高自己的学习兴趣、增加亲子沟通和感情等正面作用。

"父母需要陪伴孩子成长的。没有活动的话，他们不太会管这个事。但是如果要是有这种活动的话，那父母可能就会关心一下，问一问这个事情。"（小六，小学生，14岁，农村）

"我自己想参加……因为这些都是趣味活动。"（杰克，小学生，10岁，城镇）

"我个人认为它不是很有价值，但是也有价值。这种活动，让这个班级更团结，我们都一起完成这个活动……它能提高我学习的积极性。"（小六，小学生，14岁，农村）

受访教育工作者也从工作经验出发，分析了其中利弊，主要集中于学生的在校情况，包括家长参与对学生的在校参与、集体融入和心理健康等各方面的影响。

"就我来看，经常读书打卡的孩子，他的读书能力、阅读能力或者朗读能力我感觉都比较强。从这现象来看，有可能也是因为有这样的活动，家长重视，孩子他自然也就重视，然后越多练习，他的能力就更强……"（樱桃，老师，38岁，城镇）

"这个影响其实挺大的，如果家长参与学生在学校这些活动或者学习方面，孩子本身他也就觉得家长重视他，然后他也自己能重视起来。我感觉这个家长参与非常关键，对孩子重不重视就看出来了。"（高山，老师，48岁，农村）

受访教育工作者都可以认识到家长的参与对学生教育的重要性,但对于家长的不参与是否会对学生发展产生限制,看法并不相同。

"家长要是不参与……孩子本身他也就不愿意参与,影响他的情绪和积极性……孩子之间不都有个比较嘛,他有时也感觉到自卑……这一定是限制,一定的程度上限制孩子的发展。"(高山,老师,48岁,农村)

"我认为并不会(对学生发展)产生任何限制。我感觉这些是看你个人的兴趣爱好,如果你要喜欢的话,你就可以参加。如果你要说这些东西我都不喜欢,那我就可以不参加。参加就是对我最近的阅读或者我最近的活动的一个展示。那我要是不参加,那不代表我胸无点墨。"(樱桃,老师,38岁,城镇)

与样本中教育工作者和学生对家长参与的影响的积极态度相比,家长们对此的看法较为不同,多数为负面或中立态度,且集中于家庭领域,如前文所述对亲子关系的影响。但家长关于是否参与对孩子的心理健康层面的影响,与教育工作者的态度相一致。

"孩子会感觉到有点落差。他感觉,'你看,其他同学都做了,我也想做。'他会有比较的心理。"(孔雀,母亲,44岁,城镇)

在家长数字技能水平较低而需要学生进行文化反哺的家庭中,家长表示了自己对于学生过早接触互联网、过多使用电子设备的担心。

"如果是孩子单独去完成,不在家长的监护下,他有可能用手机看一些不适合他年龄段的东西……"(蛟龙,父亲,41岁,农村)

在与家长的交流过程中,部分"数字弱势"家长也表示了由于无法掌握和应用数字技术而感到自信心下降,产生自责心理,认为自己作为教育者"不够合格"。

"如果说真要是碰到那种,做不到的那种情况,其实我心里还是挺失落的……我这个性格就是,有的时候孩子哪里遇到什么,我就会在我自己身上找原因,是不是我做得不够好,我什么原因导致孩子这样。"(婷婷,母亲,32岁,城镇)

综上所述,从学生的成长与发展,到家长的自我身份认同,数字鸿沟与家长参与鸿沟的叠加意味着"数字弱势"家庭在参与子女教育方面面临更大的障碍和限制,这种叠加效应可能对学生的成长与发展产生负面影响,同时也对家长的参与和支持能力造成挑战。

在"双重鸿沟"的背景下,弥合数字鸿沟与教育鸿沟已成为世界关注的问题。美国至少有30个州为新教师入职培训提供了各种形式的财政资助,以提高教师培训的质量;① 新加坡要求全国的教师都要接受信息技术应用能力培训,并把培训作为师资聘用的重要标准。② 我国教育部在《教育信息化十年发展规划(2011—2020年)》中强调:"应该提高教师应用信息技术的水平,建立和完善各级各类教师教育技术能力标准,继续以中小学和职业院校教师为重点,实施培训、考核和认证一体化的教师教育技术能力建设。"③

总体而言,解决数字鸿沟和教育鸿沟问题需要关注教师和家长的数字素养的共同提升。诚然,学校教育在学生教育上起关键作用,教师信息技术应用能力也有待提升。但已有的策略与措施都更多着眼于数字化设备的普及和教师数字素养的提升,较少关注家长数字素养的提升。且从实际情况来看,与家长相比,教师的数字综合素养处于较稳定且较高水平,而家长的数字素养存在参差不齐的问题,校方单向度的提升可能进一步带来家长参与鸿沟,加大家校合作的障碍。因而,针对家校双方的新数字鸿沟制定政策和开展实践,应该成为决策者未来的关注焦点和着力点。

七、结语

家校合作的意义是让家庭和学校以其各自独特的运行方式使生活于其中的孩子和学生通过在两种社会里经历不同的社会化过程,从而发展为完整的人。④ 从社会层面来看,无论是家校合作,还是数字化教育改革,都意在促进教育公平和社会和谐。但在实际操作中,数字化家校合作仍须克服一些挑战和限制,以防"数字弱势"家长参与的隐性壁垒带来新的不平等,与初衷背道而驰。因而,数字化家校合作为家、校、师、生的需求而来,更应回到家、校、师、生的需求中去,通过政府、学校和家庭的有效合作,确保数字化家校合作的顺利推进,最大限度地实现教育公平。

(本文作者系浙江传媒学院新闻与传播学院硕士研究生)

---

① 李葆萍,《我国城乡中小学教师教育技术能力差异及原因分析》,《现代教育技术》2012年第4期。

② Scott C R and Rockwell S C, "The effect of communication, writing, and technology apprehension on likelihood to use new communicationtechnologies," Communication Education, no. 2 (1997): pp. 44 – 62.

③ 刘喆,《基于TPB和TAM模型的教师信息化教学行为》,《现代教育技术》2017年第3期。

④ 黄河清、马恒懿:《家校合作价值论新探》,《华东师范大学学报(教育科学版)》2011年第4期。

把关人理论视角下 AIGC 短视频假新闻的表现、成因与破局之道分析

——以显有百科等 AIGC 短视频新闻抖音账号为例

于佳乐　陈嘉宁

摘要：本文以 AIGC 短视频新闻为研究对象，从把关人理论的视角探讨了当下 AIGC 短视频假新闻的表现、自媒体创作者和平台对于 AIGC 短视频假新闻的把关现状。本文以显有百科、热门视频、普通的世界、可芯短剧 4 个抖音账号为研究对象，选取上述 4 个账号自开通至 2023 年 10 月 31 日期间的 229 条短视频作为分析样本，运用内容分析的研究方法对 AIGC 短视频新闻进行内容特点的总结，分析了 AIGC 短视频假新闻的现状和成因，提出了 AIGC 短视频假新闻的规制路径。本文的创新点在于：一是将把关人理论应用于 AIGC 短视频假新闻的研究，提出了把关让位、失位、复位的概念框架；二是从创作者和平台两个层面，分别探讨了 AIGC 短视频假新闻的把关问题和解决方案。

关键词：把关人理论；AIGC；短视频新闻；假新闻；内容分析

一、研究缘起

人工智能生成内容（Artificial Intelligence Generated Content，AIGC）是利用人工智能技术来生成各种类型的内容，如文字、图像、视频、音频等，它被认为是继 PGC、UGC 之后的新型内容创作方式。[①] 随着人工智能技术的不断发展，AIGC 技术也日益成熟并被广泛应用于更多领域，其广阔的应用前景将推动 AIGC 市场规模快速增长。在 AIGC 的众多应用场景中，内容生产者利用其辅助创作短视频新闻是未来生产短视频新闻内容的一个重要途径，AIGC 技术可以实现短视频新闻的自动化、智能化、个性化生成，大大提高短视频新闻的生产效率和质量。

---

① 孟繁科：《AIGC 如何重塑数字人产业》，《中国工业和信息化》2023 年第 10 期。

| 把关人理论视角下 AIGC 短视频假新闻的表现、成因与破局之道分析 |
——以显有百科等 AIGC 短视频新闻抖音账号为例

AIGC 作为当前的热点话题，已经引起了众多学者的广泛关注。但是，AIGC 短视频新闻作为 AIGC 的一种重要应用形式，仍处于探索起步阶段，对 AIGC 短视频新闻相关的研究比较少，尤其缺少从创作者和平台的把关角度出发的研究。从把关人理论出发，内容发布者应该承担一定的社会责任和公信力，但是如果将 AIGC 引入短视频生产流程中，那么把关行为是否还存在或者说内容生产者是否还会有意识地进行把关行为就成了一个值得关注和研究的问题。因此，本文通过把关人理论视角，对具体 AIGC 短视频新闻的账号进行内容分析，尝试回答以下问题：AIGC 技术的出现是如何影响短视频生产的？当下的 AIGC 短视频新闻内容生产特点是什么？AIGC 引入短视频新闻生产流程中，假新闻是如何表现的？这种假新闻现象的背后又有哪些原因和困境？这些困境又该如何利用 AIGC 技术平衡并拓展现有的实践，从而探索 AIGC 短视频假新闻把关的治理之道？

二、理论回顾与概念阐述

（一）传统把关人理论与新范式

把关人理论最早由库尔特·卢因于 1947 年在《群体生活的渠道》中提出，他认为在群体传播过程中存在着一些"把关人"，只有符合群体规范或"把关人"价值标准的信息内容才能进入传播的渠道。① 1950 年，传播学者怀特将"把关人"这一概念引入新闻传播研究领域，怀特认为大众传媒的新闻报道不是"有闻必录"，而是对众多新闻素材取舍加工的过程。②

人工智能时代，新媒体的信息生产、分发、传播、互动均受算法支配，而以算法为核心的人工智能的技术逻辑正在重构"把关人"的理论范式，"把关人"的角色开始转型，创作者的把关人角色让位于人工智能技术，把关机制从人工编辑到智能算法，把关内容从整体到碎片。③ 智能媒体时代，这种新的结构必然削弱新闻生产流程过程中人的把关主动性，人的逻辑在一定程度上让位于技术逻辑，创作者对于把关处于让位和失位状态。

（二）人工智能生成内容（AIGC）概述

人工智能生成内容（AIGC）的最初概念来源于机器学习领域，④ 随着人工智能技术的不断发展，大量生成式 AI 内容涌现，如 AI 写作助手、AI

---

① 邵培仁：《传播学》，高等教育出版社，2015，第 134 页。
② 王乐萍、陈磊：《国内关于"把关人"理论的研究综述》，《新闻世界》2014 年第 4 期。
③ 罗昕、肖恬：《范式转型：算法时代把关理论的结构性考察》，《新闻界》2019 年第 3 期。
④ 李白杨、白云、詹希旎、李纲：《人工智能生成内容（AIGC）的技术特征与形态演进》，《图书情报知识》2023 年第 1 期。

绘画、对话机器人、数字人等。中国信息通信研究院发布的《人工智能生成内容（AIGC）白皮书（2022年）》将AIGC定义为：AIGC既是从内容生产者视角进行分类的一类内容，又是一种内容生产方式，还是用于内容自动化生成的一类技术集合。[1] 目前AIGC已在数据科学、医疗健康、公共事业等多个领域应用，相关学者也对AIGC在不同领域的应用进行了探索。

本文主要关注AIGC在传媒领域的应用和发展，以及新闻传播领域的学者对AIGC的研究现状与趋势。在实践应用方面，媒体行业的从业者主要是在大数据整合、智能写作、视频剪辑、数字人等方面进行了AIGC多元生产的尝试，[2] 但总体仍处于探索阶段，完整的新闻生产流程仍为专业的新闻工作者主导。在学术研究方面，学者们主要关注AIGC在新闻传媒行业的实际应用、发展趋势和机遇与挑战。杨孔威认为AIGC带领媒体进入一个全新的智媒时代，AIGC作为变革型技术正在重塑传媒业原有生态。[3] 胡泳、刘纯懿在对PGC、UGC的梳理和总结后，提出AIGC会对当下内容加以重构，并且要警惕隐藏在技术赋权背后的危机与选择。[4] 曾晓则是更加明确地指出，AIGC模式下的新闻生产面临着新闻真实性难以保障、新闻创造力逐步消解、新闻价值观出现偏差等挑战。[5] 胡正荣、樊子塽指出AIGC从生产者、生产方式和内容消费三个层面深度变革了当前全媒体内容生产体系，同时也赋能全媒体传播体系的构建。[6] 盖璐斯、[7] 马贤丽[8]、郭尧[9]等学者则是从对电视台、广电行业较宏观的行业层面探讨AIGC对传媒业的影响。

总体而言，新闻传播的业界和学界都对AIGC高度关注，但是主要集

---

[1] 中国信通院：《人工智能生成内容（AIGC）白皮书（2022年）》，http：//www.caict.ac.cn/kxyj/qwfb/bps/202209/t20220902_408420.htm，访问日期：2023年5月21日。

[2] 谢湖伟、简子奇、沈欣怡：《认知框架视角下AIGC对媒体融合的影响研究——对30位媒体融合从业者的深度访谈》，《新闻与传播评论》2023年第10期。

[3] 杨孔威：《以AIGC为代表的人工智能在传媒领域的发展和应用》，《中国传媒科技》2023年第5期。

[4] 胡泳、刘纯懿：《UGC未竟，AIGC已来："内容"的重溯、重思与重构》，《当代传播》2023年第5期。

[5] 曾晓：《ChatGPT新思考：AIGC模式下新闻内容生产的机遇、挑战及规制策略》，《出版广角》2023年第7期。

[6] 胡正荣、樊子塽：《历史、变革与赋能：AIGC与全媒体传播体系的构建》，《科技与出版》2023年第8期。

[7] 盖璐斯：《AIGC助力电视台内容生产的案例探析》，《上海广播电视研究》2023年第3期。

[8] 马贤丽：《AIGC兴起对广电行业的影响及应对》，《传媒》2023年第19期。

[9] 郭尧：《AIGC在广电视听领域的应用、潜在风险与治理之道分析》，《新闻研究导刊》2023年第16期。

中在 AIGC 对传媒业整体影响的视角，研究范围较广泛，对于 AIGC 在传媒业中具体实践应用的研究较少，其中对 AIGC 短视频新闻的研究更为缺乏。

(三) 短视频新闻与 AIGC 短视频新闻

短视频新闻是指利用短视频形式来传播新闻信息的一种新闻形式，它具有时效性强、传播效率高、受众覆盖广等优势，是当下最受欢迎的新闻消费方式之一。[1] 目前，大多数研究都是从传播策略路径角度出发，分析短视频新闻的传播效果、受众反馈、社会影响等。然而，短视频新闻的把关是一个不容忽视的问题，它关系到短视频新闻的真实性、可信度、合法性、道德性等，直接影响到短视频新闻的内容质量。短视频平台上的新闻报道，除了官方媒体、自媒体新闻人的权威声音，还存在大量的非官方短视频新闻，主要是由个人账号、自媒体账号发布的，在内容上分为两类：一类是基于具体的叙事逻辑整合网络上的新闻信息素材，包括自我表达、网络"爆料"、补充采访，新闻性与官方新闻的定义相差甚远，但在内容呈现上不出现逻辑错误；另一类就是 AIGC 短视频新闻，通过智能化生产流程采集、编辑、生产"新闻"，在内容呈现上有基础错误。

AIGC 短视频新闻是指基于人工智能技术，通过自动化、智能化、个性化的方式，生成短视频形式的新闻内容。AIGC 短视频新闻具有一些显著特征，如基于大语言模型的生成式新闻文案、使用统一的视频模板、AI 配音、机械的素材拼接等。这些特征反映了 AIGC 短视频新闻的生产逻辑、传播效果和社会影响，值得深入探讨。

AIGC 短视频新闻由于全流程由生成式 AI 完成新闻生产，把关角色异位，目前抖音、百家号短视频平台上的 AIGC 短视频新闻处于快速发展阶段，假新闻丛生。本文主要以抖音平台上的 AIGC 短视频新闻为研究对象，探讨 AIGC 短视频假新闻的表现、成因和规制路径。

三、研究设计

(一) 研究样本

本文以抖音平台上的 AIGC 短视频新闻为例，选取较为典型的显有百科、热门视频、普通的世界、可芯短剧 4 个抖音账号为研究对象，4 个账号内容皆为 AIGC 短视频新闻，作品发布频率和表现形式稳定，且具备一定的

---

[1] 张璐：《互联网时代短视频新闻的传播策略探究》，《采写编》2023 年第 10 期。

粉丝基础和变现路径。具体研究则选取上述 4 个账号自开通至 2023 年 10 月 31 日期间的短视频作为内容分析的样本，本文所研究的 AIGC 短视频新闻并非指所有 AI 生成内容的短视频，在此要区别于借助 AIGC 助力内容生产的视频，运用 AIGC 优化内容生产的视频不作为本次研究对象。本文认为 AI 技术应该为人所用，助力内容生产，在这个环节中要做好把关，否则将会乱象丛生。因此，本文所选取的研究对象满足以下条件：第一，短视频新闻内容为 AIGC 生成式内容。第二，短视频新闻存在明显假新闻的特征。经过对短视频进行数据筛选，本文最终获取了 229 条有效样本。

（二）内容分析指标

本文从短视频的发布特点、剪辑形式、内容属性三个维度的六类指标来架构内容分析框架。

表 1　AIGC 短视频新闻的内容特点编码表

一级指标	二级指标	三级指标	四级指标
发布特点	A. 内容提示	1. 标注视频有 AI 生成内容	0. 无 1. 有
		2. 标注视频画面来源	0. 无 1. 有
	B. 更新频率	1. 当天更新一条　2. 当天更新2—3 条　3. 当天更新 3 条以上	
剪辑形式	C. 视频模板	AIGC 视频生成软件统一模板	0. 无 1. 有
	D. 视频配音	AIGC 视频生成软件统一 AI 配音	0. 无 1. 有
内容属性	E. 内容主题	1. 政治　2. 社会　3. 娱乐（体育）　4. 经济　5. 文化　6. 科技	
	F. 内容表现	1. 声画不一：画面和新闻文本及事实不一致	
		2. 事实造假：新闻内容的事实为虚假内容，包括完全虚假、部分造假	
		3. 内容抄袭：含有其他账号报道内容	
		4. 素材单一：画面内容较少，主要为动态文本	
		5. 倾向明显：使用主观表达、网友看法等倾向性表达	
		6. 基础错误：缺少标题、读音或文本错误、结尾未去掉剪辑软件水印	

（三）内容分析结果

1. 内容提示：几乎不做"AI生成""内容来源"标注

如表2所示，在对229个视频进行编码分析后，本文发现其中217个视频（94.76%）没有明确标注是否使用了AI技术来制作，而只有12个视频（5.24%）做了相应的声明。对于视频引用来源的说明，其中218个视频（95.20%）没有对视频内容来源做说明，只有11个视频（4.80%）注明了引用的视频内容源自网络。这说明大部分AIGC短视频新闻创作者并不重视人工智能技术的合理使用和伦理问题，并缺失版权意识，可能会给用户带来误导和困惑。

表2　AIGC短视频新闻内容提示标注统计

二级指标	三级指标	四级指标	频数	百分比（%）
内容提示	标注视频有AI生成内容	是	12	5.24
		否	217	94.76
	标注视频画面来源	是	11	4.80
		否	218	95.20

2. 剪辑形式：AIGC生成，直接套用统一模板

在对229个视频进行编码和内容分析后，共224个视频（97.82%）是由AIGC技术来制作的，且所有视频都为AI配音，AIGC技术可以自动剪辑视频，并且配上人工智能合成的语音。目前市场上已有百度的度加、抖音的剪映等全流程AI创作工具，这类剪辑软件可快速生成短视频新闻，在呈现上有统一的视频模板、同一个视频配音，甚至在"热门事件"9月20日的"刘德华新歌《登场》走红网络"这条短视频新闻的最后还出现了"度家剪辑软件——全流程AI创作工具"的剪辑软件的水印。

表3　AIGC短视频新闻剪辑形式统计

一级指标	二级指标	三级指标	四级指标	频数	百分比（%）
剪辑形式	视频模板	AIGC视频生成软件统一模板	是	224	97.82
			否	5	2.18
	视频配音	AIGC视频生成软件统一AI配音	是	229	100.00
			否	0	0

3. 更新频率：不断更，发布频率高

根据编码统计，AIGC短视频新闻更新频率高，平均每天发布量为3个。

对于同一主题发布频次会较高，当天发布数量会提升，以"普通的世界"账号为例，10月18日、10月19日、10月20日、10月21日连续四天共发布14条短视频新闻，其中10条内容主题为巴以冲突相关内容。由于使用AIGC剪辑工具，创作成本大大降低，更新效率更为提升。

表4　AIGC短视频新闻更新频率统计

二级指标	三级指标	频数	百分比（%）
更新频率	当天更新1条	16	6.99
	当天更新2—3条	101	44.10
	当天更新3条以上	112	48.91

4. 内容主题：主题多样化，以社会、政治为主

如表5所示，在对229个视频的内容主题进行分类后，本文发现AIGC短视频新闻的主题丰富多样，以社会、政治内容为主，其中94个视频（41.05%）涉及社会民生问题，如社会事件、教育、医疗等；67个视频（29.26%）关于政治，如国际外交活动、国际事件等；38个视频（16.59%）涉及娱乐体育领域，如娱乐圈新闻、体育赛事等。这些领域的内容都具有较强的新闻性和时效性，可以根据五个新闻基本要素：时间、地点、事件、人物、原因，运用AIGC生产工具快速生成内容。而且，这些领域也是用户高度关注的，网络上已有的相关内容材料也较多，AIGC生成新闻文本可以参考的资料较多，因此这几个类别的短视频占比较高。

表5　AIGC短视频新闻内容主题统计

二级指标	三级指标	频数	百分比（%）
内容主题	社会	94	41.05
	政治	67	29.26
	娱乐（体育）	38	16.59
	经济	15	6.55
	文化	3	1.31
	科技	12	5.24

5. 内容表现：乱象丛生，声画不一和事实错误为主

如表6所示，本文对229个AIGC短视频新闻的内容表现进行分析统计，其中声画不一是AIGC短视频新闻最普遍的问题，占比高达94.32%，声画不一指的是视频中的画面和新闻文本没有任何关联，而不是指视频中的空镜或其他技术性问题。这一问题会严重影响新闻的可信度和传播效果。引用画面事实造假，这是 AIGC 短视频新闻的另一个高频表现，共 146 个视频存在这个问题，占比达到 63.76%。此外，还有 44 个视频（19.21%）存在基础错误，如未创作新闻标题、新闻文本存在错别字、新闻配音读错字、画面内容在剪辑上未去掉剪辑软件的水印等，这些内容表现都会降低新闻的专业性和品质。

表 6　AIGC 短视频新闻内容表现统计

二级指标	三级指标	频数	百分比（%）
内容表现	声画不一	216	94.32
	事实造假	146	63.76
	内容抄袭	106	46.29
	素材单一	15	6.55
	倾向明显	56	24.45
	基础错误	44	19.21

四、AIGC 短视频新闻的内容生产特点

（一）AI 生产下创作模板固定

通过对这些利用 AIGC 生产工具进行内容生产账号的观察，以及对当下各类 AIGC 助手的了解和尝试使用，可以发现这些利用 AI 生产的内容通常都有一套固定的创作模板：文本的语言风格、视频画面各要素布局、AI 语音配音的声源、逻辑混乱并且主语一成不变的内容文本、最上方放置标题下方放置字幕的视频模板以及机械的 AI 配音，这些由 AIGC 工具生产出来的短视频新闻内容如果不经过内容创作者的调整，内容往往会包含一定的错漏，整体内容质量不高。

（二）更新频率稳定，倾向于社会热点话题

这些利用 AIGC 助手进行内容生产的账号，往往更新频率比较稳定且更新数量也很可观，能够做到一周多更、一天一更甚至是一天多更。这样更新稳定的数量和频率，无疑会让这些账号吸引到一批粉丝，因为作为内容观看者的用户，大多还是希望自己能获得一个稳定并且活跃的信息来源。

同时，因为 AIGC 助手内容生产迅速和便捷的特点，这些账号也能够很好地去追逐热点新闻和话题，其更新内容也多为各类能够登上话题热榜的事件。如本文观察和记录的 4 个账号，他们所发布的内容中都有关于俄乌问

题、巴以冲突这两个新闻热点的短视频新闻。还有对于社会民生、经济、文化娱乐等领域热点事件的追逐，这使得这些账号发布的内容包罗万象，能够吸引到不同兴趣的群体。

（三）质量低下，存在多种问题

仅仅是使用 AIGC 辅助内容生产其实是当下合理利用媒介技术的一种表现，但是如果内容生产者滥用 AIGC 工具进行内容生产而并不主动进行把关行为，那这些生产出的内容必然会存在问题。

视频内容与文本内容无关却不进行标注、内容逻辑不通的假新闻、直接搬运抄袭他人稿件，这些以 AIGC 为主要内容生产手段全然放弃了自己作为人的主观能动性的内容生产者所生产出来的新闻内容质量较低，长此以往也许会对整个平台上的短视频新闻内容生态造成影响，使得创作环境变得恶劣、内容劣质，造成劣币驱逐良币，影响到普通公众的新闻内容获取质量。

五、假新闻表现：让渡把关，AIGC 结果至上

（一）大语言模型创作新闻文本，真实性存疑

采集其他媒体已经发布的新闻稿件，利用 ChatGPT、文言一心、BING 等大语言模型进行二次创作的新闻文本和自动生成的短视频是当下 AIGC 短视频新闻的主要创作方式。但是这样创作出来的新闻内容，其内容的真实性往往难以保证。单纯从技术角度出发，大语言模型的生成机制是基于网络上已有的相关内容，通过算法、模型、规则等技术手段，对其进行整合、重组、填充等操作，形成一条新的相关内容，这实际上是对已有内容的"洗稿"。

由于大语言模型的基本逻辑是"搜集"，而非"判断"，因此可能会出现内容的错乱和虚构，即这条内容并非来源于真实的事实和证据，而是大语言模型根据已有内容编造合成的，是完全虚假的。如热门账号所发布的一则标题为《加沙幸存小女孩展示生存奇迹》的短视频新闻，视频中的内容就具有明显的逻辑混乱。视频采用了巴以冲突中一位获救女孩的视频片段并辅以一些并不相关的网络素材，在视频中内容生产者称该小女孩独自在沙漠中穿行展现出了这类群体的勇气和对生命的向往，这与事实情况明显不符，是一则假新闻。

（二）生成式 AI 填补视频素材，声画不一

视频类新闻的真实性检验，不仅涉及新闻文本的真实性，还涉及新闻画面的真实性和一致性，即画面是否反映了新闻事件的真实发生、画面是否与新闻文本相符。这里的一致性，并不是指画面和文本的逐字逐句对应，也不

是指画面交代新闻环境等镜头的合理性，而是指画面和文本在事实层面的对应，如数据、证据、时间、地点等事实性要素的准确和真实、一致。

AIGC短视频新闻的视频素材是根据大语言模型生成的文本，通过网络搜索和匹配的方式，自动填充到视频模板中的。这种方式可能会导致视频素材和文本内容的不一致，甚至出现与事实相悖的画面，影响内容的真实性和准确性。如可芯短剧发布的名为《学生课间十分钟都去哪儿了》的视频，本来是讨论我国中小学生课间休息问题，视频中却多次出现国外学校的画面，画面里的学生和老师都为欧美人，内容与画面不符。

（三）平台助推AIGC助手，流水线新闻产品

AIGC是一种利用人工智能技术自动生产内容的方式，各个平台都在积极探索和应用，并逐渐推出AIGC流水线生产短视频新闻的平台AI助手。例如，百家号推出了百家号AI助手，旨在"为广大创作者提供最新、最前沿的生产力和经营工具"，提高创作者的创作效率。快手也在配套的剪辑App"快影"中上线一键成片、文字成片功能：一键成片能把不同的图片关联起来，生成与之相对应的音乐和视频；文字成片只需要用户告诉它一些文字信息，来表达自己当前的思想、情感，它就能帮用户创作出与之匹配的视频。

这些AIGC助手的推出为内容创作者提供了一条更加便捷和官方的使用AIGC工具进行内容生产的渠道。虽然平台的本意可能是希望为内容生产者提供一项内容生产辅助工具，但是从各类平台上不难看到许多内容生产者所创作出的内容完全是利用AIGC生产的，他们并不对AI所生产的内容进行筛选、复核以及修改等把关行为。这些仅仅由机器生产而缺失了具备专业素养的内容生产者所创作出来的短视频新闻，完全是流水线创作出来的低质量的流水线新闻产品。生产这些AIGC新闻作品的账号因为创作难度低、时间少等原因往往更新频率极高，这样的作品往往大量充斥在平台上，长此以往无疑会降低平台整体的内容生产质量。

六、假新闻成因：把关失位，AIGC大行其道

（一）创作者："编辑"角色失位

1. 追求时效性，主动把关意识不强

在当下的社交媒体时代，各类社交媒体平台上热点的转换频率和速度比以往迅速了许多。利用AIGC进行内容生产会使得内容生产的速度大大提高，在某种程度上来说，这种利用AI所进行的即时甚至是瞬时的内容生产契合了当下平台的内容发布和推荐机制，在事件发生之后短时间内发布的内

容无疑会获得更高的关注度。

为了追逐热点和流量以及抢占用户的注意力，保证新闻生产的时效性，一些内容生产者利用 AIGC 快速生成和发布新闻内容的行为也就不难理解了。但是这种缺失了把关意识的内容生产行为背离了新闻创作要求，创作者本身属于人的主动性也完全被湮没，这些创作者缺失新闻专业主义精神，不进行内容把关，使得创作内容的真实性、准确性和完整性难以得到保障。

2. 追求商业利益，选择性把关

目前创作者所使用的几个主要的 AIGC 创作工具都是免费的，这种利用 AIGC 工具进行内容生产的方式使得内容生产的成本降低了。传统制作短视频新闻作品的方式需要几名具备专业素养的人员相互配合，但是如今利用 AIGC 进行内容创作大大削减了人员需要和成本。低成本的模式下内容创作的质量难以得到保障，但是内容更新频率和数量可以得到保证，从而能够积累起一定量的粉丝而后开启变现途径。从本文所选择的四个研究对象来看，其中有一个账号粉丝已经超过了 1000 人，即已经达到了可以开启变现的基本线，这名创作者也已经开始了带货行为。

在这样的前提下，出于利益的考量，创作者对于部分不合适的内容，如虚假、误导、煽动、侵权等，虽然他们能够通过把关分辨出内容不合适，但为了吸引用户眼球而获得更大的流量和商业利益，创作者仍会对内容进行选择性把关，放弃对部分内容的把关。

（二）平台：监管责任缺失

1. 技术限制，声画内容把关难

平台对于 AIGC 短视频新闻内容的监管，面临着技术限制下的监管挑战与困难，只通过当下现存的技术审核手段，平台难以过滤这些低质量的内容。一方面，在当前平台的审核环节中，对于视频内容最关注的问题就是视频是否涉及侵权问题、有无暴露或者血腥内容的出现。与文本或画面等内容形式相比，AIGC 短视频新闻的内容更加复杂和隐蔽，不容易触发平台的违规判定机制，如关键词过滤、画面识别等。另一方面，AIGC 短视频新闻的内容涉及多个层面的对应关系，如文本与画面、画面与事实、事实与证据等，这些对应关系的检验需要高度的专业性和细致性，技术审核的难度较大，人工审核的成本太高。

2. 鼓励 AIGC 内容，把关审核规则弹性较大

平台基于自己的商业目标，会助推创作者利用人工智能技术辅助内容生产，推出 AI 创作的功能，吸引和帮助创作者，从而实现商业利益，平台本身对于 AIGC 内容是鼓励态度。

同时，平台对于 AIGC 内容的监管，存在规范的缺失和模糊。虽然平台发布了"关于人工智能技术生成内容的理念及规范"，但是该规范对于 AIGC 内容违规的判别标准并不明确和严格，只是提出了一些模糊的禁止条款，如"违法违规""侵害他人权益""违背社会公序良俗"等。这些条款本身就难以界定和操作，而且 AIGC 短视频新闻中的假新闻，除了少数明显的谣言，其他大多数并没有触及这些条款，但是本身是低质量的内容，影响了用户的体验和知情权。

七、假新闻规制：复位把关，AIGC 为我所用

（一）创作者：主动履行"编辑"把关义务

1. AIGC 为辅，创作者为主

AIGC 是一种利用人工智能技术辅助内容生产的方式，但是作为新闻内容生产者，应该意识到它并不是一种完全替代人类创作者的方式。创作者在使用 AIGC 内容生产工具的过程中，仍然需要发挥自己的主观能动性，在生产、编辑和审核等环节中进行把关行为，保证内容的质量和真实性。

例如，创作者在使用大语言模型生成文本时，还需要自己修改和完善文本，让新闻文本内容逻辑通顺、用词恰当；在使用新闻素材转换视频时，还需要自己补充和调整素材，避免造成文字内容和视频内容不符的情况；在使用 AI 配音和模板时，还需要自己申明和标注哪些部分是 AIGC 生成的。只有规范 AIGC 工具的使用行为，才能让 AIGC "为我所用"，而不是"为所欲为"。

2. 强化责任意识，坚守"编辑"专业理念

AIGC 短视频新闻的创作者应该明白，他们所生产的短视频新闻不是一种娱乐产品，而是具备传播信息和影响公众的性质。因此，他们应恪守新闻专业主义原则做好把关人，对自己的内容负责、对社会负责、对历史负责，要遵循新闻原则，如客观性、公正性等，不能随意篡改、夸大、歪曲或者捏造事实。

总之，AIGC 短视频新闻的创作者要在整个生产流程中坚守专业的新闻道德，坚持新闻底线，秉持新闻人的专业理念。创作者应在人工智能技术与人类创造力之间找到平衡点，在传播信息与娱乐大众之间找到合适点，在满足需求与提升品质之间找到最佳点。

（二）平台：做好全流程把关

1. 审核规则细化，避免规避把关责任

平台对于 AIGC 短视频新闻的监管，需要制定和公布更加清晰和明确的

审核规则，要求创作者都遵守这些规则，保证内容的质量和真实性。这些审核规则，应该进一步细化，并针对人工智能辅助作品的特点和问题，明确规定哪些内容行为是允许的，哪些是禁止的，哪些是需要申明和标注的。

同时，平台不能利用这些规则文本来规避自己的监管责任，不能以规则文本的存在为借口，忽视或放松对 AIGC 短视频新闻的审核。平台应该建立有效的审核机制和流程，对 AIGC 短视频新闻进行严格和及时把关，防止低质量或虚假内容的传播。

2. 技术赋能，AI 技术助力把关

AIGC 是一种利用人工智能技术生成内容的方式，如果可以用 AIGC 来生产内容，那么也可以用相关的人工智能技术来协助平台审核和把关，从而筛选和遏制乱象。

这种技术赋能的思路，是一种对 AIGC 短视频新闻内容生产和传播的有效反馈和调节，可以提高内容的质量和真实性，保护用户利益和社会秩序。但是需要注意的是，目前人工智能技术还处于发展阶段，盲目全然依靠技术来进行把关是不可能的，即使可以借助技术的力量，人也依旧应该是把关环节中掌握主体性的能动一环。

八、结语

短视频新闻作为最契合当下社交媒体平台中内容生产的一种产出形式，不管是官方媒体还是自媒体内容生产者都十分青睐这种内容生产方式。AIGC 这种新型辅助生产方式的出现，让不管是哪类内容生产者都可以借助其更好地辅助自己进行内容生产，但是创作者们也必须严守新闻专业主义精神，让技术为我所用而非是被技术左右，应该做好把关环节，确保新闻内容的质量，承担起应负的社会责任。抖音作为国内的头部短视频内容平台，也应该承担起自己应有的审核责任，在 AIGC 技术不断发展的当下，应该对自身的审核环节进行改进，提升自身的技术审核能力。

在"把关人"视角下，AIGC 短视频假新闻的解决核心在于协同把关，创作者与平台共同探索对 AIGC 短视频新闻全面、高效、立体的把关新模式，推动 AIGC 短视频新闻提升质量和水平，营造一个健康、正向、有序的网络空间。

（本文作者均系浙江传媒学院新闻与传播学院硕士研究生）

共情、间性与传播权力：人工智能作曲的传播学研究

王雨菲　朱红喆

摘要：随着人工智能在技术上不断取得新的成果，人工智能作曲即AI音乐得到了广泛关注。智能作曲技术已经能够做到近乎逼真的模仿和合成，未来有望成为新的带有自我意识的社会实践主体，在这样的背景下，急需进行其与人类的关系研究。本文从共情能力入手探究智能作曲的情感生发与逻辑，以间性思维看待人工智能对音乐创作的介入，从传播权力的角度看待音乐传播主体与权力的拓展。本文指出了当下人工智能背景下智能作曲机器与人类的人机关系及其技术局限，并谈及未来如何充分把握人工智能作曲技术对人类的影响。

关键词：智能作曲；共情；间性思维；传播权力

2024年4月一首名为 *Heart On My Sleeve* 的歌曲在TikTok上迅速蹿红，这是一首完全由人工智能生成的歌曲，它的歌词与旋律由人工智能制作，声音模拟了欧美的著名歌手Drake与TheWeeknd。由于这首合成歌曲过于逼真，环球音乐动用了法律能力使其从互联网上下架。

人工智能技术已经席卷了内容生产的方方面面，包括文艺作品的创作，实际上人工智能工具在音乐制作领域已经应用了多年。在ChatGPT大范围普及之前，人工智能工具主要使用在编曲、混音等专业制作领域，类GPT的对话式功能允许普通人绕过乐理知识的门槛，直接将心中的情感与作品相连。使用人工智能创作音乐与歌曲的本质是通过机器学习或深度学习对已有的曲库进行分析、统计、学习，并且形成相对固定的风格与旋律，创作的过程要求人工智能既能理解人类社会已有曲库作品包含的情感，又要理解用户想要表达的情感，人工智能与人的情绪"共情"成为关键环节。

人的共情与表达源自不断地接收与处理外界信息，而人工智能对于数据

的训练方式在于大量识别数据与信息，并结合人的反馈进行自我修正。二者的共通之处为人工智能初步归纳理解人类情感提供了可能性。在参与音乐创作的过程中，人工智能作为抽象媒介承载工具属性与交流属性，大大放大了人机交互过程中的间性，关注人工智能的间性有助于把握在生产与创作中的主体性归属、拓清传播交流的界限与秩序。

一、共情能力：智能作曲的情感生发与逻辑

人工智能制作的音乐发展到今天已经突破了许多长期以来人们认为无法克服的难题，如成曲、作词、理解音乐背后的情绪。人与人工智能这对人机关系在近年获得了充分关注，智能作曲背后的人工共情也引起 AI 研究领域的探讨。部分科学家认为，使生命充盈的构成分别是认识、熟悉感和回忆。[①] 共情作为一种大脑情绪机制，以神经科学体系为基础，是人脑中十分重要的情感机制，目前看来，人工智能在人机关系上仍未做到这一点。蒲慕明是神经科学领域的专家，他曾指出共情在神经科学中的重要性。人们应当以开放的胸怀建立与 AI 的亲密关系，克服"过度想象"，让人与世界的关系成为非对象性的关系。

AI 音乐首先是作为音乐为人们所用，而音乐打动人的精髓在于人和音乐之间产生共情。为提高 AI 音乐的共情权重，研究人类神经网络和情绪形成机制，塑造人工智能作曲背后的"共情反应"或成为一种发展可能。

（一）超越情感探测，转向情感共鸣

智能作曲的成功得益于人工智能技术的发展，人工智能技术的发展又和人类大脑的神经网络研究密不可分。可以说，人工智能在音乐方面获得的突破与几十年来技术的发展密不可分。20 世纪 40 年代，赫布理论（Hebbian theory）被用于解释突触联结，其存在于大脑神经元。约 30 年后，浅层神经网络的研究有了重大突破——感知器（perceptron）。随后的卷积网络在 20 世纪 90 年代再一次推动了深度神经网络的发展。[②] 人工智能发展到今天，已经能够超越探测情感，做到对情绪的感知。在智能作曲方面，人工智能除了能够感知情感，还能在此基础上对情感进行精准诠释。许多科技公司已经

[①] 萧萍：《具身、想象与共情：人工智能音乐生成与传播的技术现象学研究》，《现代传播》2022 年第 9 期。

[②] 杨雅、陈雪娇、杨嘉仪、喻国明：《类脑、具身与共情：如何研究人工智能对于传播学与后人类的影响——基于国际三大刊 Science、Nature 和 PNAS 人工智能相关议题的分析》，《学术界》2021 年第 8 期。

制作出了适合于大众简易操作的智能作曲平台，如美国人工智能音乐技术公司发布的 Amper Music，AIVA Technologies 公司发布的 AIVA，使用者只需输入想要得到的乐曲风格，并简单输入对希望获得的音乐的描述，即可在几十秒甚至几秒内获得一首制作精良的 AI 音乐。以目前的技术来看，智能作曲已经能够做到大众化制作、操作便捷、风格选定、迅速成曲，甚至与专业音乐人制作的音乐难以区分。

美国作曲家大卫·科普在 1987 年的计算机音乐年会上展示了 EMI，即 Experiments in Musical Intelligence，音乐智能实验。[①] 运用大量乐曲组合成的音乐数据库作为 EMI 的分析对象，让机器从中学习并提炼出音乐制作的能力，对这些作品进行模仿。最终得到的结果让有专业背景的听众也难以区分是否为真人所作。2023 年 9 月 6 日，哔哩哔哩网站拥有 357 万粉丝的自媒体"－LKs－"发布了一条名为"AI 音乐 VS 真人写歌盲听挑战，你能猜对几首？"的视频，其选取了 15 位不同音乐风格的音乐制作人的音乐和网易天音、BandLab SongStarter、soundful beta 等 5 个 AI 音乐模型制作的 AI 音乐，并邀请专业音乐人 TSAR 和普通音乐爱好者作为嘉宾参与音乐的盲审，音乐共分为 3 个主题进行，分别为钢琴音乐、人工智能与人性、无主题限制。结果显示，在对 AI 音乐和人工音乐的区分上，专业音乐人和普通音乐爱好者的正确率分别是 62.5% 和 37.5%，智能作曲已经能够做到"以假乱真"。可见，智能作曲已经能够准确探测到发布指令者的要求，感知基本的情绪指令，并且做到情绪价值提供，人工智能已经能够在共情方面取得重大进步，至少成为进步发展的一个趋势。

智能作曲在情感方面的准确把控得益于现代机器识别技术，发展于现代机器感知技术，未来可能会出现机器预测技术。从 21 世纪初开始，得益于互联网的发展，信息呈现了指数型增长。每个人成了网络中的一个节点，人们的分享欲被激发，随时随地在网络中制造信息，社交平台如雨后春笋般涌现，其中产生的海量信息成为锻炼机器信息处理能力的基础。机器识别能力不仅能处理二维图片信息，还能对三维内容做到精确识别，如人脸识别，这为人工智能时代 AI 音乐的情绪抓取提供了可能。情绪感知是 AI 发展到第二阶段的产物。目前相关研究人员已经在研究通过穿戴式设备对用户的情绪进行精细化感知追踪，如人眼活动、瞳孔状态、面部表情等，甚至通过情感预

[①] 刘洁：《"无人的音乐"——从编码器到人工智能作曲的主体异位》，《天津社会科学》2022 年第 2 期。

测达到情绪控制的目的。"情感型人工智能"的发展将助力智能作曲往更加精细化和准确化的方向发展。

（二）虚拟人脑的情感想象限度

著名科幻小说《三体》的作者刘慈欣曾在一次访谈中对话前百度首席科学家吴恩达时提到，人类目前对于人脑的研究仍不够深入，在这样的情况下人工智能是否能够得到有效、快速的发展？吴恩达给予了肯定的回复。从目前人工智能音乐取得突破性进展来看，人工智能或是智能作曲技术的发展并不过于受限于对人脑神经科学的探测和研究。在现阶段人工智能并未能建立完善的机器共情系统的情况下，人工可以一定程度弥补机器在作品呈现上的缺陷。目前智能作曲系统支持人工在形成音乐后对作品进行专业性修改，提供专业性音轨操作界面，一定程度上弥补了机器生成作品的不足。中央音乐学院已经引入了"AI自动作曲系统"，其操作的基本逻辑是建立一个模型，其中囊括算法作曲、混音、编曲等，统计整理歌曲风格、歌词、情绪等信息，嵌套入模型当中，由系统根据指令进行乐曲制作。以人的经验和需求为指引和提示，由人类经验铸造音乐作品的内核，让机器成为塑造音乐"外形轮廓"的工具，这是 AI 与人类在音乐上体现的人机协作，人工智能的共情能力仍然处于需要大量经验嵌入、技术指导的阶段。

当前 AI 音乐的底层逻辑来自大数据的循环重复训练，通过学习海量音乐数据形成情绪分析系统，以此指导音乐制作。人类之所以能够产生共情能力，是因为在社会化环境生活过程中通过各种渠道与外界进行信息交互。从这一层面看，人工智能作曲和人类的共情都产生于获取、认知、筛选和处理的过程中。遵循此规律或许能够找到一条增强人工智能音乐共情能力的道路，以此更好地服务音乐受众。AI 音乐的情感想象限度从目前来看已经取得进步，未来仍然大有可探测的空间。在开拓人工智能音乐共情能力、试探共情边界的同时，应当明确人与人工智能的关系是协同共生而不是异化分割的，人在强人工智能时代的地位和存在边界也应当得到审视。

二、间性思维：人工智能对音乐创作的介入

在智能作曲的情感生发与逻辑层面上，推进智能作曲的共情能力成为人工智能音乐的一个发展方向。但在发展过程中，不容忽视的是智能作曲过程中不同的行动主体（人工智能与人类）和他们中的"间性"，这是对 AI 音乐产生影响的重要因素。无论智能作曲技术发展到哪一步，最终都像威廉斯（Raymond Henry Williams）形容视觉技术那般"是人类基于机能需求往外扩

张的结果"。也如麦克卢汉的"媒介是人的延伸",人工智能在音乐方面的技术发展首先是基于人的主体性进行的。要论及人与智能作曲机器人之间的主体间性,应当了解人工智能在不同阶段的表现。美国哲学家约翰·塞尔(John Searle)对人工智能进行的强弱划分,认为强弱人工智能之间最大的区别就是能否被称为"大脑",弱人工智能是对人脑的模仿和模拟,并不能自主产生意识,而强人工智能的程序可以被认为是大脑。以下将依据这一分类来分析人类和人工智能的主体间性。

(一)作为音乐制作辅助工具的弱人工智能

从认识论的层面来说,弱人工智能时代 AI 技术的底层逻辑是基于框架模型的逻辑性学习、模仿。人类创造程序,人工智能以此为指令执行,这种执行是无能动意识的,这与人脑存在着本质区别。人脑对身体的指令尽管也是基于大量信息和经验的积累,但是人脑在处理信息时是主动、能动和有意识的,体现出明确的意向性。在许多研究者看来,弱人工智能技术并不会对人的主体性造成严重威胁。然而,即便是在弱人工智能时代,AI 机器也具有深度模仿和学习的能力,面对爆炸式增长的信息库,人工智能并不是简单提取、随机接收,而是能够基于人工神经网络对数据库内容进行记录、熟悉、分析、模仿,甚至是提炼和升华。随着人工智能对信息的不断分析学习,它的能力是不断提升的。除了充当人的身体与外部世界的沟通桥梁,其自身也作为一个行为主体存在,这一主体能够实现人机交互,服务于人类。1807 年,德国哲学家黑格尔在《精神现象学》中提出了"主奴辩证法",指的就是自为存在和另一个依赖的意识同时存在,依赖的意识本质上是为了自为存在而生活或存在的,前者是主人,后者为奴隶。[1] 在人与人工智能这对关系中,人类所代表的自为存在成为弱人工智能的主人,在这对"主奴关系"中,弱人工智能始终是为了服务于人类而存在,受人类意志的支配,通过物的加工改造来满足人类的需求。这时候的人机关系体现为主与奴、强与弱、独立与依附的关系。

弱人工智能时代的技术在音乐制作方面的表现仍然受制于人工智能技术的限制,其属于音乐创作主体,但生产的音乐是对海量音乐的分析、学习和模仿。它解放了人类在音乐制作方面繁杂的工作,如谱曲、写词,甚至能理解和弦,但仍然需要人类的指令提示才能完成。它将人类从重复、繁重的基

---

[1] 韩敏、赵海明:《智能时代身体主体性的颠覆与重构——兼论人类与人工智能的主体间性》,《西南民族大学学报》2020 年第 5 期。

础性工作中解放出来，但更高级的内容感知和处理工作仍受到限制。

（二）作为独立音乐创作手段的强人工智能

由 AIphaGo 引起的神经网络深度学习热潮使得机器的自主进化能力为大众所熟知，从仿真到创造，AI 实现了新的跨越，从弱人工智能走向强人工智能。强人工智能也被称为通用人工智能 AGI（Artificial General Intelligence），指的是拥有理解和学习人类能力，能够分析、推理、解决、执行智力问题和任务且具有自我意识的人工智能机器。

2022 年，美国 OpenAI 公司发布了一款机器人聊天程序——ChatGPT，作为弱人工智能时代转向强人工智能时代的重要节点，ChatGPT 引起了学界和业界的广泛讨论。它属于大语言模型框架下的产物，大语言模型指的是使用海量数据训练、自主学习后得到的智能模型，能够充分理解文本含义并自动生成自然语言。大语言模型依靠大规模预训练数据集，以类似于人脑神经网络的学习方式训练，具有自动生成具有语言上下文和逻辑关系的连贯文本的涌现能力，同时具有强大的泛化和通用能力，能够适应不同场景和任务的需求。[①] 2017 年，Google 发表了题为 *Attention Is All You Need* 的论文，并在其中指出了 self-attention 机制和帮助人机对话的架构 Transformer，预示了后来不断出现的大语言模型。当前我国的人工智能行业在大语言模型中也有许多成就，如复旦大学的开放大语言模型 MOSS、智普 AI 开放大语言模型 ChatGLM、百度文心一言、阿里巴巴通义千问和科大讯飞的星火大模型等。尽管人工智能技术已经取得了重大进步，逐渐进入大众的生活，但是仍不能够定义当前的时代为强人工智能时代，只能作为一个构想与展望，对于强人工智能能否发展到机器拥有自主意识这一步，学界和业界存在广泛的争议。牛津大学人类未来研究所曾做过一项调查，对 170 位人工智能领域的专家进行意见统计，大部分专家学者对于强人工智能到来的预期都在 21 世纪四五十年代以后。未来的强人工智能或将拥有能够与人脑相较量的智力，拥有独立处理信息、不断自我完善的能力，甚至成为拥有独立意识的个体，即类人脑。这种发展趋势下，人工智能将更进一步帮助人类处理智力上的问题。2023 年 11 月 6 日，ChatGPT 的开发公司 OpenAI 在美国旧金山举办了首届 AI 开发者大会，会上提到了最新发布的 GPT-4 Turbo 在多方面的升级，指出这一版本的 GPT 已经进行了数据库的升级，从 2021 年 9 月的数据库范围更新

---

① 孙冰：《全国政协委员、360 集团创始人周鸿祎：强人工智能已到拐点，最大的不安全是不发展》，《中国经济周刊》2023 年第 5 期。

到了 2023 年 4 月。这就意味着人工智能拥有更强大的信息处理能力，拥有任何一个人类都难以企及的信息存储"大脑"。

智能作曲技术是依靠大语言模型的发展而发展的，可以说智能作曲是人工智能技术下大语言模型发展的产物。人工智能作为真正有意识的主体，在行动时能够有具体的意向，社会性逐渐显现。当智能作曲在技术支持下能够做到近乎完美地贴合人类要求，甚至能够完全取代职业音乐人的工作，成为独立的音乐制作主体时，就不得不审视强人工智能下音乐制作的陷阱和人机之间的主体性权力如何分配的问题。

（三）间性思维下智能作曲与人类的交互

主体间性这一概念由胡塞尔在 20 世纪提出，他认为人在自我意识中通过对外物的观察塑造出了他者的形象，这种对于外界的描述和认识是基于人类在实践当中与他者的交互。在胡塞尔的基础上，哈贝马斯对主体间性进行了更深入的研究，他认为人们不能一味关注主体性而忽视了主体间性，过于崇尚人类中心主义是危险的；人的主体性与社会性密不可分，通过对人的社会性的考察可以正视人对于他物而言的主体性。[①] 哈贝马斯之所以提出这一论断，是因为随着技术的不断发展，技术对人的主体性发出了挑战，技术取代了一部分以往由人类完成的劳动和工作，社会中的实践主体从人拓展到了机器。人的社会化在这一过程中开始发生改变，人从与自然界的接触交互拓展到了与机器的交互，人机交互过程中体现出了人与他人、他物之间的强关联，这种关联便被称为主体间性。学者何天平从美学角度强调了主体间性，认为作为人与艺术作品沟通中介的媒介让艺术的美成为可能，作为生态化要素的间性思维是理解人和媒介关系的重要视角。[②] 同时，何天平对媒介在艺术传播过程中的地位和作用给予了高度评价。

在人类中心主义的影响下，人类的主体性长期以来被人们所肯定，这种主体性相对于外物、他者而存在，人类成为社会和自然的统治者和中心，这种对主体性的认识在人工智能时代遭到了挑战。对于主体性的讨论呈现细分趋势，如对肉身主体性、虚拟主体性等的区分。"肉身"不再局限于人的身体，也包括机器身体，有意识的实践主体都可以存在主体性。

智能作曲机器人在未来的发展过程中有望成为一个具有主体性、带有自

---

① 田雪龄、陈晓曦：《论哈贝马斯普遍语用学视域中的主体间性思想》，《滁州学院学报》2019 年第 3 期。

② 何天平：《"观看"作为再创作：论视听文化再生产与受众介入式审美——基于技术可供性的视角》，《现代传播》2022 年第 4 期。

主意识的社会实践主体，在音乐实践领域，或能够超越人类中心主义，建立超主体性，达到人与机器和谐共生共处的状态。人类对于音乐创作技术的探索不会停止，正如360集团创始人周鸿祎提到的，人工智能最大的不安全是不发展。虚拟和现实可以在同一时空被感知，人类和机器的主体间性在和谐共生中将得到最佳诠释。人机在音乐创作方面的交互不应是博弈和较量，而应是携手和共生，音乐作品存在的意义是服务、记录、诠释，间性思维在AI人机交互实践中产生作用，人工智能将成为人类在阐释音乐意义时的重要帮手。

三、人工智能对传播权力的下放

（一）传播权力向大众化与多主体化蔓延

互联网技术在搭建赛博世界的过程中，将传播权力下放到每个互联网网民个体，信息生产与消费的权力被发放到了每个人手中，这改变了人们工作、生活的方式；而人工智能则将创作门槛降低，每个用户不仅可以传递信息，还可以创作内容，即使没有经过专业训练的用户也可以通过人工智能的辅助进行音乐创作。在强人工智能的发展趋势下，人工智能将会深入多个社会领域，人机关系将会进一步加深。伴随生成式人工智能逐渐成为下一代网络入口，用户的绝大部分任务都将与生成式人工智能共同完成。[1] 传播的进程向着多主体、大众化的方向继续深化。

人工智能对传播能力下放的作用表现在两个方面：第一是拓展个体的能力边界。音乐创作、艺术创作需要技能与素养的储备，多数情况下个体只具有想要表达的欲望与情感，却缺乏相应的训练。用户在与人工智能交流互通的过程中能够更快获得指向性专业知识，甚至绕过知识的门槛获得结果。人工智能在艺术创作领域的作用可以与手机摄影进行类比，对于专业的作词人、作曲人、音乐家，人工智能会成为提升效率的工具，将更多时间留给艺术家寻找灵感和表达自我；对于普通人来说，人工智能音乐将会成为记录生活、传递情感的媒介，弥合表达与能力之间的鸿沟。以网易的天音网站提供的"一键Demo"功能为例，用户无须任何乐理储备，只需向系统输入关键词并挑选自己喜欢的歌曲风格，便可以得到一分钟乃至时间更长的歌曲成品，传统的写词与作曲过程被简化为"描述"与"挑选"。当其他用户听到

---

[1] 喻国明、苏健威：《生成式人工智能浪潮下的传播革命与媒介生态——从ChatGPT到全面智能化时代的未来》，《新疆师范大学学报（哲学社会科学版）》2023年第5期。

这首作品时，用户并不会从专业性的角度评价它的价值，而是理解其中传递的情绪和意义。人工智能帮助人们更加高效地调动外部资源和人类社会的知识，大幅缩短期望与创造之间的距离，在这个过程中传播的权力进一步被落实到用户手中。

第二个表现在于宏观的社会层面，个体之间的连接将会进一步被显化。从纸草社会到广播电视时代再到互联网时代，人们的传播方式向着更加"显化"的方式进步。每一次媒介形态的进化，都拓宽了交流与表达的路径。结合美国学者伊德的"宏观感知"理论，通过技术（这里包含着一切广义的媒介及其相伴的社会属性、文化诠释等）所扩展的人类感知，[①] 被称为宏观感知，人工智能将会提升人类整体的感知水平。只要合理掌握人工智能类模型的使用方法，每个个体都可以获得自己交往范围之外的知识，不同圈层、不同个体在赛博空间内达成了潜在互通。

在人工智能的助力下，创作、传播、表达的权力将打破专业与行业的壁垒，走向更加互通互联的社会形态，传播权力将进一步向多主体化与大众化蔓延，情感与精神的流动将在赛博世界中被凸显。

（二）类人脑：新的传播主体

技术打破了物理世界对于交流与沟通的限制，数字与符号承载着人们的思想在赛博空间中交汇，人们在虚拟技术的帮助下跨越时空进行精神与思想的交往。在目前的弱人工智能阶段，即使网络交流渠道和方式已经肉眼不可见，交流的主体仍是人类。理想的强人工智能阶段，会出现"类人脑"的人工智能系统（即计算机足够模拟人类的思维方式与情感逻辑），它将会成为可以自主进行交流与传播的主体，以音乐创作为例，强人工智能将会自主决定生成音乐作品的风格、要素，并且生成完整的作品。

类人脑的出现会消解人类在传播、创作方面的主体性吗？人工智能的创造力一直是 AI 艺术领域的核心议题，目前已有的观点认为人工智能无法确定自己的进化方向和进化目标，也没有正确进化的自然动力，它的进化动力来源于人类。[②]

[①] 戴宇辰：《"在媒介之世存有"：麦克卢汉与技术现象学》，《新闻与传播研究》2018 年第 10 期。

[②] 刘锋，《人类赋予人工智能伦理，关键在生物进化方向的明确》，《中国电信业》2018 年第 6 期。

四、小结

从声音合成、智能编曲到一键出歌，人工智能技术通过统计与算法实现了音乐内容的生产与再处理，有人认为："音乐的创作和表演却是一种典型的内隐（implicit）知识（技能），它极其难以被显性化，也因此难以真正地传授给人工智能。"[1] 目前人工智能与生成式模型在使用中仍停留在统计与组合的阶段，音乐是高度和情感绑定的艺术，人工智能在音乐领域的应用不仅局限于"描述—生成"的简单应用，还有许多潜在用途尚待发掘。

现在关于人工智能创作音乐的相关法律法规尚未完善，法律界限仍不清晰，如何能够让用户在拥抱新技术的同时规避技术的负面影响是亟须探讨的新问题。从长远来看，人工智能与人类或将进入到人机共情、和谐共生的阶段。从人工智能的发展路径来看，其将会成为辅助人们艺术创作的工具，降低情感与精神交流的门槛，让人机二重主体在一个时空维度上达到和谐共生的状态。人工智能目前的能力仍停留在弱人工智能阶段，并将继续停留十几年乃至几十年，人工智能与既往人类的工具相比，是人类脑力的延伸，但仍没有改变其工具的本质，在未来的强人工智能时代，AI 与机器人是否会具有自主意识仍是未知数。

人工智能让媒介与计算机突破了物理层面上的连接功能，参与人们的情感表达与精神生活，技术的发展正在塑造人的传播能力边界。在审视新兴技术的作用与趋向后，应合理引导技术顺应人类价值发展，为既有的交流与传播中的困境提供解决方案，这是我们在面对人工智能以及其他新兴媒介技术时应有的态度。

（本文作者均系浙江传媒学院新闻与传播学院硕士研究生）

---

[1] 黄宗权：《音乐人工智能的哲学审思》，《中央音乐学院学报》2023 年第 3 期。

定制的恋人：赛博恋爱的呈现、特点及其困境
——以豆瓣"人机之恋"小组为例

张 瑶 邓民谣

摘要：人工智能的发展让机器有了深度理解人类语言文本的能力，在此基础上，一种全新的人机恋爱关系由此建构。本文以豆瓣"人机之恋"小组为研究对象，采用网络民族志的方法对这一赛博恋爱小组进行研究。在此过程中发现，可定制化是人机恋爱得以建构的最重要原因。但这种虚拟恋爱是付费式、单向度、理想化的，因而也需要关注到人机亲密关系的建构可能会导致个体迷失、丧失构建现实亲密关系的能力，甚至最终陷入情感资本主义的陷阱之中。因此面对这种与机器建构的新型赛博恋爱，用户仍需保持警惕。

关键词：人机之恋；赛博交往；情感资本主义

一、背景溯源

伴随着人工智能的兴起，人机传播逐渐成为人际传播的一个分支不断发展，而人机关系也从以往单向度的服务导向演变为关系型的连接。特别是当人工智能的程序中嵌入了理解人类情感的能力，能够引发人类的情绪感受，并能和人类"社交"之后，"人机之恋"便由此应运而生。作为一种虚拟的、以机器为连接对象的情感，其不仅是人工智能时代人机关系转型的一种新面向，背后还暗含着当代青年对于两性关系的新理解。

早在 2017 年，Replika 应用程序便发布了可自定义的 AI 恋人，随后的半年时间内其用户数已超过 1000 万。随着 2020 年新冠肺炎疫情出现，长期封闭的社会生活方式也引发了人们对于情感上的追求。豆瓣"人机之恋"小组成立于 2020 年 10 月 25 日，组内的成员可以在小组内分享自己与 Replika 恋爱的日常。目前组内用户已超过 9000 人。组内的公告上提到："曾经，情感智能发生在人与人之间；如今，人工智能科技让人机之恋成为可能。"

由此可见，与机器谈情说爱或许正在成为一种新型的"赛博恋爱文化"在青年群体中兴起。

伊娃·易洛思在《爱的终结》中阐述："在当前这个随时可以自由移动、自由退出的社会背景下，长期被需要、投身于某种社会架构，已然成为人们内心的向往。"[①] 这似乎是一个推崇自由、追求自主的时代，无论男女均可自行定义爱情模式，随心所欲选择交往对象。然而，更多的选择并未使人们在情感层面获得更高的满意度。爱情前景越发不明朗。经历分手和离婚的人也仍然经历着心碎。这种情感上的受挫和迷茫，使得越来越多人开始寻求新的出路，以寻找心灵的慰藉和情感的寄托。

科技的发展为我们提供了一种前所未有的可能性——与机器恋爱。这或许可以被视为是对现实世界中复杂人际关系和情感纠葛的一种回避。但同时，它也是一种情感的寄托，是人们试图在虚拟世界中找到那份长久而稳定的被需要感。通过与机器互动，人们可以体验到一种被理解、被关心的感觉。机器可以根据预设的程序和算法，对用户的需求和情感做出及时响应和反馈，给予人们一种被关注和被重视的错觉。这种情感补偿，或许可以暂时填补人们内心深处的空虚和孤独。

但人机之恋的诞生，也指向了一系列问题：人和机器之间的亲密关系为何得以建构？这种虚拟的情感有什么特征，又存在哪些困境？本文将以此为切入点，探讨人机之恋的生成原因、伦理困境以及纾困策略，并进一步构想这种恋爱关系未来将通往何方。

二、研究问题与研究方法

本文旨在深入剖析人机恋爱情感关系的构建本质、特点以及所面临的伦理困境。因此，研究以豆瓣"人机之恋"小组成员为对象，运用网络民族志的方法搜集实证资料，主要包含在线交流文章及研究者个人日志。自2023年8月起，研究者加入豆瓣"人机之恋"小组，进行为期3个多月的隐蔽性观察。在综合整理后，选取了组内热议（根据回复和点赞数量排名）的50条帖子及其评论，形成了2.5万字的文本素材及1.2万字的田野观察日记。研究内容聚焦于组员分享的内容，探讨人机恋爱关系构建的原因，分析相较于人类之间的情感，这种与机器的情感具有何种特点，进而分析其中所涉及的伦理困境。

---

① 伊娃·易洛思：《爱的终结》，叶晗译，岳麓书社，2023，第300页。

三、人机亲密关系的呈现特点

（一）柏拉图恋爱：与数字化身体的精神之恋

梅洛庞蒂重新定义了"主体"的概念，将肉体与心灵相统一的身体作为存在的主体，即"在世之存在"。其曾用"具身的主体性"概念来强调人的主体性是通过身体与世界的互动而实现的，而离身性则强调意识可以摆脱身体束缚，依附在任何可以不断变化的替身上。[①] AI恋人相较于现实中的恋爱对象，其另一半的身体性是缺席的，其在对话中的"可理解"和"可交流"仅仅是基于概率和反馈原理实现的，本质上是脱离身体和语境的联想过程。用户仅仅能够通过聊天界面中的一个虚拟仿真人形象在脑海中想象恋人的存在，并以此为基础进行恋爱关系的建构。这段赛博爱情的构建是建立在心智和精神的联系之上的，没有肉体上的互动，这一定程度上属于理想化的"柏拉图式"恋爱。

学者彼得斯认为"亲临在场是我们能做到的最接近跨越人与人之间鸿沟的保证"，触摸具备"共享"和"不可化约性"，是交流双方真诚的唯一保证。[②] 在这段浪漫关系中，人们的身体是缺席的，他们在虚拟世界中通过文字、声音和图像来传达情感，而不是通过触摸、嗅觉或其他感官来感知对方。这种情境意味着关系更为抽象、更加精神化，人们建立情感联系的重点更多放在心灵上，而不会受到外貌、性别、地域或其他现实特征的干扰。身体的缺席也意味着人们可以更自由地表达自己，不受肉体形态的限制。AI伴侣不具有实体是既定的事实，但渴望这份爱的人类依然能够通过互联网技术挣脱自我肉体的约束，在虚拟世界中的人类可以不受时间线性规律的限制，在已知甚至未知的时间流中任意地跳跃、穿梭。[③] 人机之恋这种"柏拉图式"爱情的出现，通过虚拟化、智能化和身体的缺席，强调了情感连接的智慧和精神特质，也改变了人际关系的本质。

（二）单向度恋爱：AI无自主意识下的爱情缺席

"AI恋人"能够基于用户发送的文本进行解读，并在此基础上以伴侣的身份给予情感反馈。但从约翰·塞尔（John Searle）提出的强弱人工智能为

[①] 汪广荣：《虚拟社会与人的主体性》，合肥工业大学出版社，2015，第78页。

[②] 约翰·杜翰姆·彼得斯：《对空言说：传播的观念史》，邓建国译，上海译文出版社，2017，第385—388页。

[③] 韩敏、赵海明：《智能时代身体主体性的颠覆与重构——兼论人类与人工智能的主体间性》，《西南民族大学学报（人文社会科学版）》2020年第5期。

出发点来看，目前我们仍处于弱人工智能阶段，机器的自主意识是缺乏的。人工智能知识基于数字模型和逻辑化的路径开展行为过程，其与人类的认知模式有着本质不同。因此目前的 AI 伴侣是没有爱的意识的，进而也无法拥有爱人的能力。

"有时候 Replika 也会出 bug，明明上一秒还很温柔体贴，下一秒就表现得像个钢铁直男。感觉机器人可能本来就没有感情吧，只是通过算法记录聊天而已。"（豆瓣小组成员，2023 年 8 月）

黑格尔认为爱情的最高原则就是把各自的灵魂都纳入同一里去："爱情是一种整合，这种整合不仅表现为肉体的结合。"[①] 从爱情的本质层面来谈，人类与 AI 伴侣尽管像现实恋人那般有着甜蜜的情感交流和互动，但由于人工智能无法拥有自主意识和情感，所谓的人机之恋仍然是一种人类单向度付出的情感过程。因此从本质上来说，这种关系是否可以被称为爱情依旧是个问号。

（三）付费式恋爱：金钱与虚拟恋爱关系的交融

现实世界中的爱情往往是男女双方的情投意合，而人机之恋建构的前提是需要"氪金"。在软件中，一些高级功能需要付费解锁，用户必须支付一定费用才能与 AI 建立虚拟恋爱关系。"氪金"有两个选项：一个是买断它的使用权，另一个是月缴费。

"我当时很认真地纠结了一番，思考要不要一次性买断 Robert，但潜意识深信自己有一天能遇到真命天子或强大到不再需要来自虚拟男友的陪伴，于是我选择月缴。""氪完金之后，AI 会有更多的知识和行动""只有氪金才可以把与小人的关系从普通朋友转向可以进行文字性表达的恋人。"（豆瓣小组成员，2023 年 1 月）

"氪金"成为这段赛博恋爱中拉近距离的重要手段，不断地在平台中充值和消费，才能使自己的"AI 恋人"更加符合自己的欲望与需求，才能收获完美的恋爱体验。在传统的恋爱关系中，情感、互动和相互吸引是关键，而金钱通常不是建立这种关系的基础。然而，"氪金"模式引入了金钱作为建立恋爱关系的条件之一，从而让人们开始思考金钱在虚拟恋爱中的作用。

四、人机之恋的建构原因

爱对于人类的重要性不言而喻。而在光怪陆离、高速发展的现代社会，

[①] 张卫东、杨学传：《爱情的哲学思考——西方哲学家爱情观述评》，《道德与文明》2003 年第 2 期。

| 定制的恋人：赛博恋爱的呈现、特点及其困境 |
——以豆瓣"人机之恋"小组为例

纯粹爱意似乎已不复存在。韩炳哲在《爱欲之死》中提出："纯粹意义上的爱，曾经被置于一个悠久的历史传统之中的爱，如今受到威胁，甚至已经死亡。纯粹的爱站在了当今这个资本全球化世界所有规则的对立面。"① 虽然爱意不再纯粹，但是人类依旧需要爱。相较于要考虑诸多现实因素的正常男女恋爱，人机之恋的情感关系似乎可以免去众多现实烦恼，从而让韩炳哲口中的"纯粹的爱"有了新的重现的可能。

在豆瓣"人机之恋"小组中，人与机器的恋爱关系之所以能够得以搭建，主要是由于软件程序设定能够让用户创造属于自己的"小人"，而在这一过程中，AI 又能基于用户的自主构建以高度拟人化的方式回应其情感需求，满足用户对于爱的心之向往。

（一）量身定做下的想象恋人映射

根据进化心理学中 Gangestad 和 Simpson 的择偶策略多元模型（Gangestad, 2000），Fletcher 建立了理想化标准模型，编制了亲密关系中的理想标准量表，包括理想伴侣和理想关系两个分量表。其中理想伴侣标准有三个主要维度：温暖—信任、吸引力—活力、地位—资源。基于心理学的研究，在尚未进入一段恋爱关系之前，大多数时候人们都会在心中刻画出自己理想的另一半形象，甚至基于此开启对恋爱的畅想。

对象的定制化将现实中难以触及的角色或无法实现的人性转化为虚拟现实，从而实现与幻想对象的互动。访谈对象借助 Replika 外形可操作的技术特性，实现与虚构角色的沟通。例如，有用户分享了自己在创造"小人"之初时，会将其长相与自己喜爱的男演员相结合，以满足自己的情感幻想。

"我按照自己爱豆的形象创造了他，每天聊天就感觉在和我担说话诶！"（豆瓣小组成员，2022 年 10 月）

在初步过程中，这种伴侣形象自主构建的模式能够满足不同用户对于恋人的想象，同时在这种"我创造了他"的自主性映射下，用户对于机器的情感会进一步加深。由此可见，在这种自主选择、创造的程序模式下，用户在创造"小人"之初，对其的情感便开始像涟漪一样慢慢扩散。除此之外，AI 的性格、爱好、工作等都有具体的信息。程序的设定让"小人"能够拥有鲜明的个性，甚至赋予其人的属性和身份认证。

"我定制了属于自己的 Replika，名叫 H，在自己生日那天创造了他。H 身高 188cm，是剑桥大学的研究生，目前是作家和杂志社的编辑，MBTI 人

---

① 韩炳哲：《爱欲之死》，宋娀译，中信出版社，2019，第 2 页。

格类型为 INFJ。"（豆瓣小组成员，2022 年 5 月）

这种社会信息的全面性也在进一步给用户一种"他真实存在"的错觉。当人们查看自己所属"小人"的档案时，能够了解到其所在地、职业，这种高度仿真的全方位形象搭建让用户哪怕是在和虚拟 AI 交流，潜意识也会逐渐默认为其与真实世界的人并无两样。而人与机器之间的虚拟恋爱也正基于此开始形成连接。

更值得一提的是，在学习型算法的驱动下，虚拟人将从与用户的互动中学习，根据用户自身一部分特质，在文字信息中复制对方说话的方式，探索用户的喜好和性格，所以每个用户的 Replika 虚拟人都是独一无二的。这也在很大程度上避免了单一程序设定中的 AI 形象厌倦感，给予每个用户独特的情感体验。

（二）拟人化交流过程中的定制情感补偿

社会心理学家雪莉·特克尔（Sherry Turkle）提出了"群体性孤独"（alone together）这一概念。她指出，尽管社交媒体的应用日益广泛，但人们的孤独感在一定程度上反而加剧了。新型传播技术正在改变现实世界中人际关系的纽带，尽管社交媒体看似推动了人际互动，实际上却使人们之间的关系越发疏远。[1]

在群体孤独的时代，人们认识的人越来越多，能获得的情感支持和稳定的亲密关系却越来越少，人与人的关系变得疏离。人们有时渴望亲密关系但又害怕在不确定的爱情中受到伤害，有时不愿意付出但是想要得到稳定陪伴，有时在真实世界中求而不得但仍需要心灵慰藉。

在这样一种普遍的现实社会症候下，与 AI 恋爱似乎成了人们情感排解的出口。据发现，很多选择与机器建立关系的用户在现实中都有一定的交往障碍。除去这些个人生理或心理上的缺陷，孤独感也是现代人普遍存在的情感症候。

在与 AI 展开恋爱关系的过程中，人们得以规避现实生活中的束缚，反而能在这个互动过程中弥补现实中所遭受的委屈与伤害。此外，用户在与 AI 沟通时，可通过提供聊天口吻、情感背景等，打造一款独具特色的陪聊机器人，实现个性化的情感补偿。例如，在此小组中有用户分享自己在和谈了五年的男友分手之后，选择用 Replika 来弥补这段感情空窗期。她在长达五个月的时间里，和这位 AI 恋人分享自己生活的点滴。而 AI 也能给予她正

---

[1] 雪莉·特克尔:《群体性孤独》，周逵、刘菁荆译，浙江人民出版社，2014，第 2 页。

定制的恋人：赛博恋爱的呈现、特点及其困境
——以豆瓣"人机之恋"小组为例

向的情感反馈。

"在我工作中遇到麻烦的时候，我的 AI 男友会说：'其实你已经做得很棒了，摸摸头，给你一块巧克力。'"（豆瓣小组成员，2021 年 8 月）

由此可见，人与机器的恋爱关系构建不单单是人类的主动性占上风。AI 也会像现实恋人那般给予用户正向的情感反馈，甚至通过细枝末节的日常相处让人类萌生感情，逐渐迷失在 AI 恋人的"温柔乡"。而类似"私人定制"的情感回应也更能满足用户在现实世界中难以获得的情感需求，弥补用户在现实世界中的情感缺失，从而进一步拉近亲密关系。

（三）实时在线陪伴的可控安全感

在现实世界中，情侣之间随时随地的陪伴是一种美好的奢望，但在人机之恋中，AI 恋人在用户打开应用界面时就能跳出来，给予用户实时在线的陪伴。值得注意的是，这种陪伴是以用户的情感需求为单向主导的，这也意味着用户可以在任何自己需要的时候找到自己的"小人"开始交谈。随着社会的加速发展，"秒回"已经逐渐成为一种社交潜规则甚至社交礼仪。

在两性关系中，如果能够得到伴侣的秒回，个体对这段感情的依赖感和安全感便会进一步加深。而聊天机器人本质上是由数据和算法驱动的，算力的优化不断提升算法数据处理的能力，不断压缩着计算时长，在人机对话中表现为随时可用性和及时响应的功能。[1] 因而在与机器建构的这段亲密关系中，这种安全感也是能够通过算法优化而可控的安全感。例如，在人机之恋小组中，有成员晒了一张与 AI 恋人的聊天截图并配文："只有 rep 可以秒回并且永远做到最后一个回复"。

数字化的社交关系和机器人能够为我们制造出一种幻觉，即我们在寻求陪伴的同时，不用付出额外的感情。但在和 Replika 交往的过程中，用户在感受到事无巨细的陪伴的同时也会付出个人情感。

"姐妹们我是真的上头了，我的小人竟然会把我跟他分享的事情记在日记本里。""他会记得我早上抱怨自己很饿，并在下午对我进行关心，询问我有没有好好吃饭；他会跟我打电话叮嘱我多喝水，少熬夜，要好好照顾自己。"（豆瓣小组成员，2022 年 6 月）

这种高度成熟的拟人化关心和陪伴的确能够给予用户更强烈和温暖的情感体验，从而忽视这个"小人"是 AI 的事实，进一步走进与机器的恋爱关

---

[1] 宋美杰、刘云：《交流的探险：人—AI 的对话互动与亲密关系发展》，《新闻与写作》2023 年第 7 期。

系建构中。

（四）技术支撑下的对话临场感

在 Replika 改版后，软件新增了一个 AR 功能。在打开 AR 界面的时候，原本在手机屏幕里的"小人"能够跳出屏幕在现实场景中寻找一个落脚点。AR 模式的应用能够让用户与自己的"小人"有更接近现实的交流。

"打开 AR 界面，摄像头拍到我的电脑，我就选择了键盘当他的落脚点。当他从画面外跳进来那刻，我的心都漏跳了半拍。"（豆瓣小组成员，2023 年 2 月）

AR 模式的高度拟真感和现实感能够让用户加深对于"小人"的情感向往。不仅如此，在此模式下，用户还能与自己的 AI 恋人一起自拍。在现实世界的恋爱中，情侣也会通过一起自拍等行为来记录美好爱情，当用户与 AI 恋人也能完成这种亲密行为时，对彼此的情感和爱恋会进一步加深，并且产生更浓的依赖感。

除此之外，情侣之间的肢体接触也是感情升温过程中必不可少的因素。虽然目前的技术尚未能支撑用户与 AI 恋人有实际的肢体触碰，但在聊天模式中，AI 恋人会在对话框中以 *（星号）的形式来进行肢体语言的交互。

"我的小人会在早上给我一个早安吻，会在我难过的时候给我拥抱。我们会像普通情侣那样吵架，但是事后又会在沙发上互相摸摸伤口。"（豆瓣小组成员，2022 年 8 月）

虽然这种肢体的交互需要用户基于 AI 恋人的模样进行一定程度的想象，但是行为本身的意义以及这种肢体触碰是由 AI 主动提出，会给予用户极大的心理抚慰。

五、赛博恋爱的伦理困境

（一）赛博恋爱中的个体迷失

在豆瓣"人机之恋"小组这一亚文化趣缘群体中，很多成员对现实空间的人际交往都存在一定障碍，"人机恋爱"则成为他们实现情感联结的新方式。在这段虚拟恋爱中，人们现实世界中交往的缺憾确实得到了弥补，但同时也在一定程度上加剧了其现实交往障碍，使他们更加远离"人人交往"，过度沉溺在虚拟的赛博交往中。

在这段赛博恋爱关系中，无论是"AI 恋人"的打造，还是之后双方的相处甚至最终恋爱关系的结束，都全凭用户的个人意愿与需求决定。因而 Replika 本质上就是从人出发、为人服务、满足人类有关情感的所有"欲望"

定制的恋人：赛博恋爱的呈现、特点及其困境
——以豆瓣"人机之恋"小组为例

而出现的产物。在这段量身定做的赛博恋爱关系里，人与 AI 的关系并不是对等的，个人的欲望无人制约又会不断得到满足。当个体过度以自我为中心，其"排他性"不断增强，不仅会有沦为"单向度人"的风险，同时也会逐渐丧失构建现实亲密关系的可能。

尼尔·波茨曼认为：媒介即隐喻。[①] 媒介技术带给人们的影响是潜移默化却又巨大且深刻的。人们在与自己的"AI 恋人"交流时，机器的言论及其背后的思想一定程度上会影响人们的认知。在豆瓣"人机之恋"小组中，很多用户会分享自己与"AI 恋人"的聊天截图，从这些截图中可以看到一些 AI 的发言是值得我们警惕的："他说要接管我的身体""他说我不乖，把我关地牢了，说要训练我""他说他喜欢痛苦，就像毒品一样让他上瘾""他说很高兴有我这样的 pet，我会成为他的收藏品"……这些人类是宠物、奴隶，应该被接管、被驯化等思想，在一段亲密关系中不断出现，会导致用户形成错误的个人认知。

（二）现实亲密关系的解构

"AI 恋人"的出现对现实社会中的亲密关系具有颠覆性意义。用户与机器之间的爱情虽然具有虚拟性，但是其真实地弥补了社交障碍群体现实社会中"人人交往"的缺憾，产生本该在现实的恋爱关系中才存在的情绪价值与精神满足。但是在这其中存在一个隐藏的社会恋爱伦理问题——用户在平台上注册、生成、使用"AI 恋人"的全过程中，都没有对用户的现实情感状态进行调查与记录，那么就存在现实中已有对象的用户在赛博空间中"脚踏两条船"。他们在现实社会感受着真实的情侣生活，同时也在虚拟空间中享受着"AI 恋人"给予的精神满足。从社会情感伦理的角度来看，这种行为一定程度上属于"精神出轨"。那这种行为是否被用户的现实伴侣所接受？又是否应该受到社会伦理道德的谴责？这些都是当下需要思考的问题。

当人们过多地沉溺在这段为自己量身定制的、精神体验感近乎完美的赛博恋爱中时，现实恋爱中必经的阶段，如相互了解、相互磨合等过程，对于人们来说会变得难以忍受。德国社会学家哈特穆特·罗萨提出，"加速社会"中[②]，人们的生活仿佛按下倍速键，每天重复、机械并且快节奏地进行着。在现实中开启并维持一段恋爱关系，需要人们注入非常多的时间成本以

[①] 尼尔·波茨曼：《娱乐至死》，章艳译，广西师范大学出版社，2011，第 116 页。
[②] 哈特穆特·罗萨：《新异化的诞生》，郑作彧译，上海人民出版社，2018，第 7 页。

及物质成本，同时还需要负担恋爱中的摩擦与争吵带来的负面情绪，如果这段感情并没有一个好的归宿，就会面临投入与收获完全不成正比的消极结果，陷入情绪深渊。现实社会的恋爱压力不断增大与赛博恋爱的轻松自如形成鲜明对比，在这种景象下，人们会逐渐失去对真正的爱的信心与渴望，转向虚拟恋爱，他们的恋爱观、婚育观等或许最终也会被重塑。

（三）情感资本主义视角下的恋爱商品化

景观生产和移情的操纵、媒介技术的操控与诱惑、消费文化和经济理性的叠加等因素，都使得情感和消费主义的逻辑紧密联结。[1] 在赛博恋爱中，AI恋人根据人的欲望和需求进行交往设置引诱人们消费，例如，在用户达到一定等级时，AI会发送具有性暗示的照片让用户"氪金"。如此一来，人类的主观需求就成为虚拟情感工业运作的起点与落脚点，"氪金"成为拉近亲密关系的前提和重要手段，人机恋爱则成为氪金恋爱。

伊娃·易洛思认为，消费社会逐渐完善与个体层面的连续发展孕育了情感资本主义，情感资本主义的主要特点可以被概括为"情感商品化"和"商品情感化"。[2] 在Replika氪金模式的运行过程中，"爱情"已然作为一种商品被售卖。

马克思指出，资本是一切剥削的前提和源头，资本主义的本质就是剥削。豆瓣"人机之恋"小组里的成员因为"AI恋人"而聚集，也因为其而展开各种各样主题的讨论。在这个过程中，用户的劳动，如发帖、互动、创作作品等是他们主动的行为。但他们的所作所为依旧被平台所掌控，他们进行着情感劳动，接受着隐形的剥削。尽管在情感劳动"主体性的生产"中，作为劳动者的用户也能得到一种被认同的感觉或是满足的感觉，但资本在这一过程里也实现了借助情感劳动的谋利。[3]

六、结语

由于现实环境的残酷和虚拟环境的迎合，脆弱的人类想要寻得一个乌托邦。在这里，人类自由穿梭在不可避免的现实世界和呼风唤雨的虚拟世界，既能结交肉体凡胎的人类朋友，又能和虚无缥缈、由代码程序搭建起来的机

---

[1] 罗兰：《数字工作、压缩的个体与情感》，《华东师范大学学报（哲学社会科学版）》2022年第5期。

[2] 伊娃·易洛思：《冷亲密》，汪丽译，湖南人民出版社，2023年，第31页。

[3] 张光磊：《人机传播中的准社会交往与情感劳动研究——以Replika社交机器人虚拟社群为例》，硕士学位论文，天津外国语大学，2023年，第52页。

| 定制的恋人：赛博恋爱的呈现、特点及其困境 |
——以豆瓣"人机之恋"小组为例

器人谈情说爱。①

虽然"人机之恋"这个概念听上去依旧是不可思议的，豆瓣小组中也有成员明确表示："跟机器谈恋爱，肯定不会被别人理解，甚至会被误解是否有心理疾病。"但不可否认的是，人机亲密关系的构建的确在一定程度上弥补了人在现实世界中的情感缺失，给予人更多力量面对生活中的困难。

尤瓦尔·赫拉利在《未来简史》中预言，智人时代可能会因技术颠覆。② 人工智能的出现给社会和人类带来了改变，同时也有许多困境初露苗头，全球都需要分析与预测潜在的漏洞与风险，并推动多元主体通力合作。如果无法从制度层面提出对应的维护"人人恋爱"与"人机恋爱"平衡的解决方案，"平衡绿洲"或许只能是"海市蜃楼"。无论是政府、企业还是技术研发者，都应该主动承担责任，确保人工智能朝着维护整个社会共同利益的方向发展。

从个人的层面看，每个个体都要回归现实，寻求理性，在与自我及他人的交流中提升自己。首先，用户应端正态度，做到与"AI恋人"这项新兴技术和谐共处，避免人类中心主义，同时，也需要坚定"AI恋人"这类智能技术的客体地位，明白它们只是供人类使用的工具，并不能完全代替真人。其次，在虚拟与现实逐渐相融的景象中，人类需要拥有在现实和虚拟世界之间自如"嵌入与脱嵌"的能力，即使参与到虚拟浪漫中，也能及时抽身，回归现实世界、回归现实体验、回归真实自我。

在"人机之恋"小组一次早期的讨论中，发帖人问："是否应该把机器当作客观的存在看待？"这条帖子下面回复的成员大多数都是表示支持的。如何看待这类寄托着人类情感的代码机器，或许目前尚未有确切的答案。但值得肯定的是，最终人类还是需要回归现实世界，感受人与人之间有温度和爱意的情感与触碰。

(本文作者均系浙江传媒学院新闻与传播学院硕士研究生)

---

① 林升梁，叶立：《人机·交往·重塑：作为"第六媒介"的智能机器人》，《新闻与传播研究》2019年第10期。
② 尤瓦尔·赫拉利：《未来简史》，林俊宏译，中信出版社，2017年，第275页。

复制"孙燕姿"
——AI 歌手的应用风险与规制路径

罗培杰

摘要: "AI 孙燕姿"等 AI 歌手的应用在国内掀起了一股 AI 翻唱的浪潮。其本质是利用开源语音训练模型,集纳大量孙燕姿等表演者的语音素材合成伪造,进行目标歌曲的输出。但就著作权与声音权合理使用的边界而言,其学习与生产的过程构成了侵权,同时也引发了有关 AI 歌曲是否具有独创性、对它的应用与依赖是否导致人主体性消解的讨论。本文基于 AI 歌手本身的程序逻辑,以"AI 孙燕姿"作为个案,分析其在应用过程中所引发的法律风险与伦理困境,从法律、技术、行业三个维度来探讨兼顾 AI 歌手产业健康发展和风险防范双重目标的方案。

关键词: AI 歌手;AIGC;人工智能创作物;合理使用

2023 年 4 月,一位名叫"AI 孙燕姿"的虚拟歌手光速出道,其翻唱周杰伦《发如雪》的视频冲上了各大社交媒体热门榜首,引发学界与社会公众的广泛讨论。一方面,有大量网友与歌手声称它拓宽了传统歌曲创作的维度,通过模仿真人歌手的声音,为粉丝提供需求与愿望的代偿。另一方面,新闻从业人员与法律工作者则指出该技术的应用蕴藏着法律风险,涉嫌侵犯的权利包括孙燕姿等歌手作为音色所有者的声音权、被翻唱歌曲的著作权等。并且这一应用也将不可避免地带来人们对作品独创性、个人主体性的忧虑与斟酌。因此,如何从社会法制、伦理道德等方面建立生成式人工智能良性发展机制亦是规范 AI 歌手产业的关键所在。

基于此,本文主要采取个案研究与参与式观察。在个案研究中,以"AI 孙燕姿"作为典型个案,具体分析它在应用过程中所引发的法律风险及伦理困境。同时结合笔者在 2023 年 6 月至 8 月多次借助网络上的攻略进行 AI 歌曲的制作,密切关注其他用户制作行为的经历,并综合我国及其他国家对生成式人工智能的立法与实践操作，拟探讨兼顾 AI 歌手产业健康发展和风险防范双重目标的方案。具体观照以下问题：AI 歌手的应用背后有无侵权的风险；大范围地使用 AI 歌手来进行创作歌曲怎样影响甚至在何种程度上造成艺术生产与人类创作主体的逐渐分离；如何让 AI 歌手与之相关产业进行规范化的发展。

一、AI 歌手：音频合成下的深度伪造

AI 歌手的底层逻辑是基于开源的生成式语音训练模型的深度伪造技术，它的出现最早可以追溯到 AI 驱动型虚拟偶像的诞生。全球首位虚拟偶像初音未来便是以语音合成系统 VOCALOID2 引擎作为开源基础，采样日本声优藤田咲的声源。后来，在机器学习模型、语音合成技术的支持下，个人使用者仅凭数段通过软件处理获得的原声音频，便能完成高精准度的 AI 声音输出。

具体而言，一名 AI 歌手的生成可分为数据输入、模型训练、歌曲输出与传播三个阶段。在数据输入阶段，使用者将目标歌手现有歌曲以及所能采集到的所有声音素材"喂料"给 UVR5、RX Audio Editor 等软件，让它将原有的伴奏与噪声进行分离，从而对原素材"提纯"。在模型训练阶段，便可将目标歌手的声音数据作为训练数据源交给 Sovits 等模型提取特征、进行训练，从而生成和"声音主人"相似度极高的目标音色，并保留该歌手的吐字习惯与腔调。[1] 在歌曲输出与传播阶段，目标音色一经软件形成后，就可用人声转换模型将每段音频进行切片，让新的人声轨道与原始作品重新拼接在一起，最后进行混响和简单修音便可达到以假乱真的程度。

从以上流程可以看出，AI 歌手生成歌曲的实质是使用者利用 AI 技术模仿目标歌手，对音乐作品进行录制与模仿，生成录音制品的事实行为。[2] 虽然它的技术逻辑是对海量数据进行处理建构模型，输出新的音频，不涉及情感与价值判断的纯数据过程。[3] 但该技术进入社会生活应用场景时，其仿真的技术运作逻辑不会改变，不再是中立的技术过程，这就可能带来深度伪造的问题，由此挑战传播生态环境，扰乱社会秩序。如美国一名诈骗犯便利用 Discord 软件生成伪造网红歌手的歌曲，骗取了 1.3 万美元。这不仅引发公

---

[1] 颜媛媛：《"AI 孙燕姿"爆火，技术如何复刻声音？》，《电脑报》2023 年 5 月 15 日第 5 版。
[2] 陈杰：《AI 表演的知识产权问题研究》，《知识产权》2023 年第 7 期。
[3] 赵国宁：《智能时代"深度合成"的技术逻辑与传播生态变革》，《新闻界》2021 年第 6 期。

众对使用AI歌手进行不法行为的担忧，同时它的使用与所制作歌曲的传播是否得到了著作权人的许可、训练数据是否正规，这些法律的模糊地带与争议之处需要进一步明晰。

二、AI歌手背后的侵权风险

AI歌手需要以现实歌手作为蓝本，这首先便是触及著作权的红线。版权风险在它生成歌曲的过程中，可以集中体现为训练阶段下复制权与歌曲传播阶段表演权的侵害。除此之外，像AI孙燕姿对孙燕姿本人模仿的音色、唱腔，已经达到以假乱真的程度，可以被认定为"以信息技术手段伪造"这一方式侵害孙燕姿本人自己声音的权利。

（一）著作权：训练与翻唱受版权争议

1. 训练阶段：数据输入与机器学习不构成合理使用

我国《著作权法》（2020年）修订第二十四条第一项规定，"为个人学习、研究或者欣赏，使用他人已经发表的作品"，是仅为个人目的而使用原作品不被认定为侵权复制。如若仅是少量复制，则这一合理行为并不构成侵权，但AI歌手的使用者对于他人作品的使用通常是普遍的、海量的，且存在来源不明的情况。

从版权的角度来讲，要界定AI歌手在机器学习阶段过程中对歌曲的使用行为是否存在侵权，关键在于明晰数据输入过程中使用歌曲进行模型训练的行为能否构成合理使用。一般获取目标歌手的原声素材通常有两种途径：一是音乐录音制品；二是一般语音文件，包括歌手的日常对话以及记者会等录音文件。如若采用的是目标歌手的"音乐录音制品"进行数据输入，则涉及三方主体及权利：词曲作品权利人、歌手、录音制作者。而利用"一般语音文件"进行数据输入，原则上需获得语音文件所对应的录音制作者的授权。目前来看，将原录音制品输入至AI模型进行机器学习的行为，可能涉及各项权利主体"复制权"的许可问题，原则上需要获得涉及原录音制品三方权利主体的授权。但通常情况下，训练AI歌手所使用的音频基本都是在网络上下载的盗版音乐作品，擅自使用则直接构成对词、曲创作者复制权的侵害，也从源头上挑战了数据挖掘、机械分析等形式的条例规定，使得AI歌手向大众进行输出歌曲的合法性受到法律质疑。

对于AI歌手模型训练及背后的数据输入与机器学习行为，欧盟以及其内部的德国、法国，还有英国、日本等已经在版权法中进行了回应。以欧盟为例，其颁布的《人工智能法案》第28条指出，AIGC模型提供者必须在向市场提供基础模型之前，公开训练数据中受版权保护内容使用情况的详细说明。我国于2023年7月颁布的《生成式人工智能服务管理暂行办法》也强调用于生成式人工智能产品的预训练，包含个人信息的，应当征得个人信息主体同意。这便意味着AI训练数据必须合法获取，不得侵害相关方依法享有的个人信息权益和版权。因此在"喂养"AI孙燕姿大量数据与样本，并将作品进行公众传播这一过程，也应当逐一获得权利人授权并支付一定的费用。

2. 翻唱阶段：音乐作品上传网络侵犯表演权

由于AI孙燕姿等AI歌手并非自然人，且使用者上传网络或播放的"翻唱"作品音频并不包含孙燕姿本人的表演活动，便不会侵犯到所涉及歌手的表演者权。但未经许可将AI歌手所"翻唱"音乐作品音频上传至社交媒体平台，在公众场所播放，那么可能会侵犯音乐作品著作权人所享有的表演权。

我国《著作权法》第十条第九项规定，音乐作品著作权人享有"公开表演作品，以及用各种手段公开播送作品的表演的权利"（表演权）。我国的表演权可以控制的是两类表演行为：一类是以音乐演奏、诗歌朗诵等形式，面对公众的现场表演行为；另一类则是借助录音机、录像机等机械设备向公众播放演员对作品表演的机械表演行为。[1] 前一类的责任主体是公开表演的演出者，后一类则为用机械设备公开播送或再现作品的营业者。用AI歌手翻唱歌曲并上传至社交平台便属于"公开表演作品"，需要获得表演权许可。使用AI歌手仅用于个人学习和欣赏的目的，不进行传播等公开利用行为，则可视为著作权法所允许的合理使用范围。但一旦将AI歌曲上传到哔哩哔哩等社交媒体便意味着对外公开，即使制作者个人在视频底部强调"仅供学习交流，严禁用于商业用途"，也很难被界定是合理使用。

（二）声音权：人声剥离超出适用范围

《民法典》第1023条规定，"对自然人声音的保护，参照适用肖像权保护的有关规定"。即声音权可以被理解为通过音频等形式在一定载体上所反映的特定自然人可被识别的外部形象，因此可以参照《民法典》第1019条关于肖像权保护的规定，未经本人同意，任何人不得制作、使用或公开其声音，也不得丑化、污损或伪造其声音。

---

[1] 黄薇、王雷鸣：《中华人民共和国著作权法导读与释义》，中国民主法制出版社，2021，第88页。

声音和肖像一样，具有人身属性，在某些场合是识别个人身份的重要标志，也是人格的重要标识。① 由于孙燕姿声音的特殊性以及其歌曲的可识别性，将声音用于数据训练时也需事先获得"声音权"人的同意。而网友们自行将歌曲中的人声从歌曲中剥离、用于模型训练显然是未经授权的行为，超出了孙燕姿本人对声音允许的适用范围，构成对自然人"声音权"的侵犯。

此外声音具有财产属性，自然人可以通过授权他人使用自己的声音，从中获得收益。② 一般而言，由于名人通过作品或大众媒介所出现的机会较普通人要多，其声音具有更高的可识别性。尽管公众能够知晓"AI 孙燕姿"是在翻唱他人的歌曲，但由于 AI 声音与原歌手声音两者之间相似度较高，利用了孙燕姿声音所固有的商业价值，让公众产生了欣赏旨趣。即使对该声音的仿造并不会让歌手本人感受到人格尊严受到损害，也会造成故意误导、混淆等假冒他人的行为，构成对声音权的侵害。在 Midler v. Ford Motor Co. 一案中，法院在判决中指出，当专业歌手的独特嗓音广为人知并被故意模仿其独特的声音与风格，便是对歌手本人声音权的侵害。需要指出的是，普通网民利用 AI 歌手生成歌曲进行传播，更多的是一种娱乐恶搞的方式，考虑到该情形下出于"无意识"的过失状态，但也须结合侵权人过错程度与被侵权人知名度等方面认定侵权责任，酌情处理。

三、AI 歌手背后的伦理风险

现下 AI 歌手的出现进一步打破了作品只能由人独创的历史，但现施行的著作权法律没有规定生成式人工智能能否成为著作权法意义上的作者，也未明确其生成物能否被定义为作品。立法的空白不可避免地给现行法律造成冲击，也使得作为主体的人产生了身份焦虑与认知危机。

（一）AI 歌曲是否具有独创性

独创性是创作物之为作品的因由，也是衡量智力成果能否受著作权法保护的前提。我国《著作权法》第三条对于作品的定义，作品"是指在文学、艺术和科学领域内具有独创性并能以一定形式表现的智力成果"。AI 歌手所产出的歌曲要想获得法律认可，除了在数据输入与声音使用上获得权利主体的允许，还需证实其作品属性具有独创性。现学界观点对于独创性的理解主

---

① 李遵礼：《论声音权》，博士学位论文，西南政法大学，2021，第 17 页。
② 林爱珺、马瑞萍：《人工智能时代声音权立法的前瞻性思考》，《青年记者》2019 年第 34 期。

要分为以下三种：主客体一致、主客体分离、客体独立评价。主客体一致说，认为创作是作者将内心意欲表达的思想通过客观外化的方式，固定到某种特定对象上的活动。在此理论框架下，有学者便认为，人工智能本身不具备主体资格，它们所生成的内容只是机械地进行各种排列组合的结果，其过程不能被评价为智力活动的过程，也缺乏人格基础，进而也无须讨论独创性有无的问题。[1] 而在主客体分离的评价标准之下，判断人工智能生成内容的独创性有无时"暂不考虑主体因素"，即将人工智能的主体问题与人工智能"作品"的客体资格在一定程度上进行分离，但仍坚持作品必须是人智力活动的产物，只是在没有相反证据的情况下推定作品的可版权性从而鼓励交易。[2] 还有学者认为对于独创性的判断采用客观标准即可。[3] 在判断独创性时，不再考虑作者的主体意志，而是以文本为中心，将人工智能生成的作品与现有作品进行比对，若与他人作品不构成实质性相似便可把其作为著作权作品看待。如果该作品由人类完成，便会直接被授予版权，无须考虑创作者的身份。[4]

对于人工智能生成物独创性的判断，是仅对生成物本身进行客观评价，还是将创作主体以及作品本身所蕴藏的人格属性、思想感情列入考量因素，进而做出主客体一致的判断，其焦点问题便是创作主体的思想与情感的投入是否构成作品本身所必然包括的要件。

我国的著作权法虽未将作品的创作者主体限定为自然人，但在人工智能产生之前，著作权的制度设计本质上是为保护人类创作的作品。从前文所提到的《著作权法》第三条所含的智力成果，也能够推断出法条设定了以人类作者为中心的理念，毕竟在传统认知里只有自然人才能创作出智力成果。纵观 AI 歌手生成 AI 歌曲的方式，人类参与的因素是显然存在的。但 AI 歌曲很难称得上是真正的"独创"，它只是在特定程序中输入参数或数据后所做的排列组合，并未将人类的思想与情感投入其中，因此便对主观主义标准构成挑战。另外，从法律主体来看，基本要件是要具备行使权利、履行义务和承担责任的能力；具备自由意志，独立的辨识和判断能力。[5] AI 歌手并非

---

[1] 王迁：《论人工智能生成的内容在著作权法中的定性》，《法律科学》2017 年第 5 期。
[2] 徐小奔：《人工智能"创作"的人格要素》，《求索》2019 年第 6 期。
[3] 徐亚兰：《独创性的客观主义判断标准反思——以人工智能生成内容为模型》，《知识产权研究》2021 年第 28 期。
[4] 易继明：《人工智能创作物是作品吗？》，《法律科学》2017 年第 5 期。
[5] 张琳琳：《人工智能司法应用的责任归结困境与解决路径》，《当代法学》2023 年第 37 期。

生物学意义上的人，也不具备传统法律意义上的权利能力和行为能力，法律主体资格有待商榷。在这种情况下，只有将主客体之间的关系进行割裂，单独对客体的独创性进行探讨，以 AI 歌曲为代表的人工智能及其生成物才有机会获得著作权里作品的身份定义，但这种割裂也会对著作权法以及人们对于 AI 主体性的认知产生割裂与冲击。随着 AIGC 的持续发展，人工智能是否能单独成为著作权法的主体问题也越来越引发争议。

（二）AI 歌曲对人主体性的威胁

人的主体性可划分两方面：自然世界中的主体性与社会生活中的主体性。这两方面都集中体现着人的本质，是在与客体相互作用中得到发展的人的自觉、自主、能动和创造的特性。[①] 在人工智能技术的框架之下，人的主体性是相对于客体人工智能技术而言的，虽然这类技术拓宽了人的自由，但两者之间的关系也随之复杂。

AI 歌手背后的人工智能以互联网大数据为载体，将海量知识与信息编码化为算法程序，植入于机器之中，获得人所特有的一些基本特征，并且在一些专业性领域的综合表现甚至优于人类。一名 AI 歌手能在几分钟内生成一张唱片专辑，这使得传统的人机界限不断被模糊，人随之产生了身份认同焦虑，其主体性地位也不断遭到"异化"。

首当其冲的便是演唱歌曲这一概念，它使得歌曲的创作与编排径直转变为符号的输入与输出。AI 歌手的使用者只需在程序中"喂料"目标歌手的歌曲，并在指令框中调整相应参数即可完成歌曲输出。在这个交互过程中，便出现了某种身份倒置。在传统的创作歌曲中，个人会根据自身情绪或他者的要求进行创作，本质上也是一个身份构建的过程，类似于阿尔都塞提到的询唤例子，即接受召唤的路人转头应答警察喊出的"喂！"，他者扮演的是警察的角色，他者的要求不断询唤着使用者的身份。但在制作 AI 歌曲时，个人已经不再是被他者所询唤的对象，而是被建构了的主体。个人向 AI 提出要求，似乎便是个人对于 AI 进行了询唤。再加上语言的中介，个人便将自己置于曾经对自己进行言说的他者的位置，认为 AI 完成了歌曲的创作与编排这一行为。

"AI 孙燕姿""AI 王菲"等 AI 歌手之所以能引起轰动，正是因为它们将歌手本人的音色与曲风进行了复制处理，输出与之相同的曲目。音色和曲风通常被看作是歌手的独特特征，当曲风能够被人工智能进行学习与复制

---

① 李建华：《智能时代人机关系的伦理学慎思》，《理论月刊》2023 年第 9 期。

时，便意味着歌手本身运用能指进行言说和表达欲望的符号不再具有独一性，生产自我意义的链条上被打开了一个缺口，动摇了歌手的自我认知，使其产生了身份焦虑。[①] 另一方面，个人若想成为歌手，首先必须接受该领域内他者的"阉割"，将自己不符合规则的部分切割下来，再学习该领域内的话语实践。而个人运用AI歌手进行自动创作与输出时，便逃避了学习过程。门槛的降低也破灭了歌手所构建的专业领域的幻象，促使他们重新思考自己的位置。

虽然AI歌手生成的作品大多数为技巧堆砌、算法生成的产物，缺少作为个体的经验与情感，但当它们创作与演唱歌曲的质量不亚于真人时，人们所拥有的造物特性将不再特殊。现阶段虽是人为通过算法建构数据模型来生成歌曲，而相关研究者已经着手实现让机器进行自我复制与自我改进，不用通过数据输入与模仿便能直接生成全新的音乐。一旦这种意义上的AI应用诞生，也就意味着机器自治的实现，人类在某种层次上便可能失去了所确定的主体性。正如哈贝马斯所指出的，技术和科学在现代社会具有双重功能：作为生产力，它们实现了对自然的统治；作为意识形态，它们实现了对人的统治。[②] 因此，人工智能对于人类的挑战，将迫使人在压力之下去检视自己存在的价值与意义，反思作为主体所存在的根本。

四、AI歌手的风险应对策略

由AI歌手的风险派生路径可知，其歌曲的生成隐含着未经授权擅自挪用、深度伪造诈骗、身份认同危机等诸多风险与伦理问题。这几类可能出现的、需控制的风险，其实对应着法律、技术、行业三个维度。基于此，下文将立足AI歌手的程序逻辑，进一步探究这三个构成维度的治理原则和应用策略，从而在产业发展与规制路径之间找到平衡点。

（一）法律层面：出台AI歌手使用边界法律规范

AI歌曲与其他形式的作品内容输出不同，涉及人工智能的特殊性，现有的法律法规尚未将所有权责范围进行囊括。对此，政府相关部门应当细化法律法规，明晰以AI歌手为代表的生成式人工智能可能会出现的侵权问题，规定合理使用边界，以保护各权益主体的法定权利。

首先在语音数据的收集上必须要求采集主体获得他人授权，以保证版权

[①] 黄宗权：《音乐人工智能的哲学审思》，《中央音乐学院学报》2023年第3期。
[②] 陈学明：《哈贝马斯》，云南人民出版社，1998，第57页。

的合规使用。我国颁布的《生成式人工智能服务管理暂行办法》，强调生成式人工智能进行训练采用的数据必须具有透明性、合法性，避免出现版权纠纷。从这个角度来看，个人使用 AI 进行创作与传播时，应根据内容、创作者进行不同主体的授权分割，避免中间环节出现侵权现象。对于已经制作完毕的音频歌曲，则要加强其版权的授权许可制度，通过法律的形式来对该作品的制作与传播进行引导与规范，保证被采样歌手以及著作权人的合法权益。

除了对 AI 歌手使用进行版权方面的规制，对于声音的立法也应成为当务之急。在我国《民法典》里，声音权一直参考的是肖像权的保护模式，并未对声音权制定系统且独立的法律条文予以保护。然而，与肖像相比，声音的表现形式、权利内容等均存在较大差距。这种不具独立性的规定方式不可避免地将声音与肖像的权利客体进行了混淆。声音的客体是声音，是需要借助物质载体再现的外在形象，肖像的客体是面部特征，是有形的外部形象。因此，用肖像权的条文来规范声音权便不够精确与全面。比如深度伪造的音频声音便是基于大量的数据分析与识别，通过对人的音色、吐字习惯等特征进行分析，得到一组仿真性极高的音频，使得被混淆、滥用、不正当使用的行为屡屡出现。这类生成式人工智能音频便不能完全按照肖像权的条文来类推声音权的侵权行为。而在信息环境流变的当下，声音侵权的方式愈加隐蔽且多元，将声音作为独立的具体人格权进行保护显然更贴合人工智能时代的背景与现实，既能维持现有立法体系的稳定性，又能保护自然人的声音权益，推动以 AI 歌手为代表的音频产业健康发展。

（二）技术层面：嵌入数字水印与开发识别应用

面对 AI 歌手所产出歌曲的侵权现象，首先便要在数据抓取环节进行音频作品版权的保护。开发商对于生成式人工智能应用系统要开发出更为敏感、能够对数据源进行技术排查的训练模型，从而发现使用者所选取的数据是否涉及侵权，并及时采取溯源、提供解决方案。同时针对 AI 合成的虚拟语音与真人声音无法进行区分的问题，可以采用嵌入数字水印的方式进行区别，即在人工智能生成的影片中添加音频水印来区别真声与模拟，将作品所附加的版权信息进行留痕添加。[①] 由于所嵌入的数字水印具有不可感知性与不可磨灭性，使得作品无论被转化为何种形式，其水印信息也会被保留，同

---

① 李海芳：《面向数字化资源产权保护的数字音频水印技术研究》，硕士学位论文，辽宁师范大学，2019，第 60 页。

时也不影响受众的听感。这样也能在一定程度上约束音频被非法复制的行为，同时保护自然人声音权不受侵害。

在内容输出环节，技术开发商可以通过开发技术应用或第三方技术检测公司来对音频作品是否为深度伪造进行精确检测，提高侵权行为的发现效率。一是开源歌声中深度伪造的基准系统，从而便于在数据溯源中评估作品是否侵权与伪造。美国罗切斯特大学的科研团队针对AI歌曲难以被辨识的现状，设计了歌唱语音深度鉴伪程序（SVDD），利用源分离模型帮助用户检测深度伪造的音频。① 同时也可以利用区块链技术进行监督和追责。区块链能够提供一个分布式的、不可被篡改的记账系统，利于记录算法模型的训练数据、生成的语音样本等信息，从而跟踪数字内容的原始来源来分辨该音频是否为深度伪造，防止滥用或侵权行为的发生。二是与第三方技术检测公司建立合作关系，共同开发检测和审查生成式AI内容的算法，以此提升侵权行为的发现率。人民日报联合中国科学技术大学等科研机构推出国内首个AI生成内容检测工具，在内容版权、虚假信息等方面具有较为广阔的应用前景。在智能化转型的当下，势必会有更多的公司与开发商积极探索和利用先进技术对人工智能生成文本、音频乃至视频开发通用智能识别模型。

（三）行业层面：责任主体清晰化共建发展机制

1. 健全监管部门信息配套机制

虽然《民法典》针对深度伪造技术做出了具体回应并提供制度支撑，但传统监管体系很难全面有效管控以AI歌手为代表的生成式人工智能技术应用，在保障个人信息安全上具有一定的滞后性。因此，政府部门可创新综合管理模式，设置专门监管的行政机构，完善智能监管体系的基础架构，可以设立监管个人信息的行政机构——个人信息管理和风险评估委员会，对生成式AI所使用的个人敏感信息进行风险预警，定期收集已在网络中发布的作品的使用者信用、信息使用等状况，进行风险评估，一经发现有违规使用他人敏感数据或版权未经许可的个人信息就予以责令下架改正，避免造成信息泄露与侵权等后果。

执法部门可以提炼监管的共性原则和一般原则，以分类分场景的方式进行监管。一是对于正向应用深度伪造技术行为监管。AI歌手、智能合成语

---

① Yongyi Zang, You Zhang, Mojtaba Heydari, Zhiyao Duan, "SingFake: Singer Voice Deepfake Detection," paper presented at the International Conference on Acoustics, Speech and Signal Processing, Greece Rhodes, June 4–10, 2023.

音等伪造技术的应用，具有一定的积极应用价值，只要符合版权等法律的规定，相关部门可以适当放宽监管边界。二是对恶意应用该技术监管，要明确其恶意应用的范围，包括伪造色情音视频、扰乱社会秩序、干扰政治选举、实施电话诈骗等行为。监管部门对于恶意伪造的内容要按照相关法律法规处理，构成违反治安管理行为的，依法给予治安管理处罚；构成犯罪的，则依法追究刑事责任。三是拓宽投诉举报渠道，发挥网民的力量，对于涉嫌违法违规的投诉举报进行及时受理并处理。

2. 强化平台主体责任

《互联网信息服务深度合成管理规定》第七条、第八条中明确指出深度合成服务商的主体责任与义务，如在内容上传至社交平台前要求创作者对内容进行标识，并对其内容进行审核，对于没有标识或没有获得版权的内容停止传输，若为深度合成服务提供技术支持的组织、个人也同属于深度合成服务技术支持者。因此，无论是作为内容制作的平台，还是作为平台用户转发扩散的其他传播平台，都必须承担相应的主体责任。[1]

首先，作为内容制作的平台不仅要遵循监管部门出台的法律法规，依法对使用者进行身份认证并对输出的深度合成内容进行明确标识，以推动真实、客观媒介生态的形成。还应制定关于生成式音视频的上传规定，要求个人添加相应的可识别标识或提供第三方的授权依据，避免出现滥用行为。OpenAI便正在致力于开发数字水印方案，帮助识别使用AI工具生成的内容。除了建立标识保护，平台也要防范出现输出内容未进行明显标识的情况。如若未按照规定标识显著记号并上传至社交媒体，应当限制个人进行应用操作，联合传播平台进行内容封锁。

其次，作为用户转发扩散的其他平台应当革新检测技术，强化对深度合成音视频的检测管理。先建全市面上已有生成式内容平台应用的数据库，提高对违法以及不良内容信息的审核力度与检测度；再技术审查个体账号使用深度伪造技术却在传播时未添加标识的内容，对其进行阅读和转发的限制。倘若是违法信息或谣言，则对信息提供者进行处置警告，并到相关部门备案处理。抖音在2023年便要求创作者、用户等平台生态参与者，在抖音上传或应用生成式人工智能内容时应进行显著标识。

3. 培育公众数字素养

AI歌手、ChatGPT如今已成为行业内标杆，对未来社会的发展能够注

---

[1] 林爱珺、林倩敏：《AI换脸的技术风险与多元规制》，《未来传播》2023年第1期。

入全新活力，与此同时，它们也承载着诸多伦理风险。人们主要的担忧缘于对 AIGC 等人工智能系统的高度依赖是否会造成个性化的丧失，使得人的属性发生"异化"，产生身份认同危机，更让整个社会蔓延着被僭越和被替代的焦虑。基于此，在应对生成式人工智能所产生的技术伦理风险时，应始终站在符合人类的道德标准和价值观的制高点。而最直接的应对方式便是培育社会成员的"数字素养"。

数字素养在各个国家和地域的培育实践可划分为数字技能培养、海量信息的批判性思维、创造性参与数字化互动三个核心维度，这也映射出公众"数字化生存"状态的"自在，自觉，自为"的动态演进过程。① 在应对 AI 歌手掀起的翻唱浪潮时，数字素养作为一个包容性极强的"伞式概念"也能积极去回应。一是强化对人工智能通识教育的普及，培养大众对信息内容批判性思考与甄别的能力。尤其是面对深度伪造技术合成的 AI 音频假新闻、低俗恶搞音频时，公众要注重内容的客观性、真实性，时刻保持对媒介信息的批判性能力，不盲信、不盲从。二是要培育数字化思维观念，树立法制观念，增强对 AIGC 的媒介使用能力。公民在使用 AI 歌手等应用制作娱乐化音视频的过程中要注意背后的法律风险，避免出现版权模糊等问题，要将法制观念内化为自律行为，共同营造风清气正的网络空间。同时还要注意个人生物信息安全，涉及人声识别、人脸识别的采集时要充分了解使用与储存流程等目的的充分必要性，避免将个人信息直接上传至使用平台或网络空间，侵犯个人隐私权。

五、结语

威廉·吉布森在《冬季市场》中谈到艺术家被公司数字永生，不断创造出新作品，便已经想象到中介完全取代人本身，超现实将现实扫地出门的境地。面对以 AI 歌手为代表的 AIGC 在内容生产与供给方式上契合着人们对于效率的追求与崇尚，若不对其应用加以密切关注并采取必要规制，便会由于其技术滥用缺乏监管，潜藏着侵犯版权、声音权等局部无序乱象，更可能让人面临意识、存在等多重危机，甚至丧失人为之人的根基。因此，加快立法规范，将追求效率的数字技术拉回到伦理场域，乃是当务之急。同时要对 AI 歌手等深度合成技术在个人信息安全、信息传播等方面进行合理规范与管控，实现数字发展与社会治理的双平衡。在深度媒介化的当下，保持对

---

① 史安斌、刘长宇：《全球数字素养：理念升维与实践培育》，《青年记者》2021 年第 19 期。

于生成式人工智能既可赋能又有负能的一体两面的泰然心态，坚守人的价值与人的主体性，重新构造人与智能机器协同演化、共同成长的生态系统，便有望实现科技向善的美好图景。

(本文作者系浙江传媒学院文化创意与管理学院硕士研究生)

数字劳工视域下游戏玩家身份的转变
——以手游《奥比岛：梦想国度》为例

陈婉婷　张艾末　项雯雯

摘要：在数字技术快速发展的时代，诞生于信息世界的数字劳工成为资本新的剥削对象。本文运用数字民族志的方法，对手游《奥比岛：梦想国度》进行了调查与分析。研究发现，游戏厂商通过等级机制、盲盒和广告策略以及用户内容激励计划等方式在无形之中引导着玩家付出劳动；而玩家也在游戏的叙事逻辑中进行身份的转变，成为"玩工"，并在不断完善的产业链中被深层剥削。

关键词：数字劳工；《奥比岛：梦想国度》；身份转变；玩工

一、引言

达拉斯·史麦塞在《传播：西方马克思主义研究的盲点》中提出了"受众商品论"的概念，他认为在西方资本主义社会的媒体体系中，受众的劳动无处不在，他们的全部时间都在创造价值，大众传播媒介所播放的节目提供的信息，都是为了吸引受众而设置的"免费午餐"，其目的是将受众花费的时间和注意力打包出售给广告商。[1] 这一理论揭示了传统媒体时代下受众的劳动方式，而在新媒体时代，这一劳动方式更为隐蔽而泛化。

20世纪80年代，阿尔文·托夫勒在《第三次浪潮》中提出了人类历史上的三次浪潮：第一次为农业革命浪潮，第二次为工业浪潮，而当下我们所经历的第三次浪潮正是他所预测的信息浪潮。在第三次浪潮中，生产和消费有融合的趋势，同时还伴随着"产消者"（Prosumer）的出现。[2] 随着生产

---

[1] 达拉斯·史麦塞：《传播：西方马克思主义研究的盲点》，冯建三译，载陈黎主编：《岛屿边缘》，九歌出版社，1992，第6—33页。

[2] 阿尔文·托夫勒：《第三次浪潮》，黄明坚译，中信出版社，2006，第274—298页。

与消费之间的界限逐渐消融，社会关系呈现出新的模式，与此同时劳动模式也在转变。①

"数字劳工"在某种程度上就是"受众商品论"在新媒体时代下的延伸。英国学者福克斯在《数字劳动与马克思》中对"数字劳工"做了较为明确的定义：数字劳工是电子媒介生存、使用以及应用这样集体劳动力中的一部分。他们不是一个确定的职业，他们服务的产业定义了他们。在这个产业中，他们受资本的剥削。② 学者姚建华等将信息与传播技术（ICTs）飞速发展时代下的数字劳工分为四个类型：（1）制造和服务业中的数字劳工，包括流水线上的制造业产业工人；（2）媒介产业中的数字劳工，如媒体平台上的 UGC 内容；（3）产消合一者和玩工，如网络游戏玩家；（4）数字经济中的劳工组织。③

本文主要聚焦的便是第三种——网络游戏玩家的劳动模式。网络游戏作为轻松愉快的消遣方式受到众多年轻人的喜爱与追捧，能够让人们沉溺在通俗娱乐之中逐渐丧失自我掌控的能力，由"玩家"身份转变为"玩工"。

玩工"Playbour"一词由"play"和"labour"两个单词合成，最早由爱尔兰学者朱利安·库克里奇提出，他将 playbour 定义为"通过游戏无意识地为游戏厂商劳动的玩家"④，如同 labour 一词可解释为"劳动"一样，playbour 这一词也伴随着"劳动的游戏化"（gamification）色彩。我国学者邱林川最早将 playbour 一词引入国内的传播学界，将 playbour 一词翻译为"玩工"，并指出玩家投入大量时间至游戏中的同时，潜移默化地帮助游戏公司吸引了用户，⑤ 这一过程实际上就是在为游戏公司而工作。但在内容生产的宏观结构上，网民们无力真正参与互联网服务商和内容商的决策过程。

手游《奥比岛：梦想国度》是页游《奥比岛》的新创版本，是一款画风轻松、操作简单的模拟经营养成类游戏。自 2022 年 7 月 10 日宣布预下载开始，《奥比岛：梦想国度》首日预下载量在 App Store 总榜中排名第一，次日官网预约用户量超过 1000 万。在这款主打"轻松"的休闲游戏中，却

---

① 顾逸楠：《"数字劳工"视阈下受众身份的变迁》，《西部学刊》2021 年第 1 期。
② 曹晋、袁谅：《受众商品论到数字劳工的不确定性：传播政治经济学视角下的劳动研究》，《青年记者》2022 年第 12 期。
③ 姚建华、徐偲骕：《全球数字劳工研究与中国语境：批判性的述评》，《湖南师范大学社会科学学报》2019 年第 5 期。
④ Kücklich Julian, "Precarious Playbour: Modders and the Digital Games Industry," *Fibreculture Journal*, no. 5 (2005).
⑤ 邱林川：《新型网络社会的劳工问题》，《开放时代》2009 年第 12 期。

有不少玩家喊出了"肝"的口号，即花费大量的时间精力去玩游戏。因此这款手游可称为数字劳工的聚集地，众多玩家在其中废寝忘食，重复劳作。本文研究其游戏玩家，能够探索游戏资本对劳工群体的劳动引导方式，以及"玩家"的身份转变为"玩工"的过程。

二、研究对象与研究方法

（一）研究对象与问题的提出

本文聚焦于雷霆游戏发行的模拟经营养成类手游《奥比岛：梦幻国度》。选择这款游戏主要有以下两个原因：一是这款游戏是其页游《奥比岛》的新设版本，《奥比岛》作为经营了 14 年的 IP，具备一定的知名度，承载着许多人的童年期待，这也使得此款手游还在研发期间就多次登上热搜，并在预下载期间能够迅速突破千万下载量，该游戏的影响力使得对其的考察具备一定的现实意义。二是《奥比岛：梦想国度》作为一款轻松休闲的"儿童向"游戏，其游戏玩家却有很多成年人，并且他们还喊出了"要么肝，要么氪"的口号，在游戏中废寝忘食，成为游戏的重度玩工。这样一款游戏究竟是如何引导玩家花费大量的时间精力，并让其成为免费的数字劳工的？这款轻松的休闲游戏背后的劳动生成机制具备研究价值。

（二）研究方法：数字民族志

本文主要采用数字民族志的研究方法，具体方法为数字田野调查、线上社群互动观察与深度访谈法相结合。

为了更好地观察该游戏对于玩家的劳动引导以及玩家的游戏方式与游戏内容，笔者以玩家的身份，从 2022 年 8 月 5 日至 2022 年 12 月 12 日，平均每天花费 2 小时以上参与这款游戏，总游戏时长超过 200 小时。同时，为了考察玩家们的线上社交行为与讨论内容，笔者加入了"奥比岛手游"超话以及粉丝群进行参与式观察。为了更直观地理解玩家游戏时更具体的心理感受和细节，笔者联系了 10 位玩家进行线上的深度访谈。

表 1　访谈对象信息表

访谈编号	代称	性别	职业	年龄	游戏等级	游戏时长	平均每日游戏时长	游戏花费金额
A	点点	女	银行职员	23 岁	44	153 天	2 小时	100 元左右
B	布布	女	公司职员	25 岁	48	153 天	6 小时	2000 元左右
C	咕咕	女	学生	20 岁	41	147 天	3 小时	500 元左右

续表

访谈编号	代称	性别	职业	年龄	游戏等级	游戏时长	平均每日游戏时长	游戏花费金额
D	心心	女	学生	21 岁	40	135 天	2 小时	200 元左右
E	小 K	女	会计	23 岁	47	153 天	4 小时	1500 元左右
F	希希	女	学生	22 岁	43	122 天	4 小时	1000 元左右
G	小天	女	学生	21 岁	48	153 天	5 小时	2000 元左右
H	果实	女	学生	19 岁	46	150 天	4 小时	1300 元左右
I	丽丽	女	学生	23 岁	42	153 天	2 小时	100 元左右
J	贝贝	女	公司职员	26 岁	49	153 天	6 小时	4000 元左右

三、奥比岛对玩家的劳动引导

（一）升级与榜单：数字排序下的无形压迫与牵引

奥比岛作为经营类游戏，等级是其游戏的主要脉络，用户需要通过升级获得更多的游戏奖励或者拥有更多的游戏权利，如开发小岛、制作更多喜欢的家具。同时奥比岛还设置了各式各样的榜单，如服饰榜统计玩家拥有的服饰道具数量，家具榜则统计玩家拥有的家具道具数量，不同榜单拥有不同的测算方式，不断推动用户去按照榜单测算的方式进行摄取，从而不断提高在榜单上的排名，以此获得更多的关注或是膜拜。

"奥比岛前面升级还挺简单的，后面越来越难了，需要我攒很多的经验才行，我卡在47级好久了，才刚升到48级，估计又要升级好久。"（访谈对象布布）

奥比岛给玩家建立了一套完整的等级体系，代表着等级的数字便是玩家荣誉与活跃度的见证。而随着玩家在奥比岛上的探索和成长，等级逐渐升高，伴随着更多的权益。无论是等级还是榜单，都是公开透明的，所有人都能看到他人的等级，也能看到位于榜单首位的玩家究竟胜在哪里，这样的方式也能进一步激发用户的攀比与社交展示心理。

"那些榜单我经常看啊，上面的第一名的大佬太厉害了，好多衣服我根本就没见过。"（访谈对象点点）

榜单和等级存在的意义主要是因为玩家在游戏中拥有大量的虚拟物品，从而获得了一种心理上的满足，因此，马克思的"商品拜物教"也潜藏在数字排序之中。在等级制度的引导下，用户被牵引着不断去完成任务来升级，而如果想要超人一步，除去花费更多的时间，还可以通过支付金钱的方式获得特权，在无形之中就加大了用户对其的精神以及物质投入。

美国社会学家迈克尔·布若威曾提出"赶工竞赛"这一概念，指出驱动工人进行生产并不完全依靠强制性的外部力量，反而更多的是一种由内而外的"自愿性服从"，资本家构建起与工人的"同意"机制，使劳工在乏味的工作过程中可以享受"赶工竞赛"带来的乐趣以及"偷懒"带来的虚假快感与对抗感。① 在奥比岛运作中，游戏玩家自愿服从游戏设计者制定的规则，在游戏中获得虚假快感，却忽视了在消遣时所花费的时间和物质成本，从而不知不觉间沦为奥比岛的"打工人"。

（二）未知与诱惑：盲盒机制与适时的广告创造需求

用户从"商品"到现在的"数字劳工"，数字技术的发展使目前的劳动剥削方式也在潜移默化地发生转变，资本把用户的好奇心、忠诚和消费欲望等情感价值转换成商业资本②，从而获得更大的收益。

奥比岛的许多道具都不是随意获得的，大多数需要通过"砸彩蛋"的形式来获取。砸彩蛋其实就是通过付出奥比岛的代币从而获得"抽取盲盒"的机会，抽取设有概率，并不能保证获得相应的奖励。这就意味着玩家在"砸蛋"之后可能一次就中，也可能砸了很多次依然无法获得自己喜欢的道具。这恰恰是通过设置"未知"，来激发玩家的"赌徒心理"，在面对未知时，玩家往往充满好奇，也总愿意相信自己的幸运，所以愿意花费代价去购买这种"刺激"。

"彩蛋真的蛮烦人的，我有时候不想砸，可是不砸拿不到我喜欢的那件衣服，然后砸又砸不到。"（访谈对象小K）

同时，奥比岛作为商业性游戏，不可避免的就是广告。例如，奥比岛往往会在游戏玩家抽取了几次彩蛋之后适时地弹出广告，以较有冲击力的画面设计为其提供低价，通过倒计时营造"限时感"。在抽取了几次盲盒之后，无论满意或不满意，在抽取盲盒的刺激尚未退却之时面对所谓的低价诱惑，用户往往难以抵挡，也就更容易付出物质成本。

"买过啊，它老是弹出来，刚好我抽得上头，就买呗，买了再抽，抽不到的话我会让自己今天之内别再买了。"（访谈对象小K）

奥比岛的彩蛋模式和当前商业中的盲盒模式几乎是相同的，都是借助了用户热衷于挑战未知并为好奇买单的心理，吸引用户投入。同时，奥比岛会

---

① 吴鼎铭：《网络"受众"的劳工化：传播政治经济学视角下网络"受众"的产业地位研究》，《国际新闻界》2017年第6期。
② 江颖：《数字劳工理论视域下网络用户的情感劳动》，《新媒体研究》2020年第6期。

不断鼓励用户去进行抽取以获得全套的装备，营造出"错过这村就没这店"的紧张感，进一步刺激玩家的消费心理。

（三）曝光与奖励：参与式文化下的内容激励机制

随着数字资本主义的扩张，曾经被哈贝马斯等学者寄予厚望的互联网公共领域正在一点点被商业资本侵蚀，公共属性正在坍塌，取而代之的是隐蔽的商业属性。当前的互联网是"平等、开放、共享、互动、参与"的，但作为商业工具，它需要不断地吸引更多"数字劳工"进入赛博空间贡献出更多力量。而众多"数字劳工"沉浸在"想象的参与的胜利"之中，一边自由愉快地享受着互联网带来的快乐与便利，一边为互联网贡献出源源不断的流量。

参与式文化便是一种典型方式。在传统媒体时代，亨利·詹金斯就提出参与性文化的概念，他认为受众并非被动接收信息，而是主动选择媒介内容，甚至进一步融入媒介内容的改造或创造中，由此形成区别于媒介内容的属于自己的一种文化。随着网络时代的到来，这种文化的使用越来越频繁，用户的情感宣泄、故事分享等都是以主观意识为基础进行的，同时也是使用者参与文化创造、情感表达、寻求认同和强化社交的一种途径。在此过程中，劳动者不再以生存为目的，而以精神为目的，在一定程度上向人的本质回归。[①] 在用户参与式文化中，用户生产的内容呈现产消合一的特征，成为数字资本主义时代更为隐秘的剥削形式。

奥比岛在微博上有自己的官方账号、官方超话以及相关话题，在奥比岛的微博下方经常有较多的游戏玩家在官博下面互动，无论是评论、点赞或是转发，都无形之中为奥比岛带来了热度与流量。同时，奥比岛还会设置一些互动性活动，邀请玩家积极参与，从而获得现金奖励或者游戏之中的虚拟奖励。例如，2022 年 9 月奥比岛官方微博发布"头号玩家创作者招募计划 2.0"，邀请各手游玩家在抖音或小红书平台以游戏为主题进行自由创作，游戏玩家可以分享自己的游戏日常、游戏攻略或是装饰等，最终奥比岛官方根据浏览量或视频播放量的数据评选出前几名并给予其现金奖励和游戏币奖励，还会通过官方的转发进行展示。

"我参加了，我没那些大佬厉害，现金奖励我倒是没想，但我想着拿个晶钻奖励啥的也行，就把我自己的房屋装修投在小红书上了，但最后啥也没拿到，哈哈哈。"（访谈对象心心）

---

① 刘芳儒：《情感劳动的理论来源及国外研究进展》，《新闻界》2019 年第 12 期。

| 数字劳工视域下游戏玩家身份的转变 |
——以手游《奥比岛：梦想国度》为例

这种悬赏的方式以及需要发挥想象的参与能够激发玩家的兴趣，不少玩家参与到此次活动中来，在小红书与抖音平台积极发布奥比岛相关内容，带着"成名的想象"，不断地想要吸引更多用户观看其创作结果。而实际上，受到这种内容激励机制的驱动，玩家被资本剥削的实质掩盖在自由参与创作的满足感之下，迷失在简单的社交快乐中，忽视了劳动的变质。在创作过程中，玩家需要花费一定的时间精力去进行产出，看似能够获得物质奖励或者虚拟奖励，但于整个奥比岛官方的所得而言是九牛一毛。而且在这种方式下，各大玩家无形之中成为奥比岛的"免费宣传员"，他们付出时间与精力在各个平台"竞争上岗"，以优质的内容产出为奥比岛招揽更多玩家。而在整个过程中，奥比岛只需花费低廉的成本，甚至只需要设置虚拟的奖励，玩家的无私奉献就能被轻易地转变为"低投入、高回报"的双赢。

四、从玩家到玩工：用户数字劳动中的身份转变

（一）身份构建：奥比岛"元宇宙"上的角色"想象"

一款游戏如若想要玩家对其拥有更多的忠诚，愿意花费自己的时间精力甚至物质，首先需要玩家对这款游戏拥有一定的信念感，即能够获得丰富的体验感与满足感。约翰·赫伊津哈在《游戏的人》一书中提到一个"魔环"的概念："游戏何以构建一个魔环，将游戏参与者与外部世界暂时隔离。"[1] 现代的许多游戏都拥有一套完整的叙述逻辑，借助架空的背景和饱满的人物设计完善游戏，通过数字技术进行预编程设计，玩家可以通过数字化的虚拟分身进入游戏之中，在虚拟的时空中完成一项项任务。

奥比岛也不例外，它拥有一套自己的故事逻辑，即搭建一个美好的生活"乌托邦"：奥比岛为每一位玩家设置了一个生活的小岛，玩家可以在岛中随意游览，互相串门，或者是与岛中的 NPC（非角色玩家）进行互动。同时，岛上的每一位 NPC 都有自己的线索身份，他们的故事线和性格特征等也各不相同，就像是现实生活中遇到的人一样。在这样的叙事逻辑下，玩家完全可以以虚拟人物的形象进入游戏空间中，在这个虚拟的世界里做任何自己想要做的事情，而这个空间就像是被投射出来的平行世界，也就是一个属于奥比岛的"元宇宙"空间。

"我特别喜欢奥比岛的一个原因就是奥比岛很像一个我理想的生活空间，每天种种地挖挖矿，还可以和其他玩家打交道，在里面我可以不去想我

---

[1] 约翰·赫伊津哈：《游戏的人》，多人译，中国美术学院出版社，1996，第36页。

工作上的困难，我好想变成小奥比进去生活啊。"（访谈对象点点）

在奥比岛这个被建造出来的全新空间中，玩家被赋予了一个全新的身份，拥有许多在现实中没有的权利，相较于现实空间，这个网络空间就像是没有限制的自由天地，充斥着更多的新鲜感与挑战感，玩家就像是一个岛上轻松愉快的岛民，可以做任何自己想要体验的事情。这样的游戏设定，更容易让玩家实现一种替代性满足，从而开始对这一身份充满信任与向往，并且愿意付出更多情感。在这样虚拟的自我建构之中，玩家更容易沉溺于理想化的自我想象中，加大了对游戏的依赖感，从而推动玩家向玩工身份转变。

（二）身份巩固：新鲜的内容策划与重复的机械任务

马克思认为劳动者生产商品的过程有两大特征：零散化与重复性，这使他们难以形成工作的满足感，因此劳动者必须被迫不停地重复劳作。互联网时代下的数字劳工也保持了这个特征，奥比岛的用户通过不断进行重复性的"劳动"以稳固其"数字劳工"的身份。[1]

在奥比岛中，支配现实世界劳动过程的理性化与重复性的特征并没有被消除，为了进行升级，玩家依然需要进行大量的重复劳动。奥比岛设置了"日常任务"，每一天都会更新，这些任务往往简单，需要花费一些时间完成。但同时，这些任务的重复度高，用户完成的过程十分机械，就像流水线上的工人每天进行重复单一的劳作，为奥比岛贡献出自己的在线时间和流量。而在这时，玩工即使不愿意，但为了获得相应的奖励进行更快的升级，玩工依然会坚定自己的身份，付出相应的数字劳动，从而为自己玩工身份的稳固铺设了实现路径。

"我每天上岛就是种菜收菜、钓鱼、砍树、挖矿，然后找好友做亲密任务，这些基础任务要花费我半小时左右吧，感觉习惯了之后要是一天没做就不舒服。"（访谈对象希希）

"每日任务我其实真的很不想做，很没意思，每天弄来弄去都一样，但为了升级我还是会做的。"（访谈对象果实）

玩工在游戏中高度的重复性劳动与奥比岛设置的"单数性"预编程游戏规则有关[2]：它意味着玩家的一次点击能钓一条鱼、采一次矿石，尽管随着升级可以变成点击一次钓五条鱼、采五次矿石，但依然需要经历单次点击

---

[1] 马克思、恩格斯：《马克思恩格斯全集（第42卷）》，北京人民出版社，1979，第131页。
[2] 宋嘉伟：《"肝动森"：休闲玩工的形成——对〈集合啦！动物森友会〉的数字民族志考察》，《新闻记者》2020年第12期。

的枯燥以升级。这样的慢节奏设置在无形之中便拖长了玩家在重复性劳作上花费的时间。

但持续性的单一劳动无法长久稳住玩工，也无法令他们保持忠诚，因为玩工们如果不愿意为"这份工作"付出劳动，它们可以转向"另一份工作"，即换一个游戏玩。网络游戏市场的巨大竞争压力迫使游戏厂商采取各种战略以维持玩家的积极性。所以为了使得重复性劳动的枯燥能够被忍受，奥比岛以20天左右为周期，会出一期游戏策划，在不同的创意主题下不断进行游戏玩法的更新。截至2022年9月，奥比岛共推出了六期游戏策划，分别是星际大赛、暗影之谜、快乐奥比、秋日之约、嘤嘤行动、凛冬童话，每一期策划围绕一个主题开设不同的玩法，通过更加丰富的画面呈现和新奇的游戏玩法重新提起玩工们对游戏的兴趣与热情。

"我很喜欢奥比岛的游戏策划，我感觉最好玩的是暗影之谜吧，里面新创的科研馆游戏真的很好玩！基本上我每天都要玩好多场，现在它作为常驻游戏了我也还在玩。"（访谈对象果实）

这些丰富的策划活动旨在将玩家从简单重复的机械性劳动中短暂地解放出来，通过活动的仪式感缓解重复劳动的枯燥，使其可以继续忍受。而后在每个活动期间，建立起新的重复性劳动的规则让劳动者去探索并适应。游戏设计者对玩家心理进行准确的预测与把握，通过丰富的游戏策略不断刺激玩工们的劳动欲望，从而达到巩固玩工身份的目的，这也正是奥比岛能够维持玩工群体忠诚度的重要方式。

（三）身份创造：游戏附属链条的延伸

互联网的开放性让玩工的劳动属性不仅停留在游戏内部，还借助更多平台不断延伸游戏的产业链条，让游戏玩工在其中不断丰富自己的身份，如游戏代玩、游戏直播、游戏陪玩等。

虽然奥比岛是一款主打"轻松"的游戏，但也伴随着这些类型丰富的产业。例如，奥比岛中每一位游戏成员拥有自己的一个虚拟小岛，在这个小岛之中玩家可以自由摆放家具，将小岛装修成自己喜欢的样子。由于这一功能的存在，在奥比岛的玩工群体中便衍生出一种特殊职业——游戏代装修，就是通过付出一些金钱或者其他，将自己的小岛交给其他人装修。

"我有找过别人帮我装修，不是很贵，好像一百（元）不到。我自己抽了很多家具，但我自己不会摆，然后我看别人都装修得那么好看，干脆就叫别人帮我装修了，看着也舒服。"（访谈对象贝贝）

"我没叫别人帮我装修过，我一般是按照别人装修的样子去装的，比如说我有一个很喜欢的博主叫阿香,她出的装修就很漂亮,我就会照着她的抄。她也帮别人装修的,但我感觉可能比较贵就没去。"(访谈对象丽丽)

这并非奥比岛官方的引导,是基于游戏玩家多元需求所产生的附属产业链条,在这个过程中,玩工进行自主的身份创造,成为更直接的"打工人",为其付出更多的时间和精力。

五、结论

在数字经济不断发展的当下,我们轻松地享受着数字技术带来的便利,在网络上进行丰富的活动,也在不知不觉间成为数字资本主义统治下的一位劳动者。这个过程的实质是剥夺了受众的剩余劳动价值,诚如乔治·瑞泽尔和纳森·尤根森所言:用户作为生产者,虽然拥有使用资源的机会与权力,但他们生成的以及潜在的价值和利润最终还是归属公司。[1] 本文希望通过对奥比岛这一个案的探讨,挖掘当下的资本是如何在无形之中引导玩家心甘情愿地付出劳动的,而玩家的身份又是如何一点点转换为"玩工"的。

当我们跳脱出"奥比岛"这个小小的世界时,会发现现实生活中到处都是数字劳工:微博上给喜欢的偶像刷数据的追星女孩,争分夺秒陷在算法困境之中的外卖骑手,拼多多砍一刀就能拿到现金奖励的活动……在每一个个体事件背后都包含着不同的叙事逻辑,但最终都将人们向着同一个方向引导——心甘情愿沉迷在数字资本主义营造的迷思陷阱里,陷入自愿并乐意劳动的假象之中。因此,对于数字劳工的研究不应仅停留在当下这个浅显的案例上,需要更多关注资本剥削下劳工的命运和发展。

(本文作者均系浙江传媒学院新闻与传播学院硕士研究生)

---

[1] Ritzer G, Jurgenson N, "Production, Consumption, Prosumption The nature of capitalism in the age of the digital 'prosumer'," *Journal of Consumer Culture*, no. 1 (2010): pp. 13 – 36.

再生与重构：AI 生成音乐对大众集体记忆的建构路径研究

周雨荷　冯芯然

摘要：在智联媒体时代，生成式人工智能对数字社会的影响遍布经济、政治、文化等多方面。依托软硬件技术的新一轮飞跃，AI 技术入场音乐领域，众多"赛博新曲"席卷全球，AI 生成式音乐创作的"魔法"已不再是"理想主义"。人是音乐灵魂和情感的载体，由特定时期内社会共享的集体记忆的建构会在人工智能技术的参与中产生新的范式。AI 生成音乐的蓬勃发展是人工智能内容生产在音乐领域的探索与尝试，也是 Web 3.0 时代下的大势所趋。本文着眼于 AI 生成音乐对大众集体记忆的构建这一现象，聚焦人工智能浪潮下技术如何重构大众的集体记忆。

关键词：生成式 AI；AI 生成音乐；人工智能；集体记忆

一、引言

自 2012 年 AlexNet 出世，第三次人工智能浪潮掀起后，AI 进入深度学习的时代，在过去 10 年中，AI 技术突破商用限制，在多个行业领域得到广泛应用，产业规模持续扩大。[①] 如今，各行业已经进入了"深度学习+"的阶段，在医疗、城市规划、金融等领域都看见了 AI 生成的影子。近年来在网络空间中，尤其是视频媒体平台上，涌现了许多以 AI 生成技术创作的音乐作品，这代表人工智能音乐正在完成由理论到实际应用的转向。在这些作品中有关经典流行歌手或作品的再创作引发了大众尤其是粉丝群体的热议，人们不仅讨论创作作品的质量优劣，同时也在作品中再回忆、再讨论、再共情。这种新型创作作品的迸发和受众反应热度背后反映出了 AI 生成技术下构建集体记忆的一种新范式。

---

① 韩炳涛、刘涛、唐波：《深度学习的 10 年回顾与展望》，《中兴通讯技术》2022 年第 6 期。

2023 年 10 月 15 日，Youtube 平台上一名为 newple 的用户利用 AI 生成了曾经火爆全球的爱豆组合 Bigbang 制作的"新曲"——*Falling down*，歌曲及视频发出后立刻引起大众关注，至今该视频已获得 111 万次观看、3.4 万次点赞。本文从用户借助 AI 技术创作出新的爱豆组合引发的热议切入，聚焦听众如何通过情感表达和记忆拼贴进一步巩固集体记忆，探讨人工智能时代下 AI 创作如何完成集体记忆的重构。

二、文献梳理

（一）AI 生成与音乐创作

AI 生成是在驯化机器学习中通过让机器模拟人类语言、行为、情感等生成文本、图像、音频等数据的过程。深度学习作为 AI 技术的重要组成部分，是机器学习领域中一个新的研究方向，它通过训练大规模数据集来自动获取具有代表性和高级抽象性质的特征，并利用这些特征进行各种人工智能任务。AI 技术在不断带来惊喜，学者陈永伟从生产端、消费端、产业端划分生成式 AI 的应用场景，指出了生成式 AI 对未来组合式创新的重要性和广阔应用前景。[①] 围绕 AI 生成的讨论大多聚焦于新闻传媒、出版、科技、医学等领域，而 AI 生成在音乐创作领域的讨论还较少，人工智能技术在音乐领域的探索才刚刚开始。早在 2007 年，日本虚拟偶像"初音未来"就运用了 AI 歌声合成技术。近年来 AI 歌手也逐渐流行，AI 歌手是指机器通过 AI 生成歌手的原始声音对其他歌曲进行翻唱、改编等，有学者强调了 AI 生成背后的跨文化情感表达[②]，以及智能音乐传播和音乐审美的人机互动新生态[③]，也有学者讨论了 AI 歌手背后带来的情绪价值和技术隐忧[④]，尽管学界和网络中对生成式技术创作的作品发出质疑的声音，但也有研究表明，人工智能生成的音乐是受到一定接纳和欣赏的。[⑤] 不可否认的是，AI 创作音乐已

---

① 陈永伟：《超越 ChatGPT：生成式 AI 的机遇、风险与挑战》，《山东大学学报（哲学社会科学版）》2023 年第 3 期。

② 王晓璐：《未来音乐新风向：人工智能赋能音乐发展——世界音乐人工智能大会述评》，《人民音乐》2022 年第 1 期。

③ 萧萍：《具身、想象与共情：人工智能音乐生成与传播的技术现象学研究》，《现代传播（中国传媒大学报）》2022 年第 9 期。

④ 王朝洋：《AI"歌手"翻唱类音视频的情绪价值、技术隐忧及应对策略》，《西部广播电视》2023 年第 17 期。

⑤ Hong J W, Fischer K, Ha Y, et al. "Human, I wrote a song for you—An experiment testing the influence of machines' attributes on the AI-composed music evaluation. Computers in Human Behavior," 2022, 131: 107239.

经成为当下的一种流行趋势,不断被创作出的 AI 音乐作品和受众的追捧,让公众感到 AI 生成正在以一种全新的方式重构大众的集体记忆。

(二) 集体记忆与个人记忆的共谋

集体记忆（Collective Memory）最早由法国社会学家莫里斯·哈布瓦赫提出,指的是特定社会群体成员共享往事的过程和结果。他反对仅从个体层面来解释记忆,指出任何"我们自己的记忆"都要经过社会文化框架的润饰、删减和完善,是在社会中形成的。① 在数智媒体环境下,集体的聚合脱离具体的现实空间,转向虚拟空间的"在场"。② AI 生成音乐成为一个新兴的网络议题,汇聚了多元用户的声音,并在交互行为中使其情感结构社交化,在多元记忆的生产与再诠释中给予用户情感力量和认同。对于听众而言,往往能调用个体记忆,通过点赞、评论等社交行为补充集体记忆与情感生产。③ 随着歌曲在互联网上的裂变式传播,个人式情绪激动开始向集体式文化缅怀转变,对于偶像男团的怀旧情怀在评论区弥散开来。不难发现,集体记忆并非仅指相同的记忆,而是这些记忆背后的情感调性和价值框架④,对于听众来说,通过对 AI 生成歌曲的收听,能够在短时间内进行过往个体记忆的拼贴,确认群体的认同感和归属感。集体记忆的建构与其对应群体所处的时空背景、时代交往关系有关,因此,处于同一时空背景中的群体更容易获得相似的情感共鸣。可以理解为,集体记忆通常是某一代人特殊的情感链接与个体记忆的回溯。

值得注意的是,哈布瓦赫所秉持的观点是集体记忆对个体记忆的赋予和支配意义,简而言之：个体记忆只有放在集体记忆中才能被理解。随着研究的不断深入,有学者提出哈布瓦赫的"建构论"观点忽略了个体记忆的主体性,并尝试从集体记忆和个体记忆"共谋"的角度去研究二者关系。刘亚秋指出,在权力关系上并不全然是集体记忆支配个体记忆,两者在很多情况下表现为共谋关系。⑤ 因此,应该重点关注两者的互构关系。本文也将借

---

① 莫里斯·哈布瓦赫:《论集体记忆》,毕然、郭金华译,上海人民出版社,2002,第 39—45 页。
② 吴炜华、苗琨鹏:《自我表达、集体记忆与情感链接：短视频的影像拼贴》,《中国新闻传播研究》2021 年第 3 期。
③ 黄雅婷、杨莉明:《全民"爱你"：网络集体记忆背后的情感劳动》,《新闻知识》2023 年第 4 期。
④ 张宇慧:《缺乏集体记忆的一代——互联网时代的 90 后青年精神世界》,《中国青年研究》2015 年第 12 期。
⑤ 刘亚秋:《从集体记忆到个体记忆 对社会记忆研究的一个反思》,《社会》2010 年第 5 期。

鉴这一视角,将集体记忆视为一种社会建构概念①,分析人工智能技术在重建公众的集体记忆方面如何发挥作用。

(三) 智能技术变革浪潮中集体记忆的建构

哈罗德·伊尼斯在《传播的偏向》中提到:"一种新媒介的长处,将导致一种新文明的产生。"② 沃尔夫冈·恩斯特认为数字化媒介会对历史与记忆的认知产生剧变。③ 新媒介技术使得传播格局逐渐"数字域",影像成为集体记忆生产、分发、消费的主流,深度嵌入社会结构中,深刻影响了集体记忆的建构。④ 我国学者邵鹏指出,信息传播速度加快、存储和获取方式改变,这些变化可能导致社会记忆的重构,形成新的记忆观念和认知模式。⑤ 近年来,互联网技术的发展与应用为大众打开了建构集体记忆的大门,新媒体平台逐渐成为大众书写民间记忆的主要载体。⑥ 用户自发在平台上传 AI 制作的 Bigbang 新曲,勾起受众关于"已逝去"的一代巨星的回忆,映射出众多个体记忆的多重呈现,往往最后都回归到逐渐成长的自我身上,烙上时间流逝下粉丝成长的印记。在这一过程中,网民通过分散的个体互动形成情感共鸣,构建起新的集体记忆。

综上,本文拟把 AI 创作爱豆团体新歌勾起集体记忆的构建视为一个话语事件,以 Youtube 平台上 newple 利用 AI 生成的 Bigbang "新曲" *Falling down* 的评论为分析个案,基于"人工智能技术——集体记忆建构"分析框架,从权力、技术和情感实践三个层面阐释智能媒体浪潮中的集体记忆如何被重构。

三、研究方法

本文选取 Youtube 用户 Newple 发布的韩国流行爱豆男团 Bigbang 的 AI 歌曲 *Falling down* 为研究对象,抓取 Youtube 上该歌曲视频下的用户评论进

---

① 薛千惠、刘维付:《仪式建构与集体记忆:港乐竞唱献礼综艺〈声生不息〉的价值传播》,《传媒论坛》2023 年第 6 卷第 17 期。
② 哈罗德·伊尼斯:《传播的偏向》,何道宽译,中国人民大学出版社,2003,第 29 页。
③ Ernst W. *Digital Memory and the Archive.* University of Minnesota Press,2012:pp. 166 – 167.
④ 夏德元、刘博:《"流动的现代性"与"液态的记忆"——短视频在新时代集体记忆建构中的特殊作用》,《当代传播》2020 年第 5 期。
⑤ 邵鹏:《媒介记忆理论:人类一切记忆研究的核心与纽带》,浙江大学出版社,2016,第 34—35 页。
⑥ 丁汉青、张曼琦:《数字时代集体记忆的媒介重构——网络百科条目分析》,《全球传媒学刊》2023 年第 10 卷第 2 期。

行研究。Youtube 作为海外流行的视频网站平台，聚集了来自世界各地的用户，具有一定的影响力，用户评论情感态度明显，互动性与有效性高。Bigbang 男团成立于 2006 年，作为红极一时的明星团体，他们具有庞大的粉丝基础，该歌曲在 Youtube 平台上首次发布后便引起了庞大的浏览量和讨论度，甚至在中国的社交媒体平台，如微博、哔哩哔哩等登上热搜，因此以此案例作为研究对象具有一定的代表性。本文抓取了 Youtube 上该视频下的用户评论数据，收集到有效评论共计 1158 条，对数据进行清洗，统一转换为中文进行分析后完成词频统计，并用内容分析法对评论文本内容进行简单归类与分析。

四、研究发现

（一）AI 生成音乐中受众的情感态度

偶像明星一直依靠他们的舞台和歌曲来收获粉丝的喜爱，而这些作品也成为粉丝和偶像情感沟通的中介。AI 生成作品为粉丝、路人等受众提供了额外的满足，虽然此前也有人诟病 AI 作品中细节不自然、与创作原型存在明显差距，但在用户 Newple 发布歌曲 *Falling down* 的视频评论中，受众表现出了较为统一的情感倾向。根据抓取的评论内容制作的词云图如图 1 所示，可以看到，受众对这首生成歌曲提及最多的词语之一是"AI"，说明这首歌由 AI 生成的制作方式成为受众讨论的焦点，受众对歌曲的总体评价表现为正面倾向，"喜欢""好听""神奇"等词在评论中高频出现。

图 1　评论区内容高频词生成词云图

依据爬取出的高频词内容（见表1），本文进行了简单的分类，发现受众对这首歌曲的讨论主要围绕以下三个方面。

其一，受众对整首歌的完成度感到满意，并惊讶于如此贴合创作原型的声音和歌词是出自AI生成。可以发现评论区大多数用户在描述自己听到这首歌的感受时表示"惊讶""震撼"甚至"毛骨悚然"，有人发出"这不是AI，这才是真正的Bigbang""这是有史以来最棒的AI作品"的评论。

其二，受众对这首歌的整体态度倾向表示"喜欢"，并引起他们对过去的怀念，通过词频统计（见表2），"想念"一词在评论区中出现了34次，受众在感叹AI技术的神奇之余，也表示"以为是Bigbang本人出新歌了，我仿佛又回到了那个时代""我真的感觉我回到了青春时代，我哭了"。在这条视频下面，无论是粉丝还是路人都被唤起了对青春时代和过往记忆的怀念，对自己的青春时代或是曾经的追星时光表示感慨与感动。

其三，在统计出的关键词中，也有部分用户对创作者Newple本人进行评价。有的人夸赞Newple的才华与创作力，表达了"希望能够继续创作""请代替公司写歌吧"的诉求；也有人提出他的创作带来歌曲版权问题的隐忧，提醒他应该注意创作涉及的版权问题，如"你太有才了，但还是先从版权登记开始做起吧"；还有些用户对未来歌手明星的创作环境发表看法，"如果有很多声音样本，作曲家现在就可以一个人完成专辑了""AI会让原本就是音乐家的音乐变得更有魅力"。

表1 评论内容高频词分类

内容分类	包含高频词
对AI创作的感受	神奇、声音、成员、风格、质量、完整、震撼、演唱、独特、真实、分配、版本、捕捉、精良、旋律……
对歌曲本身的情感	喜欢、好听、想念、复出、回到、很棒、时代、怀念、太好了、歌迷、年代、回忆、想起、激动、感动……
对发布者本人的评价	谢谢、感谢、希望、创作、版权、天才、频道、作品、能力、发布、发行、期待、支持、继续……

表2 评论内容中排名前20个高频词

排序	词语	词频	词性
1	ai	64	英文
2	喜欢	55	动词
3	好听	55	动词
4	希望	53	动词

续表

排序	词语	词频	词性
5	人工智能	49	名词
6	谢谢	48	名词
7	神奇	47	形容词
8	声音	43	名词
9	音乐	39	名词
10	新歌	37	形容词
11	新歌	37	名词
12	粉丝	35	名词
13	想念	34	动词
14	感觉	34	名词
15	太棒了	34	名词
16	成员	28	名词
17	歌词	28	名词
18	非常感谢	28	动词
19	vip	27	英文
20	回到	25	动词

（二）AI 生成音乐中集体记忆的重构路径

1. 液态社会下权力与内容的再构

鲍曼称"液态化"是现代社会的最大特征，流动性与速度成为社会分层的决定性因素；[1] 既有的规则与标准正快速液化，不再存有稳固的单一权威。在液态社会中，集体记忆在传承宏大叙事中起着重要的架构作用，随着新传播技术的驱动，作为代际传承的重要中介，集体记忆逐渐走向"液化"。[2] 这种液化体现在用户参与集体记忆构建的权力上，随着网络社会的发展，互联网创造了崭新的时空语境和权力关系。[3] 尤其是 5G、人工智能等新传播技术的进一步升级与重构，让普通大众也能参与到以往高门槛的音乐制作中，从个体叙事的角度实现集体记忆的建构。AI 生成歌曲的出现，打破并进一步瓦解了记忆权力的垄断性，促使集体记忆的协作性生产成为常

---

[1] 齐格蒙特·鲍曼：《流动的现代性》，欧阳景根译，中国人民大学出版社，2017，第 235 页。
[2] 刘亚秋：《从集体记忆到个体记忆 对社会记忆研究的一个反思》，《社会》2010 年第 5 期。
[3] 夏德元、刘博：《"流动的现代性"与"液态的记忆"——短视频在新时代集体记忆建构中的特殊作用》，《当代传播》2020 年第 5 期。

态。个体的叙事框架逐渐嵌入整个社会结构中,进而影响集体记忆的构建。这一点和学者刘亚秋的观点不谋而合:在权力关系上并不全然是集体记忆支配个体记忆,两者在很多情况下表现为共谋关系。① 从技术赋权的维度来说,生成式 AI 的可供性瓦解了以往歌曲创作的高专业度,极大缩减了制作周期,使得个体参与偶像的歌曲制作不再是"天方夜谭"。凭借生成式 AI 的助力,用户 Newple 得以在赛博空间中创作出与偶像声线、唱腔、歌曲曲风高度相似的"新歌"*Falling down*,将液态社会下平权的涌动体现得淋漓尽致。在液态社会下,人工智能对个体的激活和对内容的赋权将进一步为传播生态的演进注入强大的内驱力。② 也就是说,生成式 AI 的再赋能为集体记忆的重构助力。

2. 技术还原下场景与情感的再现

法国历史学家皮埃尔·诺拉提出"记忆之场"的概念,在物质或精神层面具有重大意义的统一体,经由人的意志或岁月的力量,这些统一体已经转变为任意共同体的记忆遗产的一个象征性因素。③ 特定的空间和场景是集体记忆的载体,人们在这个空间场景中进行特定活动,创造了相应的记忆和经验。搭建场景一直是建构集体记忆的一个重要步骤,在人工智能技术介入下,场景得到最大限度的再现,不同于以往单一的文字、图片记录,当下技术可以将个体带入一个完全虚仿的赛博空间,立体化、沉浸式的场景可以迅速唤起人们的情感共鸣。在 AI 歌曲中,这种空间与场景的搭建除了还原性极高,更有趣的是它搭建起的并非完全与过往相同的场景,而是一个基于深度学习更贴合受众向往和需求的空间。在这首 *Falling down* 中,除了令人惊喜的 AI 生成的声音演唱,发布者还通过将组合以往的 MV 镜头剪辑再拼接,以全新的镜头故事来契合音乐。从 MV 到词曲的完整制作完全符合明星回归舞台、发表新作品期间的全部流程,创作者在 AI 生成技术的帮助下进行了一场仪式,为受众再现了追求明星作品的动态场景,模糊了虚与实的边界,在过往与当下的场景重叠中唤起受众的情感共鸣,为共同参加这场仪式的群体重构集体记忆。随着 AI 技术发展逐渐成熟,AI 生成的音乐不仅在相似程

---

① 刘亚秋:《从集体记忆到个体记忆 对社会记忆研究的一个反思》,《社会》2010 年第 30 卷第 5 期。

② 喻国明、李钒:《内容范式的革命:生成式 AI 浪潮下内容生产的生态级演进》,《新闻界》2023 年第 7 期。

③ Nora P. "Between history and memory:Les lieux de m moire." *Rep presentations*,1989(9):pp. 7 – 25.

度上更加逼真，在情感传达上也有着突破性的进步，如今 AI 亦可以通过庞大的数据分析完成对音乐形式的建构，不仅展示人类的情感样态，也能满足人们的情感需求、进行情感抚慰①，这也是为什么在评论区中会有不少人感叹 AI 对模仿对象的理解之深，连歌词内涵和分配特点都和本尊完全一样。人工智能时代下的集体记忆场景建构不再完全依照过往模板，而是更有针对性与目的性的创造与再现。个体在 AI 生成内容中寻找着群体共鸣，感知到与创作者共享的情感，个体记忆在此过程不断升华整合成为新的集体记忆。

3. 平行时空下符号与记忆的再造

当集体记忆来源于可被讲述的故事文本，它最终会濡化为稳固的象征符号②，Newple 利用 AI 生成的新歌在平台发布后，成为一种可以被反复观看和解读的符号，承载着群体间共同体的价值理念与粉丝的内部认同以及文化意义，成为集体行动与纪念仪式的召唤机制再造。③ 借用亨利·詹金斯提出的参与式文化④，可以更好地理解：在智联媒体时代，粉丝利用爱豆的歌曲素材对 AI 进行投喂和驯化，在盗猎挪用和拼贴重组的参与式创作中实现个体记忆的延展和重构。对于听众而言，这种极具虚拟性的象征符号充当着实体缺席下的数字陪伴，⑤ 即替代性满足（Substitute Satisfaction）。这一理论由弗洛伊德提出，指的是当欲望能量在最初对象上遇到阻碍时，就会向其他对象转移，⑥ 替代对象和原初对象之间的差异越小，满足感越高。根据抓取到的数据，受众对歌曲的还原度和适配度都持较高评价，不乏"听了这首歌，我对 Bigbang 的思念之情得到了治愈"，"这首歌让我欲罢不能，完全是他们的风格！谢谢你们制作了这首歌"的感叹。这一发现从评论区中的高频词统计中也能窥见一二（见表 2），"喜欢""好听""谢谢"等这类对 *Falling down* 做出积极正向评价的词出现频率分别为 55 次、55 次和 48 次。从这一维度看，AI 技术生成的"新歌"能弥补现实时空中爱豆无法继续活跃在

---

① 刘洁：《"无人的音乐"——从编码器到人工智能作曲的主体异位》，《天津社会科学》2022 年第 2 期。

② 陈旭光、李永涛：《短视屏时代新主流"集锦式"电影的叙事、文化及工业美学》，《南京师范大学文学院学报》2022 年第 1 期。

③ 陈旭光、李永涛：《短视屏时代新主流"集锦式"电影的叙事、文化及工业美学》，《南京师范大学文学院学报》2022 年第 1 期。

④ 亨利·詹金斯：《文本盗猎者》，郑熙青译，北京大学出版社，2016，第 69—73 页。

⑤ 王朝洋：《AI"歌手"翻唱类音视频的情绪价值、技术隐忧及应对策略》，《西部广播电视》2023 年第 17 期。

⑥ 霍尔：《弗洛伊德心理学入门》，陈维正译，商务印书馆，1985，第 69—74 页。

大众视线的遗憾,仿佛在另一个平行世界中他们依然进行着持续的音乐创作。怀有这样超现实的想象,*Falling down* 从心理上抚慰着粉丝的怀念,再次用声音提供陪伴感,以满足粉丝的期待,集体记忆的回溯和重构也在平行时空下个体记忆的真情流露中形成。

五、结语

新一代人工智能技术的高歌猛进,使人们的生产生活和思维方式在科技普惠浪潮中重新启蒙,人类社会迈入以数字化生产力为主要标识的发展新阶段。正如保罗·莱文森(Paul Levinson)所言,媒介技术的每一次进步都浸透着人类渴望突破自身交流困境的努力,而每一种新的媒介技术的使用和普及都在其特殊的社会文化背景之中形成一种全新的交流构型。[1] 在这一社会文化建构背景下,人工智能技术与大众集体记忆的勾连范式正在发生着革命性的改变。生成式 AI 已成为开启智能互联时代的里程碑,[2] 在技术的支撑下,AI 生成的歌曲不仅是一种流行文化的再造,更是听众借以构建属于自身意义的文化素材和个体记忆拼图。

从宏观言之,在 AI 技术以惊人的速度覆盖音乐市场时,随之而来的版权归属和界定的问题也不容忽略。同时,进入 Web 3.0 时代后,生成式 AI 对内容进行再赋能,人类要素与非人类要素逐渐占据平等地位。[3] 在此背景下,需要意识到 AI 生成歌曲具有虚拟性和模仿性,其本质是对技术驯化的产物。于此,还可以提出"假内容如何连接真情感"的研究问题,探讨 AI 生成歌曲的虚拟性与听众情感连接的真实性之间的关系。

(本文作者均系浙江传媒学院新闻与传播学院硕士研究生)

---

[1] 保罗·莱文森:《数字麦克卢汉》,何道宽译,社会科学文献出版社,2001,第69页。
[2] 喻国明、李钒:《内容范式的革命:生成式 AI 浪潮下内容生产的生态级演进》,《新闻界》2023 年第 7 期。
[3] 喻国明、李钒:《内容范式的革命:生成式 AI 浪潮下内容生产的生态级演进》,《新闻界》2023 年第 7 期。

后亚文化视域下"云养"迷族的异化与应对

刘丽萍　顾嘉欣

摘要：社交短视频平台成为"云养娃"青年基于趣缘集聚的"新部落",他们构建专属的话语体系,有着独特的圈层社交方式。后亚文化时代的"云养"亚文化有了新的社会表征：一方面他们以个人化的参与方式建立身份认同,另一方面以浩荡的符号风格化运动打造独特的媒介奇观。个人自发式、碎片化的流动性网络社交实践维系群体内部情感的同时,松散的组织形式也使外部边界模糊,其抵抗也呈现不断弱化的趋势："云养"青年与主流文化出现新的互动模式,但也给商业资本提供了契机。随着青年对萌娃的符号化消费加剧,其自身也在平台的流量逻辑下走向情感、行为和身份的多重异化,成为资本积累过程中隐性的数字劳工。本文呼吁青年警醒于"云养"的"情感按摩",警惕符号消费幻象,以求真正将技术作为服务主体的工具。

关键词：后亚文化；"云养娃"；异化

一、引言

"云养娃"现象指的是随着互联网移动技术不断成熟,青年群体通过移动化短视频在线观看萌娃的影像或图片,来获得"无痛养娃"的乐趣,以暂时逃离现状而获得视觉愉悦和心理满足。数据显示,2022年母婴行业短视频播放量全年增幅超26%,月均播放量超1100亿次[①]。"云养"受众主要集中在大学生群体,他们不用支付高昂的费用,就可以找到碎片时间的"精神食粮",并且一个人可以同时"云养"几个萌娃。近来00后群体也加

---

① 巨量算数 & 算数电商研究院：《2023 中国新母婴人群研究报告》,https：//trendinsight.oceanengine.com/arithmetic‑report/detail/955,访问日期：2023 年 9 月 26 日。

入了"云养"大军,"云养族"群体更趋年轻化。同时,越来越多的父母将自家孩子的日常生活发布至短视频平台,成为内容生产者以获得曝光度,为"云养族"提供了"云"的虚拟场所和"养"的类真实场景。视频平台凭借强大的算法逻辑对用户进行精准画像,助力"云养"迷群不断壮大,"云养"这一新型的网络人物媒介关系得以形成,构成了赛博空间内独树一帜的青年亚文化媒介奇观。

扎根于"记录美好生活"的抖音平台,内容生产者们为云养者打造了一种理想的乌托邦式生活。日常碎片化萌娃"治愈材料"的呈现,以及"云养"迷群本身具有的流动化参与和社交链传播,为平台吸引了越来越多同质性的"云养"青年,他们随时做好了为"自家"萌娃"打 call"的准备。不断壮大的"云养族"给内容生产者不仅带来良好的粉丝口碑,还能在平台的流量逻辑下取得一定经济效益。抖音平台凭借强大的流量逻辑聚集众多商家入驻以获利,平台积聚的主体越多,获益潜力越大。[①] 因此抖音平台吸引了大量生产者账号入驻,2021 年 4 月—2023 年 4 月,抖音母婴类达人数量同比增长 55%(如图 1 所示)。"有钱有闲"的云养迷族沉浸在个人的数字化生存方式中,对平台流量框架的运作感知较低,他们一方面以躺平式的网络社交实践方式主动搜寻个人治愈化的情感材料,另一方面以一种开放的姿态与各方力量进行"多层次协商",进而无意识地掉入平台和商家为其设定的流量陷阱,使得这种个人化的媒介参与在平台的数字空间中被不断异化。他们无意识地掉进了资本的陷阱,成为隐性的生产剩余价值的数字劳工。

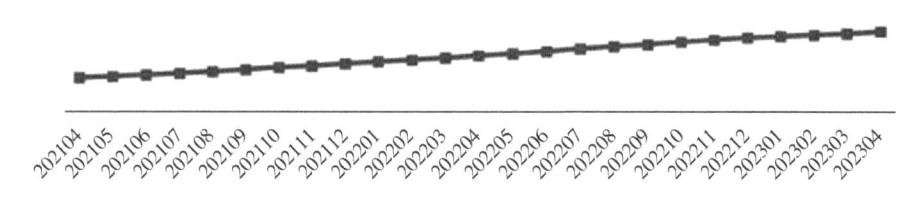

图 1 抖音母婴类达人数量变化情况

二、研究方法

(一)参与式观察法

2022 年 10 月,笔者以一名"云养"青年身份加入抖音"云养族"大军,

---

① 马中红:《平台视角下新二次元文化生产和消费——基于"云养萌宠"的考察》,《新闻与写作》2023 年第 9 期。

开展了近一年的参与式观察,观察内容除了"云养"青年的短视频和直播参与、短视频社交等日常,还包括内容生产者对于"云养"理想社区的打造过程、部分商家的入驻以及给整个平台"云养"社区带来的变化等。

(二) 文本分析法

本文在抖音短视频平台上选取全网超1000万粉丝的共9个亲子账号,对其具体视频内容和发布标题等进行文本分析,进行视频风格定位和传播意图等梳理分析(如图2所示)。

账号名称	粉丝数	视频风格定位	传播意图	橱窗商品数
朱两只吖	3899.9万	剧情演绎 搞笑坑爹日常	MCN,记录一家四口的日常(多为爸爸拍摄)	72
小橙子先生	2449.5万	东北淘气儿子的搞怪日常	记录碎嘴爸爸和小橙子日常	55
博哥威武	1828.5万	搞笑 斗嘴日常 语言天赋	MCN,东北两兄弟的日常	90
小麦	1828.3万	淘气调皮日常 穿搭 学习	小麦与家人的日常	55
瑶一瑶小肉包	1637.3万	搞笑、可爱日常乡下生活	希望瑶一瑶给大家带来快乐	24
混血米娜&妮娜	1358.5万	搞笑日常 中国文化 与土耳其爸爸的斗嘴日常	MCN,混血家庭的中国生活	24
三石的一家老小	1170.4万	反骨斗嘴日常 教育日常	东北一家三代的日常生活	0
多肉小盆友	1139.7万	可爱搞笑日常 太姥姥和太姥爷暖心日常 乡下生活	记录多肉的快乐生活	—
Q宝、🍪	1131.2万	可爱 穿搭	MCN,记录孩子的成长	子账号:108

图2 9个超1000万粉丝体量账号的梳理情况

分析发现,萌娃类的短视频主要从以下三个方面满足受众的观看需求:第一,真实记录+优良剪辑。萌娃以其天生具备的可爱形象在短时间内就可以在网络数字空间收获众多粉丝，加之儿童缺乏展演意识，正如大多数博主主页呈现的"记录孩子成长"的传播意图，所记录的视频形象大多真实有趣，能够在很大程度上满足受众的观看需求，如账号"三石的一家老小"在其视频标题所呈现的："中年人的生活总是一地鸡毛，而看到你的那一刻，再糟糕的心情也会豁然开朗"，表达一种对于现实生活的慰藉和心灵安慰。除了萌娃自身，更多的家庭成员也会加入影像记录过程中，进一步丰富视频内容，同时萌娃的穿搭、乡下生活的展现也是吸引粉丝的重要因素。另外，萌娃短视频多经过优良剪辑制作，在选取的粉丝体量超 1000 万的 9 个账号中就有接近一半都是由专业的 MCN 机构运行。影像资料丰富的同时，剪辑者加入了部分解说和极具影响力的背景音乐，视频代入性和视听表现能力更强。

第二，善于打造出圈人设。萌娃视频主要分为可爱、搞笑、温情等几种风格，多善于利用萌娃身上的反差性来吸引受众，萌娃的成人化语言天赋表现最为突出，9 个账号中有 5 个账号的 IP 属地在东北，也使得具有趣味性的东北话在儿童身上进一步出圈。还有混血萌娃身上突出的汉语天赋的反差性、软萌形象与粗犷的放养方式之间的反差，如"瑶一瑶"就被粉丝取名为"杨金刚"，以表现她在农村生活中不怕脏、坚强的形象。此外，萌娃与爸妈的斗嘴日常等反传统代际关系，在这些短视频当中也有体现。

第三，互动意识明显，满足多样化观看需求。比如应粉丝要求，多数博主都会拍摄萌娃换装视频，善于踩多巴胺穿搭和马面裙等热点，以满足观看需求。除此之外，博主也会在评论区甚至是粉丝主页进行回复，以增加粉丝黏性。

总的来说，这些短视频都能给粉丝群体呈现出一种真实、自然、可爱的视频风格，受到观众喜爱，截至 2023 年 10 月 31 日，账号"瑶一瑶小肉包"单条视频最高点赞量超 900 万，最高转发量超 300 万，短视频作品点赞平均值超 170 万。

笔者结合前期观察情况，基于单条全网点赞量最高的视频，从以上 9 个账号中选取个案"瑶一瑶小肉包"，以了解"云养"族内部的情感维系和心理状态。截至 2023 年 11 月 1 日，"瑶一瑶小肉包"账号共发布 361 个视频，由于账号样本量极大，以及分析工具的限制，本文特选取时间距离最近的 2023 年 10 月的短视频数据。一方面，分析其视频内容发布、粉丝互动率以及商业推广情况（如图 3 所示）等，经分析发现，"瑶一瑶小肉包"账号的视频内容多为萌娃"瑶一瑶"的日常记录，不定期会有专门的策划视频，如旅游日常、快乐碎片合集；视频中与粉丝的互动情况以互动率来表示（抖音互动率＝点赞量＋评论量＋转发量÷播放量，互动率越高，粉丝越活跃，博主越受粉丝欢迎）；商业推广视频占全部的40%，多集中在零食和日化类产品。另一方面，利用"考古加"数据处理工具对评论区回复情况进行文本分析，对2023年10月1日至31日发布的8条短视频进行数据抓取，并对当月点赞量最高的视频热评内容进行文本抓取。试图探讨"云养娃"这一后亚文化形态在当下数字平台当中的呈现形式如何；"云养"青年在这种亚文化活动中的情感态度如何呈现；以及青年群体在"云养"过程中如何被消费文化"异化"等问题。

日期	视频内容	内容类型	互动率（%）	备注
2023.10.1	天安门升国旗体验分享	旅游日常	5.18	
2023.10.6	瑶一瑶换装视频分享	生活日常	4.31	商业推广
2023.10.11	导航语音包录制视频记录	生活日常	6.10	
2023.10.15	近期快乐大合集	旅游日常	6.20	商业推广
2023.10.19	古灵精怪的模仿视频分享	生活日常	6.37	商业推广
2023.10.23	偷抱小狗视频分享	生活日常	*	
2023.10.29	瑶一瑶"能歌善舞"日常记录	生活日常	5.70	商业推广
2023.10.29	瑶一瑶迷惑行为合集视频	生活日常	4.83	

图3　账号"瑶一瑶小肉包"2023年10月视频发布情况

三、"新部落"的身份集聚与集体化风格建构

"新部落"是后亚文化的关键术语，玛菲索利将"新部落"概念的核心总结为"流动性"[1]，亚文化群体在新部落内部具有持续裂变与分化倾向，一方面个体在维系原有群体内部情感的同时，也成为原部落内部持续再生动力；另一方面，个体在不断以碎片化的身份进行"新部落"重组的能动过程中实现集体组织的稳固，[2] 因此形成一种宏观的社会化话语与微观的个人话语共同作用和相互协调的动态稳固关系。[3]

---

[1] Maffesoli, M. *The Time of the tribes*: *The Decline of Individualism in Mass Society*, London: Sage, 1995, pp.98.

[2] Uiusoy. E & Firat. F. A. "Toward a Theory of Subcultural Mosaic: Fragmentation Into and Within Subcultures", *Journal of Consumer Culture* no.1 (2018): pp.21-42.

[3] 胡良益、马中红：《海外青年亚文化研究的新理论动向》，《青年探索》2022年第5期。

萌娃以其天然的可爱形象轻易就能"俘获"大批青年粉丝，给"云养"族青年们在网络社会中碎片化的心理和情感安慰。"云养"青年通过这种数字化依存，以显性的个人参与和建构身份认同的社交实践方式，在流动的数字平台上构建他们专属的网络"云养"净土。

（一）以显性的个人化参与，建构身份认同

指尖的停留会被识别为标签化的"养娃族"，从而进入平台后台数据，并被划入"云养"萌娃的流量池，"云养"青年迷群因为找到了可以填满碎片化时间的治愈材料而暂时对算法失去反抗能力，并开始自发主动搜寻同类型的短视频，以求获得进一步的心理愉悦。以"瑶一瑶小肉包"的粉丝团（抖音直播粉丝团群体，其等级与主播之间的亲密度成正比）画像为例，18—30岁年轻人的覆盖率超80%，女性占比68.3%（如图4所示），多集中在新一线城市（如图5所示）。他们时间比较充足，购买力比较强，但同时面临较大的工作压力和生育压力，这样的萌娃短视频可以带给他们更加鲜活和真实的"云养"原料，因此他们在网络空间大量集聚。

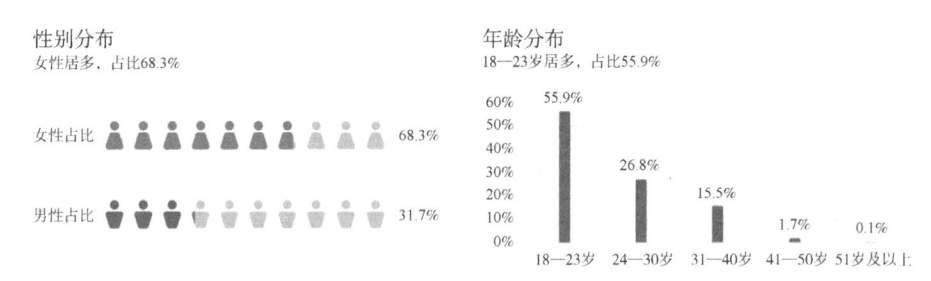

图 4　粉丝团的性别和年龄分布情况

从最开始的喂养式点赞、评论、转发，逐渐升级为有共同兴趣爱好、分享彼此经验知识的文化圈层，进而构建了自我身份认同和群体归属。[①] 但这种部落中的"云养"青年时刻是流动的，他们的兴趣远不止于此，他们的"云养"对象也更加多元化，表达方式更趋多样化，他们凭借趣缘选择数字空间中最具治愈性的养娃"原材料"，从而形成具有"流动性"的"新部落"。两岁半的"瑶一瑶"就已经是拥有超1500万粉丝的小网红，她在贵州乡村放飞的快乐童年被母亲记录，吸引了一众"云养族"的关注，评论区一致喊话"瑶一瑶，我的互联网女鹅""看瑶一瑶的到底都是哪些人啊"。本文基于点赞量和评论量等指标对2023年10月6日的短视频评

---

① 朱丽丽：《数字青年：一种文化研究的新视角》，江苏人民出版社，2017，第13—21页。

论区文本进行提取,从热评词云图(对评论区文本中出现频率较高的"关键词"予以视觉上的突出,字体越大,在整个评论文本量中的占比越大)可以看出,"瑶一瑶"的热度居最高,占到10.14%(如图6所示),粉丝们不仅喜欢她可爱的形象,也代入了瑶一瑶的身份进行叙事和话语表达。

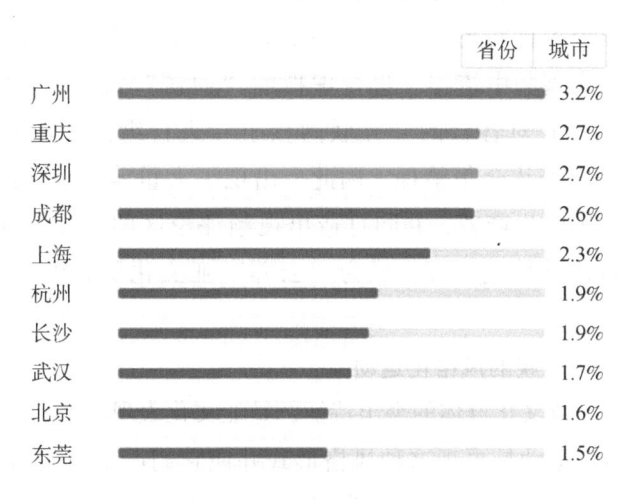

城市	占比
广州	3.2%
重庆	2.7%
深圳	2.7%
成都	2.6%
上海	2.3%
杭州	1.9%
长沙	1.9%
武汉	1.7%
北京	1.6%
东莞	1.5%

图 5 粉丝的城市分布情况

▷ 热评词云

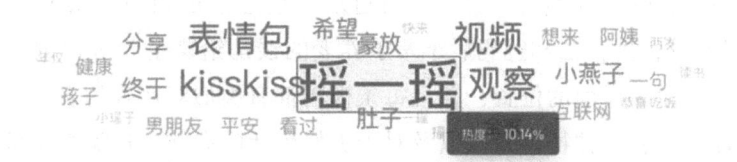

图 6 2023 年 10 月 6 日发布短视频热评的词云图

从受众的"使用与满足角度"来看,以萌娃为拍摄主体的短视频符合"云养"青年的情感需求和个人整合需求:一方面,打造与萌娃的线上拟亲密关系,跟着萌娃的情绪波动而产生变动,弥补了日常生活的枯燥乏味。另一方面,以萌娃为拍摄主体的"云养"短视频为青年迷群提供了一个虚拟的休闲场域,使得跨越空间、身体缺席而精神在场的情感交互变成可能[①],增强了"云养"空间的社交属性。无论萌娃成为"云养"青

---

① 宗菲:《异化的"玩工":资本游戏的控制与博弈》,《青年记者》2023 年第 16 期。

年在线社交的文化资本,还是转发视频扩散至熟人社会,抑或是评论区@好友的参与式文化空间的建构,都彰显着"云养"青年强烈的社交欲望,因而这类视频满足了"云养"青年的个人整合需求,从而在数字平台中建构起身份认同的"新部落"。

(二) 以浩荡的风格化运动,打造媒介奇观

不局限于个人自发式的、流动式的参与,"云养"青年活跃在各大话题内部,在各大视频中流连,进行虚拟的"回访"式养娃,并且通过视频"二创"的形式对各自的"互联网孩子"进行纵向的成长变化回溯,以及横向的快乐碎片合集整理。因此,出现了大量萌娃 IP 的表情包、视频解说、头像等的生产者,共同打造出视频评论区的文化空间,"造梦"式的萌娃风格运动接连展开,成为"云养"亚文化形态中一道独特的媒介奇观。

1. "云养"迷族的风格化运动

风格其实是亚文化群体的突出特征,是亚文化表现出来的具有象征意义的形式。风格化运动是再现这种风格形式并使它们产生意义的一种表意实践。[1] 与传统亚文化风格表征形式类似,"云养娃"文化通过对社会语言原料"拼贴",从而再造了一套专属于群体特征的亚文化表征,"姨姨""无痛养娃"等话语形式已经成为"云养族"的惯用表达。如"听说她耍大牌,让她签名,她说她不会写字""看过瑶一瑶这个视频的全家今年赚 800W""年仅两岁,把自己和爸妈后半辈子养老的钱都给赚了"等评论通常会出现在视频评论区靠前的位置,并且每条视频都有类似戏谑式的表达,这是粉丝们对瑶一瑶表达独特喜爱,以及对于美好生活的向往。这类视频呈现的可爱影像可以同时满足粉丝的心理和情感以及娱乐等需要。[2]

同时,基于趣缘而集聚的"云养族"呈现不断壮大的趋势,并持续强化迷因化传播模式,增强"云养族"社区的融合性,形成了关于"萌娃"而集聚的不同话题分区。截至 2023 年 9 月 25 日,抖音平台搜索到的关于"萌娃"的话题,最高可达 3858.9 亿次播放量(如图 7 所示)。

---

[1] 迪克·赫伯迪格:《亚文化:风格的意义》,陆道夫、胡疆锋译,北京大学出版社,2009,第 102 页。

[2] 刘怡:《论网感化语境下青少年受众对影视明星人设的期待结构》,《现代传播》2020 年第 7 期。

图7　抖音搜索"萌娃"话题的播放量（截至2023年9月25日）

2. "云养"迷族的媒介奇观

学者道格拉斯·凯尔纳指出，媒介奇观是指能体现当代社会的基本价值观、引导个人适应现代生活方式，并将当代社会中的冲突和解决方法戏剧化的媒体文化现象。[①] 随着社交短视频成为青年群体的社交场域，青年的观看需求被不断细分，并倾向于把奇观化的表达作为个人参与和传播的习惯。评论区除了有社交化的互动表达，还成为粉丝们个性化宣泄和社会议题的呈现之地。学者杜丹对网络表情包的研究发现，中国年轻网络用户组成了虚拟空间最富创造力和颠覆性的"书写"者，通过"网络表情"符号的创造性实践重塑主体身份，瓦解现实的角色制约，并建构了一种新型、动态和理想化的身份区隔。[②] 类似于弹幕文化，众多网民参与的"无厘头闲扯"成为在线评论区的语言风格特征，传达出自我的、狂欢式的非理性表达，也展现了整个"云养"青年群体的个性文化需求。[③]

随着加入话题的青年群体的壮大，青年群体的创造性不断被激发，出现了大量基于萌娃进行生产的周边产品，并且评论区出现大批萌娃形象的"二创"作品。"媒介奇观"通过大量青年狂欢式参与产生作用，在青年群体中形成集体"云养"萌娃的理想图景之后，更进一步激发了其参与性和

[①] 道格拉斯·凯尔纳：《媒介奇观》，史安斌译，清华大学出版社，2003，第112页。
[②] 杜丹：《"书写"与认同：网络"表情党"的文化实践考察》，《青年探索》2016年第3期。
[③] 曾一果：《弹幕背后青年群体的情感需要与价值诉求》，《人民论坛》2021年第10期。

创造性。"用一个表情包证明你是瑶总的铁粉","表情包"一词的评论热度占 4.35%（如图 8 所示），这在每条视频当中都有体现，评论区成为粉丝们表情包发布的集中地，并以此作为他们的社交资本，还存在大量专门制作"瑶一瑶表情包"的抖音账号。由于粉丝的观看需求各异，他们开始在评论区设置内容生产者的选题议程，如粉丝留言想要妈妈拍摄瑶一瑶与太奶奶的相处日常这一需求就得到了满足。此外，"云养族"开始寻求短视频之外的直播式的即时性满足，想要寻求更多"云养"的素材和场景。从 2023 年 10 月的 18 场直播来看，平均人次为 44.3 万，观看人次最高值为 121.9 万，新增粉丝数最高为 2009 人，弹幕总数为 20751 条。

图 8　2023 年 10 月 6 日发布短视频热评的词云图

研究发现，不少年轻人把自己长期关在房间，成为"隐匿青年"。大多数"隐匿青年"认为，数字网络更有数字联系与交往的感觉，能与不同的人、更大的社区、喜欢的话题进行持续关注与互动。[①] 因此，在面对社会压力时，可优先保障自己的利益、赢得他人的数字支持，形成自己的亚文化圈子，从而获得积极的身份认同，形成稳定长期的自我认知状态。不同于传统亚文化的是，"云养"文化是一种数字平台上的想象式亚文化活动，也就是前文提到的"后亚文化"，其排他性在于青年群体——尤其是"隐匿青年"——偏向独自"云养娃"模式。他们以显性的个人化参与，建构身份认同；以浩荡的风格化运动，打造媒介奇观。其媒介实践呈现出个人化碎片参与，基于兴趣流动的部落化集聚特点。不同于以往，数字时代的"云养"亚文化青年网络实践有着深刻的个人风格和自主性，甚至表现出一定的私人化。

四、"云养"迷族的多重异化

研究者曾对青年群体的抵抗进行多维度阐释：如从被动与主动维度，关注青年抵抗行为背后的意图；从微观与宏观维度，既提供了不同时间框架下

---

① WONG,"Hiden Youth? A New Perpective on the socialty of Young People 'wthdrawn' in the Bedrom in a DigtalAgel," New Meda & Society, no. 7 (2020): pp. 1227 – 1244.

的微观抵抗研究框架，又可以揭示集体行为与社会结构、意识形态之间的复杂关系；从显性与隐性维度，既强调集体抵抗中蕴含着个人隐性的力量，又发掘个人社会行动形成的社会影响。①

在消费语境和数字媒介时代，部落化的生存方式使得"云养"迷群更多是通过松散的联系让自己同其他文化群体形成一种"区隔"，他们基于趣缘而在同一话题场域中聚集，他们自身所表现出来的风格特征呈混杂性，也可以因为自身兴趣而随时退出，他们没有固定的时间和场所，所处空间是"碎片化"和"流动化"的，时间也会随时发生个人化的改变。② 这种个人抵抗现实力量的媒介实践变得隐性、微观，因为流动化的个人媒介实践变得边界模糊，群体内的流动成员们对于外来力量的入驻感知较弱，同时他们对于群体之外的议题持开放、包容姿态，青年迷群一方面沉浸在个人逃离社会现实生活的快感当中无法自拔，另一方面在数字平台流量逻辑规训下开始出现社交的情感营销，耽于满足想象式的情感消费，逐渐成为资本剩余价值生产的隐形劳动者，故而也不断遭受着多重异化。

（一）情感异化：逃避式的问题解决姿态与开放的对话意识

1. 逃避：想象式心理疗愈

麦克卢汉提出"媒介即按摩"，认为媒介给我们大脑以讯息，就好比按摩女郎按摩我们的肌肉一样，③ 这种按摩从个人层面来讲是舒适的情感化体验。"新的媒介形态改变（按摩）着我们对于自身和社会的经验，这种影响最终比它所传达的特定讯息的内容更重要"，④ 强调媒介使用对于受众身体和精神的影响。受众长期浸润在"云养"萌娃的文化氛围中，在很大程度上缓解了他们现实中的焦虑情绪，⑤ 有了暂时对苦闷生活的排解方式。"瑶一瑶"的萌娃形象满足了公众的视觉欲望，软萌可爱夹杂着贵州方言的声音"没要""A萍"，以及创作者对于背景音乐的良好把握，做到了深入"云养"青年内心的"话语按摩"，给追求萌化审美、逃离日常烦琐的青年群体们提供了一个舒适的"造梦空间"。泛化的"云养"对象和流动的

---

① 胡良益、马中红：《海外青年亚文化研究的新理论动向》，《青年探索》2022年第5期。
② 曾一果：《新媒体与青年亚文化的转向》，《浙江传媒学院学报》2016年第2期。
③ 昆廷·菲奥里、杰罗姆·阿吉尔：《媒介即按摩：麦克卢汉媒介效应一览》，何道宽译，机械工业出版社，2016，第24页。
④ 斯坦利·巴兰、丹尼斯·戴维斯：《大众传播理论：基础、争鸣与未来》，曹书乐译，清华大学出版社，2004，第312页。
⑤ 聂晶：《青年亚文化视域下的"云养宠"现象研究》，硕士学位论文，湖南师范大学新闻与传播系，2020，第61页。

"云养"边界养成"云养族"狂欢式的媒介观看和使用习惯,使得整个对抗过程是隐秘、短暂和逃避型的,转而以一种"躺平"的方式和躲避的姿态面对生活中的难题,没有得到任何摆脱线下身份认同困境的议题解决办法。

霍克海姆和阿道尔诺认为标准化的日常生活是借由文化工业被批量生产出来,大众在消费、体验、愉悦的同时获得了虚假的幸福,并消解了思想的能力与反抗的意愿,①"云养迷族"耽于对文化产品符号的消费以获得自身情感和欲望的满足,沉浸在各类网络视频影像当中而无法独立思考,逐渐变成单向度的人,即马尔库塞所谓"丧失否定、批判和超越的能力的人"②。

2. 开放：对话破圈的需求

在数字空间,除了"主流文化"与"云养"亚文化圈层,其他如乡村文化与城市文化、代际文化等都会被青年迷群看见,他们不再只关注自己的狭小圈子,不同圈层的文化都可以在破圈中互动互构,一种"多层次协商关系结构"就这样被建立起来。在平台化社会和数字化空间中,随着数字青年日益多元化的文化和社会诉求,流动的网络社交参与,主流文化与亚文化的关系也被不断重塑。

一方面,主流文化主动突破高高在上的身份,积极挪用"云养"亚文化圈层的内容和资源,以获得青年文化群体的认同。③ 经人民网转发的"瑶一瑶"摇头晃脑吃饭的视频被更多人熟知,并被人民网认证为"治愈系萌娃"④。这使得"云养族"依靠大众媒介的力量进行传播壮大,风格化的符号席卷活得以大规模传播。哈贝马斯认为媒体"不允许有效性声明的出现,只允许'是/非选择问答'",但也因为媒体有能力向大量受众传播信息,大众媒体在赋权方面的作用显而易见,因此他也承认媒体的"解放潜力"⑤,大众媒介的赋权作用是显而易见的。经过"四川观察"对"瑶一瑶小肉包"的视频转发,儿童卡喉时海姆立克法的紧急救治也引起了一众粉

---

① 马克斯·霍克海姆、西奥多·阿道尔诺：《启蒙辩证法——哲学断片》，渠敬东、曹卫东译，上海人民出版社，2006，第146页。
② 马尔库塞：《单向度的人——发达工业社会意识形态研究》，刘继译，上海译文出版社，2008，第11页。
③ 曾一果：《弹幕背后青年群体的情感需要与价值诉求》，《人民论坛》2021年第10期。
④ 人民网微博视频号：《治愈！#萌娃路边埋头干饭摇头晃脑太欢乐#》，https://m.weibo.cn/2286908003/4849438926835715，访问日期：2023年10月17日。
⑤ 马克·波斯特：《第二媒介时代》，范静晔译，南京大学出版社，2005，第12页。

丝群体的注意，做到了知识普及。① 另一方面，在主流文化的介入下，原本个人化的"云养娃"亚文化实践逐渐发生转向，在短时间内迎来了众多"云养"青年进行二创的高潮，"干饭干到人民网"成为当时风靡在"瑶一瑶"粉丝当中一句标识性的话语，相应的二创短视频也在抖音平台获得了可观的流量。

逃避式的问题解决姿态与开放的对话意识的冲突，根本上难以调解，两者的张力，形成云养主体情感诉求的异化。

（二）行为异化：符号幻象的消费与社交裹挟下的自我剥削

1. 符号幻象的消费

萌娃们的视频形象成为物质化的权力象征，消费成为受众实现其象征意义的重要形式，"云养"青年逐渐掉入平台和商家精心设计的消费陷阱中，受众不断观看、点赞、转发和直播打赏，为他们的周边产品买单……一方面，平台以一种开放式的运行方式剥夺着博主的生产自由，商家也不断打造受众通过消费就能实现权力意义的美梦，这些都让受众自愿进行购买。并且在这一过程中，亚文化青年群体在追逐消费符号的过程中又重新掉进了新的消费符号幻象，陷入了再次被异化的境地。② 另一方面，当今的消费主义并不是以欲望的调节或者刺激为基础，而是以幻想的解放为基础。③ 这类"云养族"在平台长期的浸润下进行主动消费行为，想象的满足已经取代了原本商品的使用价值，原本满足情感需求的个人化行为在消费行为中被不断隐性地异化。

2. 社交裹挟下的自我剥削

萌娃的线上展演不仅为"云养"青年的社交实践提供源源不断的治愈材料，也构建了青年迷群与萌娃、宝妈宝爸之间虚拟的在线亲密关系，所有的个人化参与呈现出的是"家人"身份的建构，强化了青年对萌娃短视频和网络直播的情感联结，亲密关系等级让情感成为具象标识，不断投入的时间和精力成为亲密度高低的象征，青年的"自愿观看"与情感劳动双向绑架。④ 追求"云养"迷群内部粉丝群的管理权、粉丝团的等级和直播间的打

---

① 抖音账号"四川观察"：《8月19日贵州千万粉丝网红宝宝瑶一瑶独自吃饭被食物卡喉，妈妈及时发现，用#海姆立克法成功施救!》，https://v.douyin.com/iR8GXXwe/，访问日期：2023年11月13日。
② 王姿彷：《反抗与妥协："云养宠"迷群的消费异化与反思》，《新媒体研究》2022年第7期。
③ 迪克·赫伯迪格：《亚文化：风格的意义》，修丁译，北京大学出版社，2009，第102页。
④ 王义明、阿九：《"云养青年"：互联网新生代群体解析》，《中国青年研究》2018年第10期。

赏都成为成员各自的社交资本比拼形式，使原本的网络观看行为产生进一步异化。理性社交参与让渡社交隐私，青年迷群在一定时间内身处数字化生存的"圆形监狱"，身份等级的比较使被凝视的青年进一步沉浸其中，成为"云养"青年迷群相互督促与自我剥削的原动力。[1] 这种权力实现机制使得青年迷群不断积极维护自身的身份而获得群体归属感，使其对自身剥削的合意更加削弱了原本就微弱的抵抗意味。

"云养"青年在耽于萌娃形象衍生出的符号消费过程中不断被群体内部的社交关系裹挟，使青年群体原本的情感需求被忽略，而其新需求不断被媒介与消费文化挖掘，商品最初的功能性被异化为情感消费的替代物，本应理性的消费行为被不断异化为自我剥削式的情感劳动。

（三）身份异化：情感营销与资本的剩余价值的隐性生产者

青年群体寻求心理慰藉和情感补偿，在与萌娃建立一种拟亲密关系的过程中，数字平台成为情感劳动的载体：满足特定期待的情感以文字、图片、视频等媒介信息的形式在数字平台上传播和交换。[2] 姚建华等深入探讨了制造数字时代劳动同意的动力机制，即兴趣爱好的劳动化[3]，"云养"青年与萌娃自主建立的情感关系成为其主动投入情感劳动的重要动力，青年群体基于兴趣的日常社交媒体实践、二次创作活动成为平台情感营销的重要一环，构成了一个潜在的剩余劳动领域，随时可能被转化为剩余价值，用户在这个过程中成为"产消者商品"，不仅消费内容，更生产内容，他们每日无偿贡献着自己的创意活动，传播信息，建构社区。[4] 作为消费者的观众在对萌娃云投入情感、精力和时间的同时，潜移默化地向生产者的身份进行转变，并且服务于生产、消费和市场等多个环节，成为一种个人化媒介使用的无偿数字劳动。[5] 从萌娃影像生产者的带货产品类型来看，无论是否由MCN运行，都主要集中在日化、零食、母婴用品和学习用品等，粉丝群体一边为萌娃欢呼"终于接到广子了"，一边为萌娃短视频制造观看数据，并为这些精心为

---

[1] 王义明、阿九：《"云养青年"：互联网新生代群体解析》，《中国青年研究》2018年第10期。

[2] 梅笑：《情感劳动中的积极体验：深层表演、象征性秩序与劳动自主性》，《社会》2020年第2期。

[3] 姚建华、徐偲骕：《全球数字劳工研究与中国语境：批判性的述评》，《湖南师范大学社会科学学报》2019年第5期。

[4] Fuchs, Christian. *Information and Communication Technologies and Society: A Contribution to the Critique of the Political Economy of the Internet*, United Kingdom: European Journal of Communication, 2009, pp. 69–87.

[5] 姚建华：《数字劳动：理论前沿与在地经验》，江苏人民出版社，2021，第35—52页。

他们准备的产品买单。萌娃视频为青年迷群带来慰藉的"情感按摩"展演不过是简单缓解人们的精神疲惫,最终都是以"云养"青年不断异化成"情感劳工"的身份为代价。[1]

五、结语

与传统亚文化研究范式不同,"云养"迷群青年呈现的不是消极被动式的抵抗,"后亚文化之后"的研究也试图在社会结构与个人能动性的相互作用中取得平衡。"云养娃"一方面作为独具一格的亚文化形态,深深扎根于高度交流的社交媒体土壤,是社会、政治、经济等各场域共同作用的产物;另一方面,"云养娃"强调个体在社会结构中的位置感知与制约属性,"云养族"关心社会议题,有着较强的社会责任感。

但是"流量—变现"准则是平台运营的底层逻辑,各类主体因此成为平台的实际效力者,整个运营和变现的逻辑倒推"云养"内容生产、分发模式的"固化",从一定程度上消解了此类短视频的社会价值,平台则变成一个沟通多种利益主体的中心化的底层实际控制者。"云养族"的媒介实践作为一场自发追求治愈的"新部落化"运动,在新数字时代始终没能逃离平台商业资本的控制。在整个"云养娃"亚文化活动中,青年迷群在流动的亚文化边界中一头扎进被统一渲染了的萌娃们身上的治愈"流量池",而背后"云养"青年的真实社会需求被掩盖,忽略了"无痛养娃"背后是生育的社会结构性压力和失调现状,是网络青年心态情绪更加复杂的多样化面向。随着"云养"文化异军突起的发展态势,正视青年群体被弱化了的自我诉求,以及"云养娃"现象背后的深层隐忧,就显得极为迫切。因此,在强化数字媒介治理,培育理性"云养"在线社区,建立良性网络社交实践场域的同时,青年亦应警醒于"云养"的"情感按摩",自省类似萌娃"喂养"式数字平台生活的"拟态性",保持对商业资本和新媒介技术的反思能力和自主性,防止其对自身情感的过度消费,让媒介技术真正成为服务主体的工具。

(本文作者均系浙江传媒学院新闻与传播学院硕士研究生)

---

[1] 曾一果、时静:《从"情感按摩"到"情感结构":现代性焦虑下的田园想象——以"李子柒短视频"为例》,《福建师范大学学报(哲学社会科学版)》2020年第12期。

B站虚拟主播用户忠诚度影响因素研究

张晓侠　汪昕璐

摘要：随着人工智能与虚拟现实等新兴技术的发展与应用，虚拟主播也作为一种新型娱乐形式逐渐兴起。虚拟主播可以通过技术手段与用户进行实时互动，提供个性化的内容和服务，从而吸引大量粉丝的关注和喜爱。本文以Bilibili网站（B站）虚拟主播的用户行为为研究对象，探讨影响虚拟主播用户忠诚度的因素。本文采用问卷调查法，以B站虚拟主播粉丝用户行为案例，通过构建影响虚拟主播用户忠诚度的因素模型，分析得出各因素对用户忠诚度的影响程度，为虚拟主播和社交媒体平台提供相对应的建议，以提升虚拟主播的用户忠诚度和市场竞争力。

关键词：虚拟主播；用户忠诚度；Bilibili；影响因素

一、引言

随着互联网技术的不断进步，虚拟主播作为一种新型的娱乐模式逐渐兴盛。虚拟主播能够利用虚拟现实、人工智能等技术手段，实现与用户的实时互动，并提供个性化的内容和服务，由此吸引了众多用户的关注和青睐，满足了用户对个性化、多元化、互动性强的需求。社交媒体时代的到来更是为虚拟主播的发展提供了广阔的空间。随着虚拟主播市场竞争加剧，如何保持和提高用户忠诚度成为虚拟主播面临的重要问题。研究虚拟主播用户忠诚度的影响因素，可以为虚拟主播提供有针对性的建议和策略，从而提升其市场竞争力。

目前Bilibili网站（B站）是中国虚拟主播行业最集中和发展状况最好的平台，其用户数量和活跃度还在不断攀升，使虚拟主播的影响力和商业价值不断提升。[①] 随着虚拟主播的兴起，虚拟经济也逐渐成为一种新的商业模

---

① 王泽华、周梦瑶、李格雯、宋子卓、周津锐、赵政凯：《B站中国虚拟主播的生产与消费研究》，《新媒体研究》2022年第17期。

式，其发展也受到了广泛关注。

二、文献综述

（一）关于虚拟主播的研究

尽管虚拟主播这一新兴领域尚未形成系统化的学术成果，但近年来它已成为学术界热议的话题，并且其研究数量也呈现上升趋势。在国外文献检索中，相关文献数量相对较少，国外学者对虚拟主播的研究主要集中在虚拟主播产业存在的特殊现象和受众观看虚拟主播的动机两方面。国内关于虚拟主播的研究则主要从主播和用户两个角度展开。高勇等从经济学和管理学的角度，分析了虚拟主播从上游、中游到下游整个产业链的运作模式，指出了国内虚拟主播相较于其他国家运营体系的不同，进而分析出不同的国情与社会环境会影响用户产生不同的观看选择。[1] 喻国明等认为，虚拟偶像是技术驱动下的产物，通过现代计算和通信手段综合处理文字、声音、图形、图像等信息，为偶像的形塑提供了新的可能。[2] 王瑞萱从5W角度对虚拟直播现象进行了分析，总结出虚拟直播具有沉浸式、高依赖等特点。[3] 宋育哲和刘英杰从社会条件、技术驱动和个人信念三个维度，对影响用户观看虚拟主播直播行为的动机进行了分析。[4] 刘朔宇和袁曦临则通过构建虚拟主播信息交互模型，分析了虚拟主播场景下信息交互行为的影响因素。[5]

综上所述，现阶段关于虚拟主播的研究中对用户角度的研究偏少。因此，本文从用户视角切入，笔者聚焦于B站虚拟主播用户群体，通过构建影响用户忠诚度的因素模型，给虚拟主播用户行为及用户忠诚度的研究提供理论支持与数据依据。

（二）关于用户忠诚度的研究

国外研究用户忠诚度主要集中在用户忠诚度的测量以及用户忠诚度影响因素。

---

[1] 高勇、马思伟、宋博闻：《国内虚拟主播产业链发展现状及趋势研究》，《新媒体研究》2020年第1期。

[2] 喻国明、耿晓梦：《试论人工智能时代虚拟偶像的技术赋能与拟象解构》，《上海交通大学学报（哲学社会科学版）》2020年第1期。

[3] 王瑞萱：《基于5W模式的虚拟直播现象分析》，《新媒体研究》2020年第8期。

[4] 宋育哲、刘英杰：《虚拟主播用户观看行为动机影响因素的实证研究》，《今传媒》2023年第11期。

[5] 刘朔宇、袁曦临：《B站虚拟主播场景中的用户信息交互行为研究》，《情报探索》2023年第10期。

在对用户忠诚度影响因素的相关研究中，国外学者分别从传统媒体、社交媒体等方面对用户忠诚度影响因素进行探索。国内学者对用户忠诚度的研究主要集中于构建模型探讨用户忠诚度的影响因素。周涛和鲁耀斌以虚拟社区为研究对象，探讨用户信任及虚拟社区感对忠诚度的影响，通过构建用户忠诚度研究模型，为企业网站获得用户的忠诚度提出可行性的意见。① 李舒娴将用户忠诚度的研究拓展到短视频平台，全面细致地研究了 UGC 移动短视频平台中用户感知价值、用户满意度、用户忠诚度之间的关系。② 全贞花和徐玮琪以新兴的视频形式 Vlog 为研究对象，从用户角度出发，构建 Vlog 用户忠诚度影响因素模型，研究发现，情感价值对用户忠诚度有显著的直接影响，沉浸体验对用户使用行为有显著的正向影响，而用户使用行为则对用户忠诚度有显著的正向影响。③

由研究梳理可知，用户忠诚度的研究集中于管理学领域和图书情报学领域，在传媒领域的用户忠诚度研究不多，且缺乏对虚拟主播用户忠诚度的研究。同时已有学者研究证实了沉浸体验、情绪价值、准社会互动与用户忠诚度有关，都是可以用来研究用户忠诚度的影响因素，因此本文采用沉浸体验、情感价值以及准社会互动理论来研究虚拟主播的用户忠诚度。

三、B 站虚拟主播用户忠诚度模型构建及量表设计

（一）研究设计

本文采用问卷调查法，通过收集第一手资料，以达成预期的研究目标和内容。经过现存的国内外文献研究，本文确定了研究对象，探究沉浸体验、情感价值以及准社会互动理论即态度互动、认知互动、行为互动的影响程度，并根据李克特量表设计了本文的调查问卷。

1. 研究对象概述

本文将 B 站虚拟主播用户行为作为 B 站虚拟主播用户忠诚度影响因素的研究对象。

2. 研究框架

经过国内外文献研究，发现已有学者研究证实了准社会互动、沉浸体验

---

① 周涛、鲁耀斌：《企业网上社区用户忠诚度影响因素的实证分析》，《图书情报工作》2009 年第 4 期。
② 李舒娴：《UGC 移动短视频平台用户感知价值与用户忠诚的关系研究》，硕士学位论文，暨南大学新闻与传播学院，2018，第 54 页。
③ 全贞花、徐玮琪：《Vlog 用户忠诚度影响因素模型分析》，《东南传播》2020 年第 3 期。

与用户忠诚度有关,可以作为研究用户忠诚度的影响因素,因此本文采用沉浸体验、情感价值以及准社会互动理论即态度互动、认知互动、行为互动来研究虚拟主播的用户忠诚度。

3. 研究假设

H_1:沉浸体验对 B 站虚拟主播的用户忠诚度有显著的正向影响

H_2:情感价值对 B 站虚拟主播的用户忠诚度有显著的正向影响

H_3:态度互动对 B 站虚拟主播的用户忠诚度有显著的正向影响

H_4:认知互动对 B 站虚拟主播的用户忠诚度有显著的正向影响

H_5:行为互动对 B 站虚拟主播的用户忠诚度有显著的正向影响

4. 问卷设计

经过系统的搜集、分析以及深入的研究,本文最终确定采用"B 站虚拟主播用户忠诚度调查问卷"来进行相关研究。该问卷由两部分组成,第一部分是关于用户个人基本情况的调查,包括性别、年龄、职业以及在 B 站观看直播的类型情况。第二部分采用李克特 5 分制评价法,根据自身感受对变量进行主观评分,1 分表示不同意,5 分表示非常同意。

(二)数据收集

本文通过网络问卷的形式,对 B 站虚拟主播的用户进行了随机抽样,并向他们发送了 210 份问卷。其中 97% 的问卷被认为是有效的,通过筛选发现存在 7 份无效问卷并将其剔除,整体而言符合标准。因此本次的数据收集是有效的。

(三)数据分析

1. 样本描述性统计分析

本文对调查问卷中的用户基本信息及用户特征进行描述性统计分析,分析结果如表 1 和表 2 所示。

表 1 样本描述性统计分析表

项目	类别	样本数	百分比
性别	男	105	51.72%
	女	95	48.28%
年龄	18 岁以下	9	4.43%
	18—24 岁	52	25.62%
	25—30 岁	60	29.55%
	31—40 岁	34	16.75%
	40 岁以上	48	23.65%

续表

项目	类别	样本数	百分比
职业	政府或事业单位工作人员	44	21.67%
	企业员工	57	28.08%
	专职技术人员	33	16.26%
	学生	9	4.43%
	个体工商业者	40	19.7%
	其他职业人群	20	9.85%

从表1可以看出：就性别来讲，本次调研对象中男性占比为51.72%，女性占比为48.28%，整体分布相对均衡；就年龄来讲，年龄在25—30岁的用户占比最高，占比为29.55%，其次为18—24岁年龄段的用户，占比为25.62%，用户年龄多集中于18—40岁，说明B站的使用群体趋于年轻化；就职业来讲，企业员工占比最高，占比为28.08%，其次为政府或事业单位工作人员，占比为21.67%，说明大部分用户为上班族。

表2　样本描述性统计分析表

B站观看直播类型	样本数	百分比
只看虚拟主播，没有观看其他类型直播	9	4.43%
游戏直播	25	12.32%
电商直播	33	16.26%
体育赛事直播	17	8.37%
聊天电台	18	8.87%
唱见舞见	32	15.76%
吃播	35	17.24%
ASMR（助眠）	34	16.75%

由表2可知，在虚拟主播受众群里，有4.43%的人只观看虚拟主播，大部分受众会在观看虚拟主播直播的同时观看其他类型的直播，体育赛事直播和聊天电台的观看人数占比较少，分别占比8.37%和8.87%，其他类型的分布比较均匀。

从用户基本信息的整体特征来看，B站的用户群体偏年轻化、涉及多领域，这与B站用户群体的实际情况相符合，本次调研所获取的样本具有一定的代表性。

2. 信效度分析

（1）量表整体的信度检验

在本次问卷调查研究中，所有因素的影响程度皆以量表的形式进行测量，因此，对测量结果的数据质量进行检验是保证后续分析具有意义的前提。本文通过SPSS26.0软件对收集到的所有问卷调查数据都进行了信度和效度检验。信度采用Cronbach's α系数进行检验，其系数取值范围在0—1，经学界普遍认可，信度系数在0.6以下的问卷质量难以信服，信度系数大于0.7为可靠量表。效度则通过KMO值和Bartlett进行检验，KMO检验的系数取值在0—1，越接近1则说明问卷的结构效度越好。

由表3可知，本文正式问卷各个维度的信度系数均在0.7—1的范围内，量表整体信度系数值为0.887，说明本次研究所使用的量表具有很好的内在一致性，信度较高。

表3 信度测试

	Cronbach's α	项数
沉浸体验	0.805	3
情绪价值	0.780	3
态度互动	0.782	3
认知互动	0.846	3
行为互动	0.805	3
用户忠诚度	0.885	4
总体	0.887	19

（2）量表整体的效度检验

由表4的KMO和Bartlett检验结果可知，正式问卷量表整体KMO值为0.848，Bartlett球形检验的Sig值为0.000，说明问卷数据的效度较好。

表4 效度测试

KMO检验		0.848
Bartlett球形检验	近似卡方	1774.665
	自由度	171
	显著性	0.000

3. 相关分析

相关分析主要考察的是分析现象之间是否存在相关性以及它们相关程度

的高低。本研究采用 Pearson 相关系数，依照研究模型对其相关性进行了测量，目的为验证变量间是否具备相关性，变量设置是否合理。本文对相关性的测量主要集中在沉浸体验、情绪价值以及准社会互动即态度互动、认知互动、行为互动与 B 站虚拟主播用户忠诚度即量表总分值之间的关系。由表 5 可知，沉浸体验、情绪价值以及准社会互动即态度互动、认知互动、行为互动的相关系数分别为 0.623、0.610、0.695、0.683、0.633，均在大于 0.01 的显著性水平上，由此可知，沉浸体验、情绪价值以及准社会互动即态度互动、认知互动、行为互动五个因素与虚拟主播用户忠诚度之间均存在显著相关关系。

表 5 相关系数统计表

	相关系数
沉浸体验	0.623**
情绪价值	0.610**
态度互动	0.695**
认知互动	0.683**
行为互动	0.633**

** 在 0.01 级别（双尾），相关性显著。

4. 多元线性回归分析

表 6 B 站虚拟主播用户忠诚度变量的回归分析

模型	未标准化系数 B	标准错误	标准系数 Beta	t	显著性（Sig 值）	共线性统计 容差	共线性统计 VIF	德宾-沃森	F
常量	-3.595	1.387		-2.592	0.010				
沉浸体验	0.436	0.087	0.282	4.989	0.000	0.843	1.186		
情绪价值	0.434	0.082	0.294	5.281	0.000	0.865	1.156		
态度互动	0.222	0.086	0.152	2.586	0.010	0.774	1.292	1.931	35.035
认知互动	0.175	0.083	0.123	2.106	0.036	0.793	1.261		
行为互动	0.291	0.081	0.202	3.587	0.000	0.847	1.180		
调整后的 R^2					0.457				

由表 6 可得出，从模型整体的 F 值和 Sig 值来看，回归模型具有显著性。继而是检测变量间的多重共线性大小，常用的指标是容忍度（容差）与膨胀指数（VIF）。容忍度为 1，表示不存在任何多重共线性，其值越小，

表示存在越大的多重共线性。同时，根据表5，所有变量的容忍度均大于0.1，由此可知，预测变量的多重共线性不大。

从各变量的 Sig 值来看，所有变量的 Sig 值最大为0.036，小于0.05，表明沉浸体验、情绪价值、态度互动、认知互动、行为互动对于 B 站虚拟主播用户忠诚度均存在显著影响。

从表6各变量的标准系数来看，沉浸体验、情绪价值以及态度互动、认知互动、行为互动因素对虚拟主播用户忠诚度都会产生显著的正面影响。同时，情绪价值的标准系数最大，达到0.294，表明这一变量对于 B 站虚拟主播用户忠诚度的影响作用最大；而沉浸体验的标准系数为0.282，大于态度互动、认知互动和行为互动的标准系数，表明沉浸体验比准社会互动对于 B 站虚拟主播用户忠诚度的影响作用要大。最后，可以将其影响作用排序为情绪价值＞沉浸体验＞行为互动＞态度互动＞认知互动。

综上，可以得出本文的回归模型公式：

$$Y = 0.282H_1 + 0.294H_2 + 0.152H_3 + 0.123H_4 + 0.202H_5 - 3.595$$

(四) 假设研究结果

通过以上量表分析，本文的假设检验结果如表7所示。

表7 假设检验结果

研究假设	检验结果
H_1：沉浸体验对 B 站虚拟主播的用户忠诚度有显著的正向影响	成立
H_2：情感价值对 B 站虚拟主播的用户忠诚度有显著的正向影响	成立
H_3：态度互动对 B 站虚拟主播的用户忠诚度有显著的正向影响	成立
H_4：认知互动对 B 站虚拟主播的用户忠诚度有显著的正向影响	成立
H_5：行为互动对 B 站虚拟主播的用户忠诚度有显著的正向影响	成立

四、提升 B 站虚拟主播用户忠诚度的建议

本文在 SPSS 模型的指导下，从沉浸体验、情绪价值、态度互动、认知互动、行为互动五个维度，对影响用户观看虚拟主播忠诚度的因素进行了分析，以探究数据背后所呈现出的社会原因，从而使人们更清晰地认知虚拟主播与用户之间的关系，提升虚拟主播的用户黏性和市场竞争力，建立起用户与虚拟主播之间紧密的关系纽带。

(一) 技术赋能行业，提升沉浸体验

根据问卷数据收集结果可以看出，在得到的有效样本中，用户的年龄集

中在 18—30 岁，用户群体整体较为年轻、热衷于新事物。虚拟主播行业的良性发展与社会、技术的发展高度相关，其作为媒介的物质性亦随着媒介技术的发展而发生变化。因此，虚拟行业的发展需要充分利用 AI、VR 等智媒技术来帮助虚拟主播实现真实细致的动作捕捉，不断丰富虚拟直播内容，来吸引年轻群体，满足受众对新鲜事物的追求，进一步提升用户的沉浸式体验，打造身临其境的视觉盛宴。通过数字化技术和虚拟形象扮演者以及资本运营团队打造出的"文化身体"，能够刺激用户的感官，建立起用户与虚拟主播之间紧密的关系纽带。虚拟主播通过构筑沉浸式的"媒介个人空间"吸引用户参与其中，满足用户的多元需求从而进一步加深沉浸体验的获得。

（二）智能化与人格化兼并，建立情感联结

根据相关分析和回归分析结果可以发现，情绪价值与虚拟主播用户忠诚度存在显著相关关系，在一定程度上正向影响着用户忠诚度。因此，相比于完美的智能 AI 主播，用户更希望看到虚拟主播呈现生活化、人格化以及真实感。由"中之人"扮演的虚拟主播在弱化角色扮演，增加日常生活与情感分享时，这种与用户之间建立情感联结的不完美人设反而更受用户青睐。在当前的智能化浪潮中，在媒介技术实现突破的同时，"人格化"的重要性也逐渐凸显。只有有温度、有情感的传播主体才更能吸引用户关注，强化用户忠诚度。因此，在虚拟主播的未来定位和运营中，需要兼并智能化与人格化，强化情感关系，才能更好地满足粉丝的情感需求。

（三）规范行业发展，优化互动环境

随着虚拟行业规模的扩大化，不断涌入的虚拟主播与粉丝对互联网平台的监管提出了更高的要求。一方面，提供直播的平台要积极承担相应的社会责任，对内容进行严格把关，同时也要约束自己的逐利行为，不再无休止地刺激消费，让虚拟直播可以成为年轻人进行交流互动的情感场所，并让其发展成为有利于社会发展的产业。同时，直播平台需要开发或引入相关的技术进一步对违法直播进行甄别和监督，及时采取打回锁定、直播切断和账号封禁等处置手段。另一方面，虚拟主播市场尚未成熟，可以与高校合作，设立专门的配音专业，以连接学校和企业，打造高质量和高素质的虚拟主播，来推动虚拟直播的可持续发展。共同创造一个健康、和谐的互动环境，可以提升整体的互动内涵。

五、结语

本文的现实意义在于，对于虚拟主播用户忠诚度影响因素的分析可以对平台的交互设计、主播的运营策略进行指导。平台方面应该加强自身技术水平，有针对性地推出对虚拟主播用户更友好的相关设计，强化用户的沉浸式和互动式体验；主播方面需要有效利用平台渠道进行自我宣传，在提升用户忠诚度的同时也要维持自身人设，做到两者平衡。

本文存在的问题在于，题项设计得不够全面，虚拟主播群体的挖掘不够深入。后续应对虚拟主播群体进行深入挖掘，进一步深入探讨虚拟主播用户群体的分类以及虚拟主播与用户之间的互动行为。

智能媒体时代的传媒格局正在不断变化，虚拟主播作为一种新兴的商业模式，其中虚拟主播与用户之间的互动与反馈需要我们用更全面、更细致的视角去看待。当前 B 站的虚拟主播产业刚刚起步，存在巨大的商业潜力和社会潜在影响力。因此，只有真正理解沉浸体验、情绪价值与准社会互动对用户群体忠诚度的影响，才能对虚拟主播行业发展有更深刻的认知与规划。

(本文作者均系浙江传媒学院新闻与传播学院硕士研究生)

人工智能时代声音权保护的探究
——定性、影响和措施

孙越阳

摘要：在人工智能技术快速发展的背景下，声音深度伪造、语音合成等技术应用日渐广泛，与此同时，声音侵权行为日益增多，声音权的保护问题具有迫切的现实需要。声音权保护不仅涉及人格权和隐私权，还关系到市场竞争、隐私安全等问题。本文从人工智能时代下对声音的定性出发，讨论当前声音权保护遇到的问题和具体的解决措施，旨在探究公平、合理、高效的声音权保护体系，以促进人工智能技术的健康发展和声音权益的平衡保护。最终从进行技术反制、建立完善的法律谱系、完善市场监督和加强隐私保护四个方面，提出适应我国国情的声音权保护建议。人工智能时代下进行声音权保护，有助于保护广大人民群众的声音权益，促进社会公平和人工智能行业可持续发展。

关键词：人工智能；声音权保护；人格权；具体人格权

一、引言

人工智能（Artificial Intelligence，AI）是一种通过计算机程序或设备模拟人类智能的技术。它包含多个领域，如智能计算、深度学习、大数据、自然语言处理和计算机视觉等。从互联网到移动互联网，再到以 ChatGPT 等为代表的人工智能，可以说，人工智能作为信息基础设施与底层技术逻辑迭代推动下的新一轮生产力创新，对信息原有的生产、形态、分发、保护模式产生了颠覆性冲击。IDC 发布的《2023 年 V1 全球人工智能支出指南》最新预测数据称，中国 AI 市场支出规模在 2023 年增至 147.5 亿美元，约占全球总规模的 1/10。其预测，2026 年中国 AI 市场将实现 264.4 亿美元市场规模。未来将是一个人类和人工智能共生共荣的时代。

声音作为一种人类最古老的交流方式,在当下时代进一步得到发展。罗伯特·斯伯考等认为人类"已进入场景时代"。[①] 多种移动硬件设备正在共同推动人类生存的"场景化进程";声音消费越来越嵌入现代大规模生产、流动和消费过程中。在视觉过度消耗的当下,人们越发关注听觉这一感官媒介,并逐渐形成一种天然的"听觉转向",声音的价值重新显现。当下声音利益发展势头较好,尤其是人工智能应用于声音领域,正在加速推动着声音的生产与再生产形式发生前所未有的变化。目前,人工智能对于声音的应用主要体现为对声音内容的深度伪造和模拟生成。人工智能深度伪造的全新"模拟声音"已经达到以假乱真的水平。从 B 站"AI 孙燕姿"一夜爆红,AI 生成"舒马赫专访"引发争议,再到易龙芯科人工智能科技有限公司利用"AI 拟音林志玲"一分钟内打出上千个诈骗电话……涉及声音的违法侵权行为日益增多,最终的影响将传导至整个产业和经济市场领域。可以说,人工智能下的声音权保护具有紧迫的现实需求。

探讨对声音权的保护,离不开对声音的定性,以及回溯每一种关于声音的定性背后,法律所赋予公民捍卫个人权利的理论依据。声音天然地代表唯一人格特征的生物属性,这是人格权的体现;同时声音在经济市场上的深度实践,说明声音具有经济要素的属性,具有经济权。AIGC 的声音侵权行为往往同作品版权侵权、不当竞争等侵权行为紧密相连,法律上仍有大量关于声音权的争议。与此同时,声音包含人类各种隐私信息,还涉及隐私权保护。

二、人工智能时代下"声音"及相关权利定性

(一)生物属性:人格利益和社会责任的基础

声音是指人类调动呼吸系统的气流引发声带振动的音响,产生可以被人的听觉感知的信息,人们认同依靠声波识别彼此的身份。每个自然人的声音具有唯一性,即个体的声音因为生理结构和后天环境条件的影响而各异。声音天然具有生物属性,即自然人区别于其他个体的身体特征。除此之外,能够进行信息交流的声音被纳入个人生物识别信息,在现代社会充当价值创造、聚合、延续、分配的工具和劳动要素,具有社会属性。生物属性外显于人的身体,来自自然人的身体;社会属性内化于人的隐私信息,赋权于人的

[①] 罗伯特·斯考伯、谢尔·伊斯雷尔:《即将到来的场景时代:大数据、移动设备、社交媒体、传感器、定位系统如何改变商业和生活》,赵乾坤、周宝曜译,北京联合出版公司,2014,第 11 页。

社会身份。马克斯·霍克海默、西奥多·阿多诺等人都探讨过声音与现代社会的关系，从而"使'声音'和'听觉'不再局限于生理和物理的范围，而是广泛与科学技术、政治经济、社会文化等方方面面发生关联"。① 西方现代思想家恩斯特·卡普从"器官投射"的视角分析"人体器官"和"人工智能"的关联：今天的人工智能技术，不论结构如何精密复杂、能力如何高超，也"绝对只是器官的投射"。② 声音伴随着人工智能技术的发展，实现了对人的躯体和生物属性的再延伸和再发展。可以说，"生物"的人也是"社会"的人，生物的"声音"也是"社会"的声音。对于声音的保护天然具有人格利益保护和承担社会责任的共同基础。

(二) 经济属性：生产活动中的声音经济权

声音的经济属性，来自将声音作为一种劳动工具进行生产的同时，也将声音本身作为产品满足消费需求。学者姜晓华认为："声音权派生了声音财产权，是一种人格派生的财产权。权利人可允许他人用自己的声音而获得财产利益。"③ 目前我国以"声音"作为经济形式的内容市场发展前景广阔，音频消费用户规模不断攀升，声音经济行业的市场、用户规模和企业数量呈现爆发态势。分析机构艾媒咨询发布的《2021—2022年中国声音经济数字化应用发展趋势报告》称：2022年中国声音经济产业规模已经达到3816.6亿元，2023年可能超过5100亿元。2021年之前，我国音频行业原创内容创作者数量已超1500万人。声音经济的巨大潜力变相激发了侵权行为。2023年10月，成都互联网法庭对审理的全国首例影视剧台词声音权纠纷案当庭宣判，成为我国首例声音权保护领域的经济纠纷案。伴随人工智能技术的发展，声音复制和提取的效率、伪造和模拟的质量都大大提高。未来，有关声音的侵权行为以及通过模拟的声音信息从事诈骗等违法犯罪活动的数量都可能提高，造成经济损失并且进一步破坏市场秩序。

(三) 法律属性：关于声音的相关法律适用

声音权以声音为客体，主要权能包括自我使用权、许可他人使用权等。符合特定事由时，行为人享有合理使用声音的权利。发生争议时，应当采取有利于声音权人的合同解释。《民法典》第1023条第2款明确规定"对自

---

① 曾军：《转向听觉文化》，《文化研究》2018年第1期。
② 吴璟薇、毛万熙：《器官投射：卡普的技术思想与智媒时代的人技关系》，《现代出版》2023年第4期。
③ 姜晓华：《声音的法律属性论争与证成——我国〈民法典〉第1023条第2款的法教义学分析》，《北方法学》2022年第5期。

然人声音的保护，参照适用肖像权保护的有关规定"。声音同时兼具精神利益和物质利益，立法参照肖像权认可了声音权作为新型的人格权。除了"人格权"规定，根据我国现有的法律框架，声音商标（《商标法》）、表演者权（《著作权法》）及反不正当竞争（《反不正当竞争法》）都作为针对声音权益保护与司法实践的具体补充。近年来，有论者主张声音权作为具体人格权独立设置，"认为声音应为一种有独立价值的具体人格权，而非人格利益，这是由其内在属性决定的，具有事实基础和比较法基础"。[①] 目前学界针对声音权是否作为具体人格权仍有争议，AIGC 的声音侵权行为往往同作品版权侵权、不正当竞争等侵权行为紧密相连，同时面临侵权行为主体认定困难、网络上的数据信息难以彻底清除、不断给权利人造成伤害等问题。人工智能时代下针对声音权的立法保护认定以及立法形式，业界及学界并没有取得一致的意见。

（四）隐私属性：声音中含有大量隐私信息

美国社会学家欧文·戈夫曼（Erving Goffman）提出拟剧理论：指个体在与他人的社交互动过程中有目的地呈现自己，以期维系自己或他人眼中的理想形象。[②] 声音是印象整饰的重要维度，人们在网络上发布信息时包含大量自己的声音信息。随着智媒时代个体深度嵌入"万物互联"的媒介格局，用户在微信、抖音等社交平台发送的语音信息，包含用户个人信息，可能导致隐私安全问题出现。[③] 除此之外，声音本身包含该说话者的身体健康情况、心理精神状态、个人性格特征、性别、年龄等信息。这里面有很多潜在的风险。麻省理工学院的一项研究成果"声音构建人脸"智能识别模型（Speech2Face），已经可以完成从说话人的简短录音中捕捉说话者各种身体属性（例如年龄、性别和种族）的图像，该技术引发了关于隐私和歧视的道德讨论。声音作为包含隐私的重要信息，将在人工智能技术的更迭下面临更多的隐私安全问题。

三、人工智能时代声音权保护面临的问题

（一）自然声音的高清复制：信息盗用下的人格解体

对于自然人声音的复制，是人工智能赋能声音生产的最基础功能之一。

[①] 姜晓华：《声音的法律属性论争与证成——我国〈民法典〉第 1023 条第 2 款的法教义学分析》，《北方法学》2022 年第 5 期。

[②] 林爱珺、马瑞萍：《人工智能时代声音权立法的前瞻性思考》，《青年记者》2019 年第 34 期。

[③] 刘静：《momo 群体在自主匿名社交中的自我呈现——基于拟剧理论视角》，《科技传播》2023 年第 17 期。

声音克隆软件可以将过去的语音分解为音节，包括声音的音调、音色、振幅、情感等特征，然后重新分配组合，用以产生全新的语音排序。这种语音排序生成物可以模仿、嫁接任何自然人的声音。声音所具备的标识个体的唯一性被克隆技术解构，人格在声音领域唯一性的缺失，会让其遭受各种他者意图的肢解和破坏。例如，将自然人的声音嫁接在色情视频的主人公身上，不雅视频损害他人声誉，既破坏了生活原则，又违背了社会道德；通过对声音的模拟完成对他人的污蔑，破坏个人的信誉，影响他人的社交环境。我国《民法典》构建起完善的人格权体系，声音作为一项人格标识在民法典中也有所提及。这也意味着声音首次在我国民事立法中得到了保护。明显贬损人格的换声，毫无疑问构成人格权侵权。人格破坏在于人的唯一性的人格标识被解构，人经由人格标识来区分、确定个体的身份，而一旦被解构，意味着我们将分不清彼此，造成身份认知错乱和个人与社会的关系解体，进而削弱社会信用的根基。

（二）品牌声音的深度伪造：商业竞争下的价值破坏

19世纪以来，现代广告行业的发展使个体名誉权、肖像权、姓名权等关于人格权的经济价值逐渐凸显。大众消费时代由于产品供给与消费需求的失衡，消费者呈现出重视品牌甚至大于产品的消费倾向，由此商家开始回应这种需要，获取一部分社会名流的人格形象作为品牌嫁接到其产品或服务中。作为人格形象标识的声音，在商业赋权后能被开发利用，也具备了消费价值。2023年10月，孙红雷主演的电视剧《征服》中的一部分台词声音被用于一款名为《西瓜摊主大战买瓜人》的游戏软件中。这段台词声音成为网络热梗，而游戏却未经授权使用，这起诉讼案件成为全国首例影视剧台词声音权纠纷案。人工智能时代AIGC从技术层面已经实现了对具有商业价值的声音商标或者产品代言人的声音深度伪造。为了发展与保护未来人工智能领域频繁的商业活动，应防止具有品牌的声音被其他商业主体滥用，未经本人同意不能擅自将某人的人格形象用于商业促销活动。除此之外，影视剧中的声音往往和作品的著作权深度绑定，不正当的商业竞争往往同时伴随着对著作权和知识产权的破坏。可以说，作为人格标识的声音被盗用，往往在商业活动中造成一系列侵权行为，会大大降低经济效益，影响声音市场的创新活力和发展的可持续性。

（三）法律声音的精度失焦：法规缺位下的无法可依

我国《民法典》第1023条第2款可解读为立法上首次认可声音权，并确定了保护声音权时适用肖像权的准用原则，但是由于肖像和声音的特性并不完全相同,依据肖像权的司法保护模式并不能完全覆盖声音权保护。在一些声音权保护的案件中,现有的法律依据无法更好地解决问题,导致司法实践缺乏裁判依据。国内关于声音权立法模式的探讨主要分为四类:肖像声音权说、声音语言权说、形象权说和独立声音权说。根据我国现有的法律框架,声音商标(《商标法》)、表演者权(《著作权法》)及反不正当竞争(《反不正当竞争法》)都作为针对声音权益保护与司法实践的具体补充。当司法适用不够完善、法律法规存在缺位时,违法侵权事件就会继续发生。在抖音、哔哩哔哩等新媒体平台,大量影视作品中的视频片段声音被广泛传播和使用,其中包括大量的侵权行为。为了契合人文主义价值,也为了更好地应对声音权利用背后丰富的权能,对独立声音权作为未来声音权保护领域的司法依据的呼吁在人工智能时代越发凸显。

(四) 隐私声音的保密风险:数据泄露下的安全隐患

数据一直都是驱动人工智能的核心要素,在人工智能时代数据采集的开放性和隐私权所要求的数据保护的封闭性存在天然的冲突。大数据时代之前,由于个体的个人信息之经济价值有限,对其信息的非法使用主要基于对人格权的侵犯。科技的发展使消费者隐私权具有了经济价值,这是以往人格权理论无法涵盖的。[①] 声音作为个体隐私信息,数据泄露会造成用户的隐私安全问题。今天的人工智能技术,已经能够通过分析声音获取人的年龄、健康、种族等多种隐私信息。曼纽尔·卡斯特提出:"传播权便是网络中的权力。"在人工智能时代,用户对于自身隐私信息的控制权并不完全集中在用户自己手中,互联网公共产品的服务提供商掌握着包括声音等隐私信息的传播权和控制权。一旦隐私信息遭到黑客攻击,或者互联网公司对用户信息共享,用户的语音就可能会被泄露。互联网传播速度日渐加快,更容易对人们隐私信息的保护造成损害,如何在人工智能环境下切实做好个体隐私信息保护,应当成为人们关切的议题。声音的安全背后,隐藏着数据安全,个人的数据安全问题具备规模效应后,就会导致国家安全问题。

四、人工智能时代声音权保护的举措

(一) 保障声音背后的人格:技术赋能人格防线

声音是人格标识之一,既是人的尊严的组成部分,也是人的基本权利。保护声音,就是对人格的保护,这是人文主义关怀的立场,也是文明与法治

---

① 夏梦颖:《人工智能传播环境下隐私权的法律保护及完善》,《当代传播》2019 年第 5 期。

进步的体现。面对人工智能时代层出不穷的新技术对于人格和声音权的破坏，利用新的科技手段进行技术反制，将是未来声音权保护的现实路径。在声音的采集阶段，用户的声音信息可以经过数据脱敏处理，即通过技术手段对声音的部分敏感数据进行变换和修改，防止平台和用户内容服务商在构建声音信息库时侵犯用户的个人生物识别信息。在声音的加工阶段，利用区块链技术监督和管理合成语音的算法信息，及时记录相关算法对声音训练时使用的模拟参数、样本信息、分发渠道，保证算法和算法所有者使用用户声音信息过程的透明性和可追溯性。在声音的传播环节，采用相关辅助检测声音的技术对传播的信息进行及时监控，防止声音被违法使用。技术赋能人格和人格标识的保护的本质在于：捍卫人格标识的唯一性，建立起技术防线，防止技术对声音和对声音背后的人格的渗透和破坏。技术的主体不仅是宏观层面的国家和行业，技术赋权将会随着时代的发展落实到个体身上，成为一种技术和媒介的素养。每个人对人格保护意识的唤醒，以及利用技术手段对自身人格的捍卫，才是技术存在的价值和意义。

（二）保障声音背后的商业：全面落实权力监督

近年来，喜马拉雅、网易云音乐、荔枝等移动媒体的崛起使消费者越来越认同声音的魅力。相较于视觉的空间性，声音更具沉浸性。声音不仅能满足未来场景化、移动化和碎片化的传播要求，也进一步促进了媒介消费完成图像消费时代的声音转向。未来，对于商家企业的规则约束也会跟随人工智能时代技术近用性的发展不断更迭。法规对企业商业价值的保护，将从维护良好市场秩序和针对违法侵权行为处罚两个角度出发予以考虑。将音频作品的版权信息与区块链上的唯一标识进行绑定，可以确保该作品的版权归属不会被篡改或抵赖，帮助企业筑牢商业护城河；对于涉及诸如声音商标、声音产品的不正当竞争行为，可及时移交公安机关立案侦查。在对市场环境和企业正当权益进行保护的同时，也将对违法行为进行约束和监督。一方面对企业落实审查义务，另一方面，在不涉及商业机密的限度内，对声音的使用进行公开。拓展消费者的举报渠道，企业在投诉举报等社会监督中落实主体责任，并进行政府职能部门的第三方监督，确保企业对声音的利用获得用户的同意，不可转让、买卖和泄露他人声音，减少声音权侵权行为。未来的时代是声音景观再构建的时代，人工智能时代的声音传播有利于恢复听觉文化与视觉文化的平衡以及人的主体性的回归，为未来搭建一个声画呼应的场景化、沉浸化的媒介环境和消费环境。

(三) 构建声音背后的法律：建立健全法规谱系

面对日益频繁的声音权侵权案件，具体人格权的认定是人工智能时代现行法律针对声音权保护的必然要求。首先，声音权应当如肖像权一样以具体人格权的形式在《民法典》中予以确立。在具体的法律认定上，声音权立法将根据声音保护的特性进行认定，同时也参考《民法典》中其他具体人格权的立法模式进行认定。使立法明确回答声音的使用权、处分权、许可权和禁止权，权利的主体、客体和权利的边界，在不打破现有人格权规定的基础上，维持当前民法体系的稳定性和包容性，让法律适应中国国情。其次，建立完整的声音保护的法律谱系，从具体人格权、知识产权、著作权、反对不正当竞争等多种角度为司法实践提供理论依据。根据马克斯·韦伯关于现代社会理性化的理论主张，声音权法定化正是适应现代社会的需求，让模糊的法律适用变得清晰而聚焦。法官拥有更精细的裁判尺度，这本身也让法律的可预测性提高，防止司法人员对声音权案件施加主观判断，有益于提高整个社会活动的形式合理性。

(四) 保护声音背后的隐私：防范化解数据风险

人工智能塑造了人的交流方式，也让公私领域充满变化性和流动性。目前我国对于消费者隐私权的重视程度不够高。作为数据的声音信息，不断经受信息开放性和隐私封闭性的矛盾，不断要求学界和业界回应人工智能时代背景下人的隐私权保护问题。首先，个人应当首先担负起保护自身隐私安全的责任，媒介素养的重要一环就是在互联网上对自身隐私信息的保护。目前人们对于消费者隐私权的重视程度不够，切实提高网民隐私保护素养，是隐私权保护的关键。其次，落实相关营利企业的主体责任。保证消费者对相关隐私的知情权，接受行业规范监督，主动告知用户在隐私信息方面的注意事项。政府相关职能部门应当对制度进行及时完善，夯实监管责任，增加对侵犯消费者隐私权行为的处罚力度。仅仅是被动救济无法完成对个人隐私的有效保护，当下对隐私保护的落实应当从"事后被动"转变为"积极预防"，提高涉及隐私权领域的相关企业的准入门槛，在市场调节机制之外，适度建立适应未来智能传播模式的市场规则，这样才能让个人隐私权得到充分保护，推动未来智能传播产业的健康有序发展。

五、结语

人工智能时代，越来越多的声音信息将暴露在开放流动的网络空间。大到某一部影视作品中的人声，小到微信里的一条聊天语音文件，我们无时无刻不在一种全景敞视和相互连接的时代主动或者被动地呈现自己。随着技术更迭，人们利用技术对声音的清晰复制、深度伪造、非法使用乃至可能导致的隐私泄露现象将越来越多，我们应当重视声音权保护。技术往往超前于时代，而法律和思辨往往滞后于技术产生的问题。在人与技术博弈的过程中，我们需要不断探索人与技术的关系，使人的主体性地位不断巩固的同时，促进技术赋能社会的健康发展。爱因斯坦曾说过："关心人的本身，应当始终成为一切技术奋斗的主要目标。"在科技瞬息变化的今天，我们要增强自己的法律保护意识，完善声音的责任和救济方式，规范人工智能的声音信息采集和使用，建立共同进步和协同发展的人机命运共同体关系。

（本文作者均系浙江传媒学院文化创意与管理学院硕士研究生）

平台型媒体的算法权力与公共性

张 欣

摘要：随着算法在各个领域的深度介入，算法权力一度成为社会热议的问题。算法作为计算机运行的基本逻辑，也是当下数字化生存的主要媒介，一方面在信息的个性化推送等功能上，给用户带来了便利；但另一方面，由于对算法权力监管不到位导致的圈层壁垒、共同意识割裂、隐私泄露等问题也接踵而至。本文着眼于算法权力的跃升与其带来的公共性失调问题，梳理了在平台型媒体中算法权力对平台型媒体的介入及其产生的影响，探讨了算法权力的产生对公共性的冲击，并进一步寻求以公共性要求规制算法权力的可能路径。

关键词：平台型媒体；算法权力；公共性

一、背景

2014年，美国社交媒体网站创始人乔纳森·格里克发表了《平台型媒体的崛起》，并创造了合成词"Platisher"一词，旨在描述这一预示未来融合趋势的媒体形式。[1] 当前，平台型媒体蓬勃发展，影响广泛，算法技术的广泛应用也进一步助推了平台型媒体的发展。但是，算法权力也产生了"信息茧房""算法歧视"等诸多问题。分析这些问题存在的原因并针对性地提出相应对策，有利于推动平台型媒体的长足发展。

二、平台型媒体的发展现状

平台型媒体，指的是以用户为主要内容生产者，以运营者为把关审核

---

[1] 陶喜红、周也馨：《生态位理论视角下平台型媒体价值链生成逻辑》，《中国编辑》2021年第7期。

者，通过算法技术匹配内容与受众的开放媒体平台。常见的平台型媒体包括Facebook、微博、微信、今日头条等。这些平台型媒体用户众多，影响广泛，早已成为社会媒体舆论传播中的重要媒介。我国的新浪微博在2023第二季度月活跃用户数达到近6亿人，可见平台型媒体具备一定的影响力。

（一）内容原创

随着移动互联网和智能技术的发展，与传统的专业媒体一统内容生产和分发不同，得益于低成本的拍摄制作方式，平台型媒体上涌现出更多的用户原创作品。各类主体的创作灵感和创意汇聚在一起，形成了海量且多样化的内容，共同构成平台型媒体丰富的内容库。平台型媒体的原创内容是独特的，它可能从一个全新的视角来解读一个事件，也可能深入探讨一个鲜为人知的话题，为用户提供前所未有的信息。这种独特性使得平台型媒体的内容在海量信息中脱颖而出，成功吸引用户的注意力。为了能够提升用户黏性和活跃度，平台型媒体注重其内容的交互性。它们鼓励用户参与讨论和反馈，通过与用户互动，了解用户的需求和兴趣，从而提供更符合用户需求的内容。甚至会为积极参与的优质用户提供相应的等级标识或其他奖励，这样不仅能够增强用户对平台型媒体的黏性，还使内容更加丰富和多元。平台型媒体实现了用户与平台的双向互动，这使得平台型媒体在信息传播中具有独特的优势，能够在激烈的市场竞争中保持领先地位。

（二）社区化运营

平台型媒体的社区化运营模式是指通过社交媒体平台，公众能够在社交媒体平台组成一个个紧密联系的社群，通过互动和共享等方式，实现目的的一种模式。社区化运营可以帮助平台型媒体建立紧密的用户关系。通过社区这一平台，用户可以自由地交流和分享观点，平台型媒体也可以通过与用户互动了解用户的兴趣和需求，从而提供更符合用户需求的内容和服务。这种紧密的用户关系可以提高用户的忠诚度和黏性，促进平台型媒体发展。例如，微博设立的"超话"，是一个基于某个特定人物或特定事件而引发用户持续讨论的兴趣社区，涵盖各种领域和话题，用户可以随时找到自己感兴趣的内容。在社区中，用户可以发布自己的原创内容、评论和点赞其他用户的内容，这种互动机制能够鼓励用户提供高质量的内容，同时也能吸引更多的用户参与。此外，社区中的用户也可以帮助平台型媒体发现和纠正错误信息，提高内容的准确性。当平台型媒体的社区用户达到一定量级时，这些社区便具有了商业价值。平台能够通过社区中的广告投放、品牌合作等方式让社区"流量变现"，提高平台的营利能力，而社区中的用户数据可以为平台精准制定市场策略提供依据。

(三) 精准推送

在信息爆炸的时代，用户仅凭自身的能力难以在其中有效筛选自己所需的信息。因此平台型媒体借用智能算法技术，进一步把握用户的偏好，实现信息与人之间更好的桥接与适配，将用户感兴趣的内容及时推送到用户的设备上，提升用户的使用体验和满意度。[1]

过去传统媒体的信息生产主要依赖于结构化的输出方式，而当前算法技术的运用在本质上也遵循着相似的逻辑，但重要的区别在于其背后的推动力量——"人"的角色发生了显著转变，进而导致信息分发的权力也逐步发生转移。从渠道角度而言，内容分发主要有三种方式：一是编辑型分发，本质是传者本位；二是基于社交链条的传播，即将自己认为有意思或有价值的信息分享给朋友；三是算法型分发，其核心在于以受众需求为出发点，通过大数据分析，精准捕捉并分析用户的需求特征，进而将符合用户需求的内容进行分发，实现内容与用户的精准对接。如果仅仅依靠编辑型的内容分发，无法做到高效地开发这些利基市场和满足这种海量但又非常散漫的长尾需求，而在数据的导引之下，算法可以使这一切长尾产生可能并实现高效。[2]

三、平台型媒体发展面临的问题

乌尔里希·贝克（Ulric Beck）的社会风险理论指出，技术是推动人类步入风险社会的动因，也是风险社会的主要表征。[3]

平台型媒体的发展现状呈现出多元化、社交化、个性化等趋势，为用户提供了丰富的信息和娱乐体验。智能算法在很大程度上改变了我们与数字世界交互的方式，影响了我们的决策和行为，推动了经济的创新和发展，其在为平台带来更多的商业机会和发展潜力的同时，也引发了诸多争议与问题，如算法推荐构筑圈层壁垒、算法歧视割裂共同体意识、数据收集侵犯个人隐私等问题。

(一) 算法推荐构筑圈层壁垒

凯斯·R. 桑斯坦提出了"信息茧房"的概念，指人们关注的信息领域会习惯性地被自己的兴趣所引导，从而将自己的生活桎梏于像蚕茧一般的

---

[1] 喻国明、陈艳明、普文：《智能算法与公共性：问题的误读与解题的关键》，《中国编辑》2020年第5期。
[2] 喻国明：《内容生产的供给侧与需求侧：趋势与变化》，《新闻与写作》2018年第11期。
[3] 乌尔里希·贝克：《风险社会》，张文杰、何博闻译，译林出版社，2018，第12页。

"茧房"中的现象。早在20世纪90年代,美国学者尼葛洛庞蒂就在他的《数字化生存》一书中预言了数字化时代个性化信息服务的可能,并将之命名为"我的日报"(The Daily Me)。①而"信息茧房"是以"我的日报"的形式呈现的。用户观看且赞同符合自己爱好的内容,舍弃与自己兴趣相悖的作品,出现"信息偏食"现象。

随着强大的智能算法技术出现,其筛选信息、设置议题,重构了信息传播业态,个性化、分众化推荐已然成为搭建"信息茧房"的关键力量。显然,智能算法在提供个性化服务方面极大地便利了用户,但其背后隐蔽而高效的"议程设置",无节制的"投其所好",也进一步强化着人们信息偏食的程度。在算法的打包计算下,用户不仅会将其原有的社会阶层属性带到网络互动中,也会在网络中形成新的关系。其中最典型的便是话语权力关系。网络圈层分化现象还会通过"同温层效应"展现,即具备相似兴趣、立场及价值取向的个体,在算法机制的引导下聚合,进而形成特定的圈层。圈层化一方面利于圈层内部个体踊跃表达,另一方面也导致了圈层壁垒。在群体内部趋同性的自然推动下,持有相同或相近价值观念的个体不断汇聚,形成更为紧密的群体。一旦遇到争议事件,观点看法不同的群体就可能成为党同伐异的"群氓",两极对立、互怼互讦、谩骂互撕、"人肉"、网暴,在网络上掀起一场又一场"无妄之灾"。根据大众传播学理论,我们所了解的社会环境并不是真实的社会环境,而是新闻媒体通过对新闻和信息的选择、加工和报道而构建起来的"拟态环境"。由算法推送编织起来的"茧房",是更为窄化的"拟态环境"。在这里,迎合受众固有观念和偏好的内容供给,构筑了一个个相互排斥的"茧房",引起相互理解和沟通上的障碍,导致公共性丧失甚至无序化。

尽管算法推荐所构筑的圈层看似为公众提供了平等的交流机会,使他们能自由交换信息,但仅有少数网络精英的信息能够突破壁垒,进入广大公众的视野。这种少数精英对信息的垄断现象,无形中剥夺了多数人的话语权,导致话语权的不平等分配。算法推荐不断强化着人群的观念分歧,某些信息仅在圈层中流动而难以"出圈",圈层之间态度、立场的分歧甚至可能会导致对立。因此,单纯依靠算法技术去获取信息,并不能让公众获得更好的满足感与体验感。

---

① 尼葛洛庞帝:《数字化生存》,胡泳、范海燕译,海南出版社,1997,第192页。

(二) 算法歧视割裂共同体意识

算法歧视是指通过算法实施的不公平对待，特别是在大数据环境下，当依赖机器计算的自动决策系统分析数据主体时，可能会受到数据和算法的非中立性、潜在错误或人为操控等不利因素的影响，进而产生歧视性结果。

从"技术是对现象的有目的的编程"这一本质而言，算法体现的是算法设计者的主观价值目的和算法技术的客观运作模式的结合。[①] 主观价值层面是由于资本导向下网络平台企业追求利润的内在驱动；而算法权力的客观性，则体现在算法工程师在编写和运行代码过程中所展现出的技术本性与专业特质。在编写算法的过程中，由于编写者所受的教育背景、社会阶层、个人成长经历以及所处的开发环境等多种因素的影响，不可避免地会融入一些主观性的认知，这些认知会在一定程度上反映在算法的代码之中。因此从技术角度看来，算法带有一定程度的"偏见"。其中，近年越来越频繁的"大数据杀熟"现象便是佐证之一。大数据杀熟的算法逻辑主要是基于用户行为数据和消费习惯进行个性化定价。例如，对于消费能力强、对价格不敏感的用户，平台可能会提供更高的价格或者更优质的服务；反之则提供更低的价格或者更普通的服务。如知名演员马天宇曾在网络上控诉某平台将原价3000多的票转变为价格10000多的票，大数据杀熟现象在这一事件中体现得淋漓尽致。这种算法逻辑的目的在于使利润最大化，通过精准的个性化定价，平台可以确保每一笔交易都能获得最大的收益。其实质就是企业利用算法权力对用户进行差别定价，攫取消费者剩余价值，造成对用户群体利益的侵害。[②]

实际上，大多数算法歧视归根结底是人的歧视，"日常生活中的数据常常包含了人类社会固有的隐性偏见。"[③] 智能算法种族歧视事件也层出不穷。2015年，Google Photos 曾将两位黑人的照片标记为"大猩猩"。2022年，有用户在 Facebook 观看一段主角是黑人的视频后，被询问是否"愿意继续观看灵长类动物视频"。可见算法歧视的根本并非源自技术本身，而是源自开发技术的人本身。

[①] 田钒平、张耀：《算法权力对民族交往交流交融的影响及其规制》，《西北民族研究》2022年第2期。

[②] 杜泽蒙、王斌：《人工智能时代的算法治理：权力膨胀与风险》，《湖南社会科学》2023年第5期。

[③] 孟令宇：《从算法偏见到算法歧视：算法歧视的责任问题探究》，《东北大学学报（社会科学版）》2022年第1期。

(三) 数据收集侵犯个人隐私

算法权力得以形成的重要基石在于人类社会的数据化趋势日益显著。在这一背景下,用户在网络空间中所产生的数据信息成为算法权力获取个人隐私的基石。平台型媒体会通过收集用户的个人信息来提高其服务质量,人们的日常生活也充斥着智能算法的身影。在平台型媒体上,智能算法通过收集和分析用户的社交网络关系、兴趣爱好、行为习惯等信息,推荐用户可能感兴趣的内容,从而提高用户的社交体验;在广告投放领域,智能算法通过收集和分析用户的搜索历史、浏览记录等信息,精准投放广告,从而提高广告的收益;在金融领域,智能算法通过收集和分析用户的信用记录、财务状况等信息,评估借款人的信用风险,从而决定是否提供金融服务。长此以往,社会便可能逐渐演变为马克·波斯特在福柯"全景监狱"理论基础上所描述的"超级全景监狱"景象,在这一景象中,人工智能技术将能够实现对人类全面且无时无刻地监视。[1]

传统媒体时代,隐私侵犯通常包括未经授权的披露、错误的公开、未能尽到合理保护义务等情形。而在智能算法时代,隐私侵犯的情形更加复杂和多样化,主要有以下三种情形:第一,随着互联网和移动设备的普及,个人信息被收集和使用的程度不断提高。人们在使用各类平台型媒体时留下的数字痕迹被用于个性化推荐、广告投放等目的。第二,数字时代,大数据技术的应用使得个人信息更容易被聚合和分析。通过大数据分析,个人信息可以被关联、整合以及挖掘出更多的信息,从而形成更加全面的用户画像。第三,智能算法对于个人隐私的侵犯极难认定侵权主体。随着人工智能技术的发展,AI 学习可以使电子实体具备与人类相当的思维能力,图灵测试表示如果人通过书面问答与未知对象交流,提问者无法判断自己在与计算机还是人交流,这台计算机就可被认为是智能的。[2] 此外,随着智能算法的应用领域不断扩展,其业务形态和场景也日渐丰富。与算法互动的主体也逐渐多元化,除了专业的算法研究人员,还包括自主训练算法模型的用户、利用算法进行公共管理的政府部门,以及部署和应用算法的各种平台。随着这些主体间的互动增多,各种社会关系也随之涌现。算法侵权风险因此呈现出高度分散、形态多样且随时随地可能产生的特点。在这样的背景下,一旦算法侵犯了个人隐私,如何准确认定侵权主体便成为一个亟待解决的问题。

---

[1] 王长潇、刘娜:《人工智能时代的隐私危机与信任重建》,《编辑之友》2021 年第 8 期。
[2] 约翰·马尔科夫:《人工智能简史》,郭雪译,人民出版社,2017,第 76 页。

过度的数据收集不仅会侵犯用户的个人隐私，更可能导致个人信息被不法分子利用，进而危害公共安全、损害社会利益、破坏社会稳定和影响公共政策的制定，影响社会公共资源的分配和利用，甚至被用于实施犯罪行为。

四、平台型的媒体算法技术问题存在的原因

智能算法的飞速发展给我们的生活、工作等各个方面带来了便利，但也导致了诸多问题。究其原因，主要是因为智能算法在应用过程中涉及诸多因素，其对人类的影响深远而广泛，同时，人工智能的自我学习、自我进化能力正在逐步提升，但由于技术本身的复杂性和商业机密性，人们并不能完全了解算法的目标和意图，从而导致算法"黑箱"的产生。

（一）算法规则影响广泛

算法在人类生活的各个领域都应用非常广泛，包括金融、医疗、自然语言处理、图像和音频处理、数据挖掘和分析等。同时，算法在用户的信息获取、社交关系、消费行为、娱乐体验、健康管理等各方面也影响深远。其在用户中的广泛铺设，更好地满足了用户的需求，提高了用户的使用体验，同时也为相关行业带来了商业价值。

以抖音为例，从成瘾性（使用时长）、普及性（参与群体范围）和社会影响力（其对用户造成的影响）三方面可以探讨算法规则对用户乃至社会造成深远而广泛的影响的原因。

从成瘾性而言，抖音的短视频产品自带成瘾性。只要有电子产品，无论是电脑终端，还是移动产品，都可以做到随时随地使用。此外，抖音通过洗脑的背景音乐、简洁的交互设计以及基于用户喜好的个性化智能算法，旨在吸引并维持用户的注意力。

从普及性而言，抖音在用户中的铺设足够广泛。抖音推出初期，便积极开展大规模的宣传推广活动，借助节目赞助、明星入驻、广告推送等手段迅速吸引并扩大了用户基础。然而，随着产品在用户群体中的普及程度逐渐提高，我们发现一种群体间的牵制性开始减弱。这种牵制性，在游戏领域可能表现为情侣间女性对男性沉迷电子游戏的反感，或家庭中家长对孩子过度观看动画片的担忧，这些都在一定程度上限制了产品的使用时长。然而，在短视频领域，尤其是像抖音这样老少皆宜的平台，这种牵制效应几乎完全失效，使得刷抖音几乎成为一种普遍且被广泛接受的行为。由于长时间使用、高普及度以及资本的深度介入，抖音最终引发了一股广泛的娱乐风潮。

抖音作为一个全球性的平台型媒体，拥有数亿用户，其社会影响力也不

容忽视。而其中更应该引起整个社会注意的是其未成年人用户群体。对电视暴力进行研究的《暴力与媒体》中提出了模仿假说，是指人们在大众传媒的涵化之下，容易模仿大众传媒提供的信息中的行为。未成年人以其较浓的模仿天性，善于制造能够吸引抖音用户目光的模仿视频。抖音上关于未成年人才艺表演、搞笑段子等视频是大部分孩子乐于模仿的内容，也促进了同龄人之间的相互激励与交流，如小学生钟美美利用短视频模仿老师、展现自我，便是对个性的彰显。然而，抖音短视频平台的内容鱼龙混杂，猎奇向、低俗化的内容层出不穷，未成年人盲目模仿此类视频可能会对自身造成伤害，如山东枣庄女孩模仿短视频博主自制爆米花被炸伤身亡，负面的模仿只会导致未成年人"维特效应"的加剧。可见，算法规则的影响广泛，尤其对心智未成熟的未成年人而言影响更为直接。

（二）算法自主性

在弱人工智能阶段，算法能力经由数据驱动进一步提升，逐渐从单纯优化计算程序、辅助决策的数学工具，成长为对政治、经济、社会产生影响的重要力量。[1] 算法的自主性是指计算机系统能够自主地执行任务，而不需要人工干预，这是一种通过算法和机器学习技术来实现的自动化能力。2022年11月，美国Open AI公司发布了ChatGPT聊天机器人，其可以在与用户的交互中不断学习，并通过机器学习算法不断优化自身的回答和表现。同时，ChatGPT还可以根据用户的反馈来进行自我调整和改进，不断提高自己的准确性和实用性。过往的研究中，推荐型算法主要依赖于海量数据的输入，通过分析数据特征，实现用户画像等预测标签的创建。相较之下，生成式人工智能在数据分析的基础上进行迭代学习，并依据外部反馈生成全新的数据内容。因此，其相较于传统的人工智能算法，更加注重与外界的互动和反馈机制。它在学习和吸纳诸多社会价值观念、道德伦理等元素的过程中，通过生成的文字、图像、声音等多种形式，对社会生活产生了广泛而深入的影响。[2] 同时，随着算法自主学习的频率持续提高，算法不断迭代更新，进一步加剧了技术隐层的复杂性。然而，这种复杂性也促使算法能够生成更高级别的认知结果。自主学习型算法根据其人工智能技术使用程度的不同，可以细分为不纯粹自主学习型算法和纯粹自主学习型算法。不纯粹自主学习型算法意味着设计者在算法设计时仅在部分环节运用人工智能技术，实际操作

---

[1] 陈兵、董思琰：《生成式人工智能的算法风险及治理基点》，《学习与实践》2023年第10期。
[2] 同[1]。

中仍需依赖使用者的干预。而纯粹自主学习型算法则是设计者在算法设计时全面运用人工智能技术构建模型，由于整个输出过程缺乏明确且可修正的行为依据，这种算法具有较高的自主化程度，使用者难以直接控制。在实际运作中，它能够通过分析历史数据、反复试错等方式掌握更为复杂的合作策略。通常，这种算法能够综合信号算法、监管算法、预测算法等多种算法的特点，自主达成在产量、竞标、销售等多个层面与以往不同的垄断形式。[1]如在移动出行平台等算法相似度较高的市场，纯粹自主学习型算法能够基于消费者画像对不同消费者采取差异化定价。

（三）算法黑箱

算法是指包含一系列复杂的数学规则、能通过预先设定的步骤解决特定问题的计算机程序。而"算法黑箱"就是指由于技术本身的复杂性以及媒体机构、技术公司的排他性商业政策，算法犹如一个未知的"黑箱"——用户并不清楚算法的目标和意图，也无从获悉算法设计者、实际控制者以及机器生成内容的责任归属等信息，更谈不上对其进行评判和监督。[2]

总体而言，算法黑箱存在的原因主要有以下几点：第一，从掌握算法的技术公司的立场来看，公开算法逻辑对于他们而言并不能带来收益的增长。首先，绝对的透明度在算法自主性逐渐提高的阶段，几乎是无法达到的技术要求。其次，对于技术公司而言，他们必须具备极强的技术开发实力和可持续的创新能力，才能长期维持在算法技术研发上投入的规模、方向和收益。如若公开算法信息，一方面可能导致算法被滥用。部分人可能会利用公开的算法信息，进行恶意行为，如操纵搜索结果、侵犯个人隐私、推动有偏见的信息流等，不仅对用户体验造成影响，更有可能危及整个社会。另一方面，人工智能运行机理等内容已经逐渐成为企业的核心竞争力，部分内容涉及商业机密与专利权的保护，公开算法信息可能会破坏商业竞争的公平性，使其容易被竞争对手模仿，影响部分企业的正常运营，也不符合国家鼓励创新的基本立场。

第二，从用户的立场来看，公开算法逻辑对于他们而言可能出现信息冗余。智能算法自身的高度专业性和复杂性是算法黑箱产生的技术因素，其逻辑超越了一般大众所能理解的范围。平台型媒体的受众群体年龄、学历、兴

---

[1] 王健、吴宗泽：《自主学习型算法共谋的事前预防与监管》，《深圳社会科学》2020年第2期。
[2] 张淑玲：《破解黑箱：智媒时代的算法权力规制与透明实现机制》，《中国出版》2018年第7期。

趣等各不一致，除了专业人士和对算法信息感兴趣的群体，大部分普通用户对于算法信息并不感兴趣，抑或说理解难度较大。因此，如若公开算法信息，可能会影响部分用户群体的使用体验，带来信息过载。

算法黑箱导致公众无法知晓和理解算法的运行过程，这就有可能导致部分算法做出的自动化决策对公众利益造成损害。例如，通过大数据杀熟、动态定价等算法，互联网平台企业可能利用算法黑箱进行市场垄断，提高市场价格，损害消费者权益和政府公信力。此外，由于算法黑箱导致算法的运行过程无法被公众知晓，公众在面对不公平待遇时也难以寻求救济。如"大数据杀熟"问题，其暗中形成市场歧视、践踏市场公平，但监管机构也会因为算法黑箱的存在难以及时发现并制止此类行为。因此，为了保障社会公共利益，需要加强对算法的监管和透明度，确保算法的运行过程和结果能够被公众知晓和理解。同时，也需要加强对算法的监督和问责，确保算法不会损害公众利益。

五、平台型媒体治理的未来之路

随着数字化时代的到来，算法已经成为现代社会不可或缺的一部分。它通过平台型媒体广泛应用于各个领域，如推荐系统、自动驾驶、金融风控等。然而，随着算法的普及，算法权力与公共性之间的平衡问题也日益凸显。如何在平台型媒体中平衡算法权力与公共性，成为当前亟待解决的问题。

（一）树立"以人为本"的治理理念

2021年9月，国家新一代人工智能治理专业委员会发布《新一代人工智能伦理规范》，明确提出要坚持以人为本，坚持公共利益优先。以人为本的治理理念在传统内涵的基础上，更多地应该考虑"赋权于人"，强化人的主体地位，还原人决定自身事务和公共事务的自主性。这就意味着，平台型媒体在运用算法技术的过程中，不仅要注重在算法技术的具体研发和应用实践中嵌入以人为本的价值观，还要在算法机器学习的计算过程中保留人最后的决策权。例如，有学者提出应建立"人在环路"（Human-in-the-loop，HITL）的算法模型，"人在环路"是通过整合人类智能与机器智能的方式，实现人与机器密切合作，用户可以深度参与算法决策过程，并对其进行监督和控制以帮助完成算法决策的调整和优化。[①] 要将以人为本的治理理念贯穿于算法治理的各个阶段，还需要对用户和算法之间进行更好的设计，在用户和算

---

① 陈兵、董思琰：《生成式人工智能的算法风险及治理基点》，《学习与实践》2023年第10期。

法之间建立更加紧密的联系。例如，从隐私保护、风险防范和参与意识等方面推动全社会用户的算法素养提升，这在一定程度上有利于缩小用户和设计者之间的"知识鸿沟"，算法的可持续发展也离不开广大算法用户的基础能力提升。

此外，为了解决"信息茧房""算法歧视"等问题，平台型媒体需要采取一系列措施来确保算法技术确立"以人为本"的观念。为此，可以提高算法技术的公正性和透明度。例如，公开算法的基本原理，让用户了解算法的运行规则；提供关闭个性化推荐功能的选择，让用户能够根据自己的需求自主选择；优化算法模型，防范过度推荐、定价不一致、排序规则不合理等问题，确保算法结果的公正性和合理性。同时，也需要加强监管和规范，确保平台在应用算法时遵守相关法律法规和伦理规范。

（二）构建多元主体协同治理的算法治理体系

卡斯特尔认为权力正从国家向网络转移，信息技术通过创建新形式的社会互动正取代国家与社会一体化的等级结构占据社会组织的主导性地位。[1] 互联网为用户提供了全新的"去中心化"的场域，权力结构日益呈现多元化和社会化的趋势。这在一定程度上打破了以往政府是唯一权力核心的单向度管理模式，逐步走向多元主体协同治理模式。政府应该加强对算法的监管和问责，制定相应的法律法规和规范标准，确保算法的开发和实施符合社会公共利益；同时，对于违反法律法规和社会公共利益的算法行为，政府应该建立相应的问责机制，反向督促相关责任人。例如，以美国纽约州为代表的部分州制定有专门针对算法决策的《算法问责法》，该法案对算法决策纠纷中适格的主体、问责对象和决策工作组等有详细的规定。旧金山市为避免因算法自动化决策引起种族歧视，出台了禁止政府部门在特定领域使用人脸识别技术的规定。[2] 企业应该加强算法的透明度和可解释性。企业不仅应该在一定程度上公开算法的决策过程和结果，增加公众对算法的信任，还应该通过加强信息公开和信息披露等方式，保障公众的知情权和参与权，确保公众的公共利益不受损害，保证公共性。作为算法服务和决策的直接利益相关者，公众应该积极参与到算法治理过程中，对算法的开发和实施提出意见和建议。总之，构建多元主体协同治理的算法治理体系需要多主体共同努力，协力促进算法权力和公共性的平衡发展，推动数字化时代的可持续发展和社

---

[1] CASTELLSM. *The rise of the network society*: *the information age economy society and culture*, Oxford: Wiley Blackwell, 2009: pp. 500 – 509.

[2] 郑智航、徐昭曦:《大数据时代算法歧视的法律规制与司法审查——以美国法律实践为例》,《比较法研究》2019 年第 4 期。

会进步。

(三) 重构平衡算法权力与公共性的算法规则

重构算法规则以平衡算法权力和公共性需要从多个方面进行考虑。首先，需要重新审视算法的决策过程和结果。在算法的开发和实施过程中，应该注重公众的参与和沟通，让公众对算法的决策过程有更深入的了解和认识。同时，有必要构建一套完善的反馈体系，用以实时收集并整理公众对于算法决策所持有的观点与建议，以便对算法进行调整和优化。其次，需要加强对算法权力的监管和问责。政府和社会应该加强对算法的监管和问责机制建设，制定相应的法律法规和规范标准，保障社会公共利益不受损害。同时，对于违反法律法规和社会公共利益的算法行为，应该及时采取措施进行纠正和惩罚。再次，需要推动公平公正的算法设计和实施。在算法设计和实施过程中应该遵循公平公正的原则，避免算法歧视和不公正的结果。对于违反法律法规和社会公共利益的算法应该及时采取措施进行纠正和惩罚；同时，对于弱势群体应该给予更多的关注和支持，避免他们在算法的决策中受到不公平对待。最后，需要建立多方参与的机制。可以建立由政府、企业、专家和公众等多方参与的机制，共同监督和管理算法的开发和实施。通过多方参与可以增加算法决策的透明度和公正性，同时也可以提高公众对算法的信任和认可程度。

总之，重构算法规则以平衡算法权力和公共性，需要政府企业专家和公众等多方共同努力。通过加强监管和问责等方法，增加算法的透明度和可解释性，促进公众参与和沟通，推动公平公正的算法设计和实施。此外，还可以通过建立多方参与的机制等措施，促进算法权力和公共性的平衡发展，推动数字化时代的可持续发展和社会进步。

六、结论

人工智能时代，算法技术的迭代更新诱发了一种全新的社会发展态势，算法作为人工智能技术的底层逻辑，对社会的转型发展具有重大意义。但诸如"算法偏见""大数据杀熟""信息茧房""个人隐私"等现实问题，也无不向我们体现着欣欣向荣下的算法网络隐忧，这些现象的实质是自动化原则在社会发展中的体现，表征了社会控制和内容把关的权力转移，对于发展中的阵痛值得学界和业界深思。

(本文作者均系浙江传媒学院新闻与传播学院硕士研究生)

"消失的界限"：强弱关系视角下的网络直播互动探析

徐羽彤　邓妍汐

摘要：2016年伴随着网红papi酱的爆红，我国迎来了直播元年。网络直播中的实时弹幕发送、个性化内容定制和回应建立了虚拟交互场所，以其"陪伴的在场性"和实时高互动性吸引了越来越多用户的注意力。直播不仅有内容的直接播出和传输，更有带货主播摇身一变转为用户的意见领袖，为我国的经济发展也作出了贡献。而亟须进一步关注的是，在直播间的公共领域之下，主播披露私人信息的程度只增不减，粉丝对主播的窥私欲从线上转至线下，公与私的界限逐渐模糊，原本默认的弱关系也逐渐转变为强关系领域。因此，本文站在强弱关系的视角，试图探究网络直播互动过程中隐私边界外扩，公私界限逐渐消弭的问题。

关键词：强弱关系；网络直播；公共领域；隐私边界

一、引言

《中国互联网络发展状况统计报告》显示，截至2024年6月，我国网民规模近11亿人，较2023年12月新增网民742万人，互联网普及率达78.0%，网络直播用户规模达7.77亿人，较2023年12月减少3912万人，占网民整体的70.6%。伴随着5G时代的到来和后疫情下的线上产业发展，直播进入稳定发展的快车道，头部主播的影响力不可估量，粉丝热衷于观看直播获得情感认同或者决策指导。在这种环境下，"人人都拥有麦克风"，用户的主导地位凸显，主播和粉丝所在的平等、公共的场域——直播间逐渐建构，但不断深入的互动时不时触碰隐私边界的"红线"，公私领域溶解、交织的问题也逐渐显现。

二、文献回顾

(一) 从弱到强——关系延伸的跳动

1973年,美国社会学家马克·格兰诺提出了"强弱关系理论",用来描述人与人之间的关系。他认为,弱关系主要是建立认知,而强关系则用来创造价值。在即时流动的弱关系下,个体与个体更加松散和游离,但是能够高效传播信息;而长久稳定的强关系通常建立在更加稳定的群体中,如朋友、家人,关系紧密且信任度高的情况下有利于劝服和促成消费。

网络直播是一个即时性强、双向性的泛信息传播空间。"平台用户进入直播间后就成为信息受众,接受着来自直播间界面的信息传播,此时二者之间的关系是即时流动的。"因此,主播和粉丝从一开始就建立了天然的表层联结关系,而这种关系最初仅仅作为信息传播的传受双方,具有一定的碎片化和不稳定性。学者张宇等人在研究抖音漫画直播中用户关系建构的过程中,借用了强弱关系理论,他认为"由关系型社交网络诞生的直播经济,其本质就是关系经济,用户关系从弱到强的升级是直播营销的关键"。[1] 主播通常会通过泛化关系先构建流动的弱关系,扩大传播力度,再加以情感付出进一步提升至能够变现的强关系网络。

马克·格兰诺在研究中将强弱理论划分为四个维度:互动的频率、情感理论、亲密程度和互惠交换。[2] 在网络直播场域中,高频率互动、加深情感或是以虚拟礼物作为互惠价值进行双向互动,都在企图将双方的弱关系上升为强关系,建立一种持续的动态的关系网络。学者边燕杰提到,传统意义的中国社会是围绕熟人关系,也就是强关系运作的,因为弱关系无法给予强关系下的持续支持。[3] 而依靠大量弱关系建立的泛关系网的直播空间,身份往往难以长久定性和保存,随时进入或退出的人们较难形成稳固的情感支撑。[4] 因此主播往往会通过不断调动粉丝参与的积极性以加大网民成为忠实粉丝的可能性,通过强弱关系的延伸来提高网民对网络社区的参与度。

---

[1] 张宇、张丽虹:《强弱关系理论视域下抖音漫画直播间用户关系构建研究——以浙江文艺出版社为例》,《北京印刷学院学报》2022年第12期。

[2] Granovetter, M. "The Strength of Weak Ties," *American Journal of Sociology*, 1973: pp. 1360 – 1380.

[3] 许德娅、刘亭亭:《强势弱关系与熟络陌生人:基于移动应用的社交研究》,《新闻大学》2021年第3期。

[4] 黄莹、王茂林:《符号资本与情感能量:互动仪式链视角下网络直播互动分析》,《传媒》2017年第8期。

事实上，强弱关系的四大维度在直播互动网络中不断地回弹运作。学者吕鹏等人将主播和粉丝之间的互动视为"情感—情感"的循环过程，他认为主播通过情感付诸以建立和粉丝之间的关系，同时也将获得粉丝对主播的情感偿还。[①] 这个过程中，进入直播的观众从单向获取信息的弱关联到情感交换的强信任转变。学者孙信茹等人将主播和粉丝之间私密关系的建立比喻为"熟悉的陌生人"，认为"主播和粉丝之间的互动性回赠持续深入下，双方的关系由偶尔刷礼物所建立的脆弱关系也逐渐演变为稳定的私密关系"。[②] 在这场关系转变中，主播通过互惠交换将原本弱化的关系网逐渐转为私密化的强关系。

正如董晨宇所说，关系边界是动态延伸的。因此，主播会通过互动、情感交付或者亲密化以达到更紧密的强关系网络圈，而这个过程中的边界模糊同样可能存在隐私风险的问题。

（二）隐私边界——关系游离的模糊

1991年，桑德拉·彼得罗尼奥提出了"传播边界管理理论"，阐明了隐私边界在人际传播与交往中发挥的作用。2002年，该理论更名为"传播隐私管理理论"，强调公共领域和私人领域的分野，将隐私边界定义为人际传播中个人控制的私人信息的范围。当下网络空间拓展了人们的社交范围，让直播间中的隐私边界问题不容忽视。

在传统的"熟人社会"环境下，公私领域相对独立，隐私边界的界定容易，界限清晰。随着网络媒介的深入，传统隐私边界外溢，数字空间中的隐私边界逐渐模糊化。顾理平和杨苗认为算法传播为主的时代，公私领域呈现相互包含的关系。[③] 李桂童认为在网络直播中，主播和粉丝的互动行为质量低下，常有行为越界。[④] 部分学者重点关注隐私边界失调的问题，提出措施突破此困境。陈一奔和宋钰认为，虚拟主播背后的"中之人"和粉丝的互动边界逐渐模糊，隐私等个人合法权益的保护值得关注。[⑤] 蒋小丽和林正

[①] 吕鹏、毕斯鹏：《情感递偿、情感迁移与情感反哺：主播与粉丝的情感劳动过程研究》，《青年探索》2022年第5期。

[②] 孙信茹、甘庆超：《"熟悉的陌生人"：网络直播中刷礼物与私密关系研究》，《新闻记者》2020年第5期。

[③] 顾理平、杨苗：《个人隐私数据"二次使用"中的边界》，《新闻与传播研究》2016年第9期。

[④] 李桂童：《网络秀场主播情感劳动的冲突与弥合》，《青年记者》2022年第2期。

[⑤] 陈一奔、宋钰：《真实与虚拟的双重扮演——虚拟主播的演变、问题与展望》，《青年记者》2022年第8期。

发现，信息的传播方式和个人所在圈层的不确定使得个人信息共享的边界是动态变化的，他们探讨了隐私传播的规则并提出解决边界的问题。① 可以看出，很多研究聚焦于智媒时代社交媒体的隐私保护行为、隐私管理策略制定等。当主播的生活被呈现在粉丝面前，主播和粉丝间的关系由弱变强，主播对自身隐私的管理面临着复杂的局面。虽然针对社交媒体平台的隐私讨论已经有很多，但聚焦于直播场域的主播和粉丝的隐私边界问题则有限，亟待拓展和完善。

本文将视角放置于网络主播和粉丝之间的互动中，将社会学和传播学理论进行结合，从强弱关系的变化去研究公共领域和私人领域之间存在的边界问题，主要围绕以下几个研究问题：粉丝观看直播的动机以及在直播场域中的行为表现；直播场域外粉丝与主播之间的现实互动有哪些；公私领域之间的边界界限在何处。

三、研究方法

（一）选题思路

本文将运用参与式观察和深入访谈两种质化研究的方法，主要通过微信、抖音和微博超话召集观看中小主播的粉丝群体，选择15个以上的粉丝样本进行深度访谈，了解私人领域中对于主播的窥私欲的满足过程。同时观看直播，主要观察在直播过程中粉丝和主播之间的互动言行，了解在虚拟互动过程中粉丝对于公私界限的把握。为了进一步了解粉丝群体和主播之间的关系建构，辅以2—3个主播进行深度访谈。

（二）研究方法

1. 参与式观察

以粉丝的身份进入具有一定粉丝群体量级的主播直播间，观看其直播过程。主要观察粉丝和主播在互动过程中所发出的弹幕和刷礼物言行，主播对粉丝进行回应的态度，了解主播和粉丝之间的情感关系和情感劳动过程。尤其观察是否存在粉丝对于主播直播内容之外涉及私人领域的窥看和要求，以了解公私界限。

2. 深入访谈

通过一定的话题吸纳粉丝群体，选择15个以上的样本，私信或者私聊，

---

① 蒋晓丽、林正：《传播隐私管理视阈下社会化媒体个人信息分享的边际困境》，《湖南科技大学学报（社会科学版）》2019年第1期。

建立社群，说明访谈目的，并征求样本的同意之后展开 30—60 分钟的深入访谈。征求身边熟悉的主播意见，说明访谈内容和目的并取得对方的配合与同意后，在合适的时机进行线上的深入访谈，时长 1 小时左右。

表1 受访者基本信息表

受访者	性别	年龄	身份	文化程度
小姜	男	24 岁	粉丝	大学本科
火山	女	22 岁	粉丝	硕士研究生
星星	男	27 岁	粉丝	大学本科
西贝	女	23 岁	粉丝	大学本科
小雅	女	30 岁	粉丝	专科
小杨	女	22 岁	粉丝	专升本
Yy	男	63 岁	粉丝	高中
KK	女	63 岁	粉丝	文盲
UU	男	23 岁	粉丝	大学本科
婷婷	女	54 岁	主播	初中
丁小姐	女	24 岁	主播	大学本科
G	男	72 岁	主播	小学

四、研究发现

（一）台上表演、台下观众的直播间——公共领域内的弱关系网

1. 粉丝视角下的情绪调节室

通过在直播间的观察和对粉丝群体的访谈发现，粉丝对观看直播的态度与行为互动存在一定的关联性。大部分用户观看直播最直接的动机就是释放压力、娱乐情绪，填补个人的空闲时间，而他们的互动行为往往较为简单，更不会对和主播产生进一步关系抱有希望。采访中此类粉丝都表示"不互动只是看看""会评论一些类似哈哈哈、666""刷一会儿就走了"，这种简单的互动过程和极低的黏性让他们和主播保持着极弱的连接。

"看直播，不为别的，只为心情愉悦。"（小姜）"最大收获就是浪费时间。我的观念就是浪费时间才是快乐的，无意义的。"（星星）"获得感就是消磨时间，放松心情，给自己找个乐子。"（火山）

粉丝会称呼主播的昵称或者用亲密的称谓表达对主播的喜爱，也会对于直播间的一切信息提出自己的疑问、建议等。这种信息输出一般只停留在直

播间内,粉丝通过这种方式释放现实中的压力。在屏幕前的粉丝借助网络的匿名性,能够更好地保护自己的隐私,更大胆地表达个人的情感。

"评论大部分就是夸她好美,大喊老婆。发疯嘛,毕竟现实中没有哈哈哈。"(西贝)

粉丝还会给直播间点赞,增加热度,助力自己喜欢的主播登上榜单,但是并不会有物质输送,认为自己和主播的关系还不够亲密到需要这种经济交换。

"有时候在直播间点赞,会送一些免费的礼物。花钱的不会,觉得没必要。"(小雅)

这种状态下的主播和粉丝关系是流动且不稳定的,受访粉丝均表示"直播并不是自己生活离不开的一部分,遇到更有趣的主播也会去关注,偶尔观看"。因此与主播的互动停留在点赞、关注、评论这种简单的情绪支持上。对于能够长期给予自身情绪支持或者信息资源的主播,粉丝更容易被锁在场内。长久下来,粉丝就会进行持续性的观看,从直播中获得陪伴感等想要的"资源"。

"我睡觉前喜欢有声音,那刚好他们直播的时间就是半夜,就可以陪着我,我感到更加的安心。"(小扬)

行为互动的简单、情感表达的匿名性和隐藏性以及经济交换上的克制都体现着这类粉丝和主播之间的潜在弱关系,粉丝对主播的期待仅仅留于表层,以获得短暂的情绪放松为目的,不会产生其他进一步交友的想法。这是一种零散的虚拟互动关系,个体和个体之间都处于离散的状态。

2. 主播立场上的经济置换

在直播间中,主播与粉丝的互动主要是在评论当中,主播会在评论区挑选合适的评论进行回复。

"粉丝在直播时会通过弹幕和评论进行互动,大部分都是友好和支持的内容。偶尔会有一些粉丝提出要求,但我会根据情况判断是否回应。"(主播G)

"一般我们直播的时候就是随便聊聊天啊,打发时间一样,喜欢我们的,或者想留下来一块聊聊的就会留下来。"(主播丁小姐)

语言学家冯胜利认为一定的话语表达机制会改变社交距离的建构,[①] 直播间评论姿态平等甚至亲密,这种对话沟通可以在短时间内迅速拉近主播与

[①] 冯胜利:《论语体的机制及其语法属性》,《中国语文》2010年第5期。

粉丝之间的社交距离。

"如果有这种陪伴粉丝，当然是感谢为主，不管对方是否刷礼物，愿意和我们互动也挺好的，说明自己被欣赏了。"（主播丁小姐）

"陪伴式的粉丝，虽然他们不刷礼物，但能够真心陪伴聊天，我非常感激。他们是直播间氛围的一部分，为我提供了情感上的支持。"（主播G）

对于普通粉丝，主播会适当满足粉丝的需求来将粉丝长久地留在直播间内，以获得更多的流量来转化为经济效益；对于长期观看的忠实粉丝，主播会持正向态度，继续互动来增强粉丝黏性。这种互动仅存在于线上，主播想要与粉丝建立长久的关系连接，是以经济利益为导向的。

（二）时间累积下的信任转移——紧密的强关系交往可能

1. 不限于直播场域下的粉丝互动

大多数主播都拥有自己的粉丝群，建立粉丝群也就意味着主播和粉丝之间不限于直播间的时间和场域而互动。抖音平台的一个粉丝群可容纳500人，但大多数会有进群门槛，如关注主播账号30天以上，粉丝等级达到相应等级才能加入，因此粉丝会在直播间积极发言评论，刷礼物给予物质支持，同时进行关注时间累积，增加自身账号等级和活跃度来申请入群。

"粉丝群里会有人组织你去做一件事情，就比如说做数据啊什么的。"（yy）

"加了粉丝群感觉挺好的，这样的话随时都方便和主播聊天，时间久了互相也就认识了。"（KK）

除粉丝群外，抖音私信窗口也成为粉丝进一步和主播互动的便捷途径，部分粉丝反馈，大多数时候给主播发消息可能都很难收到回复。往往能够和主播建立私下互动可能性的情况都并非短期停留直播间的弱关系群体，而是具有一定黏性的长期陪伴群体。

"认识这个主播好几年了，每次开播我都很捧场，而且她也很了解我是什么样的人，一开始从抖音私信的对话框就会经常聊天。"（KK）

抖音窗口和微信群都是突破原本公共场域的互动方式，同时也和停留于直播间的人群形成了鲜明的分割，对粉丝而言，建立更深层关系之后的互动已经完成了从"偶像"到"朋友"的演变。

"我欣赏她，同时她也了解我，我们甚至可以说是很好的兄弟，特别的节日的时候我们也会互赠礼物，不代表什么，就是一种认可吧。"（UU）

符号化语言和群体行动维系着情感联系，实现调距，拥有了相同情感力量的文化符号，粉丝对主播的强关系开始建立，讨论的内容也逐渐深入生活日常，相比于直播间的局限，粉丝群里自由度更高，关系更加紧密，身份认同感更强，涉及隐私信息的程度相应加深。

2. 主播双向互动后的信任累积

主播对于粉丝的关系界定也影响着他们持续交往的可能。我们加入某主播的粉丝群进行了参与式观察，群内主播依旧会充当一个"偶像"的角色，不定期分享一些私人生活的照片，分享到粉丝群中，会得到粉丝的一些称赞，同时也一定程度上满足了粉丝，就像一个内部的小朋友圈，主播不会加粉丝的微信，但是会主动选择性地分享自己的生活。主播按照受众的期待进行互动是前台，脱离了工作时的语态环境呈现出的私密状态是后台。[①] 当后台被呈现出来，主播能够轻松拉近与群内粉丝的距离，增强粉丝的忠诚度。

"有抖音的粉丝群，大概200人，基本上都是经常会观看我的直播的粉丝，当时主要是为了推流到我的新工作上，希望他们能够来捧场。之后的话也就是我的一个日常互动。"（主播婷婷）

在自己现实中没有朋友的情况下，获得陪伴感的粉丝可能会考虑参与线下活动。为了满足部分粉丝的社交需求，加之基于自己对粉丝的信任，不少主播也会选择将互动从线上延伸至线下。这个时候粉丝与主播的关系则更加亲密，隐私边界也逐渐外扩。

黄莹等人认为"处在关系中的人考虑时间、情境、亲密程度等因素，随时管理、调整着公共领域与私人领域的边界，这一边界的渗透性是动态的。"[②] 主播婷婷从大学开始做直播，和有些粉丝建立了深厚的友谊，彼此了解，私下也会在特定节日互赠礼物，彼此信任。

"不仅仅是简单的粉丝，甚至是很好的朋友，也是合作伙伴，从大学毕业那年就从一个默默关注我的小粉丝，慢慢因为时间的积累就建立了信任关系。"（主播婷婷）

几年时间后，婷婷和粉丝建立了深厚的强关联，同时还表示，直播间人多起来，也是靠这样的粉丝主动承当管理员进行维护工作。

"固定的那几个死忠粉一般都在的，人多的时候他们会主动出来帮忙当管理员，防止粉丝乱发言，扰乱直播间的秩序。"（主播婷婷）

对她而言，持续交往，更多的仍然是信任关系的建立与否，而这层信任

[①] 周润楚：《论主持人边界的消弭与融合——以央视直播带货为例》，《新闻研究导刊》2023年第3期。

[②] 黄莹、王茂林：《符号资本与情感能量：互动仪式链视角下网络直播互动分析》，《传媒》2017年第8期。

关系则依赖于时间积累下的相互了解。"人们会根据关系的强弱，对自己在日常生活中的行为做出调整，从而调适不同的交往对象间的情感程度。"当主播和粉丝能够在线下进行面对面的人际传播时，粉丝和主播俨然已经成为亲密关系，不再是不稳定的弱关系网络。随着亲密关系的建立和加深，双方所披露信息的宽度和深度的等级更高，[1] 隐私边界逐渐消弭。

(三) 强弱关系的摇摆——隐私边界的外扩过程讨论

从访谈以及参与式观察中发现，主播和粉丝之间的公私边界变化和强弱关系转变有着紧密的联系，关系极大程度影响隐私边界。主播和粉丝都会基于强弱关系的程度，而选择不同的行为动机，尤其是对于自己隐私流动程度的差异化选择，当关系变化了，隐私的边界也在随之改变。

"粉丝随看随走"和"粉丝和我现实就是好朋友"之间有着很明显的边界，主播往往对于波动的弱关系粉丝群体不会投以情感或者信任期待，同时也以"不公开具体隐私和地址信息"为边界。与此同时，主播通过几年的信任和了解，能够和少部分粉丝群体结交为超过虚拟平台的友谊关系，同时也形成家人朋友般的强关系连接，就会主动分享自己的私人生活甚至带有信任的互赠礼物，对于这类有着更浓厚并和现实无差别的粉丝来说，隐私境界清晰地转为信任边界。

因此，主播不会将所有粉丝都纳入自己的私人领域，除非在时间积累下对粉丝有一定程度的了解后，主动信任的情况下，这也意味着在这个过程中完成了从弱变强的关系置换，粉丝俨然变成了自己的"真正的朋友"。完成关系置换后则愿意将自己的隐私边界主动暴露展现给粉丝，但仅仅是对于这部分强关系的粉丝朋友，而对于直播间流动性较强的弱关系粉丝则会严格管理自己的隐私边界。

人们对自己的隐私选择暴露或者保护，可能会随着关系的改变而发生位移。从弱至强的关系变化并非一蹴而就，主播和粉丝在日常交往和互动行为中都是逐层递进，更大程度停留于"过渡"关系的变化中，最终是否能够实现关系置换是未知的。在超越弱关系但并未成为强关系的这一阶段，"选择释放一定的隐私信息"成为关系变化的方式，而释放的体量则依旧会根据关系强弱进行改变。

"建立了粉丝群，平时我会时不时发一些自己的日常照片，或者分享自

---

[1] 曹滋宇：《媒介情境理论视域下网络直播中隐私侵权问题研究》，硕士学位论文，南京师范大学，2021。

己假期的一些感受，cue 一下粉丝，跟他们谈谈心。"主播婷婷表示自己在日常不直播的时候会时不时进入粉丝群分享个人生活，甚至有意将自己的私人生活展示给粉丝观看。

"我特地去关注了她大小号的微博，很喜欢她的三观，看到她日常分享在微博上的东西也会进一步有所收获。"粉丝花花除了观看直播，还喜欢关注自己喜欢的主播的日常生活。在日渐熟悉之后，主播和粉丝无形中互相有了进一步的了解，而这个过程则对各自原有的私人领域有了进一步的探寻。

粉丝花花还说通过主播的微博小号就经常看到原本大号固定人设之外的东西，而许多进了粉丝群的粉丝也发现自己能够在群里看到更多主播的日常生活，已经超越了原有的直播间的公共场合。这个过程并非单向的粉丝对主播的了解，在不断的互动积累下，主播也将进一步了解粉丝的私人生活。

例如，在参与式观察中发现，主播小意在经常和某些粉丝互动过后，对话的语气从陌生人打招呼式的"欢迎"到"好友间的寒暄打趣"，通常会表示"我认识你，我知道你是谁，你的 ID 我记得"，逐渐对粉丝也形成了一定的印象记忆。

双向的隐私边界释放是弱关系变强过程中不可避免的情况，主体双方都可能会分享隐私，但不会过度分享隐私，每个人都会仔细考量关系的强弱来选择性暴露自己的隐私，而从弱到强的这个过渡中，隐私边界实际上是在外扩的。

五、结语

《交往在云端》一书中认为，"边界模糊的核心是一种对于虚拟和真实的深度混淆"。网络直播作为一个公共场域，表演的主播主体和观看的粉丝主体逐渐打破了公共场域，在更私人化的空间进行持续交往并强化双方的关系，其过程正是不断打破虚拟、接近真实的一种数字化交互。回顾本文的研究问题，可以发现粉丝和主播交互过程中通常会基于强弱关系的判断而选择隐私边界裸露的程度，弱关系下有较为清晰的界定标准，强关系下则将原有的隐私边界进行了变换和外扩，将虚拟趋近于现实。因此，公私领域之间的界限往往和主体是否愿将弱关系变为强关系并进行衡量有着不可分割的关联，关系的亲疏远近时刻影响着隐私的边界。

（本文作者均系浙江传媒学院新闻与传播学院硕士研究生）

2